무속신앙

권태효__국립민속박물관 학예연구사
김기형__고려대학교 교수
김태곤__전 경희대학교 교수
박일영__가톨릭대학교 교수
이경엽__목포대학교 교수
이복규__서경대학교 교수
이수자__중앙대학교 겸임교수
최원오__서울대학교 강사
홍태한__중앙대학교 대우교수

한국민속학 학술총서 4

무속신앙

초판1쇄 발행 2008년 6월 30일
초판2쇄 발행 2021년 3월 10일

엮은이 한국민속학회
펴낸이 홍종화

편집·디자인 오경희·조정화·오성현·신나래
　　　　　 박선주·이효진·최지혜·석수연
관리 박정대·임재필

펴낸곳 민속원
창업 홍기원
출판등록 제1990-000045호
주소 서울 마포구 토정로 25길 41(대흥동 337-25)
전화 02) 804-3320, 805-3320, 806-3320(代)
팩스 02) 802-3346
이메일 minsok1@chollian.net, minsokwon@naver.com
홈페이지 www.minsokwon.com

ISBN 978-89-5638-587-7 93380

한국민속학 학술총서 4

무속신앙

한국민속학회 엮음

민 속 원

▌『한국민속학 학술총서』 발간에 붙여

오랫동안 숙원 사업으로 여겨온 『한국민속학 학술총서』를 발간하게 된 것을 한국민속학회 회원 모두와 함께 진심으로 기쁘게 생각한다. 민속학회는 이미 1990년에 창립 20주년을 기념하여 『한국민속학 총서』라는 이름으로 설화(제1권), 민속예술(제2권), 무속신앙(제3권), 민간신앙(제4권), 가요·언어(제5권), 가면극·세시풍속·산육속(제6권), 의식주·관혼상제·민속이론(제7권) 등의 분야로 총 7권의 학술총서를 발간한 바 있다. 이는 『한국민속학』 창간호(1969년)부터 『한국민속학』 20호(1987년)에 실린 논문들을 각 장르에 맞추어서 출간한 것이다. 여기에는 총 161편의 논문이 수록되었다.

이번에 출간되는 『한국민속학 학술총서』에는 『한국민속학』 21호(1988년)부터 40호(2004년)까지 실린 논문들과 『한국민속학보』 3호(1994년)부터 11호(2000년, 폐간)까지 발표된 논문들 중 편집위원회가 주제별로 구분하여 엮었다. 총 9권으로 기획되었으며 제1권은 설화, 제2권은 민속예술, 제3권은 민속놀이·축제·세시풍속·통과의례 제4권은 무속신앙, 제5~6권은 민간신앙, 제7권은 가요·언어, 제8권은 생업·의식주·물질문화 그리고 제9권은 민속이론·비교민속으로 이루어졌다. 총 158편의 논문이 수록되었다.

『한국민속학 학술총서』는 학계에 많은 공헌을 하리라고 본다. 물론 여기에 실린 논문들은 『한국민속학』과 『한국민속학보』에 이미 발표된 논문이지만 같은 주제의 논문들이 여러 권에 흩어져 있어 찾기가 힘들었는데 이렇게 주제별로 묶어놓으면 그 분야의 연구 자료와 성과를 한눈에 볼 수 있다. 또한 시대적으로 같은 주제의 학문적 쟁점이 어떻게 달라지는가 하는 점도 파악할 수 있다. 그리고 한국민속학계의 주된 관심 분야가 어떤 분야인지, 그리고 앞으로 더 관심을 갖고 연구해야할 분야가 어떤 분야인지도 파악하기 쉽다. 한마디로 한국민속학계의 학문적 상황을 일목요연하게 보여줄 수 있는 길잡이 역할을 하리라고 기대한다. 여기『한국민속학 학술총서』에 수록된 논문들은 발표 당시의 글을 그대로 실은 것도 있지마는 필자들이 재교정하고 보완한 것도 있고, 경우에 따라서는 다시 집필한 논문도 있다.

『한국민속학 학술총서』는 오래기간 많은 분들의 열성적인 참여하에 이루어졌다. 특히 2005년 기획 당시 기틀을 만든 박전열 전前회장과 지금까지 수년간 책임지고 이 사업을 완성해준 임장혁 부회장과 편집위원회의 희생과 노고가 없었다면 불가능했으리라고 본다. 이 자리를 빌어 심심한 감사의 마음을 전하고, 아울러 귀한 논문들을 제공한 필자 여러분들에게도 고마움을 표한다. 또한『한국민속학 학술총서』를 출판하는 어려운 사업을 맡아준 민속원 홍기원 회장과 실무를 맡아 수고한 홍종화 사장님과 편집부의 신나래, 방기은 님의 노고에도 사의를 표한다.

2008년 6월 20일
한국민속학회장 임돈희

■ 차례

제주도 무속서사시 생성원천에 대한 새로운 고찰

- <세경본풀이>에 미친 <송당계본풀이>의 영향을 중심으로

권태효
국립민속박물관
학예연구사

1. 서론

제주도의 무속신화는 일반신본풀이와 당신본풀이, 조상신본풀이 등으로 크게 삼대별하는 것이 일반적이다. 이 중 조상신본풀이는 가정의 의례나 굿에서 섬겨지는 신에 대한 내력담으로 지금까지 수집된 자료도 미미할 뿐 아니라 그 내용에서도 서사적 전개를 찾아보기 어려워 거의 거론되지 않고 있는 실정이며, 주로 논의의 대상이 되는 것은 일반신본풀이와 당신본풀이이다. 여기에서 당신본풀이는 제주도의 향토성과 지역성을 잘 반영하고 있어 제주도 토착신화로 인정되고 있는 반면, 일반신본풀이는 본토에서도 동일한 내용의 서사무가가 아울러 전승되고 있어 소재적 원천이 본토의 것과 같은 뿌리를 지니는 것으로 여겨졌다.[1]

---

1) 장주근은 제주도의 무속신화를 일반신본풀이, 당신본풀이, 조상신본풀이로 구분 설명하고 있는데, 특히 제주도의 일반신본풀이는 제주도의 지명도 전혀 나타나지 않고 토착성도 없으며, 내용도 본토의 것과 동일하고 종교적 기반도 상통한다고 하면서 본토에서 형성된 것이 제주도에서 나름의 특성을 갖고 수용된 것이라 한다. 장주근, 『제주도 무속과 서사무가』(역학, 2001);「서사무가와 강창문

실상 제주도 큰굿에서 불리는 일반신본풀이 중 <천지왕본풀이>, <초공본풀이>, <이공본풀이>, <맹감본풀이>, <세경본풀이> 등은 본토에서 전승되는 무가나 소설, 불경 등과 내용이 상통하는 것이며, 제차를 잃어버린 <세민황제본풀이>, <군웅본풀이> 또한 본토에서 동일한 내용의 자료를 찾아볼 수 있다.[2] 제주도에서 이런 다양한 무가가 먼저 선재하고 있다가 폭넓게 본토로 이입되면서 이처럼 비슷한 내용을 지닌 다양한 형태의 자료들을 형성시켰을 가능성은 희박하기 때문에, 이런 일반신본풀이들이 제주도에서 완전히 독자적으로 형성되었다고 보기는 어렵다. 따라서 제주도의 일반신본풀이는 그 소재적인 면에서 본토의 것이 제주도로 이입되어 형성되었다고 보는 것은 타당한 시각이라 하겠다. 그런데 문제는 이처럼 본토와 같은 내용을 보이는 제주도의 일반신본풀이들이 단순히 본토의 것을 그대로 수용한 것에 불과했겠는가 하는 점이다. 즉 그 소재는 비록 본토의 것에 두고 있다고 하더라도 제주도에서 일반신본풀이로 형성되면서는 제주도의 고유한 신화적 성격을 토대로 하여 나름의 새로운 모습으로 탈바꿈하지 않았나 여겨진다는 것이다. 여기에서 본토 자료와는 다른 그 독자적 면모를 지니게 하는 요인으로 제주도의 토착적인 신화 형태인 당신본풀이의 관련성을 상정해 볼 수 있을 것이다.[3]

본고에서 구체적으로 다루고자 하는 대상은 제주도 일반신본풀이의 하나인 <세경본풀이>이다. <세경본풀이>는 지금까지 여러 모로 주목을 받아오던

학」, 『한국민속논고』(계몽사, 1986). 현용준 또한 제주도 무속신화를 마찬가지로 삼분하여 설명하고 있다. 현용준, 「무속신화 본풀이연구 서설」, 『무속신화와 문헌신화』(집문당, 1992), 19~20쪽.

2) 본토의 서사무가와 제주도의 일반신본풀이가 같은 내용을 지닌 자료라는 것을 구체적으로 검토한 글은 서대석의 「서사무가연구」[『국문학연구』 8집(서울대 국문학연구회, 1968)]와 장주근의 글이 있다[장주근 외, 『한국민속학개설』(학연사, 1985), 378~379쪽]. 이외에 강정식의 「제주무가 이공본의 구비서사시적 성격」, [『문학연구』 7집(우리문학연구회, 1988)]에서는 <이공본풀이>의 형성과정을 본토의 자료들과 전체적으로 비교하면서 <안락국전>의 영향일 가능성이 크다고 보고 있다.

3) 현용준은 일반신본풀이를 당신본풀이가 성장한 완성형과 같다고 하면서 聖性的인 신화에서 俗性的 신화로 넘어가는 단계의 '설화형본풀이'라고 한다[현용준, 앞의 글(1992), 27~28쪽]. 이 점은 일단 인정되지만 당신본풀이의 신화적 소재가 제주도 토착적인 것이라면, 일반신본풀이는 다수가 본토의 것과 동일하게 나타나고 있어 소재적 원천에 있어서는 분명 차이가 있었음을 지적할 필요가 있다.

자료이다. 무엇보다도 우리나라에서는 유일하게 찾아지는 농경신과 목축신의 좌정유래담이라는 점과 서사무가로는 특이하게 남녀의 애정담이 중심이 된 장편의 서사시라는 점,[4] 그리고 여주인공인 자청비의 여성영웅적 면모가 여성신화적 측면에서 주목을 받기도 했다.[5] 하지만 보다 중요하게 논의되었던 바는 <세경본풀이>와 비슷한 내용의 무가가 본토에도 있으며, 고소설로도 전해진다는 점이다. 함경도의 <문굿>과 고소설 <양산백전>이 바로 그것으로, <세경본풀이>와 이를 대비할 때 남녀주인공의 행위나 성격, 사건의 전개 등이 크게 다르지 않아 이들이 서로 동일한 근원에서 비롯되었을 것이라는 측면에서 검토된 바 있다. 본고에서 다루고자 하는 바도 이 점과 무관하지 않다. 하지만 기존 연구와는 전혀 다른 시각에서 출발한다. 서대석,[6] 장주근,[7] 조현희[8] 등의 선행연구에서는 <세경본풀이>와 본토의 자료가 같은 계통의 서사무가임을 밝히고, 공통점에 입각하여 이들이 서로 별개의 것이 아님을 논의하고 있다. 이 점에 대해서는 필자 또한 같은 생각이다. 하지만 논의의 방향은 다르다. 곧 공통점보다는 차이점에 초점을 두어 본토 자료와는 다른 <세경본풀이>만의 독자적인 제주도신화로서의 특징과 면모를 찾아보고, 이런 독자성의 근원을 당신본풀이와 관련지어 검토해보고자 하는 것이다.

<세경본풀이>의 후반부 곧 자청비가 문도령과 하룻밤을 자청비의 방에서 함께 지낸 후 이별하는 데서부터는 동계의 여타 작품에서 찾아볼 수 없는 특이성과 독자적 면모가 있다.[9] 바로 이 부분에 대한 구체적인 검토가 필요

---

4) 진성기는 <세경본풀이> 한 편만으로 『남국의 무속서사시』(정음사, 1980)라는 책을 간행한 바 있다.
5) 이수자, 「농경기원신화에 나타난 여성인식과 의의」, 『이화어문논집』 11집(이화여자대학교 한국어문학연구소, 1990); 좌혜경, 「자청비, 문화적 여성영웅에 대한 이미지」, 『한국민속학』 30집(민속학회, 1998). 이외에 <세경본풀이>에 대한 선행연구로는 구조주의적 분석방법을 통해 그 신화적 의미를 사회문화적 차원에서 고찰한 김화경의 「<세경본풀이>의 신화적 접근」[『한국학보』 28집 가을(일지사, 1982)]이 있다.
6) 서대석, 앞의 글(1968).
7) 장주근, 앞의 글(1986); 「농신, 세경본풀이」, 『풀어쓴 한국의 신화』(집문당, 1998); 『한국민속학개설』(학연사, 1983).
8) 조현희, 「세경본풀이의 연구」(경기대학교 석사학위논문, 1989).
9) 서대석, 앞의 글(1968), 106쪽.

하다는 것이다. 아울러 <세경본풀이>에서 이처럼 본토 자료와 달리 나타나는 부분은 분명 제주도 신화로서 갖는 그 나름의 독자적 면모라 할 수 있을 텐데,[10] 그렇다면 <세경본풀이>의 이런 독자성은 어떤 근원에 기인하는 것인가를 찾아야 할 것이다. 필자는 그 근원을 바로 제주의 토착신화로 여겨지는 당신본풀이의 영향에서 찾아볼 수 있지 않을까 생각한다. 특히 <세경본풀이> 후반부의 특징적인 면인 정수남의 설정 및 자청비와의 관계, 자청비의 천상무용담 등은 <송당계본풀이>와 뚜렷하게 대응되는 양상을 보여주고 있어 이들의 관련성을 검토하는 작업이 필요하리라고 본다.

그런데 <세경본풀이>에 대한 선행연구에서는 <세경본풀이>를 통한 제주도 신화적 특징을 찾고자 하는 시도가 이미 있었다. 박경신의 「제주도 무속신화에 대한 몇 가지 특징」이라는 글이 바로 그것으로,[11] <세경본풀이>에 대한 이본검토를 바탕으로 하여 본토의 <제석본풀이>나 <바리공주>, <동명왕신화> 등을 비교해서 공통점과 차이점을 명확히 제시한 바 있다. 이 글은 충실한 이본비교가 이루어졌다는 점, 제주도의 <세경본풀이>가 본토의 신화와 상통하면서도 그 나름의 독자적인 면모를 보인다는 점 등을 밝혔다는 데에 큰 의의가 있다. 하지만 아쉬움도 없지 않다. <세경본풀이>와 비교되는 대상 자료들이 본토에서 널리 전승되는 자료이기는 하지만 <세경본풀이>가 지닌 제주도 신화적 특징을 밝힌다면 오히려 이들 자료보다는 동일한 근원을 지녔다고 여겨지는 본토의 무가 및 고소설을 비교하여 그 차이점을 중심으로 논의할 때 그 의도했던 바인 제주도 신화적 특징에 도달할 수 있지 않을까 생각한다.

이런 관점에서 필자는 동계의 여타 자료에서는 찾아볼 수 없는 <세경본풀

---

10) 제주민담 <자청비이야기>는 자청비가 문도령의 무덤에 들어가고 남은 옷자락이 파리, 모기가 되는 것으로 종결된다는 점에서 <세경본풀이>와 달리 본토의 것을 그대로 받아들여 설화화한 것으로 보인다. 이런 자료로는 <자청비>[진성기, 『남국의 전설』(일지사, 1959)]와 <자청비와 문국성 문도령>[김영돈 외, 『제주설화집성(1)』(제주대 탐라문화연구소, 1985)]등이 있다.
11) 박경신, 「제주도 무속신화의 몇 가지 특징 - <세경본풀이>를 중심으로」, 『국어국문학』 96(국어국문학회, 1986).

이>만의 변별성을 추출하고, <세경본풀이>가 그렇게 독자적인 면모를 보이게 된 근원을 제주도의 당신본풀이 특히 <송당계본풀이>와 관련하여 찾아봄으로써 제주도 일반신본풀이가 독자적 면모를 확보하면서 제주도 신화화되는 과정의 한 단상을 제시하고자 한다.

2. 동계同系 자료와의 대비를 통한 <세경본풀이>의 독자적인 면모와 양상

<세경본풀이>와 같은 계통의 작품으로 여겨지는 자료는 중국의 <양축설화梁祝說話> 또는 원명대元明代의 강창문학인 <축영태잡극祝英台雜劇>, <양산백보권梁山伯寶卷> 등의 중국 자료[12]와 고소설 <양산백전>, 함경도의 <문굿>, 제주민담인 <자청비이야기> 등이다. 이들 작품은 그 핵심적 내용이 남장한 여인과 동문수학하는 남성의 연애담을 기본으로 하는 것으로, 기존연구에서 중국의 설화가 우리나라에 이입되어 여러 다양한 형태의 서사무가 및 고소설을 형성했다고 한다. 이런 중국설화의 이입에 따른 작품군의 형성이라는 견해는 타당하다고 본다. 우리나라에서 독자적으로 생성되었다고 보기에는 인물의 성격이나 행위, 서사적 전개양상 등이 너무도 일치하고 있어 무리이고, 중국의 <양축설화>가 동진東晉(317~420) 이래로 시대가 바뀌면서 거듭해서 수십 종의 판본으로 거듭 생산되는 인기설화로 수많은 중국 소수민족들에게까지도 폭넓게 전승되어 왔으며,[13] 태국에도 <따오 싸른 렁>이라는 비슷한 내용의 작품이 중국의 영향을 받아 형성되었다는 것으로 보

---

12) 중국의 "梁祝故事"를 토대로 만들어진 다양한 작품양상은 『梁祝故事說唱集』(台北 : 明文書局, 1981)에 소개되어 있다.

13) 關德棟의 「중국 漢語 속문학과 주변 민족문학」라는 발표글에 대해 김헌선이 질의한 것에 대한 關德棟의 답변에서 양산백축영대 이야기가 장장을 중심으로 하여 소수민족들에게까지 널리 퍼져 있음을 언급하고 있다[關德棟, 『한국학연구』 8집(고려대 한국학연구소, 1996), 397쪽)].

아[4) 중국에서 뿐만이 아니라 다른 나라에까지도 전해져 크게 영향을 미치고 있음을 알 수 있기 때문이다.

따라서 이들 계열 작품들의 근간이 되는 것을 중국의 <양축설화> 또는 <양산백보권>에 두고 있다는 데는 큰 이의가 없으나[15) 우리나라에 언제 유입되었는지, 그리고 어떤 과정을 거쳐 무가와 고소설로 형성되었는지는 명확하지 않다. 때문에 중국의 양축설화가 이입되면서 그 영향으로 각기 무가와 고소설이 별도로 생성되었는지 또는 고소설 「양산백전」의 영향을 받아 무가들이 형성되었는지도 알 수 없다.

그러면 우선 선행연구자들이 중국설화의 이입에 따른 우리의 서사무가 및 고소설이 형성되는 과정을 언급하는 부분부터 간략히 요약해보기로 한다.

* 서대석 : 중국의 <축영대설화>가 이입되면서 고소설 <양산백전>과 함경도의 <문굿>을 형성시켰는데, 중국의 <양축설화>가 각기 <양산백전>과 <문굿>을 형성시켰는지 또는 <양산백전>을 바탕으로 하여 문굿이 형성되었는지는 확실하지 않다. 제주도의 <세경본풀이>는 뒷부분이 상이한 양상을 보이기는 하지만 제주설화 <자청비이야기>가 <축영대설화>와 같아서 이를 매개로 연결시킨다면 <세경본풀이> 또한 <양축설화>의 수용으로 볼 수 있다.[16)

---

14) M. L. Manich Jumsai, *History of Tai Literature*, Bangkok : Chalermnit Press, 1973. p.79.
중국에서 전해진 이야기라 하면서 남장한 소녀가 수도원으로 공부하러 가던 소년을 만나 사랑하나 신분 차이 때문에 여자의 부모가 반대하여 사랑을 이루지 못하고 결국 죽어서 만나게 되었으며, 그들의 무덤에는 나비가 날았다는 내용을 간략히 소개하고 있다.

15) 이수자는 <세경본풀이>가 양축설화의 수용이라는 서대석과 장주근의 주장에 대해 의문을 제기하면서, 자청비가 남장을 하고는 문도령과 함께 기거하며 글공부를 하고 이런 공부가 끝난 뒤 함께 돌아오던 중에 자신이 여자임을 밝히는 대목은 양축설화의 수용이 아닌 원래부터 있었을 가능성이 있으며, 이것이 오히려 후대에 민담에 수용되어 같은 류의 설화나 고소설의 모태가 되었을 것이라고 단편적이지만 주장하고 있다. 하지만 이렇게 주장하는 근거는 구체적으로 언급하고 있지 않다 [이수자, 앞의 글(1990), 152~153쪽]. 그런데 이런 주장이 성립되려면 근원을 이루는 제주도의 자료가 원래 어떤 모습이었는지, 그리고 육지로는 어떻게 전해져 폭넓게 무가나 고소설, 설화 등을 이루게 하였는지가 설득력 있게 설명되어야 할 것이다. 더 나아가 이른 시기부터 문헌을 비롯해 소수민족들에게까지도 다양한 형태로 폭넓게 전승되던 중국 자료에는 어떻게 영향을 주었는지에 대한 해명도 필요할 것이라고 본다.

* 장주근: 중국의 동진시대 이래로 있어왔던 양축설화가 원대의 <축영대잡극>, 명대의 <양산백보권> 등의 강창문학으로 전개되면서 우리나라에 유입되어 고소설 <양산백전>과 함경도무가 <문굿>을 형성시켰다. <양산백전>과 문굿은 형성연대가 막연하여 선후 영향관계를 논할 수 없고, 제주도에는 민담 <자청비이야기>, <세경본풀이>가 있는데, 그 근원을 달리해 전승되었을 가능성은 있지만 중국의 양산백설화에 근원을 두고 있음은 분명하다.[17]

* 조현희: <양산백전>과 <세경본풀이>, <문굿>, <자청비이야기> 등이 중국 양축설화의 영향을 받아 형성되었다는 전제 하에, 이들 자료들을 구체적으로 비교하여 공통점과 차이점을 제시하고 있다. 각기 전승양상에 따른 독자적인 면모일 뿐 별개의 작품은 아니다.[18]

* 정규복: <양산백전>은 중국의 양축설화를 토대로 이를 소설화하는 과정에서 부분적인 개변이 있었으며, 함경도무가 <문굿>은 중국설화의 영향이기보다는 고소설 <양산백전>의 영향으로 형성되었다. 그 근거는 인물명칭이 중국 것보다 고소설에 상통하는 점, 무녀가 하층이었기에 중국의 것을 소화할 능력이 없다는 점 등이다.[19]

이들 선행연구의 주장을 전체적으로 정리한다면 다음과 같다.

첫째, 중국의 양축설화가 이입되어 <양산백전>과 <문굿>, 제주민담 <자청비이야기>, <세경본풀이> 등 같은 계열의 작품들을 형성시켰다.

둘째, <세경본풀이>는 같은 계열의 작품들에 비해 다소 이질적인 면모가 있는데, 그렇다고 별개의 것이거나 독자적으로 생성된 것이라고 볼 수는 없다.

16) 서대석, 앞의 글(1968), 99~108쪽.
17) 장주근, 『풀어쓴 한국의 신화』(집문당, 1998), 143~145쪽.
18) 조현희, 앞의 글(1989).
19) 정규복, 「양산백전고」, 『중국연구』 Ⅳ집(한국외대 중국문제연구소, 1979).

셋째, 중국의 양축설화가 각기 무가 및 소설을 형성시켰는지, 또는 소설로 전해지던 것을 무가가 수용한 것인지는 아직 명확하지 않다. 비록 정규복이 소설의 영향으로 함경도 무가가 형성되었다고 하나 그 근거가 미약하다. 그가 들고 있는 명칭의 차이는 '축영대'와 '추앙대' 정도이고, 무녀가 하층신분이어서 중국에서 전해진 설화나 소설을 소화할 수 없었다면 우리의 문자화된 소설을 소화하지 못할 것임도 마찬가지로 쉽지 않았을 것이기 때문이다.

이상에서 볼 수 있듯이 중국의 양축설화가 근간이 되어 형성된 작품군이라는 데는 대체적으로 동의하나 이들이 어떤 형태로 어떤 시기에 유입되었는가는 아직 해명되지 못했고, 각기 다른 양상을 보이는 고소설, 무가, 민담의 선후관계 및 영향수수 관계도 뚜렷하게 밝혀지지 못한 상태이다. 따라서 이것이 긴요한 문제이겠지만 이 글에서 관심을 갖는 바는 이런 문제들을 해결하는 데 있는 것은 아니다. 다만 이들 선행연구의 검토를 통해 <세경본풀이>가 양축설화에 근원을 둔 동계의 작품으로 인정되고 있다는 점만 우선 명확히 해두고자 한다. 왜냐하면 같은 근원을 지닌 작품임에도 왜 이처럼 <세경본풀이>는 후반부에서 특히 독자적인 면모를 보이는가 하는 문제가 이 글의 주된 관심사이기 때문이다.

<세경본풀이>의 전반부는 <문굿>, <양산백전>, 제주민담 <자청비>와 인물의 성격, 서사적 내용 및 전개과정이 일치하고 있다. 비록 제주도 자료에서 남녀주인공의 명칭이 문국성문도령과 자청비라는 이름으로 달리 나타나지만 그 이름만 차이를 보일 뿐 그 성격이나 행위는 크게 다르지 않다. 하지만 문도령과 자청비가 자청비의 방에서 함께 유숙한 뒤 정표를 주고는 이별하는 후반부는 중국의 설화나 보권 등에서는 물론 우리의 동계 여타 자료에서도 전혀 찾아볼 수 없는 독자적인 양상으로 전개된다. <문굿>이나 <자청비이야기>에서는 여주인공이 신행길에 상사병으로 죽은 남자의 무덤 곁을 지나다가 갈라진 무덤 사이로 들어가고 다시 합쳐진 무덤 사이에 남겨진 옷자락이 나비나 파리, 모기가 된다는 형태로 종결되고, <양산백전>에서는 좀

더 발전하여 군담적 성격을 가미한 채 남녀주인공이 환생하여 부귀공명을 누리는 형태로 진행된다. 물론 이런 <양산백전>의 후반부는 중국 <양산백보권>의 영향이며,[20) 군담적 요소의 가미는 당대 사람들이 군담류를 좋아했기 때문에 첨가된 것일 뿐이다.[21) 곧 <세경본풀이>를 제외한 동계의 여타 자료들은 중국의 것과 크게 다르지 않아 독자적으로 생성된 양상을 찾아보기는 어렵다는 것이다. 반면 <세경본풀이>의 후반부는 다르다. 정수남이라는 목축신적 성격을 지닌 인물이 중요하게 설정되어 문도령 자청비와 더불어 삼각관계의 인물구도를 이루고, 자청비는 남편을 탐색하는 천상여행을 하며, 또한 하늘나라에서는 세변을 막는 여성영웅적 면모를 보이기도 한다. 또한 자청비와 정수남이 각기 농경신과 목축신의 신직을 부여받아 이 세상에서 신격이 되는 것으로 종결된다. 따라서 이런 <세경본풀이>의 후반부는 동계의 여타 자료에서는 찾아볼 수 없는 독자적 내용을 지닌 것으로, 동계의 소재적 원천이 제주도로 유입되어 일반신본풀이화 하면서 제주도 신화적 성격을 토대로 자체적으로 형성 결합된 부분이라 할 수 있을 것이다. 따라서 <세경본풀이>가 지니는 제주도 신화적 성격을 찾기 위해서는 이런 후반부에 대한 구체적인 검토가 이루어져야 할 것이다. 우선 <세경본풀이>의 후반부 내용을 정리하면 다음과 같다.

1. 문도령을 기다리다가 정수남의 꾀임에 빠지고, 겁간하려는 정수남을 죽여 집에서 쫓겨남
2. 청태국 마귀할멈의 양육을 받다가 문도령과 만날 기회를 놓치고는 쫓겨나 중이 됨

---

20) 장주근, 앞의 글; 서대석, 『군담소설의 구조와 배경』(이화여자대학교출판부, 1985); 안동준, 「적강형 애정소설의 형성과 변모」, 『문학연구』 7집(우리문학연구회, 1988). 127쪽.
  이들 글에서 <양산백전>의 후반부가 독자적으로 생성된 것이 아니라 중국 <양산백보권>의 영향이었음을 밝히고 있다.
21) 서대석, 위의 글, 248~249쪽.

3. 옥황선녀를 만나 승천한 뒤 문도령과 재회하고 시험을 통과하여 며느리
  로 인정받음

4. 하늘나라의 세변을 막는데 자원해서 출전하여 공을 세우고 상을 받음

5. 서천꽃밭에서 꽃감관의 사위가 되고, 환생꽃으로 죽은 정수남과 문도령
  을 살려냄

6. 하늘나라의 변란을 막은 공으로(첩과의 갈등으로) 중세경의 신직과 오곡
  의 종자를 받아 하강하여 세경신이 됨

7. 정수남은 하세경 목축신이 됨[22]

이런 후반부의 핵심적인 내용은 다음 몇 가지로 정리될 수 있을 것이다.

가. 정수남이라는 인물의 설정과 자청비와의 관계

나. 자청비의 남편탐색담

다. 자청비의 천상무용담

라. 정수남을 살리기 위한 자청비의 서천꽃밭 여행

마. 중세경으로 세경신(농경신)이 되는 자청비와 하세경으로 목축신이 되는
  정수남

가)의 정수남이라는 인물의 설정은 <세경본풀이>가 지니는 가장 독자적
이고 특징적인 면모라 할 수 있다. 동계의 작품들에서 핵심적인 인물은 남녀
주인공에 한정된다. 비록 <양산백전>에서 추양대의 남편으로 심생이 설정
되어 있어 <세경본풀이>의 정수남과 같은 존재로 발전될 소지가 없는 것은
아니지만, 그는 부차적인 인물이고 양산백과 추양대의 사랑을 더욱 극적으로
맺어지게 하는 인물에 불과하다. 하지만 <세경본풀이>의 정수남의 설정은

---

22) <세경본풀이>에 대한 이본비교는 박경신에 의해 충실히 이루어졌기에 그의 이본 비교표를 토대로
  하여 정리한 것이다[박경신, 앞의 글(1986)].

이와는 근본적으로 차이가 있다. 정수남은 자청비가 문도령과 헤어진 후 갑자기 끼어들어 중요한 역할을 하는 존재이다. 자청비와 함께 신직을 부여받는 존재이고, 자청비의 배우자로서의 면모도 다소 보여지기 때문이다. 하지만 지금까지 선행연구에서는 정수남의 존재에 대해 그다지 비중을 두지 않았다. 정수남이 신으로 모셔지게 된 까닭도 악신도 대접해야 한다거나[23] 아예 그 가치를 인정하지 않고 비중 있게 언급하지 않는 것이 일반적이었다. 과연 그런지 의문이다.

<세경본풀이>에서 정수남은 특히 자청비에게 있어 각별한 존재이다. 먼저 정수남은 자청비와 문도령 사이에 개입하여 삼각관계를 만드는 인물이다. 문도령이 하강하는 곳을 안다는 것을 빌미삼아 자청비를 유인해서 겁탈하려 한다. 곧 강제적인 사랑의 실현을 시도하는 것이다. 그런데 이 부분은 세경놀이의 내용과도 상통하는 양상이기도 해서 흥미롭다. 세경놀이는 시집살이가 싫어 도망하던 여인이 들판에 앉아 소피를 보다가 건달총각에게 겁탈을 당하고 거기에서 낳은 자식이 농작물의 풍성한 수확을 거둔다는 것을 주 내용으로 하는데, 이것이 <세경본풀이>에서 정수남과 자청비 사이의 겁탈 사건과 흡사하며, 이 결과로 낳은 자식이 풍작을 거둔다는 점에서도 자청비가 농경 풍요신임을 감안한다면 상통된다는 것을 알 수 있다.

이외에 자청비는 정수남을 죽이고 살린다고 해서 부모에 의해 추방된다. 곧 자청비가 집에서 추방되어 고난을 겪게 되는 까닭이 바로 정수남에게 있는 것이다. 또한 자청비는 문도령과 결연을 하는 것으로 나타나지만 정수남에 대한 위함은 각별하다. 죽은 정수남을 살리기 위해 서천꽃밭을 여행해서 환생꽃을 가져온다. 물론 각편에 따라 정수남과 죽은 남편을 모두 살려내는 것으로 나타나기도 하지만 남편을 되살리는 대목은 결락되어 있어도 정수남을 재생시키는 부분은 모든 각편에서 공통되게 나타난다. 그리고 안사인본을

---

23) 위의 글, 297~298쪽.

비롯한 몇몇 자료에서는 자청비가 서천꽃밭에서 환생꽃을 가져오기 위해 부엉이를 잡는데, 이 부엉이의 영혼이 곧 정수남의 환생으로 나타나는 것도 흥미롭다. 자청비는 지붕에 올라 옷을 벗고는 "정수남아, 정수남아, 혼정魂情이 싯건 부엉이 몸으로 환생허영 원진 나 젯가심 우의나 올라앉아 보라"고[24] 하며 정수남의 영혼을 부르자 부엉이가 자청비의 가슴에 와서 앉았다고 한다. 이것은 자청비와 정수남의 성적 결합을 상징하는 화소로 파악될 수 있을 것이다. 이처럼 <세경본풀이>에서는 정수남이 단순한 하층의 종이기보다는 자청비에 대한 남녀관계 속에서 파악되는 배우자의 성격을 강하게 지닌다.

한편 정수남이 <세경본풀이>에서 중요한 인물이라는 점은 말미에 자청비가 중세경으로 농경신의 신직을 부여받듯이 하세경으로 목축신이라는 신직을 부여받는다는 데서 다시 확인된다. <세경본풀이>에서 정수남의 존재가 중요하지 않다면 이런 신직이 부여될 리 만무하다. 아울러 자청비의 결연자인 문도령은 상세경이 되었지만 그 기능이 무엇인지 불분명하다. 더 나아가 지상에서 자청비와 함께 신직을 수행하는 것은 하세경인 목축신 정수남이다. 문도령은 천상계에 머물러 있을 뿐이다. 여기에서 정수남과 자청비의 관계를 농경신과 목축신의 결합관계로 파악하는 것은 지나친 비약은 아닐 것이다.

이렇게 볼 때 정수남은 <세경본풀이>의 특히 후반부에서 부차적인 인물에 불과한 것은 아닌 것으로 판단되며, 농경신인 자청비의 배우자 성격을 지닌 존재로 여겨진다.

나)는 자청비가 여러 가지 고난을 거치면서 문도령을 찾아가 아내로 인정을 받는 것으로, 이런 자청비의 남편탐색담 또한 동계의 여타 작품에서는 찾아볼 수 없는 독자적 면모이다. <양산백전>에서도 양산백과 추양대가 다시 환생하여 사랑의 결실을 맺지만, 이는 천정天定에 따른 것이고 초월자인 태을성인이 이들 부탁을 들어준 데 따른 것이다. 비현실적 세계의 막연한 힘의 개

---

24) 현용준, 『제주도무속자료사전』(신구문화사, 1980), 347쪽.

입으로 이들을 결합시키는 형태이지만 <세경본풀이>에서는 자청비의 의지와 노력에 의해 이루어지는 결실이라는 점에서 전혀 성격이 다르다. 이것은 제주도 여성의 강한 생활력과 적극적인 삶의 모습이 신화에 반영된 양상이라 할 수 있을 것이다.[25]

한편 이런 나)는 '남편탐색담'의 형식을 그대로 띠는 것으로 <세경본풀이> 또는 제주도신화에서만 찾아볼 수 있는 독특한 화소는 아니다. 잃어버린 남편을 찾아 여행을 떠나고 어려운 난제를 해결하고는 아내로 인정받게 되는 형의 이야기는 Stith Thompson이 'Type425 잃어버린 남편을 찾아서'라고 해서 분류하고 있듯이 <큐피트와 푸시케>로 대표되는 많은 이야기가 세계 곳곳에서 전해진다.[26] 우리의 <구렁덩덩신선비> 설화도 이런 형태를 보이는 대표적인 자료로,[27] 구렁이신랑과 결혼한 여인이 금기를 어겨 남편을 잃고 아내가 남편을 찾아서 험난한 여행 끝에 결국 남편을 되찾는다는 내용이다. <세경본풀이>에서 자청비가 문도령을 찾아가는 것은 이런 '남편탐색담'의 형식을 그대로 따르는 것으로, <세경본풀이>에 왜 이런 남편탐색담이 결부되었는지는 불분명하다. 다만 제주도 여성의 적극적이고 강한 생활력이 반영된 한 형태로서 전개된 것일 수도 있겠고, <구렁덩덩신선비> 설화에서 구렁이신랑의 성격이 수신적 존재임을[28] 감안한다면 농경풍요신인 자청비가 농경에 필수적인 물을 관장하는 신격을 찾아가는 모습을 염두에 두고 연결시켰을 가능성도 생각해 볼 수 있지만 확실하지는 않다. 여하튼 나)는 동계 자료들과 비교해서는 독자적 면모라 할 수 있지만, 반드시 제주도만의 고유한 신화적 특징이라 볼 수는 없는 것이다.

다)의 자청비의 천상무용담은 농경신을 부여받는 결정적 계기가 된다는 점

---

25) 이 점에 대해서는 이미 박경신이 구체적으로 지적한 바 있다[박경신, 앞의 글(1986), 299~300쪽].
26) Stith Thompson, 윤승준 외 역, 『설화학원론』(계명문화사, 1992).
27) 우리나라의 <구렁덩덩신선비>설화를 큐피트 사이키설화와 대비한 연구로는 임석재의 「구렁덩덩 시선비설화와 큐피트 사이키설화의 대비」[『한국 일본의 설화연구』(인하대출판부, 1987)]과 서대석의 「<구렁덩덩신선비>의 신화적 성격」[『고전문학연구』 3(한국고전문학연구회, 1986)]이 있다.
28) 서대석, 위의 글, 199~202쪽.

에서 중요하다. 천자국에 변란이 일어나자 자청비가 자원해서 출정해 적을 물리치고, 그 공으로 오곡을 얻어 농경신이 되는 것이다. 그런데 이 부분은 고소설 <양산백전>에서 다시 환생한 양산백이 과거급제 후 도원수가 되어 오랑캐를 물리치는 부분에 대응된다고 할 수 있다. 하지만 그것이 작품에서 지니는 의미는 판이하다. <양산백전>에서 양산백이 서달을 물리치는 대목은 내용의 전개에 있어 반드시 필요한 요소라고 보기 어렵다. 이런 변란을 물리침으로써 양산백과 추양대가 부귀영화를 보장받는 것은 아니기 때문이다. 양산백이 과거에 급제하여 한림학사 겸 표기장군에 오르게 되기는 하지만 오랑캐의 변란을 막은 공으로 해서 그의 입지나 행복한 생활이 달라지는 것은 아니다. <양산백전>에서 양산백의 출정은 남성의 당연한 역할로 받아들여지고, 그 의미도 양산백이 단순히 탁월한 장수적 역량을 지닌 존재임을 확인시켜 주는데 있다. 곧 이것은 부귀영화를 누리는 한 과정일 뿐 내용의 전개에 있어 필수적인 부분은 아닌 것이다. 오히려 흥밋거리를 제공하기 위해 당대 사람들이 즐겼던 군담적 요소를 가미한 것에 불과하다.[29] 반면 <세경본풀이>에서의 자청비의 천상무용담은 신직을 획득하는 계기가 된다는 점에서 반드시 필요한 구성요소라는 점에서 큰 차이가 있다. 특히 이런 양상은 제주도 <송당계본풀이>에서 자신子神이 강남천자국의 무용담을 겪은 후 신직을 부여받는 모습과도 같은 것이어서 그것과 관련이 있지 않나 생각된다. 그리고 <세경본풀이>에서는 <양산백전>의 양산백에 대응되는 인물인 문도령이 출정하여 세변을 막는 것이 아니라 자청비가 여성영웅으로서 면모를 보여준다는 점에서 특징적인데, 이 또한 제주 여성의 적극적인 생활상이 반영된 것이기도 하겠지만 보다 더 중요한 점은 자청비가 천상을 여행하여 배우자를 얻고 탁월한 장수적 역량을 발휘하여 공을 세우고 신직을 부여받아 귀환해서

---

29) 서대석은 <양산백전>이 작품구조나 주제면에서 군담이 개입되어야 할 필연적인 이유를 찾기 어렵다고 하면서, 이것은 군담이 독자 계층의 흥미소로 작용하면서 부연된 것에 불과하다고 밝힌 바 있다(앞의 책, 248~249쪽).

신격으로 좌정하게 되는 과정이다. 특히 굳이 여성인 자청비가 문도령을 대신해 이런 세변을 막는다고 설정했을까 하는 점이 의문인데, 이것은 <송당계본풀이>의 자신의 해중무용담과 밀접한 관련이 있기 때문일 것이다. 즉 <송당계본풀이>에서 보면 자신子神이 버림을 받고는 용왕국을 여행해서 셋째 딸을 배우자로 얻고, 강남천자국의 세변을 막아주고는 그 공을 바탕으로 제주도로 귀환해 당신이 되는 과정을 겪는데, 자청비의 여행 및 무용담은 이 구조를 그대로 따르고 있는 것이다. 이런 점에서 다)는 <송당계본풀이>에서 보이는 자신子神의 무용담의 변형일 가능성이 크다. 이 점에 대해서는 다음 장에서 보충 설명하도록 하겠다.

한편 라)의 죽은 이를 되살리기 위한 서천꽃밭으로의 여행은 특히 제주도 일반신본풀이에서 흔히 볼 수 있는 양상이다. 서천꽃밭은 여기서 다루는 <세경본풀이>를 비롯해 <이공본풀이>와 <문전본풀이>, <삼승할망본풀이> 등에서 찾아볼 수 있는데, 인간의 생사를 관장한다고 여겨지는 신화적 공간임을 알 수 있다.[30]

<세경본풀이>에서 서천꽃밭의 여행은 자청비가 정수남을 되살리기 위해서 이루어진다. 여기서 자청비는 남장을 하고는 거짓사위가 되어 도환생꽃을 가져와 정수남을 되살리게 된다. 이렇게 서천꽃밭에서 환생꽃을 가져와 죽은 이를 되살리는 화소는 <이공본풀이>와 <문전본풀이>에서도 같은 모습으로 나타나며, 되살린 인물이 나중에 신격이 되거나 신의 세계에 편입되는 양상도 공통적으로 보여준다. 이렇듯 제주도 일반신본풀이에서 서천꽃밭은 중요한 신화적 공간으로 자리매김하고 있지만, 이런 공간 관념이 제주도에만 국한되어 나타나는 것으로는 보기 어렵다. 본토에서는 물론 서천꽃밭이라는 동일한 공간이 설정되어 나타나지는 않지만 <바리공주>에서 볼 수 있는 서천서역국과 같은 공간이 있어 험로를 지나고 물을 건너는 도보여행을 통해

---

30) 이수자, 『제주도 무속과 신화 연구』(이화여자대학교 박사학위논문, 1989), 188~191쪽.

도달하게 되며, 이 곳에 있는 약수나 꽃이 죽은 사람을 재생시킨다는 의식도 마찬가지로 있음을 찾아볼 수 있기 때문이다. 따라서 라)의 서천꽃밭으로의 여행은 제주도 신화적 특징으로만 한정짓는 것은 곤란하며, 제주도에 특히 이런 인간의 삶과 죽음을 관장하는 신화적 공간인 서천꽃밭에 대한 관념이 특히 잘 발달되어 있다고 보는 것이 마땅할 것이다. 자청비가 세변을 막는데 사용하는 수레멜망악심꽃이라든가 <이공본풀이>의 웃음꽃, 싸움꽃 등 다양한 꽃을 설정하고 있다는 점, 그리고 이 곳의 배경이 구체적으로 그려지고 있는 것 등은 제주도 일반신본풀이에서 서천꽃밭에 대한 관념이 잘 발달되어 있는 증거라 할 수 있다. 또한 이 곳은 인간의 생명과 관련된 문제를 관장하는 곳임은 물론 더 나아가 악한 인물을 징치할 수 있는 근원을 제공하는 곳이라는 의식까지도 찾아볼 수 있다.

이렇듯 라)는 제주도의 일반신본풀이에서 흔히 찾아볼 수 있는 서천꽃밭이라는 신화적 공간관념에 대한 인식이 토대가 되어 있다고 할 수 있다.

한편 서천꽃밭의 환생꽃으로 정수남과 문도령을 죽음으로부터 재생시키는 것은 <세경본풀이>가 지닌 농경의 풍요성과도 무관한 설정은 아닌 듯 보인다. 서천꽃밭의 의식적 기저에는 식물의 생장과 인간의 생사를 동일시하는 의식이 내재되어 있다고 할 수 있다. 그런데 이것은 다른 한편으로 인간을 죽음으로부터 재생시키는 모습을 통해 식물의 풍작을 기원하는 의식과도 상통하는 것이다. <세경본풀이>가 농경신의 기원을 이야기하는 것이고 그 목적이 농작물의 풍요에 있다고 했을 때, 이러한 신화에서의 죽음으로부터의 재생 과정은 가을에 지는 식물들이 봄에 다시금 재생하는 양상에 대응하는 것으로 풍요기원 심리의 반영과 무관하지 않을 것이라고 생각한다.[31]

마지막으로 마)는 자청비와 정수남이 각기 신격으로 좌정하는 것으로, 이들

---

31) 인간의 삶과 죽음이 농작물의 풍요와 밀접한 관련이 있음은 Osiris숭배에서도 확인되며, 大林太良도 『신화학입문』에서 이 점을 지적한 바 있다. 大林太良, 권태효 외 역, 『신화학입문』(새문사, 1996), 126~127쪽.

이 신격으로 큰굿에서 모셔지게 까닭이 되는 것이기도 하다. <세경본풀이>가 무속신화이기에 어떤 직능을 지닌 신격을 획득하는가 하는 설명이 결말부에 수반되어야 하는 것은 물론이다. 그런데 동일한 소재를 원천으로 하는 함경도의 <문굿>같은 경우는 무속신화임에도 그 신격의 성격이 불분명하다. 다만 망묵굿에서 이런 <문굿>이 길을 닦는데 소용된다는 것만 분명할 뿐 양산백 추양대가 어떤 직능을 수행하는 신격인가는 막연하다. 그리고 이렇게 망묵굿에서 쓰이는 것은 결말부의 양산백과 추양대가 함께 무덤 속으로 들어가고는 무덤이 합쳐지며 종결되는 것과도 무관하지 않을 것이다. 곧 함경도의 <문굿>은 망자의 죽음과 밀접한 관련을 지니는 반면 제주도의 <세경본풀이>는 농경신과 목축신의 좌정유래담으로 큰 차이가 있다. 이런 차이는 분명 <문굿> 내용과 같은 전반부 때문이기보다는 후반부 곧 정수남의 마소를 부리고 말머리고사를 지내게 하는 모습이라든가 자청비가 변란을 평정하고는 오곡을 청하여 받고는 지상으로 내려오는 화소들에 기인하는 것이다. <세경본풀이>의 자청비와 정수남이 농경신과 목축신을 차지하는 양상은 분명 전적으로 제주도 나름의 신화적 관념의 소산이라 할 수 있을 것이다.

이상 <세경본풀이>의 독자적 면모를 보이는 후반부의 특징을 살펴보았다. 여기서는 대체로 제주도 고유의 신화적 관념이 중심이 되고 있고, 나)와 라)처럼 본토와 공통되게 보이는 신화소가 있더라도 대체로 제주도적인 속성을 반영하고 있음을 알 수 있다. 특히 나)가 제주여성의 적극적인 활동성을 바탕으로 한다는 점, 라)에서 서천꽃밭의 도환생꽃으로 죽은 이를 살리는 과정 등은 이런 공간관념이 특히 제주도에서 특히 잘 발달된 데 따른 개입이라는 점 등을 파악할 수 있었다. 이렇듯 본토와 공통적으로 나타나는 신화소 또한 제주도 나름의 신화적인 반영을 하고 있는데, 보다 더 주목되는 점은 이외의 전형적인 제주도만의 의식의 소산으로 보이는 가), 다), 마)의 면모가 제주도 토착적인 신화 형태인 당신본풀이 특히 제주도 당신화의 조종祖宗으로 여겨지는 <송당계본풀이>에 밀접히 관련되는 양상을 보인다는 것이다. 따라서 다음 장에서는 이 점에 대한 구체적인 검토가 이루어질 것이다.

3. <세경본풀이>의 제주도 토착신화적 면모와
   <송당계본풀이> 와의 관련양상

<세경본풀이>의 독자적인 면모는 자청비가 문도령과 이별한 데서부터 전개되는 후반부이며, 그 후반부의 중심이 되는 화소들에 대해서는 이미 전장前章에서 구체적으로 검토한 바 있다. 그런데 이런 후반부의 핵심적인 사건 전개가 단선적이지 않고 복합적인 층위로 전개된다는데 주목할 필요가 있다. 우선 <세경본풀이>의 후반부는 자청비가 떠나버린 문도령을 찾아 온갖 고난을 겪으며 천상여행을 하는 남편탐색담 형태로 전개되는 한 축이 있다. 이것은 전반부의 자청비와 문도령의 사랑을 이야기하는 서사의 축을 그대로 따라가는 것이라 할 수 있다. 그런데 후반부에서는 다른 한편으로 정수남이라는 자청비의 종을 설정하여 자청비와 새로운 관계 속에서 사건을 만들어가고 있어 서사의 또 다른 한 축을 마련하고 있음을 볼 수 있다는 것이다.

그런데 이런 후반부의 양상에서 의문되는 점은 전반부의 서사적 전개를 이어간다고 했을 때 자청비의 남편탐색담만으로의 단선적 전개가 훨씬 자연스러웠을텐데 왜 굳이 자청비와 정수남이라는 새로운 축을 마련하고 있는가 하는 점이다. 특히 이런 새로운 축이 마련됨으로써 오히려 내용의 전개가 매끄럽지 않은 양상을 보인다는 점을 생각해 볼 필요가 있다. 정수남은 자청비가 문도령을 찾아가는데 있어 반드시 필요한 인물이 아니다. 그럼에도 문도령을 만나게 해준다는 핑계로 자청비를 겁간하려 하고 말머리고사를 지내는 등 정수남과 자청비 사이의 일이 장황하게 본풀이 후반부의 첫머리에 개입되어 있다. 뿐만 아니라 자청비는 정수남을 되살리기 위해 서천꽃밭을 여행하여 환생꽃을 가져다가 그를 재생시키는데, 이렇게 어렵사리 되살려 놓은 정수남은

그 이후 부분에서는 아무런 역할도 없이 사라진다. 그러다가 다시 끝부분에 신직을 부여받는 데서 갑자기 등장하여 자청비와 함께 지상에서 신격으로 자리매김을 하게 된다.

이렇듯 자청비와 정수남 사이에서 일어나는 사건들은 자청비의 남편탐색담이 중심이 되는 이야기 축에 조화롭게 결합된다기보다는 다소 이질적이기까지 하다. 그럼에도 이렇게 정수남이라는 인물을 설정하여 자청비와 정수남의 관계 속에서 전개되는 또 하나의 이야기 축을 만든 까닭은 무엇인가? 이것은 <송당계松堂系본풀이>와의 관련성 속에서 파악해야 어느 정도 해명될 수 있을 것이다. 이런 <세경본풀이>의 후반부는 <송당계본풀이>와 밀접한 연관성을 보여주기 때문이다. 따라서 그 관련양상을 구체적으로 살피면서 이 문제에 접근하도록 하겠다.

<세경본풀이>의 남신인 정수남과 여신인 자청비의 관계는 그 인물성격이나 이들의 결합양상, 위계성 등 다각도에서 <송당계본풀이>의 부모신인 소로소천국과 백주또에 밀접하게 대응되는 양상을 보여준다. 그 구체적인 관련양상은 다음과 같이 파악할 수 있다.

첫째, 남신의 성격이다. 정수남과 소로소천국의 성격을 대비시켜보면 다같이 육식성과 대식성을 지닌 수렵목축신적 성격의 존재임을 알 수 있다. 정수남은 소와 말 아홉 마리에 길마를 지워 나무하러 갔다가 잠을 자는 사이 마소를 다 죽게 만들고는 그 죽은 마소의 가죽을 벗겨 불에 구워 먹는다. 마소 아홉 마리를 한꺼번에 먹는 대식성과 아울러 육식성을 지닌 존재임을 잘 보여주는 대목이다. 또한 그가 목축신적 성격을 지니는 것은 후에 하세경으로 목축신이 되는 데서도 명확하게 나타나지만, 그보다 앞서 상전인 자청비를 말에 태워 문도령을 만나러 가려고 하는 대목에서 밥 아홉 동이, 국 아홉 동이, 술 아홉 동이, 돼지머리를 차려놓고 고생하는 말을 위해 말머리고사를 지내도록 하는 데서도 잘 확인할 수 있다. 이것은 말을 다루는 능력을 받드는 것이며, 아울러 말을 관장하는 목축신에 대한 대접이라 할 수 있다. 또한 이런

많은 양의 제물을 마부만 먹어야 한다며 혼자 먹어치우는 데서도 그의 대식성은 다시금 확인되는 것이다. 한편 <송당계본풀이>에서의 소로소천국은 원래 사냥으로 생업을 이어가던 존재였다. 이런 성격은 백주또를 만나면서 소를 이용해 농사짓는 형태로 변형된다. 사냥을 주업으로 삼아 육식을 하던 데서 가축을 기르고 이용하는 능력을 획득한 것이며, 더 나아가 농경으로의 생업의 변화를 도모한다. 소천국 또한 대식성을 지닌다. 백주또는 일하는 소천국을 위해 밥 아홉 동이, 국 아홉 동이를 마련한다. 그가 대식성을 지녔음을 잘 보여주는 것이다. 그러나 이 점심을 지나가던 중이 다 먹어 치우자 소천국은 밭 갈던 소를 불을 피워 잡아먹고 다시 이웃의 소까지 잡아먹는다. 본질적으로 지녔던 육식성으로의 회귀라 할 수 있으며, 수렵목축신적 성격을 다시금 확인할 수 있는 것이다. 이렇듯 정수남과 소로소천국은 신의 성격 면에서 일치하고 있음을 파악할 수 있다.[32]

둘째, 여신의 성격 또한 일치한다. 자청비와 백주또는 모두 농경풍요신적 성격이 뚜렷한 존재이다. <세경본풀이>의 자청비는 하늘 옥황에서 세변을 막아 공을 세운 뒤 오곡의 씨앗을 얻어 이 세상으로 내려와 중세경으로 농신이 된다. 그리고는 마음씨 착한 사람에게는 풍년을 들게 해주고 악한 사람에게는 흉년을 내리는 농경풍요신으로의 기능을 수행한다. <송당계본풀이>의 백주또 또한 오곡을 가져오지는 않지만 농경신적 성격을 뚜렷하게 지닌 존재이다. 수렵목축신적 성격의 소천국에게 농사를 짓도록 권한다. 많은 식구들을 먹여살리기 위해서는 농사를 지어야 한다면서 소천국에게 농사를 짓게 한다. 또한 소천국이 농사짓던 소를 잡아먹자 소도둑놈, 말도둑놈이라며 살림분산을 요구한다. 하지만 실상은 그의 육식성에 대한 불만이고 미식성을 갖지 못한데 대한 식성의 차이에 따른 갈등과 별거라 할 수 있다. 백주또는 미식성의

---

32) 장주근은 <송당계본풀이>를 비롯한 제주도 당신화에서 남신이 육식성을 지니고 여신이 米食性을 지니며, 이들이 결합했다가 식성 때문에 별거하게 되는 양상에 대해 구체적으로 살핀 바 있다. 그리고 이것들이 당신화의 핵심적인 구성요소가 되고 있음도 아울러 밝히고 있다. 장주근, 「제주도 당신신화의 의미와 구조」, 『한국신화의 민속학적 연구』(집문당, 1995).

농경신적 성격을 지닌 존재이다. 농경의 풍요성을 분명히 인지하고 있어 남편에게 권하는 것은 분명 농경풍요신으로서의 면모를 보이는 것이며, 육식성을 기피하면서 제물로 미식성의 음식을 받는 것에서도 농경신적 성격을 알수 있다.[33] 따라서 자청비와 백주또는 다 같이 농경신적 성격을 지닌 존재라는 점에서 상통하고 있음을 확인할 수 있는 것이다.

셋째, 이들 육식성·목축신의 남신과 농경풍요신인 여신이 결합하는 양상을 보여준다는 것이다. 비록 <세경본풀이>에서 직접적인 결연의 모습은 보이지 않지만 정수남이 자청비를 겁탈하려는 모습, 그리고 천상에서 신직을 부여받아 이 세상에 내려와서 정수남과 함께 신직을 수행한다는 점에서 이들의 관계는 남녀신의 결합적 성격을 분명히 지닌다. 또한 자청비가 정수남을 죽였다가 다시 살리기 위해 서천꽃밭을 여행하는 과정은 이들의 관계가 단순히 상전과 종의 신분적 상하관계로 파악하기 어려우며 아주 각별함을 보여주는 것이다. 자청비와 정수남의 관계를 이렇게 남녀신의 결합으로 파악했을 때 이것은 육식성의 소천국과 미식성의 백주또가 결연하는 양상과 같다는 것을 알 수 있다. 한편 정수남과 자청비의 결합이 온전하지 못하고 겁간하는 형태로 부정적인 면모를 보이는 것은 <송당계본풀이>에서 이런 성격의 남녀신이 결연했다가 서로 헤어지는 대목과도 상통하는 바가 없지 않다. 소천국은 식성 때문에 일방적으로 헤어질 것을 강요당하고 있어, 자청비가 정수남을 거부하는 양상에 대응된다는 것이다.

넷째, 농경신이 목축신보다 우위에 있다고 하는 사고관념이다. <세경본풀이>에서 농경신인 자청비와 목축신인 정수남의 관계는 상전과 하인의 관계로 나타난다. 하지만 단순히 신분적 상하관계를 나타낸 데 있다기보다는 목축신보다는 농경신이 우위에 있다는 사고의 신화적 반영으로 보인다. 이 점은 후에 신직을 부여받을 때 농경신인 자청비는 중세경이 되고, 목축신인 정

---

33) 현용준, 앞의 책(1986), 201쪽.

수남은 하세경이 되어 농경신이 우위의 신격임을 분명히 하는 데서도 확인된다. 그런데 이처럼 농경신이 목축신보다 우위에 있다고 하는 관념은 <송당계본풀이>를 중심으로 한 제주도 당신화에서 찾아볼 수 있는 뚜렷한 특징이다. <송당계본풀이>에서 보면 백주또는 소천국에게 많은 자식들을 먹여 살리기 위해서는 농사를 지어야 한다고 권한다. 수렵보다는 농경이 먹거리를 마련하기 위해 더 마땅한 생활방식이라는 것이며, 우위에 있다는 관념의 소산이다. 뿐만 아니라 소천국이 두 마리의 소를 잡아먹었을 때 이것을 계기로 살림분산을 요구한다. 비록 이웃소를 도적질한 탓이라고 명분을 세우고 있지만 그보다는 육식성의 생활 자체를 부정하게 여긴 때문이다. 제주도 당신화에서는 식성의 갈등이 두드러지게 나타난다. 보통은 소천국과 백주또처럼 부모대의 갈등에서 미식성의 여신이 육식성의 남신과 갈라설 것을 요구하는 것이다. 경우에 따라서는 미식성을 지닌 자신子神이 돼지발자국에 고인 물을 먹다 돼지털이 코를 찔러 또는 돼지털을 그을린 것을 냄새 맡고 동경내가 난다고 하여 육식성의 여신을 귀양정배 시키는 모습을 보이기도 한다.[34] 이런 식성의 갈등에서 항상 우위에 있는 쪽은 미식성을 지닌 쪽이고, 육식성의 신격은 다소 부정하다는 의식도 찾아볼 수 있다.[35] 여하튼 <송당본풀이>에서 농경신적 성격의 백주또가 수렵목축신적 성격의 소천국보다 긍정적이고 더 우위에 있는 양상은 분명하고, 이 점이 <세경본풀이>에서 자청비의 정수남에 대한 우위와 다른 양상은 아니다.

이상과 같이 자청비와 정수남의 성격과 관계는 <송당계본풀이>의 백주또와 소로소천국에 밀접하게 대응하는 양상을 찾아볼 수 있다. 이런 양상은 <세경본풀이>의 후반부가 <송당계본풀이>를 기반으로 형성되었거나 적어도 그 형성에 크게 영향을 미쳤기에 가능한 것이겠지만, 일단 여기서는

---

34) 장주근, 앞의 글, 140~141쪽; 권태효, 「건국신화와 당신신화의 상관성 연구」(경기대학교 석사학위논문, 1989), 68~72쪽.

35) 제주도 당신화나 당제에서 육식성의 신격이 하위신이고 米食性의 신격이 상위신이라는 위계의식이 뚜렷하게 나타나고 있다. 현용준, 앞의 책, 203쪽; 진성기, 『남국의 무속』(형설출판사, 1987).

<세경본풀이>에서 동계 여타 자료와 비교해 독자적 면모를 보이는 후반부 첫머리가[36] <송당계본풀이>의 부모신의 결연 및 별거까지의 과정과 밀접하게 대응되고 합치된다는 점만 분명히 지적하기로 한다. 그 관련양상이 단지 이것에 국한되는 것만은 아니기 때문이다.

<송당계본풀이>와 관련해서 또 하나 <세경본풀이>의 후반부에서 주목되는 점은 자청비와 정수남 사이의 사건 이후에 전개되는 자청비의 천상여행 및 그 결과가 <송당계본풀이>에서 자신子神이 추방되어 펼치게 되는 여행담과 흡사한 구조로 전개된다는 것이다. <세경본풀이>의 자청비나 <송당계본풀이>에서 자신子神의 여행담은 공통적으로 ① 부모로부터의 버림-② 이계여행을 통한 배우자 획득-③ 변란을 막는 무용담-④ 귀환하여 신격으로 좌정이라는 형태로 구성되어 있다. 따라서 이 점에 대해 좀더 구체적으로 관련지어 검토할 필요가 있다.

먼저 부모로부터의 버림 부분이다. <세경본풀이>에서 자청비가 천상여행을 떠나게 되는 계기가 부모의 버림에서 비롯된다는 것은 흥미롭다. 비록 추방되는 이유가 <세경본풀이>에서는 정수남을 죽인 때문으로 되어 있어 불효한 죄 불경한 죄 때문에 쫓겨나는 <송당계본풀이>의 자신子神과는 차이가 있지만, 이계로의 여행 계기가 부모의 버림으로부터 비롯되었다는 것은 뚜렷한 공통점이라 할 수 있다. 자청비가 문도령을 찾아가는 대목은 굳이 부모의 버림으로부터 비롯되지 않고 자신의 의지에 따른 것으로 설정한다고 해도 전혀 무리가 없다. 실제로 <구렁덩덩신선비> 설화와 같은 남편탐색담의 경우는 일반적으로 스스로의 의지에 따라 남편을 찾아가게 된다. 그럼에도 이처럼 남편탐색의 여행 계기를 부모의 추방 때문으로 설정한 데는 <송당계본풀

---

36) 박경신은 여러 이본을 대조하면서 강일생본에서는 정수남을 자청비가 죽이고는 서천꽃밭에서 환생꽃을 가져와 되살리는 부분이 뒤로 가 있지만 원래의 배열순서는 다른 이본들과 마찬가지로 자청비가 정수남을 죽인 뒤 바로 되살리는 것이라고 밝히고 있다[박경신, 앞의 글(1986), 291쪽]. 곧 정수남은 후반부 첫머리에 자청비와 함께 사건을 전개하고는 사라졌다가 끝에 다시금 출현해 신직을 부여받는다.

이>의 자신子神의 여행담 구조가 의식적으로든 또는 무의식적으로든 작용했기 때문이 아닌가 여겨진다.

다음으로는 이계여행을 통한 배우자 획득의 과정이 이어진다. <세경본풀이>에서 자청비는 천상계로 바로 진입하지 않고 마귀할멈의 양육을 받다가 쫓겨나 중이 되고, 물 뜨러 온 옥황의 선녀들을 만나 하늘에 오르게 된다. 이처럼 이계를 여행하는데 있어 매개자 또는 초월자의 도움을 얻는 것은 이계여행담에서 흔히 볼 수 있는 모습이다. 천상계에 올라가서는 문도령의 방에서 숨어 지내다가 시어머니가 부과한 백탄 숯불 위의 칼선 다리를 통과하는 난제를 해결하고는 며느리로 인정을 받게 된다. 이런 양상은 분명 <송당계본풀이>에서 자신의 용궁을 여행해 배우자를 얻는 것과는 다소의 차이가 있다. 그러나 배우자가 이계에 있으며 여행을 통해 배우자를 획득한다는 점, 그리고 <송당계본풀이>에서 자신子神이 용왕국 상나무가지에서 풍운조화를 일으켜 그의 존재를 확인시키듯이 뛰어난 능력을 지닌 존재라는 점을 확인시킨 뒤 배우자를 얻게 된다는 점에서 동일함을 볼 수 있다. 즉 부모로부터 버림받은 것이 여행의 동기가 되고, 그 여행목적 또는 성과가 배우자를 얻는 것이며, 자신의 능력을 확인시켜준 뒤 며느리나 사위로 인정받게 된다는 점에서 일맥상통한다는 것이다.

이렇게 배우자를 획득한 뒤에는 자청비와 자신子神의 영웅무용담이 다 같이 펼쳐진다. <세경본풀이>에서 자청비는 천자국에 일어난 세변 또는 문선왕과 다른나라 왕 사이에 일어나는 전쟁에 자원하여 출정한다. 아카마쓰赤松·아키바秋葉가 채록한 자료 같은[37] 경우는 <송당계본풀이>와 마찬가지로 인간 대국으로 이동하여 그 곳에 일어난 난리를 평정하기도 한다. 이처럼 변란이 생기고 이 변란을 여행자가 영웅적 능력을 발휘하여 평정하는 양상이 공통되는 것이다. 그런데 여기서 흥미로운 점은 <세경본풀이>에서는 부부

---

37) 赤松智城·秋葉隆, 심우성 역, 『조선무속의 연구』 상(동문선, 1991).

중 문도령이 아닌 여성인 자청비가 출정하여 영웅무용담을 전개하게 된다는 점이다. <양산백전>에서 양산백이 출정하여 서달의 난을 평정하는 것이라든가 <송당계본풀이>에서 문곡성 또는 괴뇌깃도가 용왕국 따님아기와 결연 후 함께 강남천자국으로 가서 목이 여러 개 달린 장수들을 차례로 물리치는 데서 볼 수 있듯이, 이런 영웅무용담은 부부 중 남신의 역할인 것이 보다 자연스러울 것이다. 그럼에도 이처럼 자청비의 몫으로 영웅무용담을 배정한 것은 자청비가 여행의 주체이고 자청비가 신직을 부여받는 존재라야 되기 때문이다. 이런 영웅무용담은 자청비가 신직을 획득하는 직접적인 계기가 된다. 자청비는 그 결과로 오곡을 얻고 지상으로 귀환하여 중세경인 농경신으로 좌정하게 되는 것이다. 이 점에서 <송당계본풀이>의 자신이 동일한 무용담을 펼친 후 제주도로 돌아와 당신堂神이 되는 양상과 일치하는 것이다. 여기서 자청비의 천상무용담은 <송당계본풀이>의 자신子神이 펼치는 무용담의 변형일 가능성이 크다. 자신의 역할을 자청비가 하게 되면서 여성임에도 영웅무용담을 펼치게 되고 이 결과로 신직을 부여받게 되는 것이다.

마지막으로 <세경본풀이>나 <송당계본풀이>는 모두 여행자가 제주도로 귀환하여 신으로 좌정해 신직을 수행하는 형태로 끝맺음을 하고 있다. <세경본풀이>에서 자청비는 제주도의 한 쪽 땅을 떼어달라고 청하거나 떼어주는 천자국의 땅을 거절하고 오곡종자를 청하여 받아 제주도로 귀환한다. 이런 양상은 <송당계본풀이>에서 변란을 막은 자신의 모습에서도 동일하게 나타난다. 천자가 땅 한 조각, 물 한 조각을 떼어주겠다는 것을 거절하고 본국인 제주도로 돌아가겠다고 한다. 양자 모두 자신이 도움을 주었던 나라의 땅을 차지하고 다스리는 것을 거절하고 제주도로 귀환하여 신격이 되고자 하는 의지를 잘 보여준다. 다음으로 이들이 신직을 부여받고 제주도로 돌아와서 신직을 수행하는 모습에서도 일치점이 보여진다. <세경본풀이>에서 자청비는 정수남에게 밭 가는데 가서 점심을 얻어먹으라고 해놓고 푸대접을 하는 쪽에는 농사를 망치게 하고 정성껏 대접한 쪽에는 풍년을 내려준다. 또한

<송당계본풀이>에서는 자신子神이 당신堂神으로 좌정하여 대접하러 오는 자가 없자 상단골 중단골 하단골에게 풍운조화를 내려 대접을 받게 된다. 이처럼 양자 모두 끝부분에 농신으로서 또는 당신으로서 신앙민들에게 그 영험함을 구체적으로 인지시키고 그에 따른 신앙민들이 제를 지내며 숭앙하도록 하는 것이다.

이외에도 <세경본풀이>에는 백중이면 말머리고사를 지내도록 한다고 했는데, 이런 백중일이 중요한 당제일堂祭日이라는 점도 주목할 만하다. 제주도의 당제는 신과세제, 영등굿, 백중제(또는 마불림제), 시만국대제 등 일년에 네 번을 정기적으로 지냈었는데,38) 이런 중요한 당제의 제일이 구체적으로 <세경본풀이>와 관련된다는 것은 그만큼 <세경본풀이>가 당신화 및 당제와 친연성이 있는 일반신본풀이라는 것을 알게 하는 것이라 하겠다.

한편 <세경본풀이>의 말미에서 정수남이 다시금 출현해 신직을 부여받는 모습은 <송당계본풀이>에서 자신子神이 귀환해 당신으로 좌정할 때 백주또와 소천국이 다시 등장하여 자신과 함께 당신이 되는 양상에 그대로 부합된다. 후반부 첫머리의 정수남이 등장하는 대목에서 정수남과 자청비의 관계는 <송당계본풀이>의 소천국과 백주또의 성격을 그대로 지닌다고 했다. 이런 정수남이 자청비의 천상계여행 동안은 사라졌다가 끝부분에 다시 나타나 목축신이 된다. 그런데 <송당계본풀이>에서도 마찬가지로 부모신인 소천국과 백주또가 자신의 여행담 동안은 등장하지 않다가 자신이 제주도로 돌아와 당신이 되는 끝부분에 와서 다시 출현해 당신으로 좌정하는 모습을 보이게 된다.

이상의 관련양상을 통해 볼 때 앞서 의문으로 제기했던 <세경본풀이> 후반부 첫머리가 전반부에서 이어지는 내용과 조화롭지 못함에도 굳이 정수남을 설정하여 자청비와 정수남의 새로운 이야기 축을 마련한 까닭과 중요하게 등장하던 정수남이 갑자기 사라졌다가 끝부분에 다시 등장해 신직을 부여받

---

38) 현용준, 앞의 책, 240~243쪽.

는 까닭을 알 수 있는 것이다. 곧 <세경본풀이> 후반부는 <송당계본풀이>의 인물 설정이나 그 성격, 사건의 전개양상, 짜임새 등을 그대로 따르고 있는 것이다. <세경본풀이>가 비록 외래적 소재 원천을 수용하여 전반부를 마련하고는 있지만 그 기반에는 토착적 당신본풀이인 <송당계본풀이>가 있었던 것이고, 이에 따라 이런 밀접한 관련성 및 대응양상을 보이는 독자적인 면모의 본풀이로 전개될 수 있었던 것이다. 또한 이 때문에 굳이 소천국의 성격을 지닌 정수남을 설정할 필요가 있었고, 정수남이 재생했다가 사라진 뒤 끝에 다시금 출현시켜 신직을 부여받도록 장치했던 것이라 여겨진다. 곧 이미 신격을 부여받을 존재나 신직의 성격까지도 이미 정해져 있었던 데서 본풀이 내용들이 가닥을 잡아갔을 가능성도 있다고 하겠다.

양자의 관련양상을 좀더 명확하게 하기 위해서 <세경본풀이>와 <송당계본풀이>의 전체적인 짜임새를 놓고 비교하면서 정리할 필요가 있겠다.

<세경본풀이>와 <송당계본풀이>의 관련성은 B에서부터 구체적으로 확인된다. 가)의 A부분은 동계의 여타 자료와 같이 양축설화 내용과 일치하는 부분으로 제주도만의 독자적인 것만은 아니다. 따라서 이 부분은 <송당계본풀이>에서 또는 여타 당신화에서 찾아볼 수 없는 것은 당연하다. 문제는 B부터이다. 여기서부터 <세경본풀이>가 제주도신화로서 독자적인 면모를 보이는 것으로, 가)의 B와 나)의 B가 남녀신의 성격이나 그 관계 등이 일치하는 양상이 뚜렷하여 앞서 이미 구체적으로 지적한 바 있다.

	A	B	C	D
가) 세경본풀이	자청비와 문도령의 사랑(동계 여타 자료와 동일 부분)	자청비와 정수남 사이의 사건	자청비의 천상여행담 및 무용담	자청비 농경신으로 좌정(정수남 다시 출현해 목축신으로 좌정)
나) 송당계본풀이		백주또와 소로소천국의 결연 및 별거	子神의 용왕국여행 및 강남천자국의 무용담	子神의 당신 좌정(백주또와 소천국 다시 출현해 당신으로 좌정)

그런데 가)의 A-B-C로 전개되는 양상에서 군이 B가 들어갈 필요가 있는가 하는 것이 의문이었다. A에서 C로 바로 전이된다고 했을 때 전체적인 사건전개가 어색하지 않고 오히려 더 자연스러웠을 텐데도 군이 가)에서 B부분이 있어야 하는 이유는 그 인물의 성격이나 관계 등이 나)의 B부분에 밀접하게 대응되고 있음을 볼 때 나)가 바탕이 되었기 때문에 가능한 설정이며 사건전개라고 보아야 한다. 한편 나)와의 B부분에서의 밀접한 관련성을 인정한 채 가)의 전개양상을 살펴본다면 가)의 C부분에서 자청비가 천상여행의 주체가 되는 것은 분명 문제가 있다. 나)의 B부분과 관련지어 따져본다면 백주또에 해당하는 신격의 여행담이 펼쳐지는 모습이라 할 수 있기에 이것을 관련짓는 것 자체가 모순이라고 할 수도 있을 것이다. 하지만 가)는 A부분이라는 본질적인 굴레를 지니고 있다. 남장한 자청비와 문도령의 사랑이라는 동계 여타 자료와 동일한 소재적 원천을 가져와 이미 전반부를 채우고 있기에, 문도령과 자청비의 관계를 인정한 채 C를 전개해 나갈 수밖에 없는 한계가 있다. 여기서 나)의 자신子神 대신 모신母神에 해당하는 자청비가 남편을 찾아 천상계로 여행하는 변형이 이루어진다. 그렇다고 이렇게 자신子神 대신 모신격母神格인 자청비가 여행의 주체가 된다고 해서 그 전개양상이나 행위가 변하는 것은 아니다. 이계를 여행해서는 배우자를 얻고 영웅무용담도 그대로 전개해 나간다. 그리고 D부분에서 신직을 부여받고 돌아와서 신격으로 좌정하게 되는데, 나)에서는 부모들이 죽어서 자신子神과 함께 당신堂神으로 좌정하는 반면 가)에서는 모신격인 자청비가 이미 자신의 역할까지도 동시에 수행하기에 정수남만이 끝부분에 다시 등장해 신격으로 좌정하게 되는 것이다. 곧 정수남이 <송당계본풀이>의 부신父神인 소로소천국에 해당되기에 이후에 펼쳐지는 자신子神의 해중여행담과 무용담의 변형이라 할 수 있는 자청비의 남편탐색담과 천상무용담에서는 사라졌다가 신격으로 좌정하는 대목에서 소로소천국과 마찬가지로 다시금 등장해 목축신으로 좌정하는 모습을 띠게 된다는 것이다.

이렇게 볼 때 <세경본풀이>의 동계 여타 자료와는 다른 독자적 면모를 보이는 후반부는 <송당본풀이>를 기반으로 하여 형성되었다고 볼 수 있다. 외래적인 소재 원천을 받아들인 한계 때문에 그것에 맞게 문도령과 자청비의 사랑을 이루는 중심축을 설정하여 정수남을 끼어들게 하고 자신子神의 여행담 대신에 자청비가 남편을 찾는 천상여행을 펼치게 되지만, 그렇다고 그 본래적 성격이 변하는 것은 아니다. 후반부 첫머리에 갑자기 등장한 정수남과 자청비의 관계는 <송당계본풀이>의 부신父神 모신母神에 그대로 대응되고, 다음으로 추방된 자신子神이 펼치는 용궁여행 및 무용담은 자청비가 다시금 딸의 입장으로 돌아가 부모에게 추방되어 남편을 찾는 여행을 하는 형태로 변형된 채 전개되고 있는 것이다. 아울러 이런 여행 및 무용담 후의 신격으로의 좌정 부분에서도 소로소천국과 백주또가 끝에 다시금 나타나 당신이 되는 것과 마찬가지로 정수남이 출현하여 신직을 부여받게 되는 것이다. 곧 남녀신의 성격이나 전체적인 사건전개 양상, 짜임새 등 <세경본풀이>의 후반부는 <송당계본풀이>에 그대로 부합되고 있는 것이다. 그런데 일반신본풀이인 <세경본풀이>가 영향을 주어 제주도의 가장 중심이 되는 당신본풀이인 <송당계본풀이>를 형성시켰다고 보기에는 무리가 있기에, <세경본풀이>는 <송당계본풀이>를 토대로 외래적인 소재를 받아들여 독자적이고 흥미로운 나름의 일반신본풀이를 창출해낸 것이라 할 수 있겠다.

이상 <세경본풀이>와 <송당계본풀이>의 관련성을 검토하여 <세경본풀이>의 동계 여타 자료와는 다른 독자적인 면모를 보이는 후반부가 <송당계본풀이>를 직접적인 토대로 하여 형성되었을 것임을 밝혔다. 그렇다면 이처럼 <세경본풀이>의 형성에 있어 <송당계본풀이>의 직접적인 영향이 있었다는 것은 어떤 의미가 있는가? 이것은 다음 두 가지로 정리할 수 있다고 본다.

첫째, 지금까지는 직접적인 관련성이 없다고 여겨졌던 제주도의 일반신본풀이와 당신본풀이가 서로 밀접한 상관성 속에 있었다는 것을 알게 되었다는 점이다. 뿐만 아니라 더 나아가 일반신본풀이의 형성에 당신본풀이가 직접적인 기반이 되었다는 것도 확인할 수 있었다. 선행연구에서는 일반신본풀이가 당신본풀이와는 그 성격이나 기능, 용도 등에 있어 선명히 구분되고 동시에 그 시원이나 발생면에서도 근본이 다른 별개이며, 다만 당신본풀이만이 지명이라든가 주변 환경을 잘 반영한 제주도 토착의 신화 형태로 여겨졌었다.[39] 그리고 혹 관련이 있다는 언급이 있더라도 당신화 중 크게 성장한 설화형이 외형상 일반신본풀이에 비견된다고 하는 정도였다.[40] 그러나 비록 아직까지는 이 글을 통해 밝혀진 <세경본풀이>에 국한되는 것이기는 하겠지만, 일반신본풀이의 형성에 당신본풀이가 직접적인 영향을 미치고 있으며 그 토대가 된다는 것이 밝혀졌다고 하겠다. 곧 제주도 무속신화의 근간은 토착신화 형태인 당신신화이고, <세경본풀이>는 이것을 바탕으로 외래적 소재 원천을 적절히 소화하면서 나름의 일반신본풀이를 형성하고 있는 것이다.

아울러 제주도의 당신본풀이가 기원형 – 기본형 – 성장형 – 완성형,[41] 또는 태동형 – 기원형 – 기본형 – 성장형 – 완성형 – 설화형으로[42] 발전하는 양상을 보인다는 연구가 이미 있었는데, 당신본풀이인 <송당계본풀이>가 직접적인 기반이 되어 <세경본풀이>가 형성되었음을 볼 때 당신화의 성장이 단지 당신화 자체로만 한정되는 것이 아니라 더 발전되어 일반신본풀이를 형성시키는 데까지 나아가고 있는 양상도 확인된 셈이다.

둘째, <세경본풀이>가 <송당계본풀이>를 바탕으로 하여 형성되었다는 것은 다른 한편으로 <송당계본풀이>의 본래적 면모를 역 추정할 수 있는 근거를 마련하는 것이 아닌가 생각된다. 송당과 그 본풀이는 제주도의 당과 당본풀이의 조종祖宗으로 여겨진다. 송당의 본풀이에 따르면 부신父神인 소천국과 모신母神인 백주또 사이에 태어난 아들이 18명, 딸이 28명, 손자가 378명이어서 이들이 도내 각 마을에 퍼져 본향신이 되었다고 한다.[43] 이렇듯 송

---

39) 장주근, 앞의 글, 346~347쪽.
40) 현용준, 앞의 글, 37~38쪽.
41) 장주근, 앞의 글, 131~134쪽.
42) 현용준, 앞의 글, 28~39쪽.
43) 현용준, 위의 글, 87쪽.

당이 제주도의 당과 당신화의 조종이 되고 있는데, 그렇다면 왜 송당이 이처럼 제주도 신당의 한 본산으로 계보화 되고 유명하게 되었는가 하는 의문이 생긴다.[44] 송당리는 중산간촌의 다소 큰 마을이기는 했지만 아주 큰 마을은 아니었으며, 인구도 그다지 많은 곳이 아니었다.[45] 그럼에도 제주도 당의 조종이 되고 당신의 계보가 전도에 넓게 분포한 데는 그만한 까닭이 있었을 것이다. 그런데 <송당계본풀이>가 <세경본풀이>의 형성에 밑그림이 되었고 농경신과 목축신이라는 신직 부여 자체가 여타의 것에서는 찾아볼 수 없는 제주도의 독자적인 것임을 감안한다면, <송당계본풀이>의 소천국과 백주또는 단순한 당신이 아니라 본디 제주도 고유의 농경신과 목축신적 존재로 믿어지고 기능을 수행하던 신격이었을 가능성이 있다고 본다. <송당계본풀이>에서 모신인 백주또가 농경신적 성격이 뚜렷하고, 부신인 소천국이 수렵목축신적 성격이 뚜렷하다는 것은 이미 널리 밝혀진 바이다. 이런 점으로 미루어 추정하건대 송당의 부모신인 소천국과 백주또는 원래 수렵목축신과 농경신으로 기능을 하면서 아울러 마을을 차지하여 당신으로 자리하고 있었는데, 큰굿 제차가 체계적으로 마련되고 그에 적합한 일반신본풀이가 형성되면서는 목축신과 농경신에 대한 기능은 <세경본풀이>에 나타나는 정수남과 자청비에게 넘겨주고 당신으로서의 직능만 수행하게 되었기 때문이 아닌가 여겨진다. 곧 <송당계본풀이>가 제주도의 당과 당신의 조종으로 자리매김하게 된 데는 한 마을을 관장하는 당신으로서의 권능에 기인했던 것이 아니라 그 이전부터 그들 신격이 지니고 있다가 일반신본풀이에 넘겨준 농경신과 목축신적 직능 때문이 아닌가 조심스럽게 추정해본다.

---

44) 이에 대한 구체적인 의문은 장주근이 제기한 바 있다. 장주근, 「마을수호신의 신화」, 앞의 책, 46쪽.
45) 장주근, 위의 글.

4. 결론

본고는 제주도의 일반신본풀이인 <세경본풀이>와 당신본풀이인 <송당계본풀이>의 관련성을 구체적으로 검토하여, <세경본풀이>가 <송당계본풀이>를 기반으로 하여 형성되었다는 것을 밝히고자 하는 글이다. 이것은 지금까지는 별개의 것으로만 여겨졌던 일반신본풀이와 당신본풀이가 밀접한 관련이 있었음을 밝히는 작업이기도 하며, 일반신본풀이가 어떻게 생성되었는가 하는 본원적인 문제에 접근하고자 하는 시도이기도 하다.

그러면 이 글에서 밝힐 수 있었던 바를 요약하면서 마무리 짓도록 하겠다.

먼저 <세경본풀이>는 전반부는 중국의 양축설화를 소재적 원천으로 하는 것으로, 함경도무가 <문굿>, 고소설 <양산백전>, 제주민담 <자청비이야기> 등과 인물의 성격, 서사적 내용 및 전개양상이 일치하고 있어 동일한 계통의 자료임을 알 수 있다. 하지만 후반부는 정수남이라는 인물의 설정과 자청비와의 관계, 자청비의 남편탐색담, 자청비의 천상무용담, 정수남을 살리기 위한 자청비의 서천꽃밭 여행, 중세경으로 농경신이 되는 자청비와 하세경으로 목축신이 되는 정수남의 좌정담 등으로 내용이 전개되고 있어 동계의 여타 자료에서는 전혀 찾아볼 수 없는 독자적인 면모를 보이게 된다. 이렇게 독자적인 면모를 보이는 후반부는 분명 제주도 나름의 고유한 신화적 기반을 지닌 채 형성되었을텐데, 여기서 제주도 토착신화 형태인 당신본풀이와의 관련성을 검토해볼 필요가 있다.

그런데 <세경본풀이>의 후반부는 실상 <송당계본풀이>와 많은 부분 흡사한 모습을 보여준다. 무엇보다도 후반부의 첫머리에서는 정수남이 갑자기 등장하여 자청비를 겁간하려 하는 등 자청비의 배우자적 성격을 지닌 채 새로운 사건의 축이 마련되는데, 여기서의 정수남과 자청비의 성격 및 관계는 <송당계본풀이>의 소천국과 백주또에 그대로 대응되고 있음을 볼 수 있다. 그 일치되는 양상은 다음 네 가지이다.

첫째, 남신의 성격이 다 함께 대식성과 육식성을 지닌 수렵목축신적 존재이다.

둘째, 여신의 성격은 모두 농경풍요신적 성격이 뚜렷한 존재이다.

셋째, 육식성과 목축신적 성격의 남신과 농경풍요신이 결합하는 양상을 보여준다. 아울러 <세경본풀이>에서는 정수남이 자청비를 겁간하려는 형태로 비정상적인 결합을 보이는데 <송당계본풀이>에서는 식성의 갈등 때문에 소천국은 백주또에게 일방적으로 헤어질 것을 강요당하고 있어, 여신이 남신을 거부하여 정상적인 결합을 이루지 못한다는 점에서도 일치한다.

넷째, 농경신이 목축신보다 상위에 있다고 하는 신격의 위계관념이 동일하게 나타난다.

한편 이런 정수남과 자청비의 사건 이후에는 자청비가 남편을 찾는 천상여행을 떠나게 되는데, 이 과정이 "부모로부터의 버림－이계여행을 통한 배우자 획득－변란을 막는 무용담－귀환하여 신격으로 좌정"이라는 형태로 구성되어 있어 <송당계본풀이>에서 자신子神이 추방되어 펼치게 되는 여행담과 동일한 구조로 전개된다는 것을 알 수 있다. 그런데 이처럼 자신子神의 여행이 아닌 자청비의 여행담이 나타나는 것은 전반부가 이미 문도령과 자청비의 사랑이라는 외래적 원천을 받아들여 채워진 부분이기에 어쩔 수 없이 이런 한계를 인정하면서 자청비가 잃어버린 남편을 찾아 여행을 떠나는 형태로 변형된 것이다.

마지막의 신직의 부여 부분에서도 <세경본풀이>와 <송당계본풀이>는 흡사한 양상을 보인다. <송당계본풀이>에서 자신子神이 귀환해 당신으로 좌정하는데 있어 그 부모가 등장하여 신격이 되듯이 <세경본풀이>에서도 정수남이 다시금 등장해 신직을 부여받게 되는 것이다. 이렇게 볼 때 양 신화는 전체적으로 신의 성격이나 전개양상, 내재된 의식 등 다각도에서 합치되고 있음을 볼 수 있다. 그리고 더 나아가 <세경본풀이>의 짜임새가 <송당계본풀이>를 그대로 따르고 있음도 알 수 있다. 자청비와 정수남의 관계－소로소천국과 백주또의 관계 // 자청비의 천상여행담 및 무용담－자신의 용궁계

여행과 강남천자국 무용담 // 정수남과 함께 신격의 좌정 – 부모신과 함께 신격으로 좌정으로 대응되고 있어 <세경본풀이>의 후반부는 <송당계본풀이>의 직접적인 영향을 받아 형성된 것이 아닌가 여겨진다. 일반신본풀이의 영향으로 제주도의 당신의 조종으로 여겨지는 당신화가 형성되지는 않았을 것이기에, 이런 밀접한 관련성은 분명 <세경본풀이>가 <송당계본풀이>를 기반으로 했기에 가능한 양상이다. 곧 <세경본풀이>는 이런 <송당계본풀이>를 토대로 외래적 소재를 받아들여 독자적인 나름의 일반신본풀이를 창출해낸 것이라 할 수 있다.

이상에서 <세경본풀이>의 동계 여타 자료와는 다른 독자적 면모가 제주도의 당신본풀이로부터 비롯되었음을 밝혔다. 이것은 당신본풀이가 제주도 무속서사시의 근간으로서 일반신본풀이를 형성시키고 있음을 보여준다는 점에서 의의가 있다. <세경본풀이>의 근원이 당신본풀이에 있다는 것은 분명 제주도 무속서사시의 생성 및 전개과정을 이해할 수 있는 중요한 단서일 수 있기 때문이다. 하지만 이런 양상이 일반신본풀이 전체에 모두 적용될 수 있을 것인지는 의문이다. 이는 당신본풀이와 일반신본풀이를 폭넓게 검토하고 관련지어 본 뒤 결론을 내릴 문제이다.

제주도 <맹감본풀이>의 형성에 미친 당신본풀이의 영향과 의미

권태효
국립민속박물관
학예연구사

1. 서론

인간이 어떻게 하면 죽음의 굴레로부터 벗어날 수 있을까 하는 문제는 인간이라면 누구나 한번쯤은 생각해보는 관심사이다. 그러나 인간이 현실적으로 죽음으로부터 벗어나는 것이 불가능하므로 신화적 상상력을 토대로 죽음을 관장하는 저승을 상정하고 그 세계와의 교섭을 통해 죽음을 벗어나고자 하는 바람을 신화로 표현하기도 했다. 특히 병들거나 늙어 죽는 것이 아니라 까닭도 모른 채 갑자기 비명횡사하는 것을 두려워했는데, 이런 죽음은 인간을 저승으로 데려가는 저승의 차사신을 잘 대접하여 횡액을 막으면 피할 수 있다고 믿었던 것이다. 이처럼 돌연한 죽음으로부터 인간을 지켜준다는 믿음을 잘 반영한 무속신화가 제주도의 <맹감본풀이>, 전라도와 충청 일부 지역에서 전승되는 <장자풀이>, 함경도의 <황천혼시> 등이다. 이들 세 무속신화는 횡액을 막아주는 기능을 하는 것으로, 그 신화 내용에 있어서도 제주도 것이나 육지의 것이 크게 상이하지 않아 서로 별개의 것이라 보기 어렵다.

실상 제주도 큰굿에서 주로 불려지는 일반신본풀이는 독자적이기보다는 육지와의 교섭에 따라 육지의 것을 수용한 측면이 강하다.[1] 대부분의 일반신본풀이가 육지의 것과 그 내용이 상통하고 있어 이런 자료들이 제주도에서 자생적으로 생겨났다고 보기는 어렵기 때문이다. 이런 까닭에 지금까지는 육지의 자료와 제주도 자료가 같다는 데에 초점을 두어 논의가 주로 이루어진 것이 사실이다.[2] 하지만 이렇게 비슷한 내용의 무가가 공존하고 있다고 하더라도 거기에는 육지의 자료와는 다른 제주도 나름의 변별성도 뚜렷이 간직하고 있어서, 제주도신화가 육지의 신화적 소재를 일방적으로 수용한 것이 아니라 자체적인 신화 기반을 지닌 채, 그것을 나름대로 소화하여 일반신본풀이로 형성시키는 면모를 찾아볼 수 있는 것이다. 필자는 이런 관점에서 <세경본풀이>를 대상으로 삼아 육지에서 전해지는 같은 성격의 내용을 지닌 무가 자료인 <문굿> 및 고소설인 <양산백전> 등과 비교하여 여타 육지 자료에서는 보이지 않고 제주도의 <세경본풀이>에서만 나타나는 독자적인 신화 구성요소들을 추출하였고, 이것이 제주도의 토착신화 형태인 당신본풀이 특히 <송당계본풀이>에 맞닿아 있음을 입증한 바 있다.[3] 곧 제주도의 일반신본풀이가 나름의 자체적 신화 기반을 토대로 육지의 신화 소재를 받아들여 일반신본풀이를 형성시켰다는 것이다. 하지만 여기에서 이런 현상이 단지 <세경본풀이>에 국한되어 나타나는 것인가 하는 점에 대해서는 의문의 여지가 없지 않았다. 그런데 이런 비슷한 양상을 보이는 자료로 주목되는 것이 바로 여기서 다루고자 하는 제주도의 <맹감본풀이>이다.

단명할 운수를 백골을 잘 모셔 그 은덕으로 피할 수 있었다는 것은 육지의 <황천혼시>나 <장자풀이>에서 부분적으로 차이가 있지만 그대로 보여지는 양상인 것이다. 그럼에도 <맹감본풀이>에서는 육지 자료에서는 전혀 찾

1) 장주근, 「서사무가와 강창문학」, 『한국민속논고』(계몽사, 1986); 이수자, 『제주도무속과 신화연구』 (이화여대 박사학위논문, 1989).
2) 장주근, 위의 글; 서대석, 「서사무가연구」, 『국문학연구』 8집(서울대 국어국문학연구회, 1968).
3) 권태효, 「제주도 무속서사시 생성원천에 대한 새로운 고찰」, 『한국민속학』 31집(민속학회, 1999).

아볼 수 없는 독자적인 신화적 면모가 있다. 곧 사만이가 백골을 잘 모신 덕분에 사냥이 잘 되어 큰 부자가 되었다고 하는 점이다. 이것은 단순히 <맹감본풀이>가 육지에서처럼 액을 막고 목숨을 연명하는 데에만 초점이 놓인 것이 아니라 수렵신 계통의 부신富神을 섬기는 당신본풀이를 기반으로 하여 생겨났을 가능성을 제시해주는 것이다. 이 점은 특히 제주도의 토착적인 당신본풀이에 산신 계통의 수렵수호신을 당신으로 섬기는 모습과 상통하는 양상이어서, <맹감본풀이>가 바로 이런 계통의 당신본풀이를 토대로 해서 육지의 자료를 받아들인 것이 아닌가 여겨진다는 것이다. 따라서 <맹감본풀이>는 일반신본풀이에 미친 당신본풀이의 영향을 살필 수 있는 중요한 자료로 판단된다.

그럼에도 지금까지 <맹감본풀이>에 대해서는 연구가 구체적으로 진행된 바 없다. 큰굿을 다루는 데에서 부분적인 논의가[4] 이루어지기는 했어도 <맹감본풀이>만을 독립시켜 논의한 선행연구는 찾아볼 수 없다. 따라서 자료의 존재양상이나 채록된 각편의 비교 등 기본적인 작업조차도 제대로 진행되지 못한 실정이기에 본고에서는 우선 중요 채록 자료에 대한 각편 비교부터 선행할 필요가 있다고 본다.

아울러 <맹감본풀이>와 동일한 성격과 내용을 보이는 자료로 함경도의 <황천혼시>, 전라도와 충청 일부 지역에서 전승되는 <장자풀이> 등이 있음이 지적된 바는 있지만[5] 이에 대한 전체적인 비교 연구는 제대로 이루어지지 못했다. 다만 서대석이 단편적이나마 <맹감본풀이>를 <황천혼시>와 비교한 연구 성과가 있어 본고의 중요한 지침이 된다.[6] 하지만 그 연구도 이른 시기의 것이어서 재점검할 필요가 있고, 또한 <장자풀이>는 비교의 대상

---

4) 현용준, 『제주도무속연구』(집문당, 1986); 이수자, 앞의 글(1989).
5) 이들 세 무가가 동일한 성격의 무가임은 현용준[『민족문화대백과사전』 7 「맹감본풀이」 항목(한국정신문화연구원, 1989)]과 서대석[『민족문화대백과사전』 25, 「황천혼시」 항목(한국정신문화연구원, 1991)]에 의해 지적된 바 있다.
6) 서대석, 앞의 글(1968).

에서 제외되어 있어 이것을 포함하는 전반적인 검토가 필요할 것으로 본다.[7] 그리고 이들 자료와의 대비를 통해 얻어지는 차이점은 무엇보다도 <맹감본풀이>가 지닌 육지의 자료와 변별되는 제주도신화로서의 독자적인 신화적 면모로 파악할 수 있을 것이다. 아울러 이렇게 찾아지는 독자적인 면모가 당신본풀이와는 어떻게 상관이 있는지를 밝힘으로써 이 글이 의도하는 바 일반 신본풀이의 형성 기반에 당신본풀이가 중요하게 작용하고 있었음을 입증하는 데 그 목적을 두고자 한다.

2. <맹감본풀이> 채록본의 비교 검토와 의미 해석

제주도의 <맹감본풀이>는 정월의 당제인 신과세제와 큰굿의 시왕맞이 때 액막이를 위해 주로 불려지는 무가이다. 액막이는 대부분의 굿에서 빠짐없이 행해진다. 특히 제주도의 큰굿에서는 시왕맞이가 아주 중요하다. 굿날을 잡는 것도 이 시왕맞이에 맞춰지고 있으며, 이 제차에 소요되는 시간도 여타 것과는 비교도 되지 않게 길어서 시왕맞이가 중요한 제차임을 알 수 있다. 이런 시왕맞이에서 중요하게 불리는 무가가 바로 <차사본풀이>와 <맹감본풀이>, <지장본풀이>이다. 이 중 <맹감본풀이>는 신과세제 때도 불리기에 심방들에 의해서 중요한 무가로 인식되고 있으며, 실제 활용되는 빈도가 아주 높은 무가임을 알 수 있다. 때문에 지금까지 채록된 제주도의 중요 무가자료집에는 대체로 이 <맹감본풀이>가 빠짐없이 채록되어 있음을 볼 수 있다. 그럼에도 지금까지 이에 대한 구체적인 각편 비교가 이루어진 바 없기에 어

---

7) 그렇다고 해서 이 글에서 <맹감본풀이>, <장자풀이>, <황천혼시> 무가를 본격적으로 비교논의하고자 하는 것은 아니다. 물론 이런 작업이 반드시 필요하겠지만 이럴 경우 지나치게 논의가 확장되어 번다해질 수가 있기에, 본고에서는 <맹감본풀이>가 동계의 육지 자료들과 어떻게 다른지 그 차이점을 확인하여 <맹감본풀이>가 제주도신화로서 갖는 독자성을 찾는 정도의 작업으로 그칠 것이고 구체적인 비교연구는 별도의 논고를 기약한다.

떤 자료가 어떻게 존재하는지, 그리고 그 각편들이 어떻게 같고 다른지를 알수 없었다. 그래서 우선 중요 무가자료집을 대상으로 각편 비교를 할 필요가있다. 그리고 이것을 토대로 그 신화적 성격을 찾고 동계의 육지 자료와 비교하도록 한다.

이본 비교의 대상이 되는 채록 자료본들을 제시하면 다음과 같다.

	제 목	구 연 자	수록책명	채록자	조사일자
㉮	맹감본	이춘아(남제주군 서귀읍 서홍리, 여, 75세)	『제주도무가본풀이사전』	진성기	
㉯	맹감본	변신생(남제주군 중문면 도순리, 여 56세)	〃	진성기	
㉰	맹감본	한태주(남제주군 남원면 위미리, 남 55세)	〃	진성기	
㉱	亽만이본풀이	안사인(제주시 용담동,남)	『제주도무속자료사전』	현용준	
㉲	冥監本解 (맹감본풀이)	고대중(북제주군 구좌면 세화리, 남, 48세)	『한국의 민간신앙』	장주근	1962. 8
㉳	명감본풀이 (亽만이본풀이)	이중춘(북제주군 구좌면 행원리, 남, 66세)	『제주도 무속신화』	문무병	

이들 자료 중 가장 이질적인 모습을 보이는 자료는 ㉮이다. ㉮는 특히 뒷부분이 생략된 채 특이한 변형을 보이는 자료이다. 전반부의 백년해골을 모셔서 부를 얻게 되는 부분도 천태산 마고할아방의 권유에 의해 총을 사고 사냥을 하여 부를 얻는 것으로 변모되어 있고, 후반부의 저승차사를 대접하여목숨을 연명하는 부분도 생략되어 있어 전체적으로 중간에서 끝내버린 듯한인상을 주는 자료이다. 이춘아 심방이 보유한 본래 무가 사설이 그랬는지 또는 채록 시에 여러 주변적인 상황 때문에 뒷부분을 축약하고 앞부분을 중심으로 압축하여 구연하였기에 나타난 현상인지는 알 수 없다. ㉮ 이외의 자료들은 부분적으로 차이를 보이기는 하지만 전체적으로 서사적인 전개의 큰 줄기에서 벗어나는 양상을 보이지는 않는다. 따라서 서사단락을 중심으로 이들채록본들의 구체적인 양상을 비교 정리하도록 하겠다. 먼저 핵심이 되는 서

사단락을 정리하면 다음과 같다.

① 사만이는 조실부모하고 거지생활을 하며 목숨을 연명한다.
② 같은 처지의 여자아이를 만나 같이 동냥을 다니다가 15세 때 결연한다.
③ 총을 구입하여 사냥으로 생업을 삼고자 한다.
④ 사냥을 갔다가 산 속에서 밤을 보내는데 백골이 자신을 모시도록 요구한다.
⑤ 숲 속에서 백골을 찾아 집으로 가져와 상고팡에 모시고 조상신으로 위한다.
⑥ 백골의 도움으로 사냥을 하여 큰 부자가 된다.
⑦ 저승에서 사만이의 친조상이 백골만 섬기고 자신들에게는 제사를 지내주지 않는다고 열시왕에게 탄원을 한다.
⑧ 백골이 사만이가 죽게 되었음을 미리 알려주고 살 방도도 찾아준다.
⑨ 저승차사를 극진하게 대접하자 차사가 다른 사람이나 짐승을 대신 잡아가서 목숨을 연명하게 된다.
⑩ 저승차사들이 시왕을 속이고 저승의 명부를 고쳐 사만이를 삼천년을 살게 한다.
⑪ 불사의 생을 살던 사만이지만 숯을 희게 씻는다는 차사의 꼬임에 빠져 결국 저승으로 잡혀가게 된다.

이상의 서사단락을 중심으로 <맹감본풀이>의 전개양상과 채록본들 간의 차이를 구체적으로 살펴보도록 하겠다.

1) 사만이의 출생과 성장

각편들에서 사만이는 공통적으로 조실부모하고 거지로 생활하며 목숨을 연명하는 모습을 보여준다. 이 점은 각편들 간에 차이가 없지만 사만이의 혈통 및 집안 처지에 있어서는 다소 차이를 보이기도 한다. ㉮의 경우 사만이가 송정승의 아들로 나타나기도 하고 ㉰에서는 선조 대에는 천하거부였으나 아버지 대代에 가난해지고 그를 보살펴 줄 일가친척마저 모두 죽어 거지가 되었다고 한다. ㉰의 경우는 어떻든 가난해진 상태이기에 차이가 없는 것이라 할 수 있어 별 문제가 없지만 ㉮의 경우는 송정승의 아들이라 해서 고귀한 혈통임을 보여주는 듯하다. 그런데 아버지가 이런 '정승'의 칭호를 갖는 양상은 그의 아내에게서도 마찬가지로 보여지는 모습이다. 사만이 아내 또한 소정승의 딸, 조정승의 딸, 장대감 댁 딸 등으로 칭해지고 있는 것이다. 그렇다고 사만이나 그의 아내 혈통이 고귀한 집안 출신인지는 의문의 여지가 없지 않다. 이렇게 정승의 자식이라고 하면서도 부모가 죽자 바로 거지가 되는 것으로 나타난다. 사만이가 송정승의 아들로 나타나는 ㉮의 자료를 보더라도 불과 삼 년 흉년에 굶어죽을 지경이 되어 여섯 살 된 사만이가 동냥을 하여 부모를 공양한다. 또한 그의 아내도 조실부모하자 바로 거지 생활을 하는 것으로 보아 이들이 고귀한 혈통을 지닌 존재로 보기 어렵고, '정승'이라는 호칭은 실질적이기보다는 존칭으로서 상투적으로 붙여진 것으로 보인다. 이 점은 뒤에 백골이 자신을 백정승의 아들이라고 한 데서도 알 수 있다. 백정승이란 수렵을 하여 짐승을 잡아먹고 사는 백정을 높여 부른 존칭이라 할 수 있다. 그래서 ㉰에서는 백골이 백정나라 백정승의 아들이라고 한다. 백정나라라는 것은 수렵 곧 짐승을 죽여 먹고 산다는 뜻에서 붙여진 것이겠고, 백정승은 백골의 수렵신적 성격을 높여서 호칭하고 있는 것으로 볼 수 있다는 것이다. 이렇게 본다면 사만이와 그 아내는 가난한 집안에서 태어나 어려서 조실부모하고 어렵게 살아가는 인물이라 할 수 있다.

한편 한태주 구연본에서는 사만이의 출생 및 성장 부분이 <지장본풀이>와 같은 형태로 나타나고 있어 주목된다. 여기서 사만이는 부모, 조부모, 일가친척들을 차례로 잃어 거지가 되는데, 이처럼 그를 거두어주어야 할 사람들이 차례로 죽는 모습은 <지장본풀이>에서 지장아기가 태어나자 차례로 부모, 조부모, 삼촌 등 거두어주어야 할 집안 식구와 친척들이 모두 죽고, 시집을 가서도 시부모를 비롯한 일족이 차례로 죽어나가 결국 새(邪)가 되고 마는 것과 같은 것으로 사만이가 조실부모하여 거지가 될 수밖에 없는 과정을 이처럼 <지장본풀이>의 앞부분을 따서 구연하고 있는 것이다. 그런데 ㉡의 첫머리가 이런 <지장본풀이>와 동일한 모습을 지니게 된 데는 <맹감본풀이>와 <지장본풀이>의 친연성에서 비롯된 것이 아닌가 여겨진다. 이 두 무가는 큰굿의 시왕맞이 때에 함께 불려지는 무가들이다. 아울러 정월 당제인 신과세제에 액을 막기 위해 <맹감본풀이>가 불리는 대신 <지장본풀이>가 불려지기도 하여8) 이들이 밀접한 관계가 있는 무가임을 알 수 있다. 곧 ㉡ 자료의 사만이 출생과 성장 부분은 <지장본풀이>의 영향을 받아 변이된 자료임을 알 수 있다.

2) 결연

각편들을 살펴보면 사만이의 결혼 부분은 대체로 두 가지 형태로 나타난다. 하나는 ㉮, ㉯, ㉡, ㉺에서 찾아볼 수 있는 모습으로 사만이가 동냥을 다니다가 길에서 우연히 만난 자신과 같은 처지의 거지 여자아이와 함께 동냥을 하며 지내다 15세에 남녀구별법을 알아서 결연했다고 하는 것이다. 곧 생활 능력이 전혀 없이 밥을 빌어먹고 사는 둘의 결합인 것이다. 따라서 사만이가 비록 결연을 했지만 그나 그의 아내 모두 생활 능력이 없는 사람들이며, 마땅한 생계수단을 찾지 못하고 있음을 알게 한다. 한편 다른 하나는 ㉣와 ㉺에서 볼 수 있는 양상으로 새로 얻은 아내가 바느질 솜씨가 아주 좋아 바느질 품을 팔아 겨우 구명도식하는 것으로 나타난다. 하지만 이것도 궁극적인 생계유지의 방편이 될 수는 없다. 그래서 아이들이 생겨나자 당장 먹을 것이 없어 아내가 머리카락을 잘라 팔아 당장 먹을 양식을 마련하고자 한다. 이렇게

---

8) 2000년 음력 정월 14일 성산읍 시흥리의 시흥본향당의 신과세제 때 오춘옥 심방이 액막이로 <지장본풀이>를 구송하는 것을 확인할 수 있었다.

본다면 이 결연 부분은 둘 중 어떤 형태이든 뚜렷한 생계유지 수단을 찾지 못해 궁핍한 생활을 하는 모습의 연장이다.

3) 총을 구입하여 사냥으로 생업을 삼음

마땅한 생계 수단이 없어 곤궁한 생활을 하던 데서 벗어나고자 총을 사서 사냥으로 생업을 삼게 되는 부분이다. 먹을 것이 없어서 아이들이 배고파 울자 아내가 자신의 머리카락을 잘라주며 그것을 판 돈으로 양식을 사오게 한다. 하지만 사만이가 그 돈으로 총을 사와서 사냥을 생업으로 삼게 된다는 것으로, 이처럼 총을 사서 사냥을 생업으로 삼는 과정은 각 편들에서 공통되게 나타나는 모습이다. 다만 사만이 아내가 이렇게 머리카락을 잘라주게 되기까지의 전 단계 과정이 있는가 하는 점에서는 다소 차이를 보인다. ㉮에서는 사만이가 거지생활을 하면서 모은 돈으로 부자가 되었지만 사만이가 노름으로 전 재산을 탕진한 뒤 먹을 것이 없자 아내가 머리카락을 잘라주며 양식을 사오게 하는 과정이 장황하게 전개되며, ㉰와 ㉲에서는 아내가 장자집의 돈을 빌려와서 사만이에게 장사를 하도록 권하는 것으로 나타난다. ㉮에서는 특이한 화소의 변이가 보여지는 것임은 분명하지만 결국 궁핍한 생활상으로 환원되고 있다는 점에서 본질적인 차이는 없다. 또한 ㉰와 ㉲에서는 새로이 마땅한 생업을 찾고자 하는 시도가 있는 것이며, 그 과정 속에서 사만이가 총을 구입한 것임을 알 수 있다. 그런데 ㉰와 ㉲에서는 현실적인 사고에 따라 머리카락을 잘라 판 돈으로는 총을 사지 못한다는 현실적 사고가 개입되어 나중에 벌어서 나머지 돈을 갚는다고 하거나 ㉲의 경우는 아예 빌린 돈으로 총을 사는 형태로 부분적인 변이를 보이기도 한다. 여하튼 ③은 곤궁한 생활로부터 벗어나고자 시도하는 부분이라고 할 수 있다.

한편 앞서 자료 ㉮에 대해서는 여타 이본들과 비교해 특이한 변형을 보이는 이질적인 자료임을 언급한 바 있는데, 그런 변형이 집중되어 있는 부분이 바로 이 ③이다. ㉮자료에서는 ③부분이 크게 확대되어 있고, 거지생활을 하면서 착실히 돈을 모아 부자가 되었다가 노름으로 전 재산을 날리게 되는 과정이 들어있기도 하지만, 무엇보다도 큰 변이를 보이는 부분은 사만이가 청태산 마고할아범에게서 총을 산다고 하는 점이다. 여기서 청태산 마고할아범은 단순히 총을 파는 장사꾼에 불과한 것이 아니며 여타 각 편에서 이 부분에 뒤이어 등장하는 수렵수호신인 백골의 인격화 된 존재로 보인다. 그 이유는 첫째, 청태산 마고할아범은 무가나 고소설에서 위기에 빠진 주인공을 구출해 주는 신격으로 등장하는 존재라는 점,[9] 둘째, 사냥으로 생업을 삼게 하여 그 결과로 잃어버린 부를 되찾도록 해주는 존재여서 여타 각 편의 백골과 동일한 성격과 기능을 보이기 때문이다. 곧 ㉮에서 사만이에게 총을 사게 하는 청태산 마고할아범은 여타 각 편들에서 나타나는 수렵신인 백골의 인신적 형상화인 것이다. 따라서 자료 ㉮는 특이한 변형을 보이기는 하지만 <맹감본풀이>의 전반부 즉 백골을 모셔서 사냥으로 부를 획득하게 되는 과정까지는 그대로 담고 있는 자료라 할 수 있다.

한편 ㉮처럼 이렇게 수렵신을 모셔 부를 얻는 전반부로 완결되는 자료가 있다는 점에서 <맹감본풀이>의 주된 기능이 액막이에만 있는 것이 아니라 수렵의 풍요를 바라는 데에도 있는 것일 가능성을 생각해 볼 수 있다.

4) 백골과의 만남

이 부분은 수렵신이면서 부신富神인 백골과 신앙민인 사만이의 만남 부분이라 할 수 있다. 백골이 등장하지 않는 ㉮ 자료를 제외한다면 사만이가 백골을 만나는 과정은 대체로 a) 사만이가 아무리 사냥을 다녀도 스스로의 능력으

---

9) 청태산 마고할아범은 곧 천태산 마고할미의 남신적 형상화일 것으로, 천태산 마고할미는 최정여·서대석이 채록한 경북 지역의 <바리공주> 무가와[최정여·서대석, 『동해안무가』(형설출판사, 1977)] 고소설 <숙향전> 등에서 주인공이 곤경에 빠졌을 때 도움을 주는 원조자로 나타난다.

로는 아무 것도 잡지 못하고 b) 사냥을 왔다가 객사한 백년해골이 스스로를 현현하여 부자 되게 해줄 테니 자신을 신으로 모실 것을 요구하며 c) 사만이 가 숲으로부터 백년해골을 찾아 집으로 모셔오는 형태로 나타난다. 물론 각 편 ㉣의 경우는 산에서 내려가는 사만이의 왼발에 백골이 거듭 채여서 왼발에 차이는 것은 재수가 좋은 것인데 이는 필시 무슨 곡절이 있다고 여겨 모셔들이는 것으로 나타나 차이가 있기도 하다. 하지만 이런 면모도 신과 신앙민의 만남 과정의 일반적인 모습이다. 당신본풀이를 보면 꿈을 통한 현몽으로 신의 존재를 알리는 경우가 많지만 제주시의 <윤동지영감당>이나 조천면 신촌리의 <일뢰낭거리당>, 함덕의 <서물당> 등의 본풀이에서는 신체가 신앙민에게 거듭해서 출현하자 결국 이것을 모셔 들이는 양상을 보이는 것이다. 비록 신과의 만남 양상은 차이를 보이더라도 신과 신앙민의 만남의 일반적인 형식에서 벗어나는 것은 아니다. 한편 이런 백골과의 만남 부분은 <맹감본풀이>가 당신본풀이의 직접적인 영향 속에서 생성된 것임을 알게 하는 중요한 단초가 된다. 사만이가 이렇게 백골을 모셔 들이는 과정이 당신본풀이에서 신앙민이 당신을 모셔 들이는 모습과 일치하고 있기 때문이다. 이 점에 대해서는 다음 장에서 구체적으로 검토하기로 한다. 여하튼 ④에서는 사만이가 스스로의 능력으로 사냥을 하여 부를 획득한 것이 아니라는 점, 백골이 스스로 부자시켜 주겠다고 모시도록 요구하는 것으로 보아 백골이 수렵의 생업수호신임을 알 수 있게 하는 부분이다.

5) 백골을 조상신으로 모심

사만이는 산에서 백골을 모셔 집으로 가져오지만 바로 집안으로 모셔 들이지 않고 문 앞의 말팡돌이나 멀구슬나무에 걸어두었다가 백골이 집안으로 모셔 들이지 않는다고 원망을 하자 그제서야 집안으로 모셔 들인다. 이 때 백골을 집안으로 모셔 들이는 역할은 대체로 사만이의 아내가 하게 되는데, 이런 백골을 맞아들이는 모습이 당신본풀이와 같은 양상을 보여주고 있어 주목된다. 사만이 아내는 열두 폭 치마를 갖춰 입고 "그 치마폭을 벌려 백골에게 내게 태운 조상이면 이리로 듭서"라고 하자 백골이 치마로 굴러들어오는 것으로 나타난다. 그런데 이런 모습은 여인들이 뱀신과 같은 당신의 신체를 모셔들이는 모습에 그대로 일치하는 것이다. 곧 ⑤는 당신본풀이에서 당신을 모셔 들이는 전형적인 모습인 것이다.

이와 더불어 ⑤에서 당신본풀이와 관련해 주목되는 점은 백년해골을 모셔 들여 상고팡에 모신다는 점이다. 자신에게 태운 조상의 신체를 모셔 들여 상고팡에 두고 모시는 모습은 당신본풀이에서 석상미륵이나 뱀신을 조상으로 여겨 상고팡에 두고 위하는 것과 동일한 모습이다. 따라서 ④와 ⑤부분은 <맹감본풀이>가 당신본풀이와 아주 밀접한 연관 속에 있는 일반신본풀이임을 확인하게 해주는 부분이다.

한편 이렇게 백골을 모셔 들이는 부분에서 또 하나 주목해야 할 점은 백골을 모셔 들여 향물이나 감주甘酒로 깨끗하게 목욕을 시키고 그런 다음 백골을 물명주나 소지로 잘 싸준다는 점이다. 이런 모습은 <장자풀이>에서는 찾아볼 수 없지만 임석재·장주근이 채록한 『관북지방무가』의 <혼쉬굿>에서도 찾아볼 수 있는 부분이다. <혼쉬굿>에서는 삼 형제가 그 날 나무 한 것을 팔아 그 돈으로 종이를 사서 백골을 잘 싸서 묻어주는 것으로 나타난다. 그런데 이와 같이 백골을 향물로 깨끗하게 씻기고 종이와 베로 싸서 모시는 것은 우리의 고유한 장제 곧 이중장인 세골장洗骨葬의 반영이 아닌가 여겨진다. 세골장이란 사람이 죽었을 때 바로 매장하지 않고 초분을 써서 피육皮肉을 탈육시킨 뒤 그 뼈를 수습해서 깨끗하게 씻기고는 매장하는 풍습으로, 이런 이중장은 조선조 말기까지만 하더라도 거의 전국적으로 퍼져 있었다.[10] 이런 장제와 <맹감본풀이>의 백골을 모시는 과정이 어떻게 대응되는지를 살피기

---

10) 이두현, 「장제와 관련된 무속연구」, 『문화인류학』 6집(한국문화인류학회, 1974), 12쪽; 장철수, 「'초분' 항목」, 『민족문화대백과사전』 22(한국정신문화연구원, 1991), 351~352쪽.

위해 우선 씻골하는 과정을 간략히 제시할 필요가 있다.

버드나무箸나 대나무箸로 脫肉한 유골을 머리쪽에서부터 순차로 골라내어 짚으로 만든 솔로 닦고, 香木을 담갔던 향물과 쑥물, 맑은 물로 각각 세 번씩 씻골[洗骨]하고 뼈의 때가 잘 안 씻길 때는 소주나 알콜로 닦는다. 만약 살점이 남았으면 대칼로 세골하기 전에 긁어낸다. 세골한 유골은 백지 위에 누운 순서로 두개골, 목, 팔, 胴體, 다리, 발의 뼈를 맞춰놓고, 시체를 입관할 때처럼 삼베로 묶고, 이 유골을 입관하여 第 2次葬 즉 매장할 묘지까지 상여로 옮겨 매장한다. 곳에 따라서는 상여 없이 칠성판 위에 유골을 맞춰놓고, 비단이나 백지로 싸서 운반하여 관 없이 직접 매장하는 수도 있다.[11]

<맹감본풀이>에서 백골을 모셔 들여 향물로 씻기고 종이나 물명주로 싸는 것은 바로 이런 세골장의 반영으로 보인다. 위에서 볼 수 있듯이 씻골에서 중요한 과정이 뼈를 모아 향물에 씻기는 것과 종이나 베로 그 뼈들을 싸주는 것이다. <맹감본풀이>에서 사만이와 그 아내가 백골을 향물로 씻기고 종이와 물명주로 싸주는 까닭은 사만이에게 태운 조상의 신체가 백골이기에 죽은 조상의 시신을 깨끗이 씻골 하듯이 하여 모셔 들이게 된 것이 아닌가 생각된다. 씻골의 장례 풍습은 현재는 주로 전라도 도서지역에만 남아있지만, 제주도에서도 유사한 장제가 있었던 것으로 보인다. 비록 토장할 때까지의 임시 방편이기는 하지만 초분의 형태로 가매장했다가 다시 이중장을 하는 '생빈生 殯눌이'라는 장법이 예전에는 있었다고 한다. 이것은 땅 위에 자갈을 깔고 그 위에 관을 놓은 다음 날솔잎[生松葉]으로 둘레를 쌓아 야생동물의 침입을 막고 비가 들이치지 않도록 주저리를 씌워 덮어두는 형태이다. 곧 초분과 같은 형태임을 알 수 있다.[12] 한편 이런 씻골의 장례풍습은 씻김굿의 의식과도 무

11) 이두현, 앞의 책(1974), 12쪽.
12) 김인호, 『한국 제주 역사문화 뿌리학』 상(우용출판사, 1998), 665쪽.

관하지 않은 것으로 보인다. 여기에는 특히 영반이라고 하여 망자의 넋으로 믿어지는 신체를 만들고 그것을 향물, 쑥물로 씻기는 씻김의 과정이 있기 때문이다. 그런데 바로 이 의식의 앞부분에 액막이를 하고 <장자풀이>를 부른 뒤 고를 푸는 고풀이가 있게 된다.[13] 이 때 불리는 <장자풀이>가 곧 제주도의 <맹감본풀이>와 같은 내용과 기능을 지닌 무가이기에 <맹감본풀이>에서 이처럼 씻골의 장제가 반영되는 까닭을 알 수 있겠다. 다만 의문되는 바는 가장 최근까지 이런 세골장의 풍습을 유지하고 있는 전라도 지역의 <장자풀이>에서는 왜 이런 씻골 부분이 무가에 반영되지 않고 장자징치담 형태로 나타나는가 하는 점이다. 원래 그런 것인지 그렇지 않으면 <장자풀이>라는 제목에서 볼 수 있듯이 <장자못전설>과의 결합 때문에 변이된 것인지는 더 생각해 볼 여지가 있다.[14]

6) 사냥을 하여 부자가 됨

사만이와 그 아내는 어릴 때부터 걸식을 하며 어려운 생활을 한다. 이런 궁핍한 생활은 사만이가 총을 사서 사냥으로 생업을 처음 삼았을 때도 마찬가지였다. 그래서 ㉣를 예로 들어본다면 "그 날부터 굴미굴산 노주봉산 올라가고 매앉인동산 높은동산 ㄴ자운 굴헝 곳곳마다 마련허여도 대노리 소노리 노라 사슴 엇어지고 허허 빈손으로 돌아오난…"이라 해서 매일 허탕만 치고 돌아오는 모습을 보인다. 이처럼 자신의 능력으로는 사냥을 다녀도 아무런 소득을 얻지 못하지만 백골을 모신 후부터는 사냥을 나가기만 하면 사슴, 노루, 돼지 등을 잔뜩 잡아 금방 부자가 된다. 이 부분 각편들마다 큰 차이를 보이지 않는다. 다만 ㉣에서는 이처럼 부자가 되는 과정이 구체적으로 제시되고

---

13) 이경엽, 「전남지역 망자굿 무가의 전개유형과 의미」, 『구비문학연구』 3집(한국구비문학회, 1996), 416~419쪽.
14) 임석재는 사마장자의 악행 및 그 징치가 장자못이 생성되는 것과 흡사하다고 하면서 <장자풀이>를 <장자못전설>의 수용으로 파악하고 있다(임석재, 앞의 글, 286쪽).

있지 않는데, 그렇다고 하더라도 앞부분에서 사냥을 다녀도 전혀 짐승을 잡지 못했던 모습이 백골을 모신 후와는 대비적으로 제시된 것으로 보이고, 그 다음 부분에서는 황소를 잡아 큰굿을 할 형편이 되는 것으로 보아 부자가 되는 과정이 생략된 것으로 보인다.[15] 이렇게 볼 때 ⑥은 백골신의 기능과 성격을 구체적으로 보여주는 부분이라 할 수 있다. 곧 백골신을 조상신으로 모셔서 사만이가 크게 달라지는 점은 이전과는 달리 사냥을 하여 부를 획득하는 것이기에, 백골은 부신富神으로 수렵의 생업수호신임을 알 수 있는 것이다. 백골의 이런 신적 성격은 자료 ⑪에서는 백골이 사냥을 가라는 날만 사냥을 나가고 그렇게 간 날은 많은 짐승을 사냥할 수 있어 부자가 되었다고 하여 백골의 수렵수호신적 면모를 보다 구체적으로 제시되고 있다.

한편 이렇게 사만이가 백골을 모신 뒤 부를 얻게 되는 결과 또한 당신앙 및 당신본풀이와 관련해 주목되는 부분이다. 당신본풀이나 조상신본풀이의 경우 신앙민이 밖에서 어떤 신체를 모셔 들이고는 자손이 번창하고, 특히 부를 얻게 되는 모습을 잘 찾아볼 수 있기 때문이다. 따라서 <맹감본풀이>의 백골신은 당신본풀이의 당신의 성격을 그대로 간직한 존재인 것으로 판단된다.

7) 저승에서 사만이 친조상의 탄원

이 부분이 각편들 간에 큰 차이를 보이는 대목이다. 이 대목이 있는가 없는가에 따라 사만이의 죽음이 조상을 잘못 모신데 따른 징벌인지 아니면 하늘의 정명定命이 다된 데 따른 것인지가 차이가 난다. 그렇다고 이 단락이 있는가 없는가에 따라 뒷부분의 이야기 전개 방향이 달라지는 것은 아니다. 먼저 ⑭, ⑮, ⑰에서는 사만이의 죽음이 하늘이 정한 나이가 다 되었기 때문인 것으로 나타난다. 반면 북제주군 구좌면의 심방들에게서 채록된 ⑱와 ⑲에서는

---

15) 현용준은 ⑰의 안사인본을 쉽게 풀어 『제주도신화』(서문당, 1970)에 수록하고 있는데, 여기에는 사만이가 수렵으로 부를 획득하는 과정이 제시되고 있다.

사만이가 백골만을 섬기고 친부모 조상인 자신들에게는 기제사는 물론이고 물 한 모금 주지 않는다며 탄원함에 따른 열시왕의 징치로써 삼 사자가 내리는 것으로 되어 있다. 곧 ㉠와 ㉡는 부모조상을 공경하지 않은 데 따른 징벌임을 알 수 있다. 그런데 이런 후자는 사만이의 친조상신과 밖으로부터 모셔들인 조상신 사이의 갈등으로 볼 수 있어 흥미로운 부분이다. 제주도에서는 당신이나 조상신을 모심에 있어 혈연조상과는 별개의 것으로 구별하면서 '조상'이라고 부르고 있어 유교적 관념의 조상과는 다른 조령적 성격을 지닌 수호신 성격의 존재이며,16) 이들이 친조상과 갈등을 맺는다는 의식은 거의 찾아보기 어렵다. 또한 이런 조령적 성격에는 혈연조상이 수호신으로 모셔지는 사례도 적지 않아17) 혈연조상으로 모실만한 존재가 있으면 모시는 것이고 그렇지 않으면 밖으로부터 모셔 들이는 것이기에 이런 갈등 양상이 제주도 본래적 성격인지 의문의 여지가 없지 않다. 아울러 이렇게 사만이 친조상의 탄원에 따른 징치로써 차사를 내리는 경우도 ㉡에서 본다면 삼십 정명인 장적을 고쳐서 삼 차사가 죽음을 모면하는 것으로 나타나고 있어 결국 사만이는 수명이 다 되어 잡혀가는 것임을 알 수 있다. 때문에 ㉠와 ㉡의 이런 단락이 전라도 지역의 <장자풀이>의 영향이 아닌가 의심되기도 한다. 함경도의 <황천혼시>의 경우는 정명이 되어 삼 형제가 차사에게 잡혀가게 되는 것인 반면 <장자풀이>에서는 장자의 악행도 제시되지만 이보다는 돈만 놓고 제사를 지내고 조상을 섬기지 않는다고 조상들이 저승에서 탄원하는 것이 직접적인 원인이 됨을 볼 때18) <장자풀이>의 영향도 생각해 볼 수 있다는 것이다. 따라서 ㉢와 ㉣자료가 구좌면의 심방에게서 채록된 점을 중시한다면 특

---

16) 현용준, 앞의 책, 107쪽.
17) 이에 대한 구체적인 사례는 현용준이 신들의 형성과 성격을 밝히면서 구체적으로 제시하고 있다(위의 책, 167~187쪽).
18) 사마장자의 조상 선영이 열시왕에게 탄원하여 사마장자를 처벌하게 하는 것은 채록된 <장자풀이>의 거의 대부분 자료에서 찾아볼 수 있는 모습이다. 이에 대해서는 이영금이 <장자풀이>자료를 모아 구체적으로 각편 비교를 한 바 있기에 이 글로 미룬다. 이영금, 「전북지역 무당굿 연구」(전북대 석사학위논문, 2000).

히 이 지역에서 어떤 계기로 <장자풀이>의 영향을 받아 변모되었을 가능성도 상정해 볼 수 있다. 하지만 제주도 <천지왕본풀이>에서 수명장자의 징치가 있는데, 그 징치의 이유가 부자임에도 자기 아버지에게 밥을 주지 않는다든가 밥을 달라는 아버지에게 저승에 가면 제삿날 오지 않겠다는 약속을 받은 후에 밥을 주고 실제로 죽은 후에는 제사를 지내지 않아 이것이 계기가 되어 천지왕이 징치하고자 내려오는 모습을 보여 창세신화의 중요한 신화소로 작용하고 있음을 볼 때 반드시 외래적 영향이 아닐 수도 있다.19) 여하튼 이 부분은 차사가 내리는 이유를 설명하는 부분으로 사만이는 정명이 되어 죽게 되는 것이 본래적이고, ㉐단락이 들어 있는 것이 오히려 변형된 것으로 생각된다.

8) 사만이의 죽음을 미리 알려주는 백골

이 단락 또한 전반부에서 끝나는 ㉮를 제외한 자료에서 공통적으로 나타나는 것이며, 그 내용 또한 큰 편차가 없다. 여기서는 사만이가 사냥을 간 사이 백골이 사만이가 죽게 되었다고 울음을 울고 이것을 흉사라 여긴 그의 아내가 백골을 때려서 뒷밭에다 내다버리며, 사냥에서 돌아온 사만이가 백골을 다시 모셔 들여 살 방도를 구하는 것으로 나타난다. 다만 ㉑의 경우는 백골이 직접 울음을 울면서 알려주는 것이 아니라 할아버지의 모습으로 인신화되어 꿈을 통해 현시하는 것으로 나타난다. 따라서 사만이 아내가 백골을 부지깽이로 때리고는 내다버리는 것과 같은 불경한 모습은 보이지 않고 조상신에 대한 공경이 한층 강하게 나타나는 양상을 찾아볼 수 있다. 이외에 ㉺에서는

---

19) 이런 모습을 잘 보여주는 자료는 이무생 구연의 <천지왕본>[진성기, 『제주도무가본풀이사전』(민속원, 1991)]과 김두원이 필사한 자료 <천지왕본>[김두원, 『제주무가집』(1963)], 문창헌의 필사자료인 <천지왕본>[문창헌, 『풍속무음』(1929~1945)] 등이다. 또한 김헌선은 이런 부모조상의 제사를 모시지 않아 징치당하게 되는 것이 수명장자를 징치하는데 있어 중요한 계기가 됨을 밝히고 있다. 김헌선, 「제주도 지역의 창세신화」, 『한국의 창세신화』(길벗, 1994).

백골이 흉허물을 하는 것이 사만이의 아내가 아닌 사만이인 것으로 나타나 차이가 있는데, 이 점은 여타 각 편에서 공통되게 사만이의 아내가 하는 것임을 볼 때 개인적인 혼착으로 보인다. 또한 이렇게 백골로부터 사만이의 죽음을 알게 되는 주체가 사만이이든 그 아내이든 모두 다같이 저승차사를 맞아 죽을 액을 모면하도록 준비를 하게 하는 것이어서 그 주체가 누구인지는 문제가 되지 않는다.

9) 저승차사에 대한 대접

<맹감본풀이>의 중요한 기능이 액막이임을 감안한다면 바로 이 저승차사에 대한 대접 부분이 <맹감본풀이>의 제의적 기능과 의미를 제시하는 핵심 부분이 된다고 할 수 있다. 여기서는 백골이 알려준 대로 제물을 마련하여 삼 차사를 위하게 되는데 삼 차사에게 바칠 제물에는 부분적인 차이가 있지만 전체적으로 큰 차이를 보이지는 않는다. 사만이는 차사들이 내려오는 다리목에 제물을 차려놓고 삼 차사를 기다리며 그 아내는 집에서 심방을 불러 대액막이굿을 하는 것으로 나타난다. 이렇게 차사들을 대접하는데 있어 필수적인 것은 백메 세 그릇과 신발 세 켤레와 옷 세 벌이다. 이것을 먼 길 온 삼 차사가 먹고 갈아입는 것으로 나타나는데, 이것은 사자상을 차리는 상례의 습속과 다르지 않다.[20] 그런데 이외에 차사에게 바치는 것으로 백마가 있어 주목된다. 비록 ㉯와 ㉱자료에서는 나타나지 않지만 차사에게 백마를 바치는 것은 액막이 의례와 관련해 특히 중요한 의미를 지니는 것으로 보인다. 백마를 바치는 것은 대명을 하고자 하는 것이며, 실제로 액막이굿에서는 백마에게 액을 실어 보내거나 닭을 희생시키는 모습을 찾아볼 수 있다.

먼저 '대액막이'라는 무속의례를 보면, 말이나 소로써 환자에게 씌운 액운

---

20) 서대석, 앞의 글, 59쪽.

을 전가시켜 막아내는 모습을 볼 수 있다. 아주 위중한 환자가 있을 때 그 환자의 궂은 액을 그 말이나 소 위에 실어 밖으로 내보내는 뜻에서 행하는 것으로 7일간 큰굿을 하며, 이 때에 환자 모습의 허재비를 만들어 말에 태우고 천하 도액년을 막게 해달라고 기원을 한다. 그리고 말을 집 밖으로 내보내 그 말이 다시 돌아오지 않아야 액이 물러갔다고 여기는 것이다.[21] 말을 희생시켜 대명을 하고자 하는 보다 구체적인 모습은 큰굿의 액막이 제차에서 확인된다. 곧 액막이 때는 <사만이본풀이>를 노래하고 이 <사만이본풀이>에 근거하여 액막이를 하는 것이라고 하면서 차사가 잡아가려는 인간의 목숨 대신 붉은 색 수탉을 희생하는 것이다. 수탉의 목을 비틀어 바깥쪽으로 던져죽이고 이 던져진 수탉이 바깥쪽을 향해 떨어지면 차사가 인간 대신 수탉을 잡아간 것으로 여겨 길하게 해석한다.[22] 현재는 수탉을 죽여 액막이를 하는 것이 일반적이지만 본래는 말이나 소를 희생시켰다는 것을 액막음 사설 부분에서 확인할 수 있다. 곧 "물이 엇어 물대령[馬待令] 못하고 쉐[牛]가 엇어 쉐데령 못허여 목숨데령 기동철리적숭베우기[좋은 닭]로 목숨 대명代命해야……"라고 해서[23] 원래는 마소였으나 이것이 경제적인 사정 때문에 닭으로 바뀐 것임을 알 수 있다.

여타 각편에서는 저승차사가 타고 갈 말이라고 하지만 자료 ㉰에서는 그 말이 사만이의 죽음을 대신하는 대명동물임을 명확히 보여준다. 사만이 대신 말 세 필을 잡아가고 장적에도 사마 세 필이라고 고쳐 사만이를 수명장수하게 하는 것이다.

한편 이렇게 죽을 액을 모면하기 위해 말이나 소를 대신 바치는 양상은 비단 제주도에만 국한된 것은 아니다. <장자풀이>의 경우는 씻김굿의 유래를 이렇게 대신 잡혀간 말의 원혼을 달래주기 위한 것이라고 설명한다. 사마장

21) 진성기, 앞의 책(1991), 736쪽.
22) 현용준, 앞의 책, 373쪽.
23) 현용준, 『제주도 무속자료사전』(신구문화사, 1980), 285쪽.

자 대신 잡혀간 말이 자신의 죄도 아닌데 삼천지옥으로 떨어져 형벌을 받게 되자 말이 저항하고 이에 저승사자가 사마장자에게 현몽을 하여 말이 네 대신 삼천지옥으로 갔으니 그 말이 인도환생 하도록 씻김굿을 시킨다는 것이다.[24] 함경도 자료의 경우는『관북지방무가』의 <혼쉬굿>에서는 삼 형제 대신 차사들이 경상도에 있는 이름과 나이, 태어난 시가 같은 아이들을 대신 데려가지만 차사에게 바치는 제물로 송아지가 있음을 볼 수 있고,[25] 손진태가 채록한 <황천혼시>에서는 삼 형제 대신 누런 황소와 유삼, 놋동이를 대신 잡아가고 있어 역시 황소로 대명하는 모습을 찾아볼 수 있는 것이다.[26]

이렇듯 제주도나 육지 모두 액막이의 중심에 죽을 액을 전가시킬 동물을 두는 것으로 나타난다.

10) 목숨의 연명

사만이가 죽지 않게 된 것은 차사를 극진히 대접하며 액막이를 한 데 따른 것이지만 이것으로 죽을 목숨이 죽지 않게 되는 것은 아니다. 인간의 수명을 관장하는 명부에서 사만이의 죽음이 확인되거나 아니면 사만이의 수명이 고쳐져야 비로소 목숨이 연명될 수 있는 것이다. 때문에 삼 차사는 명부로 가서 사만이의 목숨을 연장시킬 방도를 구한다. 이것은 대체로 저승의 명부를 고치는 것으로 나타난다. 이 때 바로 장적을 고쳐 목숨을 연명시키기도 하지만 사만이 대신 사람이나 동물을 데려간 경우는 그것을 확인하는 과정을 보여주기도 한다. ㉯에서는 소사만이 대신 오사만이를 데려가고, ㉱에서는 말 세 필을 대신 데려가고, ㉲에서는 수필이를 대신 데려가는 것으로 나타나는데, 이처럼 사만이를 대신할 사람이나 동물을 잡아간 경우 열시왕에 의해 용납되는

<hr>

24) 박현국, 「장자풀이 무가고찰」,『비교민속학』11집(비교민속학회), 182~183쪽.
25) 임석재・장주근,『관북지방무가』(문화재관리국, 1965).
26) 손진태,『조선신가유편』(향토연구사, 1930).

경우는 결국 말로 대명을 한 ㉰뿐이다. ㉯와 ㉳에서는 확인하는 과정에서 차사들이 오히려 사만이를 잘못 잡아온 죄로 옥에 갇히게 되고 차사들에 의해 대신 잡혀간 인물은 도로 풀려나게 된다. 이런 과정이 있든 없든 간에 결국은 차사들이 문서직이를 매수해서 장적의 사만이 수명을 서른인 데에 한 획을 비껴 그어 삼천살을 살도록 고친다. 곧 사만이의 목숨 연명은 장적을 고친데 따른 것으로 나타난다.

11) 불사의 생을 살다가 차사의 꼬임에 빠져 저승으로 잡혀가는 사만이

이 단락이 나타나는 자료는 ㉯와 ㉴뿐이다. 따라서 이 ⑪부분은 <맹감본풀이>에 있어 반드시 있어야 하는 필수적인 구성요소라고 볼 수는 없다. 저승차사를 대접하여 죽을 액을 모면하는 데에 <맹감본풀이> 후반부의 중요한 기능이 있다고 했을 때, 사만이가 죽게 되는 과정을 밝히는 ⑪은 오히려 그런 기능에 배치되는 성격을 지니기도 하기 때문이다. 그럼에도 이 부분이 들어있는 것은 널리 알려진 설화의 무가적 이입이라 볼 수 있다. 사만이가 장적을 고쳐 정명이 삼천살이 되었다는 데서 삼천갑자를 살았다는 동방삭의 이야기가 끼어든 것이라 할 수 있다. <수명 늘이다 잡혀간 동방삭>의 이야기는 전국적으로 널리 전해지고 있는 광포설화로,[27] 비슷한 상황의 대목에서 익히 잘 아는 이야기를 끌어와 무가내용을 확장시키는 양상이라 할 수 있다.

한편 이런 동방삭의 이야기는 <맹감본풀이>에만 결합되어 나타나는 양상은 아니다. 안사인이 구연한 <차사본풀이>에서는 이 부분이 강임차사의 위업으로 나타난다. 강임차사가 아무도 잡지 못하는 동방삭을 숯을 희게 되도록 씻는다는 꾀를 내어 잡아들여 그 능력을 인정받게 되는 형태로 <맹감

---

27) 조동일 외, 『한국구비문학대계 별책부록(1) – 한국설화유형분류집』(한국정신문화연구원, 1989). 여기에서는 223~226의 <수명 늘이다 잡혀간 동방삭>으로 분류하고, 17편의 자료가 채록되어 있음을 정리하고 있다.

본풀이>에 있는 내용과 동일한 모습으로 결부되어 있다. 하지만 <맹감본풀이>와는 그 주체와 객체가 바뀌져 있다. <맹감본풀이>에서는 사만이가 잡혀가게 된 까닭을 이 삽화로 설명하는 반면 <차사본풀이>에서는 반대로 차사의 능력을 확인하는 과정으로 동방삭 이야기가 차용되고 있음을 볼 수 있다. 여하튼 ⑪은 본질적인 구성요소는 아니고 무가를 풍부하게 하고자 끌어와 부연하는 부분이라 할 수 있다. 그렇기에 이 부분이 있든 없든 그것은 <맹감본풀이>의 전개에 아무런 문제가 되지 않는다.

이상 서사단락을 중심으로 각 편들을 비교하면서 달리 나타나는 양상을 살펴보고 그 의미를 파악하고자 하였다. 여기서 볼 때 이미 앞에서 밝혔듯이 ㉮가 특이한 형태로 변형된 자료임을 제외한다면 각 편들 간의 편차가 그다지 크지 않다는 것을 알 수 있다. 각 편 ㉣에서는 사만이의 죽음을 미리 알려주는 존재가 백골 그 자체가 아닌 꿈을 통한 노인의 모습으로 인신화 되어 있다거나, 그 외에 저승차사가 내리게 되는 까닭이 사만이가 친조상을 잘 모시지 못한데 대한 조상의 탄원에 따른 징치라 한다든가 끝 부분에 사만이가 불사의 생을 살다가 결국은 잡혀가게 되는 화소의 유무 정도의 차이가 있을 뿐이고, 이런 차이마저도 전체적인 흐름에 영향을 미친다거나 그 신화적 의미가 달라지는 것은 아니어서 무시해도 그다지 문제가 되지는 않는다. 이렇게 <맹감본풀이>가 채록된 자료 간에 큰 차이가 없는 것은 아마도 이 무가가 굿에서 뿐만이 아니라 신과세제와 같은 당제堂祭 등에서 빈번하게 불려져 그 사용빈도가 높기 때문이 아닌가 추정된다. 아무래도 자주 불리는 것은 반드시 기억할 수밖에 없고, 다른 심방과 굿을 함께 하면서 자주 들을 수도 있을 것이어서 그 편차마저도 줄일 수 있을 것이기 때문이다.

한편 이상의 서사단락 검토를 통해 볼 때 <맹감본풀이>는 크게 두 부분으로 구성되어 있음을 알 수 있다. 곧 ①~⑥까지의 거지생활을 하던 사만이가 수렵수호신인 백골을 모시면서 부를 획득하는 과정의 전반부와 ⑦~⑪까지의 저승차사를 대접하여 죽을 액을 막게 되는 후반부이다. 그런데 이런

<맹감본풀이>를 파악함에 있어 지금까지는 주로 액막이에 초점을 맞춰 그 기능이 지적되었었는데,[28] 이는 후반부의 내용에 중심을 둔 따름일 뿐이고 이와 더불어 아주 중요한 <맹감본풀이>의 기능이 풍요와 부를 가져다주는 성격이 있다는 것이다. 이 점은 지금까지는 간과된 경향이 없지 않았다. 그런데 <맹감본풀이>는 액막이를 위해 주로 불리는 경향이 뚜렷하지만 무가 전반부에서 볼 수 있는 생업수호신으로서 부를 가져다주는 기능으로도 제의에서 불려지는 것이다. 이 점은 ㈐를 구송한 이중춘심방이 맹감본풀이를 부르는 첫 대목에서 하는 언급으로 확인할 수 있다.

　　지금으로부터 맹감본을 풀겠습니다. 맹감본이라 한 것은 농사짓는 분들이 밤에 산으로 가서 조용하게 제를 지내서 농사를 잘 되게 해주십사 하고, 또 소·말 하는 사람들도 소 말을 잘 되게 해주십사 해서 정성을 드리고 또 한편으로는 삼명감(三命監) 삼 차사(三差使)라 해서 차사님이 인간에 주년국땅 소사만이라는 사람을 잡으러 올 때에 소사만이가 그것을 미리 알아가지고 차사님에 인정을 걸어서 대신에 딴 사람을 저승에 데리고 갔다. 이렇게 해서 집안에 궂인 액을 당할 때에 또 '맹감본'을 풀어서 그와 같은 본을 받아서 이 액을 막습니다. 이렇게 해서 이 본(本)을 푸는 겁니다.[29]

　여기에서 보듯 <맹감본풀이>는 첫째, 농경의 풍요와 우마의 번성을 바라는 뜻에서 불려지던 본풀이였음을 알 수 있고, 둘째, 죽을 횡액을 비롯한 궂은 액을 물리치고자 하는 뜻에서도 불린다는 것이다. 곧 그 기능이 액막이에만 있는 것이 아님을 알 수 있는 것이다. 그런데 실상 이런 이중춘의 언급이 아니더라도 <맹감본풀이>가 풍요를 기원하는 뜻에서 불려지는 모습은 '맹

28) 이수자, 앞의 글(1989). 이 글에서는 큰굿의 <맹감본풀이>를 다루면서 그 기능이 액막이에 있다는 것만 구체적으로 밝히고 있다.
29) 문무병, 『제주도 무속신화 - 열두본풀이 자료집』(칠머리당굿보존회, 1998) 289쪽.

감코ᄉ'와 같은 정기적 무의巫儀에서도 찾아볼 수 있는 것이다. '멩감코ᄉ'는 생업의 풍요를 비는 신년제新年祭로, 농신인 세경이나 수렵신인 산신을 청하여 농사나 수렵이 잘 되도록 기원하는데 중점을 두는 것이다. 이런 '멩감코ᄉ'에서는 <세경본풀이>가 불려짐과 아울러 '상단숙임'에서 삼멩감 차례 때 <맹감본풀이>가 간단히 불려지고 있는 것이다. 이 때의 <맹감본풀이>도 액막이적 성격을 지니기는 하지만 본원적인 의문은 이런 생업의 풍요를 비는 의례를 왜 굳이 '멩감코ᄉ'라고 이름 붙였는가 하는 점이다. '멩감코ᄉ'가 액막이를 위한 무의와는 별도의 풍요를 기원하는 의례임에도 이처럼 '멩감'이라 명명하는 데는 나름의 어떤 까닭이 있었을 것이기 때문이다. 여기에서 '멩감'이 단순히 인간 수명과 관련된 '명감命監' 또는 '명관冥官'의 존재만이 아니었을 것임을 알 수 있다.[30] 특히 산신을 청하여 수렵의 풍요를 빌고자 밤에 산에서 행하는 의례를 '산신山神멩감코ᄉ'라고 하는데,[31] 이 때의 맹감은 곧 수렵의 풍요신인 것이다. '맹감'은 곧 생업수호신적 성격의 부신富神인 것이며, 이런 성격은 <맹감본풀이>에서 볼 수 있는 부신으로서 백골의 수렵을 돕는 신적 면모와도 상통하는 바인 것이다. <맹감본풀이>가 지금은 비록 액막이를 위해 불리는 성격이 강하지만 본디는 풍요를 기원하는 성격을 아주 강하게 지녔던 것으로 보인다. 특히 제주도에서 수렵을 중요한 생업의 수단으로 삼았던 시기에는 특히 이런 <맹감본풀이>의 대상신격이 생업을 보살펴주던 부신으로서 중요하게 여겨졌을 것이나 점차 수렵이 사라지면서 그 본래의 부신으로서의 면모가 약해지고 액막이의 기원 대상이라는 점만 부각된 것이 아닌가 여겨진다.

이렇듯 <맹감본풀이>의 중요한 기능으로 액막이만이 아닌 생업의 풍요

---

30) 현용준은 '冥官'으로 파악하고 있고(현용준, 앞의 글, 156쪽), 문무병은 이것의 한자 표기를 '命監'으로 하고 있다(위의 책, 289쪽). 한편 이 점은 <맹감본풀이> 내용으로 보아 제향을 받는 대상은 저승의 열시왕이기보다는 삼 차사라고 할 수 있는데, <차사본풀이>라고 해서 차사를 위하는 본풀이가 따로 있음에도 굳이 다시 이들 차사를 섬기는 <맹감본풀이>가 필요했을까 하는 의문과도 무관하지 않다.
31) 현용준, 앞의 책, 233쪽.

를 가져다주는 기능이 있었음을 분명히 지적할 필요가 있다. 바로 이 점이 동계의 육지 자료에서는 찾아보기 어려운 점이고, <맹감본풀이>가 갖는 제주도 신화적 독자성으로 보이기 때문이다.

3. <맹감본풀이>의 제주도 신화적 독자성과 당신본풀이와의 관련양상

제주도의 <맹감본풀이>와 같은 성격과 내용을 지닌 무가는 육지에서도 다양하게 찾아진다. 우선 무가 자료로는 앞서 언급한 바 있듯이 함경도의 <황천혼시>와 전라·충청도의 <장자풀이>가 있다. 이들 무가는 액막이를 위해 불린다는 그 기능상의 공통점이 뚜렷할 뿐 아니라 모두 저승차사를 대접하여 죽을 액을 모면하고 수명장수하게 된다는 내용을 핵심으로 하고 있다. 아울러 육지에서는 저승차사를 대접하여 죽을 목숨을 연명하는 설화도 다수 채록되고 있는데, 이 또한 <맹감본풀이>의 후반부와 거의 동일한 모습임을 알 수 있다.

따라서 동일한 성격과 내용을 지닌 이들 육지 자료들을 <맹감본풀이>와 비교해서 <맹감본풀이>가 제주도신화로서 지니는 변별성을 추출해볼 필요가 있다. <맹감본풀이>와 이들 육지 자료의 공통점을 확인하는 작업이 이들이 서로 같은 계통 또는 성격의 무가라는 것을 확인하는 것이라면, 이런 차이점은 육지에서는 찾아보기 어렵고 제주도 자료에서만 주로 나타나는 것이라 할 수 있기에 제주도 나름의 독자적인 신화 면모를 보이는 부분이라 할 수 있을 것이다. 우선 동계의 육지 자료들을 들어 <맹감본풀이>와 관련지어 생각하고 그 차이점을 확인하도록 하겠다.

A. <장자풀이>

B. <황천혼시>

C. 저승차사 대접하여 수명 연장하는 설화

먼저 A의 <장자풀이>는 씻김굿에서 액막이 다음의 고풀이에서 불리고, 정초에 횡수막이 때에도 불린다는 점[32]에서 액막이를 위한 것이라는 그 기능상 <맹감본풀이>와 같은 성격의 무가라 할 수 있다. <장자풀이>에서는 비록 백골이 설정되어 있지는 않지만 전체적인 내용이나 구성이 <맹감본풀이>의 후반부에 그대로 부합되는 양상을 찾아볼 수 있다.

<맹감본풀이> 후반부	<장자풀이>
저승에서 사만이 친조상의 탄원	사마장자의 죄상과 성주선영의 탄원 대사로 화한 열시왕의 사자가 장자의 악행 확인
사만이의 죽음을 미리 알려주는 백골	사마장자가 죽게 되었음을 알리는 현몽 며느리의 꿈 해석과 문복아치의 처방
저승차사에 대한 대접과 목숨의 연명	저승차사에 대한 대접 우마장자를 대신 잡아가려다 실패하고 말을 대신대명으로 끌어감
차사가 시왕을 속여 수명장수하게 됨	시왕이 말을 사마장자로 여기고 큰칼을 씌워 지옥에 가둠. 저승사자의 말을 위한 씻김굿을 하게 됨
불사의 생을 살다가 차사의 속임수에 의해 저승으로 잡혀가는 사만이	없음

<장자풀이>에서는 백골이 등장하지 않고 삼 차사가 내려 장자가 죽게 되었다는 것을 알리는 역할을 며느리와 점복쟁이가 나눠맡고 있고, 대명代命을 한 말을 위해 씻김굿을 하게 되었다는 결말이 덧붙어 있는 등 그 내용에 있어 양자 사이에는 차이점이 다소 발견된다. 하지만 저승차사를 대접하여 목숨을

---

32) 임석재, 앞의 글, 285쪽.

연명한다는 점, 관복, 신, 메로 상을 차려 저승차사를 대접하는 점, 죽을 사람을 대신해서 대명할 사람이나 동물을 데려간다는 점 등 핵심적인 부분에 있어서 서로 일치하고 있고, 그 전체적인 구성이나 내용의 흐름도 밀접하게 대응되는 양상을 찾아볼 수 있다. 따라서 <장자풀이>와 <맹감본풀이>가 비교해 지니는 가장 큰 차이는 결국 <맹감본풀이>의 전반부인 백골을 모셔 수렵으로 부를 획득하는 과정이 없다는 것이다.

다음으로 B의 함경도 <황천혼시>는 <장자풀이>보다 훨씬 더 <맹감본풀이>와 근사하다. B에서는 특히 백골이 설정되어 있고, 이 백골이 죽음을 모면하게 해준다는 점에서 특히 제주도의 <맹감본풀이>와 흡사한 자료임을 알 수 있다. B의 채록본으로는 손진태의 『조선신가유편』에 실린 <황천혼시>가 있고, 임석재·장주근이 채록한 『관북지방무가』에 실린 <혼쉬굿>이 있다. 이들 두 각 편은 차사를 대접하여 횡액을 막아내는 뒷부분에서는 별 차이가 없다. 이 부분은 <맹감본풀이>의 후반부와 비교해서도 그다지 큰 차이점은 발견되지 않는다. 주인공으로 송남둥이·이둥이·사마둥이라는 삼 형제가 설정되었다는 점에서 차이가 있지만 백골을 발견하고는 묻어주거나 모셔서 백골이 그 고마움의 대가로 저승차사를 대접하여 죽을 액을 모면하는 방법을 알려주어 수명장수 한다는 점에서 같은 양상이다.

그런데 이런 <황천혼시>의 두 채록본 사이에는 백골을 모시는데 있어서 서로 중요한 차이점이 발견된다. 먼저 임석재·장주근 채록본에서는 삼 형제가 산에 나무하러 갔다가 백골을 발견하고는 그것을 종이로 잘 싸서 땅에 묻어주는 것으로 나타나며 집에서 모시지는 않는다. 또한 이런 백골의 기능은 죽음을 미리 알려주는 역할을 할 뿐이고 부신적富神的 면모는 전혀 찾아볼 수 없다. 그래서 차사를 대접하는 상을 차리는데 있어서도 백골이 병풍, 쌀, 소지 등을 마련해주는 모습을 볼 수 있다. 곧 백골을 잘 장사 지내주었다고 해서 그들의 생활 형편이 나아지는 것은 아닌 것이다. 반면 손진태 채록본의 경우는 간략하게나마 백골을 잘 위성하자 기물이 불꽃처럼 일어났다고 해서[33)]

부신적 면모를 보이고 있어 제주도의 <맹감본풀이>와 한층 흡사함을 알 수 있다. 그러나 이런 함경도의 자료에서 백골의 부신적 면모가 일반적이었는지는 의문의 여지가 없지 않다. <황천혼시> 무가 내용의 전체적인 흐름을 볼 때 기물器物이 붙게 되었다는 것은 아주 부수적인 설명에 불과하며, 무가의 중심은 역시 차사를 잘 대접하여 죽을 횡액을 막는데 놓여있다. 이런 점은 <혼쉬굿> 무가가 불려지는 까닭과 관련지어 볼 때 보다 분명해진다. 함경도 <혼쉬굿>무가의 중요한 특징은 그 굿의 대상이 되는 사람이 아이인가 어른인가에 따라서 불려지는 무가 내용이 달라진다고 하는 점이다. 황천도액을 막을 때는 삼 형제가 차사를 대접하여 수명장수하는 <황천혼시>를 부르는 반면 아이들의 득병이나 구열 등에는 거북이와 남생이라는 장님과 앉은뱅이가 병을 고치는 내용의 무가가 따로 불려지는 것이다.[34] 이처럼 <혼쉬굿> 무가가 세분되고 있다는 것은 그만큼 죽음과 질병과 같은 액운으로부터 벗어나고자 하는 관념이 발달된 데 따른 것이다. 때문에 백골이 부신적 면모를 보이는 것은 부차적인 설명에 지나지 않는다.

한편 백골의 부신적 면모가 <황천혼시>에서 중요한 신화적 화소라면 두 채록본에서 이 부분을 이처럼 상이하게 인식하면서 무가 사설을 전승시키지는 않았을 것이다. 구비문학에서 각 편은 유형과 화자의 창작 부분의 결합으로 성립된다. 전해지는 내용 가운데 그 작품의 핵심을 이루는 부분이 유형으로 이것을 구성하는 요소들은 고정되는 반면, 유형을 이루지 않는 부분은 언제나 탈락 변화할 수 있는 것이다.[35] <황천혼시>에서 백골의 부신적 면모가 중요한 신화적 성격을 지닌 구성요소로 인식되었다면 이 부분이 이처럼 두 채록본 사이에 상이한 편차를 보이지는 않았을 것이다. 따라서 함경도의 <황천혼시> 자료의 경우는 각 편에 따라서 부분적으로 부신적 면모를 보이

---

33) 김태곤은 손진태의 『조선신가유편』에 있는 이 <황천혼시>를 현대어로 풀어서 『한국의 무속신화』에 싣고 있는데, 이 부분을 백골을 모시느라 재물을 다 탕진했다고 잘못 해석하고 있다.

34) 『조선신가유편』에는 <淑英郎 · 鶯蓮娘神歌>라고 되어 있다(손진태, 앞의 책).

35) 조동일, 「영웅의 일생, 그 문학사적 전개」, 『민중영웅이야기』(문예출판사, 1992), 26쪽.

기는 하지만 그것이 본질적인 것은 아닌 것으로 판단된다.

이렇게 볼 때 함경도의 <황천혼시>는 <맹감본풀이>와 여러모로 합치되는 양상을 보이기는 하지만 그럼에도 역시 차이를 보이는 부분은 <맹감본풀이>의 전반부에 해당하는 부분이다. <맹감본풀이>에서 백골은 수렵의 부를 가져다주는 생업수호신적 성격이 뚜렷한 존재이고, 이런 백골을 모셔 들여 부를 획득하는 과정이 아주 구체적이고 크게 확장되어 있다. 그러나 <황천혼시>의 경우는 백골의 부신적 면모가 없는 자료는 물론이고 백골의 부신적 면모가 보이는 자료마저도 이런 성격이 부수적으로 덧붙여진 것에 불과한 것이다. 결국 함경도의 <황천혼시>도 저승차사를 대접하여 횡액을 막는 과정 부분은 큰 차이가 없으나 <맹감본풀이>의 전반부에 해당하는 데에 있어서는 차이를 확인할 수 있는 것이다. 이처럼 동계의 육지 자료에서 중점을 두는 것이 차사를 대접하여 목숨을 연명하는데 있다는 것은 C의 설화 자료에서도 확인되는 바이다.

C는 동방삭으로 대표되는 인물이 차사를 대접하여 죽을 액을 모면하고 수명장수하게 된다는 내용의 설화 자료이다. 백골을 잘 모셔 그 덕분에 부를 얻게 되는 이야기는 좀처럼 찾아보기 어려운 반면 저승차사를 대접하여 수명을 연장하는 설화는 전국적으로 다수의 자료가 채록되어 있다. 우선 이런 성격을 잘 보여주는 자료 하나를 택해 요약 제시하도록 하겠다.

동방삭이 젊었을 때 욕심이 많아 이웃의 장님 논물까지 제 논에다 끌어다 댔다. 점 잘 치는 장님이 이것을 괘씸하게 여겨 동방삭을 혼내주려고 점을 쳤으나 수명이 얼마 남지 않아 그냥 두기로 했다. 그 점괘를 옆에서 듣고 자신의 명이 짧다는 사실을 안 동방삭은 장님에게 잘못을 빌며 살 방도를 알려달라고 애원했다. 그러자 장님이 점을 치더니 사흘 후 야삼경이 되면 다리 밑에 밥 세 그릇과 짚신 세 켤레, 무명 석자 세치 등을 준비해 지나가는 행인 셋에게 대접하라고 했다. 그들이 바로 저승차사였다. 차사들은 동방삭을 데리고 저승으로 가서 명부를 관리하는 최판관이 조는 틈을 타 三十인 동방삭의 명을 三千으로 고쳐 이승으로 되돌아가게 되었다. 차사가 준 개를 따라서 오다가 큰 강물에 빠지게 되고 놀라 깨보니 꿈이었다. 그 뒤 동방삭은 마음씨를 바로 잡고 삼천 년을 살았다. 이런 동방삭을 저승으로 잡아가지 못하자 지부왕이 사자를 내보 내서 강물에 나가 돌에다 숯을 갈게 하였다. 동방삭이 지나다 이것을 보고 삼 천년을 살아도 숯을 희게 하려고 씻는 것은 처음 본다고 했다가 결국 차사에 게 잡혀가게 되었다.[36)]

이와 같은 설화는 『구비문학대계』의 유형 분류에는 645-11 "저승차사를 대접하여 수명 연장하기"로 분류되어 있는 것으로 채록편수가 많은 것은 아 니지만 전국적인 분포를 보이는 것이다.[37)] 상기한 설화에서 볼 수 있듯이 이 들 자료의 핵심적인 내용은 죽을 운수에 있는 사람이 저승차사를 잘 대접하 고 그 덕분에 명부를 고쳐 수명장수하게 되었다는 것이다. 이런 내용은 앞서 검토한 무가 자료와도 같은 것임을 파악할 수 있다. 첫째, 죽을 운수에 있는 사람이 미리 죽음을 알게 된다는 점, 둘째, 살 방도가 밥과 옷, 짚신 등으로 젯상을 차려 차사를 대접해야 한다는 점, 셋째, 차사가 명부의 수명을 고쳐 장수할 수 있게 해주었다는 점 등 무가 자료와 그 내용이나 구성, 인물에 있 어서 대체적으로 일치하고 있는 것이다. 특히 죽음을 모면하는 인물이 자기 에게 이롭도록 논물을 막거나 트고, 자신보다 약한 맹인을 괴롭히는 악행을 저지르는 존재로 나타난다는 점에서, 그리고 장님과 같은 점쟁이가 죽음을 알리고 살 방도도 마련해준다는 점에서 <장자풀이>에 가까운 자료라고 할 수 있다. 다만 무가들은 그것이 구연되는 굿거리에서 닭을 희생시키는 것과 같은 대명代命할 동물이나 사람을 신화 속에서 설정하고 있는 반면 이 설화에

---

36) 『한국구전설화』, 『임석재전집 5(평민사, 1989), 295~296쪽 요약.
37) 이 자료에 대한 존재양상과 검토는 손지봉, 『한국설화의 중국인물 연구』(박이정, 1999)에서 이루어 진 바 있다.

서는 그렇지 못하다는 것이 차이가 있기는 하다. 하지만 무가가 아닌 설화임을 감안한다면 이런 의례적 요소는 제외될 수 있다고 본다. 여하튼 C의 설화 자료도 결국 <맹감본풀이>와 공통되는 부분은 그것의 후반부인 것이다.

이렇게 <맹감본풀이>와 같은 성격과 내용을 지닌 육지의 무가 및 설화 자료를 검토하였는데, <맹감본풀이>가 육지 자료와 차이를 보이는 부분은 바로 백골을 섬겨서 수렵으로 부를 획득하는 전반부의 내용을 찾아보기 어렵다는 점이다. 그런데 <맹감본풀이>에서는 이런 전반부가 확장되어 있고, 또한 모든 각편에서 전반부가 저승차사를 대접하는 후반부 못지않게 중요한 의미와 기능을 지닌 것으로 작용하며, 이에 따라 그 의례적 면모도 잔존하고 있는 것이다. 그러나 육지의 자료는 그렇지 못하고 이런 내용이 없는 것이 일반적이다. 비록 부분적으로 비슷한 양상을 보이는 <황천혼시>의 각편이 하나 있기는 하지만 그것도 삼 형제가 부를 얻게 되는 부분이 무가를 구성하는 핵심적인 요소는 아님을 알 수 있다. 이렇게 볼 때 <맹감본풀이>가 갖는 제주도 신화적 독자성은 아무래도 이런 <맹감본풀이>의 전반부에서 찾는 것이 마땅할 것이다. 그런데 실상 사만이가 백골을 조상신으로 모셔 들여 위하자 백골이 수렵이 잘 되게 해서 부를 얻게 해주는 모습은 제주도의 토착적인 신화 형태인 당신본풀이에서 그대로 찾아지는 모습인 것이다. 따라서 <맹감본풀이>의 전반부를 따로 떼어 당신본풀이와 관련지어 검토하는 작업이 필요하리라고 본다. <맹감본풀이>의 전반부가 당신본풀이와 밀접한 관련양상을 보인다는 것은 다음 몇 가지 사실을 통해 알 수 있다.

첫째, 백골신의 성격이다. <맹감본풀이>에서 제향의 대상신격은 차사라 할 수 있지만 한편으로 전반부에서 사만이가 백골신을 섬기는 과정이 구체적으로 제시된다는 점에서 백골을 제향의 대상신격으로 여겼을 개연성은 충분하다. 그래서 앞서 인용한 바 있듯이 이중춘 심방이 <맹감본풀이>를 푸는 까닭이 액을 막는 것과 함께 생업의 풍요를 기원한다고 했던 것이다. 여기서 이렇게 생업의 풍요를 부여하는 신격이 차사는 물론 아닐 것이기에 이 점은 백골의 기능이라 할 수 있고, 따라서 <맹감본풀이>는 백골과 차사를 아울러 섬기는 성격을 지니는 본풀이임을 알 수 있다. 그런데 <맹감본풀이>에서의 백골은 단순한 부신적 존재만은 아니다. <맹감본풀이>에서의 백골은 두 가지 성격을 뚜렷하게 보여준다. 첫째는 조령적祖靈的 성격이고, 둘째는 생업수호신적 성격이다. 이런 신적 기능과 면모는 바로 당신 또는 조상신의 주된 성격임에 주목할 필요가 있다.[38]

먼저 사만이는 백골을 조상이라 하며 모셔 들인다. 이 때의 조상은 물론 혈연조상과는 별개의 것으로 조령적 성격을 지닌 신격인 것이다. 특히 <맹감본풀이>에서의 백골을 모시는 것은 비명에 죽은 원혼을 조상으로 위하는 모습이라 할 수 있다. 백년해골은 사만이에게 사냥을 나왔다가 죽어 제사도 얻어먹지 못한다며 사만이에게 섬길 것을 요구한다. 이처럼 객사한 원혼을 모셔 들여 조상신 또는 당신으로 삼는 모습은 당신본풀이나 조상신본풀이에서 쉽게 찾아볼 수 있는 모습인 것이다.[39]

다음으로 사만이는 이런 백골을 모셔 들인 후 사냥을 나가기만 하면 사슴이나 돼지 등이 잔뜩 잡혀 금방 부富를 획득한다. 여기에서 백골이 수렵을 수호하는 생업수호신임을 알 수 있다. 이런 생업수호신적 성격 또한 조상신과 당신의 중요한 기능인 것이다.[40]

예컨대 조천면 와흘리의 <고평본향본풀이>를 살펴보면,

---

38) <맹감본풀이>와 관련해서 비교되는 자료는 조상신본풀이 또는 당신본풀이 중 조상신본풀이적 성격이 강한 것이라 할 수 있다. 이렇게 조상신본풀이와 당신본풀이가 장르상 구분되고 있음에도 이 글에서 함께 걸고 있는 까닭은 제주도 본풀이의 경우 조상신과 당신이 거의 유사한 성격을 지니며, 아울러 둘의 관계가 서로 별개의 것이 아니라 그 신이 一家의 레벨에서 모셔지느냐 부락의 레벨에서 모셔지느냐의 차이에 불과하기 때문이다. '구실할망'이나 '문씨아기', '현씨일월' 등을 비롯해 실제로 많은 당신본풀이들이 조상신본풀이와 구분되지 않고 있음을 알 수 있다. 이 때문에 현용준은 일가수호신에서 부락수호신으로 변해나가는 형태로 신이 형성되었을 것이라고 밝히고 있다(현용준, 앞의 책, 182~185쪽). 진성기 또한 일개 씨족의 신이 본향당신으로 좌정하게 되는 형태로 발전하게 되는 양상을 찾은 바 있다. 진성기, 「단골과 씨족의 본향당」, 『남국의 무속』(형설출판사, 1987).
39) 조상신본풀이와 당신본풀이에서 찾아지는 이런 양상은 현용준이 구체적으로 검토한 바 있다. 현용준, 앞의 책, 167~177쪽.
40) 현용준, 위의 책, 171~172쪽, 177~178쪽.

손당 열쳇 아들롭서

삼천 백매 일만초깃발

불리고

늬눈이반둥개 거느려

질이 바른 마세총

귀약통납눌개 거느려

하로하로산으로 하여

바농오름으로 하여

세미오름 소들개

앚안 보니

사농맛이 좋아 내려오라 좌정하였습네다

사농 댕기는 사름마다

이 당에 오랑 제를 지내면 수망일고(재수좋고)

사농을 잘 홉네다[41]

　여기의 당신인 궷드르산산또는 사냥하기를 좋아해 여기저기 사냥을 다니다가 좌정하여 당신이 되었고, 이 때문에 사람들이 이 신을 위하면 재수가 좋고 사냥이 잘 된다는 것이다. <맹감본풀이>에서의 백골은 산에 사냥을 다니다가 객사한 존재이다. 원혼적 성격을 지니지만 이처럼 산에 사냥을 다니던 조상이나 산에서 죽어 시체를 찾지 못하는 경우 산신으로 간주되어진다.[42] 이런 백골이 사만이에게 태워 조상신으로 섬겨지는 것은 신으로서 좌정하는 모습이다. 백골의 성격 또한 수렵의 풍요를 보장하는 부신적 성격이 뚜렷하다. 사만이에게는 "내게 태운 ᄌᆞ손이여 느가 이 대음 나라 잘 모사주민 대녹강도 제일척 소녹강도 제일척 민 부제 무실 부제로 맨들아주마"라고[43] 하여

41) 진성기, 앞의 책, 366~367쪽.
42) 문무병, 『제주도 당신앙 연구』(제주대 박사학위논문, 1993), 89쪽.

섬길 것을 요구하고 실제로 잘 위하니 사냥으로 부자가 되도록 도와준다. 곧 수렵의 생업수호신으로서 면모를 잘 보여주는 것이다. 이와 같이 백골은 사냥을 다니다가 죽어 좌정한 산신적 성격의 신격이면서 수렵의 풍요를 가져다 주는 생업수호신으로 기능하고 있어, 위의 <고평본향>의 당신적 기능과 성격에 그대로 합치하고 있는 것이다.

둘째, 사만이가 백골을 모셔 조상신으로 위하는 것은 신앙민이 당신 또는 조상신을 모셔 위하는 것에 다름 아니라는 점이다. 이 점을 좀더 분명히 파악하기 위해서 <맹감본풀이>에서 사만이가 백골을 맞아들여 조상신으로 섬기는 모습을 세분하여 정리하면서 당신본풀이에 관련시킬 필요가 있다.

    ㉮ 백골이 밤중에 사만이를 불러 자신의 존재를 알림//백골이 왼발에 거듭
      채임
    ㉯ 사만이가 백골을 집으로 가져와 멀구슬나무에 걸어두고 들어감
    ㉰ 사만이 아내가 열두 폭 치마를 갖춰 입고 치마를 벌려 백골을 맞아들임
    ㉱ 상고팡에 모심
    ㉲ 큰 부자가 됨

    ㉮는 당신이 신앙민을 선택하는 모습이다. 당신이 신앙민에게 자신의 존재를 알리는 방식은 대체로 세 가지 정도로 나타난다. 하나는 꿈을 통한 현몽이고, 다른 하나는 거듭해서 그 신앙민에게 출현하여 신의 뜻임을 인지하도록 하는 것이며, 마을에 풍운조화나 재앙을 내려 신의 존재를 알리기도 한다. 현몽의 형태는 신의 존재를 현시하는 가장 일반적인 형태의 하나로, 제주시의 각시당을 예로 보면 자신은 옥황상제의 말줏똘아기인데 천상에서 득죄를 하여 좌정했으니 당신으로 잘 위하라고 꿈을 통해 요구한다. 백골이 사만이에

---

43) 진성기, 앞의 책, 171쪽.

게 출현하여 자신의 존재를 알리는 모습은 이런 꿈을 통한 현몽의 형태라 할수 있다. 변신생 구연본에서는 꿈을 통해 백골이 자신의 존재를 알리고 있고, 그 외의 자료도 한밤중에 사만이를 불러 자신이 어떤 존재인지를 알리고 있는데 그것은 꿈의 변형인 것이다. 한편 안사인 구연본에서는 특이하게 백골이 거듭해서 사만이의 왼발에 채이는 것으로 나타난다. 곧 거듭해서 신앙민에게 출현하여 조상신으로 모셔 들일 것을 요구하는 것으로, 이런 모습은 서물당이나 윤동지영감당 등 석상미럭을 건져 올리는 데서 흔히 볼 수 있는 모습이다. 거듭해서 낚시 줄에 석상미럭이 걸리자 자신에게 태운 조상인 것을 알고 신앙민이 모셔 들이게 되는 것이다. 이렇게 볼 때 백골이 자신의 존재를 사만이에게 알리는 모습은 당신이 신앙민에게 그 존재를 현시하는 것과 동일하다는 것을 알 수 있다.

㉯는 백골신의 좌정처로서 먼저 멀구슬나무가 정해진 것이 아닌가 여겨지는 부분이다. 사만이는 백골을 모셔 와서 먼저 집 앞 멀구슬나무에 걸어두고 집으로 들어갔다가 백골이 자신을 모셔 들이지 않는다고 원망을 하자 그제서야 집으로 모셔 들이게 된다. 여기서 백골을 나무에 걸어두는 것은 첫 좌정처로 이런 나무를 잡았기 때문인 것으로 보인다. 산신 계통의 당신이 산에서 내려와 좌정처를 정하면 그 산신당이 구릉이나 밭으로부터 내려와 만년 팽나무 아래와 같은 곳을 택하는 것으로 나타나는데[44] 바로 이런 좌정처를 잡는 것과 다르지 않다는 것이다. 팽나무를 비롯해 이레나무 등 나무들이 당신들의 중요 좌정처인 점을 볼 때 이 부분은 백골이 멀구슬나무를 첫 좌정처로 잡았다가 마음에 들지 않아 좌정처를 옮기는 모습이라 할 수 있겠다.

㉰는 특히 신앙민이 당신을 맞아들이는 데서 볼 수 있는 전형적인 모습 중의 하나이다. 사만이 아내가 정성들여 열두 폭치마를 갈아입고 나와 "절 태운 조상님이건 열두 폭 금새호리 대공단 홑단치마로 들어옵서" 하자 백골이 저

---

44) 문무병, 앞의 글, 233쪽.

절로 치맛자락으로 들어온다.[45] 이와 같이 인연한 신을 모셔 들이는 모습은 특히 뱀신을 당신으로 맞아들이는 데서 쉽게 찾아볼 수 있는 양상이다. <칠성본풀이>와 같은 일반신본풀이는 물론이고 제주시 외도동의 두레빌렛당 당신본풀이를 보더라도 배에 구멍이 나서 침몰하는 배의 구멍을 막아 무사히 돌아오게 한 뱀을 김동지 부인이 나서 "내게 태운 조상이면 내 치매통에 기여듭서"하며 치맛자락을 벌리자 뱀이 치마로 들어와 집에서 위하다 후에 바닷가의 '두레빌레'의 당신이 되었다고 한다.[46] 비록 뱀신과 백골이라는 신체神體의 차이는 있지만 당신이 형체를 갖추어 출현하는 경우는 대체로 이런 모습으로 맞아들이는 것을 볼 수 있다.

한편 ㉰에서와 같이 모셔 들인 당신을 집안에 모실 때 그 장소는 대체로 상고팡이 된다. 특히 그 집을 부자 되도록 도와주는 신격이 모셔지는 곳은 상고팡으로 나타나는 경우가 많다. 비록 일반신본풀이기는 하지만 제주도에서만 존재하는 <칠성본풀이>의 뱀신 또한 상고팡에 모셔지는 부신富神이다. 당신본풀이에도 이런 사례는 찾기 어렵지 않다. 애월면 금성리 알당의 당신본풀이를 보면 이 곳의 당신은 김훈장이 전라도 지리산에 갔을 때 만난 애기씨로, 제주도로 돌아와서 김훈장 집의 상고팡에 모시고 위하니 집안이 부자가 되었다고 한다.[47] 곧 부를 가져다주는 조상신이나 당신을 집안에 모셔두는 장소가 상고팡이며, ㉰는 결국 이런 모습이 반영된 것이다.

㉱는 신격을 모신 결과이다. 조상신본풀이나 당신본풀이에서 보면 신앙민에게 태운 조상을 모셔 들인 결과는 대체로 자손이 번창하게 되는 것과 집안이 부자가 되는 것으로 나타난다. 당신이나 조상신이 생업의 수호신으로서 풍요를 가져다는 주는 존재임은 이미 언급한 바 있고, 백골이 수렵의 풍요를 가져다준다는 점에서 생업수호신의 성격을 그대로 지닌다는 점도 앞서 지적

---

45) 진성기, 앞의 책, 183쪽.
46) 진성기, 앞의 책, 349~351쪽.
47) 위의 책, 591쪽.

한 바이다.

셋째, 사만이가 백골을 맞아들여 부를 획득하기까지의 내용이 당신본풀이 중 제향경위담 위주의 구조를 그대로 지닌다는 점이다.[48] 제향경위담은 '제 의결손 – 제의를 요구하는 당신과 인간 사이의 의사소통 – 제의의 실현'의 구 조로 되어 있는데,[49] <맹감본풀이>에서 사만이가 백골을 모셔 부를 얻는 과정은 바로 이런 구조로 짜여져 있음을 확인할 수 있는 것이다. ① 산에서 사냥을 하다가 객사하여 제를 받지 못하는 산신적 성격의 백골이 제시되고, ② 백골이 사만이를 택해 부자 시켜 줄 테니 나를 섬기라고 하자 내게 태운 조상이라 하면서 맞아들이는 의사소통의 과정이 있고, ③ 사만이가 상고팡에 모시고 정성껏 위하자 부를 가져다주고 죽을 액도 모면하도록 도움을 주는 형태로 구성되어 있는 것이다. 곧 <맹감본풀이>의 전반부 특히 사만이가 백 골을 만나 부를 얻게 되는 과정을 독립시켜 본다면 제향경위담이 확장된 형 태의 당신본풀이에 해당한다는 것을 알 수 있는 것이다.

이상과 같이 <맹감본풀이>의 전반부를 제주도의 토착적인 신화 형태인 당신본풀이 및 조상신본풀이와 관련시켜 보았다. 그 결과 사만이가 백골을 모셔 부를 얻는 과정 부분은 당신본풀이와 다각도에서 상통하고 있음을 확인 할 수 있었다. 비록 비교의 대상인 당신본풀이가 특정의 몇몇 자료로 한정될 수 없는 것이어서 구체적이지 못하고 포괄적인 대비가 될 수밖에 없었지만, 그렇다고 해서 이런 관련성이 무의미한 것은 아니다. <맹감본풀이>와 대비 한 당신본풀이의 면모가 예외적이거나 한정된 자료에서 추출된 성격이 아니 라 당신본풀이에서 일반적으로 찾아지는 성격이기 때문이다.

그렇다면 이렇게 <맹감본풀이>의 전반부가 당신본풀이에 닿아있다는 것 은 어떤 의미가 있는가? 이것은 곧 제주도의 일반신본풀이가 단순히 육지의

---

48) 정진희는 당신본풀이의 서사적 구성 요소 중 어느 부분이 확대되는가를 기준삼아 제향경위담 확대 형, 당신내력담 확대형, 영험담 확대형으로 유형을 분류한 바 있다. 정진희, 「제주도 당본풀이의 유 형과 변천양상 연구」(서울대 석사학위논문, 1999).
49) 정진희, 앞의 글, 21~31쪽.

신화적 소재를 차용하여 형성된 데 불과한 것이 아니라 나름의 당신본풀이라는 자체 신화적 기반을 가지고 육지의 것을 받아들여 새로이 창출해낸 것임을 의미한다. <맹감본풀이>는 당신본풀이적 기반을 지닌 전반부와 육지 소재를 받아들인 후반부로 구성되어 있다. 차사를 대접하여 죽을 액을 모면하는 후반부는 육지에서도 동일한 내용과 성격의 무가들이 전해질뿐만 아니라 설화 형태로도 다양하게 전승되고 있어, 이 부분은 분명 육지 것의 수용이라 보아야 한다. 제주도에서 생겨난 것이 육지에 영향을 주어 함경도나 전라도의 무가를 형성시키고 또 더 나아가 이런 내용의 많은 설화 자료들을 전국적으로 전승되도록 했을 가능성은 거의 희박하기 때문이다. 따라서 이런 후반부는 육지 소재의 이입이라 보는 것이 타당할 것이고, 문제는 전반부 부분이다. 사만이가 백골을 모셔 잘 위해서 부를 획득하게 되었다는 부분은 분명 당신본풀이적 면모라 할 수 있다. 백골신은 수렵신적 존재이고 수렵민들에 의해 섬겨지던 당신적 면모와 본풀이가 <맹감본풀이>에 결합된 것으로 볼 수 있는데, 문제는 왜 이런 산신 계통의 수렵수호신에 대한 당신본풀이가 저승차사를 대접하여 죽을 액을 모면하는 신화 소재에 결부되게 되었는가 하는 점이다. 이 점을 명확히 밝히기는 어렵지만 한 가지 추정은 가능하다. 곧 죽을 액을 모면하고자 액을 막는 데에는 죽음 목숨을 대명代命할 동물의 희생이 필요한데, 이런 동물을 희생하는 성격이 곧 수렵신의 기능과 맥이 닿는다는 것이다. 앞 장에서 언급했듯이 제주도에서는 차사가 잡아가려는 인간 목숨 대신 수탉을 희생하며 이것이 원래는 말이나 소였을 것임은 무가 사설에서 확인된다. 이런 양상은 육지에서도 마찬가지여서 전라도의 경우 씻김굿의 사자상에는 사자멕이를 한다고 해서 산 닭을 놓는 것이다. 제주도에서는 또한 수탉을 죽여 밖으로 던져 길흉을 점치는 과정이 있는데, 이처럼 동물을 희생하고 희생한 동물로 점을 치는 행위는 물론 농경문화에서도 쉽게 찾아볼 수 있는 현상이기는 하지만[50] 그것이 수렵문화의 소산임은 부인하기 어렵다. 동물을 죽여 제물로 바치는 행위 자체가 그렇기도 하지만 농경문화로부터 이런 희생제의가 비롯되었을 가능성은 희박하기 때문이다.[51] 아울러 제주도에서는 신의 성격에 따라 식성의 구분이 뚜렷하여 수렵신적 성격의 당신들은 육물肉物을 제물로 요구하는 반면 농경신적 성격의 당신은 미식성米食性이며 돼지고기와 같은 육물을 지극히 꺼려 금기시하는 양상을 찾아볼 수 있다.[52] 비록 대명을 위한 희생동물을 바치는 것이기는 해도 동물을 제물로 바치고 그것을 죽이는 행위를 하는 의식이 미식성의 농경신적 성격의 당신 및 당신화에 결부되기보다는 수렵신적 존재를 모시는 당신화에 결부되는 양상이 자연스럽다고 하겠다. 따라서 이처럼 동물을 희생해서 대명代命의 액막이를 하는 의례와 신화 소재가 제주도에 이입되면서 수렵신적 성격의 당신을 모시는 당신본풀이 형태와 결합되었던 것으로 보인다.

4. 결론

본고는 제주도 일반신본풀이의 생성에 미친 당신본풀이의 영향을 밝히는 작업의 일환으로 마련된 것이다. 지금까지는 제주도의 무속본풀이 중 일반신본풀이가 육지의 신화를 받아들여 형성되었다고 하는 것이 일반적인 견해였으나, 이런 일련의 작업을 통해 제주도 일반신본풀이가 제주도 나름의 토착적인 신화 형태인 당신본풀이를 기반으로 육지 신화의 소재를 받아들여 제주도의 독자적인 신화 형태를 창출해내고 있음을 밝힐 수 있었다. 그러면 이 글

50) J. 프레이져, 장병길 역, 『황금가지』(삼성출판사, 1998). 이 책에서는 농경문화에서 치뤄지는 희생제의에 대한 사례를 다양하게 제시하고 있다.

51) 프레이져는 희생제의가 수렵과 목축의 사회단계에서 출발했고 그 단계에서 행해졌던 것이 농경문화로 이어지고 있다는 전제를 바탕으로 희생제의를 파악하는 입장이다(위의 책). 한편 大林太良도 농경문화의 두개골 보존습속이나 희생제의가 수렵문화에서 비롯되어 농경민의 生과 死라는 세계관에 자리하게 되었다고 파악하고 있다. 大林太良, 권태효 외역, 『신화학입문』(새문사, 1999), 122~127쪽.

52) 제주도 당신의 육식성과 미식성의 대립은 현용준(앞의 책, 200~205쪽)과 진성기(앞의 책, 11~15쪽)에 의해서 자세히 논의된 바 있다.

에서 밝힐 수 있었던 바를 간략히 요약하면서 마무리 짓기로 하겠다.

제주도의 <맹감본풀이>는 큰굿의 시왕맞이 때와 신과세제에서 액막이를 위해 불려지는 무가이다. 그 전체적인 내용은 거지생활을 하던 사만이가 수렵수호신인 백골을 모시면서 부를 획득하게 되는 과정을 담은 전반부와 백골의 도움으로 저승차사를 대접하여 죽을 액을 모면하고 수명장수하게 된다는 후반부로 구성되어 있다. 따라서 특히 후반부가 그 기능과 상통하는 모습임을 알 수 있다. 그런데 이처럼 저승차사를 대접하여 목숨을 연명하는 내용의 무가가 액막이를 위해 불리는 양상은 비단 제주도에만 국한되어 나타나는 현상은 아니다. 육지에도 저승차사를 대접하여 죽을 액운을 모면한다는 내용의 무가가 액막이를 위해 불려지고 있는 것이다. <장자풀이>나 <황천혼시> 등이 바로 이런 성격을 보이는 무가이다. 그런데 제주도의 <맹감본풀이>는 이들 육지의 무가 자료와는 차별되는 독자적인 면모를 지니고 있다. 그것은 곧 전반부에 해당하는 백골을 모셔 부를 획득하는 부분으로, 모든 각편들에서 이 부분이 후반부 못지않게 중요하게 나타나고 있고 실제로 의례에서도 풍요를 바라는 뜻으로 <맹감본풀이>가 불려지기도 하는 것을 알 수 있다.

한편 이렇게 동계의 육지 자료와 비교해서 차이를 보이는 전반부 내용의 신화적 기반은 제주도의 토착적인 신화 형태인 당신본풀이에서 찾을 수 있다. <맹감본풀이>의 전반부는 여러모로 당신본풀이에 닿아 있는 모습을 보이기 때문이다. 그 양상을 정리하면 첫째, 백골신의 성격이 조령신적 성격과 수렵의 생업수호신적 성격을 지녀 당신의 주된 성격과 일치하고 있고, 둘째, 사만이가 백골을 모셔 조상신으로 위하는 과정은 신앙민이 당신을 맞아들여 위하는 것과 일치하며, 셋째, 사만이가 백골을 맞아들여 부를 획득하기까지의 과정은 당신본풀이 중 제향경위담의 확장형 구조를 그대로 지닌다는 점이다.

이렇게 볼 때 <맹감본풀이>는 당신본풀이적 기반을 토대로 형성된 전반부와 육지의 신화적 소재를 받아들인 후반부로 짜여진 무속신화라 할 수 있다. 이 점은 지금까지의 통념처럼 제주도 일반신본풀이가 단순히 육지의 신화적 소재를 차용해 형성된 무속신화가 아니라는 것을 의미한다. 곧 제주도의 일반신본풀이는 당신본풀이라는 자체적인 신화 기반을 토대로 육지의 신화 소재를 받아들여 새로이 형성시킨 무속신화임을 알 수 있는 것이다.

참고자료

〈맹감본풀이〉 채론본의 비교표

구연본 서사단락	이춘아 구연본	변신생 구연본	한태주 구연본	안사인 구연본	고대중 구연본	이중춘 구연본
사만이의 출생과 성장	송정승의 아들로 태어났으나 삼년 흉년이 들어 아버지가 굶어 죽을 지경이 되자 여섯살 된 사만이가 동냥을 하여 아버지를 공양함	송사만이는 어릴 때 부모가 모두 돌아가셔서 동냥을 하며 목숨을 연명함	주년국 소사만의 선조는 천하거부였으나 아버지 대에 가난해지고, 어릴 때 부모, 조부모, 일가친척들을 차례로 잃게 되어 오갈 데 없는 거지로 생활	주년국 땅 소사만이는 어릴 적 부모를 모두 여의고 문전걸식을 하며 자라남	소광남에 사는 소사만이는 조실부모하고 배운 것도 없어 살아갈 능력이 없음	주년국 땅 소사만은 어릴 때 부모를 차례로 잃고 의지할 곳 없는 혼자 몸이 되어 걸식을 하며 구명도식함
결연	동냥 다니다가 자신과 같은 처지의 소정승의 딸과 우연히 만나 오누이를 삼았다가 열일곱에 부부 결연	동냥을 다니다가 자신처럼 조실부모하고 동냥을 다니는 계집을 만나 같이 지내다가 15세에 계집이 잉태하여 결연	동냥을 다니다가 길에서 역시 조실부모하고 동냥을 다니는 조정승 딸을 만나 함께 얻어먹고 다니다가 15세 때 서로 부부가 됨	동네사람들이 사만이의 착한 행실을 좋게 여겨 돈을 조금씩 모아 바느질솜씨가 좋은 여자를 구해 장가를 보내줌	천하일등의 바느질 솜씨를 지닌 아내를 맞이해 구명도식을 하며 겨우 살아감	삼거리에서 자신과 같은 처지의 장대감 따님아기를 만나 함께 얻어먹으러 다니다가 15세에 남녀구별법을 알아 결혼함
총을 구입하여	1. 한푼 두푼 모은 돈으로 좋은 집과 논밭을 사서 부자로 살게 됨 2. 사만이가 어떤 청년의 꼬임에 빠져 노름을 하다가 사흘 만에 전재산을 날림	1. 가난하여 먹고살 것이 없어 아내가 머리카락을 잘라주며 그것으로 곡식을 사오게 함	1. 아내가 사만이에게 장사나 하라며 천년장자에게 돈 백냥을 꾸어다 줌 2 밥 못 먹고 옷 못 입은 아이와 소경 노인들에게 그 돈을 다 써버림	1.아내가 바느질품을 팔아 생계를 꾸려나감 2. 자식이 생겨나자 먹고 살기가 어려워 아내가 머리카락을 잘라주며 팔아서 양식을 사오게 함	1. 아내가 사만이에게 장사라도 하라며 장자대감에게 돈 열냥을 빌려다 줌	1. 아기들이 배가 고파 우니 사만이 각시가 머리카락을 잘라주며 양식을 사오게 함

사냥으로 생업을 삼음	3. 아내가 머리카락 자른 것을 팔아 쌀을 사오게 함 4. 청태산 마귀할아범이 사냥꾼 노릇이나 하라며 총을 사게 함	2. 머리카락을 판 돈으로 총을 사옴	3. 아내가 머리카락을 잘라주며 장에 내다 팔아 쌀을 사오게 함 4. 모자라는 돈은 나중에 갚기로 하고 머리카락을 판 돈으로 만년전주에게 총을 사옴	3. 머리카락 판 돈 열냥으로 조총을 사옴	2. 장에서 살 물건을 찾지 못하다가 해질녘 주막에서 은마상총(銃)과 龜藥筒 등을 사서 돌아옴	2. 장구경을 하다가 사냥을 해서 먹고 살 수 있다는 말을 듣고 머리카락 판 돈으로 총을 사옴
백골과의 만남		1. 산 속을 헤매고 다녀도 짐승을 잡지 못하고 산 속에서 잠을 자는데 숲에서 부르는 소리가 들림 2. 백골이 자신은 백정나라 백정승의 자식으로 사냥하러 왔다가 죽었음을 밝힘 3. 자신을 모시면 사냥으로 부자가 되게 해준다고 함 4. 숲에서 백년해골을 찾아서 내게 태운 조상님이라 하며 집으로 잘 모시고 감	1. 이곳저곳을 다녀도 짐승을 못 찾아 사냥을 하지 못하다가 날이 저물어 산에서 묵게 됨 2. 백년해골이 굴러와 자신이 본래 백정승의 아들이었으나 이 산에 사냥 왔다가 도둑에게 죽임을 당했다고 하면서 사만이가 진 총이 자신의 총이었다고 함 3. 백골이 자신을 모시면 부를 얻게 해주겠다고 함 4. 숲에서 백골을 찾아 甘酒, 소주로 깨끗하게 씻기고 물명주로 싸서 모셔옴	1. 매일 산중을 헤매고 다녀도 노루사슴이 잡히지 않음 2. 돌아오는 길에 백년해골이 외발에 세 번 거듭 채이자 해골이 집안을 지켜줄 조상신일지도 모른다고 생각하고 집으로 잘 모셔옴	1. 산 속을 다니며 사냥을 하지만 아무것도 잡지 못하다가 비가 와서 半大木 속 구멍에서 비를 피하는데 한밤중이 되자 백년해골이 사만이를 부름 2. 백년해골이 자신은 백정승의 자식으로 사냥을 왔다가 산 속에서 죽어 제사도 얻어먹지 못한다며, 상고팡에 모셔 위해주면 부귀영화시켜 주겠다고 함 3. 백년해골이 약돌래로 굴러들어 와 집으로 모셔옴	1. 산 속을 다니며 사냥을 하지만 아무것도 잡지 못하고 날이 저물어 산 속에서 잠을 자게 되었는데 한밤중에 백년해골이 사만이를 부름 2. 백년해골이 자신은 백정승 아들로 사냥을 나왔다가 죽었다면서 나에게 태운 조상이라며 부자시켜 줄테니 잘 섬기라고 함 3. 집으로 잘 모셔감

백골을 조상신으로 모심		사만이가 백골을 문 앞 말팡돌에 두고 집으로 들어가자 백골이 원망을 하고, 그 소리를 들은 아내가 치마폭을 벌려 집으로 모셔들임	1. 백년해골을 문앞말팡돌에 두고 들어가니 모셔들이지 않는다고 원망하자 아내가 치마폭을 벌려 집으로 모셔들임 2. 선반 젯상에 모셔두고 찬물을 떠놓고 향을 피워둠	1. 고팡에 모셔 조상님으로 위함 2. 제사나 삼명일 때 음식을 바치고 제를 올림	1. 대문 앞 나무에 백골을 두고 들어가나 백골이 모셔들이지 않는다고 원망하는 소리를 듣고 각시가 열두폭 치마를 벌려 모셔들임 2. 청감주로 목욕시키고 자소지로 싸서 상고팡에 모시고 초하루 보름마다 위함	1. 대문 앞 멀구슬나무에 백골을 걸어 두고 들어갔다가 아내에게 사정을 말하고 집으로 모셔들임 2. 향물로 목욕시켜 상고팡에 모시고 메와 술을 바쳐 섬기며 위함
사냥을 하여 부자가 됨	사냥을 하여 고기와 가죽을 팔아서 잃었던 재산을 다시 찾음	사냥을 나가기만 하면 크고 작은 사슴을 잡아 삼년 만에 큰 부자가 됨	사냥을 나가면 사슴과 돼지 등이 수없이 잡혀 장자집에 팔아서 거부가 됨		백영감이 사냥가라 한 날에 사냥을 나가면 크고 작은 짐승들을 수없이 잡아 그것을 팔아 거부가 됨	사냥을 나가기만 하면 많은 짐승들이 잡혀 그것을 팔아 큰 부자가 됨
저승에서 사만이 친조상의 탄원					사만이의 부모조상들이 자신들에게는 물도 안 주고 삼명절 기제사도 차려주지 않는다며 옥황상제에게 상소를 올리자 옥황상제가 사만이를 잡아오라며 삼 차사를 내려보냄	명절에 옥황상제가 순례차 다니다가 울고 있는 사만이 부모조상을 만나게 되고, 사만이가 물도 안 주고 삼명절 기제사도 차려주지 않는다고 하소연하자 괘씸하게 여겨 삼 차사를 내려보냄

| 사만이의 죽음을 미리 알려주는 백골 | | 1. 사만이가 사냥을 간 사이 서른 至命이 되어 사만이가 죽게 되었다며 백골이 울음을 욺 2. 아내가 흉사를 한다며 백골을 부지깽이로 때려서 뒷밭에 내다버림 3. 사만이 아무리 사냥을 다녀도 헛탕이어서 조상이 노했다고 생각하고 집에 일찍 들어옴 4. 사만이가 다시 백골을 모셔들이고 아내가 잘못을 빌며 명을 이을 방도를 물어보자 알려줌 | 1. 삼 차사가 내려 사만이가 죽게 되었다고 탄식 2. 아내가 불을 때다가 흉사를 말라며 부지깽이로 백골을 때리고 보리밭에 버림 3. 사냥 갔다가 헛탕만 치자 이상해서 일찍 돌아온 사만이에게 백골이 정명이 되어 차사가 내려온다는 것을 알려줌 4. 사만이가 살 방도를 물어보니 알려줌 | 1. 사만이 꿈에 한 노인이 고팡에서 나오더니 사만이 부부를 불러서는 사만이 나이 서른 정명이 되어 저승에서 삼 차사가 내릴 것임을 알림 2. 몸을 정갈하게 하고 삼 거리로 가서 상을 차려 정성을 드리게 함 | 1. 백영감이 어느날밤 사만이가 죽는다며 울음을 욺 2. 사만이가 흉허물을 한다며 백골을 모셨던 상고팡에서 들어 내동댕이 침 3. 사만이 각시가 백영감에게 연유를 물으니 오황상제의 삼착 사가 내려 사만이가 죽게 되었음을 알려줌 4. 살 방도를 물어보니 알려줌 | 1. 백골이 삼 차사가 내려 사만이가 죽게 되었다고 탄식하며 사만이를 부름 2. 아내가 흉사를 한다며 백골을 뒷밭에다 갖다버림 3. 사냥 갔다가 헛탕만 치자 이상해서 일찍 돌아온 사만이에게 백골이 정명이 되어 차사가 내려온다는 것을 알려줌 4. 살 방도를 물어보니 알려줌 |
| 저승차사에 대한 대접 | | 1. 관대, 띠, 大白紙, 물명주, 인정 걸 돈 등을 셋씩 준비하고 무당을 불러 굿을 하게 함 2. 사만이에게는 다니기 좋은 동산에 젯상을 차려 놓고 백보밖에 엎드려 있 | 1. 쌀과 甘酒, 官服, 백마 세 필, 은, 紙貨, 물명주를 준비 2. 메밥을 지어 제물을 차리고 인정을 건 뒤 사만이에게 백보 뒤에 물러나 있게 함 3.삼 차사가 차린 음식을 | 1. 사만이는 삼거리 길에 병풍을 치고 겹상에 음식을 차려 향을 피운 뒤 이름을 써 붙이고는 백보 밖에서 기다리고 있게 함 2. 사만이 아내는 관대 세 벌, 심방을 불러 시왕맞 | 1. 백돌래떡에 청감주, 자소지, 백목 석자를 준비하여 말리송산에 상을 차리고 향을 피운 뒤 백보 물러나 있게 함 2. 사만이 각시에게는 심방을 불러 큰 굿을 하게 함 | 1. 사만이에게 몸을 정갈하게 하고 깊은 산에 병풀을 펴고 젯상을 잘 차리고 백보 밖에서 기다리고 있게 함 2. 사만이 각시에게는 집에서 삼 차사 전에 관대 세벌과 띠 세 |

		게 함 3. 차사들이 음식과 옷, 인정 등을 받음	먹고 신발과 옷을 갈아입은 뒤 백마를 얻어 탄 뒤 사만이를 찾아 사만이의 집으로 감 4. 집에서는 삼시왕맞이 큰굿을 하고 있음	이 큰굿을 함.	3. 삼 차사가 차린 상을 받아먹고는 음식 임자인 사만이를 찾음 4. 사만이를 잡아가려 하자 집의 가속에게 인사나 하고 가겠다고 부탁하여 집으로 오니, 사만이 각시가 쌀과 금은, 지전, 말 세 필을 바치니 말에 역가를 잔뜩 싣고 옥항으로 올라감	개, 삼베신 세 켤레, 주석 동이에 좋은 쌀을 담아 인정을 걸고 큰굿을 하여 액막이를 하게 함. 3. 삼 차사가 차린 상을 받아먹고는 사만이가 차린 상인 것을 알고 사만이를 찾음 4. 사만이를 잡아가려 하자 집의 가속들에게 인사나 하고 가게 해달라고 부탁하여 집으로 오고, 삼 차사가 탈 말을 준비해 대액막이굿 하는 것을 보게 됨
목숨의 연명		1. 사만의 정성을 받고 저승문서를 고치기로 하고 살려줌 2. 삼십 定命인 송사만이에게는 '十'에 한 획을 위로 비껴 그어 삼천살을 만들고, 삼천 정명의 유사만이는 한 획을 지워 명이 삼십이 되도	1. 사만이의 정성에 감복한 삼 차사가 오만골의 오사만이를 대신 잡아가기로 하고 인정을 많이 얻음 2. 사만이를 잘못 잡아왔다며 옥에 가둠 3. 삼 차사에 대한 사형이 집행되기 전날 재판관의	1. 염라대왕과 동자판관이 굿을 받으러 간 사이 장적의 정명을 고치기로 함 2. 삼십의 십(十)자 위에 한 획을 비껴 그어 정명이 삼천살이 되게 함 3. 사만이를 잡아오지 못했다는 추궁	1. 문서차지 최판관을 찾아 받은 역가를 나눠주며 장적을 고침 2. 호적문서에 소사만이 대신 사마 세 필로 말마(馬)자 셋을 써놓음 3. 옥황상제가 사만이를 잡아오지 못했다고 추궁하자 사만이	1. 사만이의 인정이 대단하고 천수방액을 하니 잡아갈 수 없다고 하며 스필이를 대신 잡아감 2. 염라왕의 좌우판관이 문서를 보고는 定命이 안된 스필이를 되돌려보내고 삼 차사를 뇌물을 받

		록 고침 3. 유사만이를 대신 잡아가자 관장이 잘못 잡아왔다고 하나 판관에게 문서를 확인하게 하여 유사만이를 저승으로 데려감	심부름꾼을 매수해서 장적을 고치게 함 4. 오사만의 수명과 바꿔놓아 사만육천 오백년을 살도록 고침 5. 판관이 문서를 확인하고 차사를 살려줌	에 정명이 안 되었다며 장적을 확인하게 함	는 없고 말 세 마리 뿐이라고 함 4. 최판관에게 문서를 확인하게 하니 사마 세 필임을 확인해 줌	아 저승법도를 어겼다며 옥에 가둠 3. 순례차 나온 좌우판관의 문서직이에게 뇌물을 나눠 주기로 하고 사만이의 命인 '三十'字 위에 한 획를 비껴 그어 삼천살이 되게 고치도록 함 4. 삼 차사에게 형이 집행될 때 문서 확인을 요청하여 사만이의 수명이 삼천살임을 확인하고 풀려남
不死의 생을 살다가 차사의 꼬임에 빠져 저승으로 잡혀가는 사만이		1. 저승 차사를 따돌리며 삼천년을 사는 사만이를 잡아오라는 시왕이 명을 내림 2. 강임차사가 냇가에서 숯을 씻는 꾀로 사만이임을 밝히게 해서 결국 잡혀감			1. 삼 차사가 옥황상제의 명을 받아 소사만이를 잡으려 하지만 잡히지 않음 2. 차사가 냇가에서 숯을 씻는 꾀로 사만이임을 밝히게 해서 결국 잡혀감	

서울굿 악사의 성격과 기능

김기형
고려대학교
교수

1. 악사에 주목하는 이유

서울굿 열두거리 가운데 '창부거리'가 있다. 창부('倡夫' 혹은 '唱婦')는 광대신으로, 생전에 피리나 젓대를 잘 불던 명성 높은 광대(곧 악사, 잽이)가 죽어서 된 신을 말한다.[1] 악기 연주를 통해 무당의 신명을 돋우어 신을 즐겁게 해 줄뿐

---

1) 일반적으로 광대에는 소리광대, 줄광대, 탈광대 등이 포함된다. 그렇지만 '창부거리'의 창부신은 이들 광대를 모두 망라하는 것으로 보이지는 않는다. 서대석은 "창부신은 광대의 신을 말한다. 창부란 소리하는 명창을 말하는데, 과거급제와 같은 경사가 있거나 회갑잔치와 같은 때 소리를 해주고 유희를 하여 모인 사람을 즐겁게 해주는 직업적 연예인이다."[서대석, 「무당내력의 성격과 의의」, 『구비문학연구』 4(한국구비문학회, 1997), 361쪽]이라 하여, 창부거리의 창부를 판소리 명창으로 파악하고 있다. 창부거리가 성행하게 된 시기가 판소리가 성행한 시점과 유사한 19세기 전반부터일 것이라는 점, 전국 각지에서 서울로 올라온 창부들이 양반들의 유가에 참여하고 있다는 점 등을 근거로 하여, 창부를 판소리 명창으로 보고 있는 것이다. 그런데 전통사회에 있어서 판소리 명창의 대부분은 굿판 악사 출신이라 할 수 있으며, 실제로 <창부거리>에 묘사된 창부는 악사의 형상으로 나타나고 있다. "팔도광대가 올나온다. 전라도 남원광대 아히광대 어룬광대 아히광대는 옥져 불고 어룬광대는 단소 불고 로광대는 호적 불고 한양성니 올나올써…"[赤松智城, 秋葉 隆 共著, 『朝鮮巫俗の 研究』上卷(民俗苑 影印, 1938), 111쪽]라는 사설에서 그 점이 분명하게 입증된다. 이렇게 볼 때, '창부거리'가 비록 19세기 전반 무렵부터 더욱 성행하게 되었고 양반들의 유가에 참여하는 등의 활동을 한 것으로 보아 창부에 판소리 명창이 포함되는 것이 사실이라 할지라도, '창부의

만 아니라 나아가 굿판에 모인 사람들을 흥겹게 함으로써 제액초복除厄招福을 기원해 준 이들이 바로 창부인 것이다. 창부신이 일년 열두 달의 횡수橫數를 막아주는 존재로 모셔지는 이유가 여기에 있을 것이다.

굿판은 굿을 주재하는 무당(사제)과 악사 그리고 굿에 참여하는 청중들로 구성되어 있다. 무당은 전체 굿의 진행을 담당하고 있다는 점에서 가장 중요한 역할을 수행하고 있다고 해도 과언이 아니다. 그렇지만 굿이 원만하게 진행될 수 있도록 드러나지 않게 애쓰는 이가 바로 악사이다. 굿판에서의 악사는 보통 '고인', '바라지', '잽이', '양중' 등으로 불린다. 지역에 따라 명칭이 다르고 역할 또한 약간씩 차이가 있지만, 악기 연주를 통해 굿판의 분위기를 흥겹게 하고 신을 즐겁게 함으로써 굿의 본래 목적을 이루는 데 지대한 역할을 수행한다는 점은 모두 같다.

이와 같이 굿판의 한 구성원으로서 중요한 몫을 감당하고 있음에도 불구하고, 그동안 연구자들은 무당에게만 관심을 집중하였고, 악사에 대해서는 별로 주목하지 않았다고 할 수 있다. 악사에 관해 본격적으로 논의한 글이 나타나지 않은 이유가 여기에 있다. 여기서는 서울굿 악사를 논의의 대상으로 삼아, 출신배경과 학습과정, 악사 구성에 따른 분류 및 각 악사의 특징, 굿판에서의 역할과 기능 등에 대해 고찰해 보고자 한다.[2]

본래 성격은 굿판 악사라고 보는 것이 타당하다. 오늘날 굿판에서 "악사를 창부대신"이라고 칭하는 만신들의 이야기를 흔히 듣게 되는 것도, '창부신'의 본래 성격이 굿판 악사였음을 입증하는 구체적인 사례이다.

2) 본고에서 조사한 악사는 최형근과 김찬섭 그리고 김선경이다.
최형근 악사에 대해서는 2002년 8월 6일과 8월 13일, 김찬섭 악사에 대해서는 2002년 8월 12일과 13일 각각 두 차례씩 조사하였다. 그리고 김선경 악사에 대해서는 2002년 10월 20일 한차례 조사하였다.

2. 악사의 출신배경과 학습과정

서울굿 악사는 크게 악사 집안에서 배출된 악사와 무당 집안에서 배출된 악사로 구분된다.[3] 그렇지만 악사와 무당은 매우 밀접한 친연성을 지니고 있기 때문에, 무업을 담당한 여성과 악사인 남성이 부부관계를 이루고 있는 집안에서 악사가 배출된 경우도 많다. 어느 경우이든 대부분 집안의 내력이 있어 악사의 길을 걷게 되었다는 점에서 공통점을 갖는다. 현재 서울굿 악사로 활동하고 있는 이들의 몇몇 사례를 검토해 보면 이러한 점이 분명하게 드러난다.

봉화산 도당굿의 잽이당주로 활동하고 있는 김광수는 봉화산도당굿의 고정 악사였던 아버지 김순선[4]으로부터 도당굿 음악과 피리를 학습 받았다. 그의 동생 김흥수가 형에게서 피리를 배워 현재 악사로 활동하고 있다. 허성필은 서울과 경기에서 무속악사로 이름을 떨쳤던 허상복(본명은 허수복)으로부터 해금을 배워 악사가 되었다. 김점석(본명 김정치)은 아버지 김진용의 뒤를 이어 악사로 활동하고 있다.[5] 아버지 이충선으로부터 피리를 배워 악사가 된 김찬섭은 그의 아들 김필홍에게 자신의 기예를 물려주어 악사로 활동하게 하고 있다.

이와 같이 집안 내력으로 악사의 길로 들어선 경우, 어려서부터 굿판을 다니며 굿음악을 익힐 수 있고 악기를 접할 기회가 많기 때문에 자연스럽게 연주능력을 기를 수 있는 조건을 갖춘 셈이 된다.

최형근은 고모 최인순이 만신이고 고모부 김금준이 악사였다. 어려서부터 악기를 접하고 호흡을 익혔는데, 고모부는 자신이 악기 배우는 걸 별로 달가

---

3) 물론 악사나 무당 그 어느 쪽과도 관련이 없는 상태에서, 악기를 배워 악사의 길로 들어선 경우도 있다. 김선경이 여기에 해당한다. 김선경은 1943년 서울 출생으로, 광운공대를 중퇴하고 1967년 악사 이충선에게서 약 10개월간 피리를 배운 이후 굿판 악사를 하게 되었다. 그는 어려운 경제 여건 속에서 대학을 계속 다닐 수가 없었고, 돈을 쉽게 많이 벌 수 있는 방법을 모색하는 과정에서 악사에 관심을 갖게 되었다고 한다. 그렇지만 이처럼 무업과는 아무 관련이 없는 상태에서 악사가 되는 사례는 일종의 예외적인 상황으로 이해하는 편이 나을 것이다.
4) 김순선의 모친은 만신 김간난으로, 사로리(현재 구리)의 도당 당주였다.
5) 그의 할머니 안씨는 별호가 '급살방', '불사방'으로, 유명한 만신이었다.

위하지 않았다. 그런데 매우 흥미로운 점은 그가 주기적으로 신내림 현상을 경험하면서 자랐다는 사실이다. 소변을 보다가 갑자기 기절을 한 적도 있고 아픈 아이에게 부적을 태워 먹여 낫게 한 일도 있었다. 김찬섭도 이와 유사한 경험이 있었는바, 아홉 살 무렵 자꾸 신기가 발동하니까 가족들이 또 박수가 나올까 걱정된다면서 악기를 배울 것을 권하여, 그때부터 피리를 배우기 시작했다는 것이다.6) 악사는 무업과 무관한 분야로 나아가지 않는 한 악사를 하지 않으면 박수가 되는 것이 일반적이다. 그렇지만 악사가 된 이후에도 신기를 풀어주기 위해 주기적으로 재수굿을 하지 않으면 안 되는데, 그때마다 신명을 주체할 수 없어 아주 무섭게 춤을 춘다.

최형근이 본격적으로 피리를 배우기 시작한 것은 열네 살 때이다. 엄마는 싫어했지만 고모는 무척 좋아하였다. 16살 때 이윤성으로부터 6개월 정도 배우고, 17~18살 무렵 김운산이라는 악사를 찾아갔는데, 먼저 선생한테 다시 가라는 이야기를 들었다. 이로 보건대, 배운 기간이 짧든 길든 처음 가르친 스승이 매우 중요한 의미를 갖는 것으로 생각된다.

피리를 배울 때 처음에는 '구음'으로 익힌다. '무릎장단'을 치면서 구음으로 가락을 익힌 다음, 손가락 모양을 보면서 피리 부는 법을 배운다. 악보를 보면서 부는 것은 근래에 와서 생긴 일이다. 반염불, 굿거리, 노랫가락 정도 배우고 열여섯살 때부터 굿판에 나서 악사 역할을 하기 시작했다.

흔히 악기를 가르치는 스승은 제자에게 "뼈대는 배우되 살은 스스로 붙여라"라고 말한다. 악기의 가는 길은 가르치고 배울 수 있어도 상황에 맞게 즉흥적으로 가미하는 기교는 각자 스스로 터득해야 한다는 뜻이다. 굿의 기본적인 장단이나 가락으로, 반염불, 굿거리, 당악, 허튼타령, 노랫가락, 창부타령을 꼽을 수 있다. 따라서 악사로 활동하기 위해서는 최소한 이들 장단과 가락을 철저하게 익혀야 한다. 이 가운데 반염불과 굿거리 그리고 당악은 가락

---

6) 2002년 8월 12일, 경희대 앞 '이프카페'에서.

이 짜여져 있어서 이를 숙지하면 굿판에서 그대로 써먹을 수가 있지만, 허튼 타령은 정해진 곡조가 없고 즉흥성이 강하여 악사가 재주를 발휘하여 연주해야 한다. 그리고 노랫가락[7]과 창부타령은 만신에 따라 청도 다르고 스타일이 달라서 흔히 열두 음이 나온다는 말을 한다. 그렇기 때문에 허튼타령을 연주할 때, 그리고 노랫가락과 창부타령을 부를 때 악사의 진가가 발휘되기 마련인데, 각 스타일에 따라 호흡을 맞춰 음을 바로 잡으면서 즉흥성을 발휘할 수 있는 연주 역량을 갖춘 악사가 유능한 악사인 것이다. 유능한 악사라 하더라도 수련을 게을리 하여 공백기를 갖게 되면 "입이 풀어져서 연주가 안 되기 때문에" 끊임없이 연습하지 않으면 안 된다.

3. 악사의 구성에 따른 분류 및 각 악사의 특징

굿판에 쓰이는 악기로는 피리, 해금, 대금, 장고, 제금, 북, 태평소 등이 있다. 이들 악기 가운데 일반적으로 피리, 해금, 대금을 다루는 경우에 한해 악사의 범주에 속하며, 태평소는 후대에 첨가된 것이다. 장고나 제금이 굿판에서 차지하는 비중이나 역할은 매우 크다고 할 수 있지만, 이들 악기를 치는 이는 전문적인 악사의 범주에 속하지 않는다. 전문적인 악사라고 할 수는 없지만, 굿판에서 중요한 역할을 수행하기 때문에 장고잽이에 대해서도 주목할 필요가 있다. 노량진에서 전해지고 있는 <만신열록기萬神列錄記>에는 전악과 기대 그리고 재비가 구분되어 있는데, 그 내용은 다음과 같다.[8]

---

7) 노랫가락은 불사거리, 가망거리, 대감거리, 성주거리 등 거의 매 굿거리마다 불리는데, 각 노랫가락 은 곡조는 같으나 사설이 다르다. 요즘은 매 굿거리마다 부르지 않고 생략하는 경우도 많다.
8) 秋葉 隆, 『朝鮮巫俗의 現地研究』(계명대출판부, 1987), 186~189쪽. 이 책에 의하면 <만신열록기> 는 한글로 된 문서라고 하는데, 그 구체적인 내용에 대해서는 알기가 어렵다.

· 전악 : 해금(깡깡이) · 피리를 부는 남자

· 계대(啓對) : 장고를 치는 여자

· 재비[自備, 差備] : 제금과 징을 치는 무녀

이 셋을 총칭해서 '삼재배' 또는 '전악'이라고 한다는 것인데, 제금과 징을 치는 무녀를 별도로 '재비[自備, 差備]'라고 지칭하는 것이 흥미롭다.

장고잽이는 '기대'라고 하여 흔히 '기대잽이'라고 부른다. 다른 악사는 없어도 되지만 '기대잽이'는 굿판에서 반드시 필요하다. 지금은 흔히 만신이 장고를 치지만 예전에는 '기대잽이'가 따로 있어서 전문적으로 장고 연주를 전담하였을 뿐만 아니라, 굿판을 미리 마련해 놓고 초부정까지 물려놓아 만신이 편하게 굿을 할 수 있도록 준비하는 역할을 하였다. 부정거리 이외에 장고잽이만의 반주로 진행되는 경우는 만수받이와 뒷전거리에서이다. 만수받이는 개별적인 굿거리 명칭이 아니다. 이른바 만수받이 장단에 맞추어 만신이 한 소절을 하면 기대잽이가 이를 받아 후렴으로 부르는 형식으로 진행되는 것이 '만수받이'다.[9] 전문 악사는 아니라 하더라도 기대잽이는 다른 악사들의 연주를 이끌어주는 지휘자 역할을 수행한다는 점에서 매우 중요한 위치를 차지하고 있다. 전에는 원 박에 충실하게 투박하게 치는 것이 보통이었으나, 근래에 들어서는 잔가락을 사용하는 등 기교가 더해지는 경향이 있다.

제금 또한 전문 악사의 범주에는 들지 않지만, 강렬한 쇳소리로 만신의 흥을 돋운다는 점에서 중요한 의미를 지닌다. 예전에는 양손에 쥔 제금을 마주칠 때 떨어뜨리지 않고 쳤기 때문에 긴 울림이 있었으나, 요즘은 박수 치듯 치기 때문에 소리는 크지만 울림이 없어 매력이 덜하게 되었다고 할 수 있다.

'호적' 혹은 '날라리'라고도 부르는 태평소는 마을굿 풍물에서는 성량이

---

9) 전라도 지역에서는 당골이 굿을 진행할 때 이와 같이 악사가 후렴이나 구음을 넣어주는 것을 '바라지창'이라 한다. '바라지'라는 말에서 알 수 있듯이, '바라지창'은 굿의 진행을 보조적으로 도와주는 악사의 역할을 잘 드러내주고 있다.

커 인기가 있던 악기이지만 본래 굿판에서는 부르지 않았다. 그러던 것이 근래에 들어와 작두장군을 모시는 거리나 성제님을 모시는 거리 등 엄청난 신명을 요하는 경우에 태평소의 큰 음량이 일조할 수 있기 때문에 만신들이 태평소 연주를 요구하는 일이 있기도 하다.[10]

악사는 악기 구성을 어떻게 하는가에 따라 명칭이 다르다. 피리 둘, 해금, 대금, 장고, 북을 갖추어 연주하는 것을 '삼현육각'이라고 한다. 규모가 큰 굿에서는 일반적으로 삼현육각이 연주되었다. 그렇지만 삼현육각을 갖추지 않은 경우, 악사 구성에 따라 다음과 같이 명칭이 분류된다.

① 외잽이 – 피리
② 양잽이 – 피리, 해금
③ 삼잽이 – 피리, 해금, 대금
④ 사잽이 – 피리2, 해금, 대금
⑤ 오잽이 – 피리2, 해금, 대금, 북

이 가운데 서울굿에서는 일반적으로 삼잽이를 많이 쓴다. 외잽이의 경우, 피리를 쓰는 것이 보통이지만, 장고잽이만으로 굿을 진행하는 사례도 있다. 악사 구성을 어떻게 하느냐 하는 문제는 굿의 규모와 밀접한 연관이 있는데, 단적으로 말한다면 굿을 의뢰하는 대주나 기주의 경제력에 의해 좌우된다고 할 수 있다.

악기 가운데 가장 중요한 역할을 수행하는 것은 피리이다. 피리 부는 악사를 '관수잽이', '고추잽이', '목잽이' 등으로 부르는데,[11] 악사의 연주를 이끌

10) 하효길 외, 『봉화산 도당굿』(중랑문화원, 2001), 191~192쪽 참조.
11) 이러한 별칭은 악기의 특성에서 비롯된 것이다. '관수잽이'는 음높이를 조절하면서 피리를 연주하는 데 있어 '관수'가 결정적인 역할을 하기 때문에 붙여진 것이며, '고추잽이'는 악기의 모양이 고추처럼 생겼다 하여 붙여진 것이다. 그리고 '목잽이'는 피리가 목으로 부는 관악기이기 때문에 생긴 별칭이다.

어가는 리더 역할을 수행한다. 그래서 악사당주는 대개 '고추잽이'가 맡는다. 악기를 암, 수에 비유한다면, 피리는 남성에 해당한다. 만신이 춤을 출 때 그 동작에 맞추어 연주를 해야 하는데, 이때 "피리가 차고 나가면서" 악사의 연주를 이끌어 가는 것이다. 주된 기교로 쇠튀김, 목튀김[12] 등이 있는데, 쇠튀김은 보편적으로 많이 쓰지만, 목튀김은 허용업 등 몇몇 악사들만이 즐겨 구사하는 기교이다. 유능한 피리 악사가 되기 위해서는 "관수를 제대로 배워야 한다"는 말이 있다. 피리의 청으로, 칠관청·육관청·오관청·사관청·굿거리청·얼미청(얼비청)·비청 등이 있는데,[13] 청이 바뀌면 바뀐 청에 맞게 자유자재로 연주할 줄 알아야 한다는 의미이다. 피리 연주능력을 향상 시키는 데 있어 호흡조정능력과 입술 활용능력이 매우 중요한 요소로 작용한다. 같은 자리에서도 호흡량과 입술의 활용여하에 따라 3음을 낼 수 있는데, 3음 이외에 특이한 음을 더 낼 수 있는 능력을 갖추었다면 아주 뛰어난 재주꾼이라 할 수 있다.

　해금을 연주하는 악사는 '떡메잽이'라고 한다.[14] 해금은 여성에 해당하는 악기로, "음의 길을 헤쳐 주며" 여음을 지어주는 역할을 수행한다. 인어줄(혹은 잉어줄)이라는 기교가 있는데, 피리연주에서의 쇠튀김과 유사한 연주기교이다.

　대금을 연주하는 악사는 '젓대잽이'라고 한다. 일반적으로 굿판에서는 긴 대금인 풍류대금을 많이 쓴다. 그런데 요즘에는 간혹 짧은 대금인 산조대금을 쓰는 경우가 있는데, 산조대금은 청이 높기 때문에 다른 악사들이 호흡을 맞추기가 부담스럽다. 대금은 피리나 해금에 비해 음역이 좁은 편이다. 그래서 대금은 흔히 '곧은창자'에 비유된다. 대금이 키를 잡아주는 역할을 하는 이유도 다른 악기는 대금에 맞출 수 있지만, 대금은 그럴 수 없기 때문이다.

---

12) '쇠튀김'은 '혀'를 이용하는 것이고, '목튀김'은 '목'을 이용하여 내는 연주기법이다.
13) 칠관청이 가장 낮은 청이고, 비청이 가장 높은청이다. 악사 최형근은 '얼미청'이라고 부르는 데 비해, 악사 김선경은 '얼비청'이라고 하였다. 그러면서 '얼비청'에서의 '얼'은 무언가 모자란다는 의미로 '얼비청'은 '비청'보다 약간 낮은 청을 가리키는 용어라고 설명하였다.
14) 해금의 생김새가 떡판처럼 생겼다고 해서 '떡메잽이'라는 별칭이 생긴 것이다.

'피리를 남편, 대금을 첩 혹은 양념, 해금을 부인'에 비유하는 표현이 생겨난 이유는 이러한 각 악기가 지니고 있는 특성에서 비롯된 것이다.

4. 서울굿에 있어서 악사의 역할과 기능

"동쪽 잽이 서쪽 만신"이라는 말이 있다.[15] 서울굿은 지역에 따라 왕십리제, 노들제, 서대문제(구파발제)로 나누어 지는데,[16] 동쪽의 왕십리제에 뛰어난 기량을 지닌 잽이가 많았고 서쪽의 노들제나 서대문제에는 마달이 풍부한 만신이 많았다는 것을 대비적으로 표현한 말이다. 각 제에서 보이는 음악적 특징을 정리해 보면 다음과 같다.

① 왕십리제 : 드렁제. 더름가락을 많이 씀. 정박에 들어가지 않고 '으따'에 많이 들어감.

② 노들제 : 소리조가 예쁘다. 원박, 정박에 충실하다.

③ 서대문제 : 소리가 예쁘다. 경쾌하고 산뜻하다. "들어서 분다".

제에 따라 이러한 특징이 드러난다 하더라도, 굿판에서 악사가 수행하는 역할이나 기능에는 별반 차이가 없다.

---

15) 양종승 박사는 이에 대해 "우대 만신에 아래대 전악"이라고 한다고 하면서, 그 의미를 다음과 같이 설명하였다. "이 말의 뜻은 서울의 우대(웃대), 즉 지역적으로는 아랫지역인 동쪽에는 쓸만한 전악 (잽이)이 거주하지 않지만 이름난 만신은 많다는 것이고 유명한 전악은 주로 아래대(아랫대), 지역 적으로는 웃지역인 서쪽에 많이 거주한다는 것이다."[양종승, 『한국의 무속－서울, 황해도편』(국립 민속박물관, 1999), 28~29쪽] 그런데 이는 실상을 반대로 설명한 것이다. 일반적으로 주로 잡직과 경아전이 거주하던 서울의 서부 인왕산에서 삼청동 일대를 '우대지역'이라 하고, 군교가 거주하던 동대문 일대를 '아래대'라 한다. 그러니까 아래대가 동쪽이고 우대가 서쪽인 것이며, 따라서 "동쪽 잽이 서쪽 만신"이라고 해야 맞는 것이다.

16) 이 밖에도 선희궁제, 되됨이제 등이 있다고 한다[홍태한, 「서울굿」,『한국의 굿』(민속원, 2002), 100 쪽]. 그렇지만 최형근, 김찬섭 악사는 앞에서 제시한 세 유형의 제에 관해서만 이야기해 주었다.

서울굿에서는 다른 어느 지역 굿에서보다도 무악이 차지하는 비중이 크다. 궁중 문화의 영향 아래 있으면서 굿청의 제반 장식, 만신들의 복식, 음악, 춤 등이 화려하고 장중한 성격을 지니게 되었기 때문이다. 악사를 '전악典樂'이라고 부르는 까닭도 이와 연관이 있는 것으로 보인다. 전악은 조선시대 장악원에서 음악에 관한 업무를 맡았던 잡직의 하나로 종 5품의 벼슬에 해당하는 직책명이다. 이러한 직책 명으로 악사를 지칭한 것은 상층문화의 영향 속에서 생겨난 결과라고 생각한다. 악사를 '우기' 혹은 '우악'이라고 칭하기도 하는데,[17] 이는 장악원의 '우방악'과의 관련 속에서 이해할 수 있는 별칭이다. 장악원 음악은 좌방악과 우방악으로 나뉘어 있는데, 좌방악은 제례악이고 우방악은 주로 연향악이다. 이 둘은 악기구성 뿐만 아니라 구성원의 출신성분도 다르다. 좌방악은 양인 가운데 선발해서 쓰는데 반해, 우방악은 천인 출신이 담당하고 그래서 세습이 많은 것이다.

전에는 악사가 대청에 올라가지 않고, 광목으로 포장 치고 그 안에서 연주하였다. 장고잽이(기대)가 만신과 연주하면 그 장고 반주 소리를 듣고 포장 안에서 연주했던 것이다. 이렇게 공간이 분리된 이유는 남녀가 유별한 시대상황에서 남성 악사와 기주가 내외를 해야 했기 때문이다.

악사는 대개 그룹을 지어 활동한다. 그룹이 형성되는 일차적 요인은 혈연관계에서 찾을 수 있지만, 한 스승 아래 학습한 동학끼리 팀을 구성하는 경우도 허다하다. 그럴 경우 음악이 맞고 호흡을 맞추기가 용이하기 때문이다. 이는 만신과의 관계에도 그대로 적용된다. 기본적으로 악사는 자신을 필요로하는 만신이 있으면 어느 곳이든 가서 연주할 수 있지만, 서로 팀웍을 이루어 함께 활동하는 고정적인 만신이 있기 마련이다.[18] 혈연관계인 경우는 거의 예외 없이 짝을 이루며, 내림굿 할 때 악사를 했다면 특별한 이유가 없는 한

---

17) 2002년 8월 13일 경기도 남양주군 퇴계원리 12-2 도령사에서, 이영희 만신. 전에 굿을 배울 때 어른 만신들로부터 이런 이야기를 자주 들었다고 하였다.
18) 김찬섭의 경우, 보광동 '오진우', 낙원동 돌할머니(조카), 은주엄마(친누님), 약수동 '예언의 집' 등에서 행해지는 굿에는 거의 예외 없이 악사로 참여한다.

그 만신이 주관하는 굿판에 악사로 참여한다.

서울굿은 음악 가락이 다채롭기 때문에 악사의 출중한 기량이 요구된다. 악사는 굿의 절차를 모두 알고 있어야 할 뿐만 아니라 음악성도 있어야 하기 때문에 이들은 모두 '준무당'이라고 할 수 있다. 최형근이나 김찬섭의 사례에서 볼 수 있는 것처럼, 실제로 악사는 신명이 넘쳐나서 마음만 먹으면 박수가 될 수도 있는 자질의 소유자들이기도 하다.

전통사회에서는 악사가 굿판의 주도권을 가지고 있었는데, 이는 부부관계 혹은 일가친척으로 얽혀 있는 경우가 많은 상황에서 남성의 우월적 지위가 용인되는 사회적 조건이 반영된 결과이다. 악사는 연주자일 뿐만 아니라 지배인이기도 하고 굿을 가르치는 '선생'이기도 하다. 만신에게 있어서는 춤, 발놀림, 공수 주는 법, 사설을 제대로 구사하는 능력을 갖추는 것이 상당히 중요한데, 악사가 이러한 능력을 점검하고 보완해 주는 기능을 수행하는 경우가 많은 것이다. 그렇지만 오늘날에는 사정이 많이 달라졌다. 굿을 주관하는 데 있어 만신의 의중이 많이 반영되며 악사 선택권도 만신에게 있는 경우가 많다. 만신과 악사의 관계가 계약관계의 성격이 강한 쪽으로 변모되어가고 있는 것이다. 이 말은 곧 악사의 비중이 컸던 과거에 비해 만신의 비중이 점차 커져가고 있다는 것을 의미한다. 이러한 환경 변화 속에서 악사가 생활의 한 방편으로 만신을 가르치며 '선생' 역할을 수행하는 사례도 확인된다. 김선경은 1984년 종로 3가에 '한양무속연구회'를 개설하고 이곳에서 지금까지 줄곧 무당을 가르쳐 오고 있다. 온갖 무구와 무복을 다 갖추어놓고, 무가 사설을 정리한 책자를 교재 삼아[19] 춤과 사설 그리고 굿을 이끌어가는 방법 등을 가르치는 것이다.

굿판이 제대로 진행되기 위해서는 무엇보다도 악사와 만신의 호흡이 잘 맞

---

19) 김선경 편저, 『한양무속집』(도서출판 대웅, 2001). 편자는 이 책의 저작 동기에 대해, 무당들을 가르치기 위해 그동안 수집하고 정리한 자료를 바탕으로 하여 교재용으로 편찬한 것이라 하였다. 요즘 들어 굿판에 악사로 참여하는 기회가 들어들고 있으며, 약 20여명의 무당을 지도하고 있다고 한다.

아야 한다. 경험이 많은 노련한 악사일수록 굿의 흐름을 다 알고 있기 때문에 자연스럽게 굿을 이끌어 나갈 수 있다. 만신이 "어이(으이)"하면 "내가 간다"라는 의미로 다음 장단으로 넘어가거나 새로 연주를 시작하게 되고, "어 - 꼿자" 그러면 "내가 왔으니 내말을 들어라" 즉 "공수를 들어라"라는 의미로 연주를 멈춘다. 그러나 언제나 이와 같은 일종의 관습적 약속에 입각하여 호흡을 맞출 수 있는 것은 아니다. 많은 경우에 있어서는 장고잽이가 장단의 변화라든가 춤에서 사설로 혹은 사설에서 춤으로의 변화 등을 정확하게 파악하여 반주하면 이를 따라 악사들이 연주를 하게 되는 것이다.

악사에게 청이 있는 것처럼 만신에게도 청이 있다. 구성지고 청승맞은 느낌을 주는 '으름청'(울음청에서 온 말인듯)과 '고루청', 화낼 때의 '악청', 듣기 좋은 '고운청', 여러 청이 골고루 들어있는 '고르게 청' 등이 그것이다. 그밖에 청의 높낮이에 따라 '사관청', '오관청', '육관청' 등이 있다. 만신은 굿거리에 따라 혹은 한 굿거리 안에서도 청이 일정하지 않고 여러 번 바뀔 때가 많은데, 그럴 때 만신의 청에 맞게 악기를 연주할 수 있어야 기량이 출중한 악사라고 할 수 있는 것이다. 만일 악사가 청을 맞추지 못한다거나 굿의 흐름을 놓친다면 만신으로서는 여간 낭패가 아니다. 그렇기 때문에 만신은 악사의 비위를 맞추어 주기 위해 별도의 돈을 주기도 하는데, 이를 '호가'(일종의 팁)라고 한다.

악사끼리 호흡을 맞추는 것도 무척 중요하다. 외잽이가 아닌 이상, 다른 악사의 기량을 존중하면서 화음이 맞도록 연주해야 한다. 재주가 많다고 해서 아무 때나 장식음을 넣고 기교를 부리는 것은 "너무 달아서 못 먹는 음식"과 마찬가지로 바람직하지 않은 것이다. 그래서 굿판에서 풍류 자랑은 하지 않았으며, 음악을 자랑하는 것은 절에 가서 했다는 말이 있다. 사정이 이러함에도 불구하고, 근래에 들어와 정악이 굿음악에 수용되는 사례가 많아지고 있는바, 별상거리에서 연주되는 취타,[20] 진적에서 쓰이는 '잦은환잎', 도령에서

---

20) 예전에는 '취타' 대신 '허튼타령'을 연주하였다.

쓰이는 '길타령' 등이 모두 정악이 굿음악에 수용된 사례이다. 이러한 현상은 악사가 자신의 기량을 과시하려는 목적으로 혹은 굿판의 격을 높이려는 의도에서 비롯된 것으로 보이는데, 특히 1980년대 이후 대학에서 민속악을 전공하는 연주자가 굿판에 참여하는 일이 많아지면서 이와 같은 현상이 심화되고 있다. 대학에서 국악을 전공하는 이들이 굿판 악사로 참여하게 되는 동기는 대부분 경제적인 이유에서이다. 굿판 악사에 대한 사회적 인식이 그다지 긍정적이지 않은 전통사회의 유습 때문에 불과 몇 십 년 전까지만 해도 오히려 자신의 신분을 드러내려 하지 않는 경우도 있었으나, 직업에 대한 귀천보다는 자본에 대한 가치가 더욱 존중되는 세태 속에서 굿판 악사로 활동하는 대학의 국악과 출신이 많아지는 것이다. 악사 김찬섭과 최형근은 대학에서 국악을 전공한 자식이 굿판 악사로 활동하는 것을 오히려 권장하기까지 하여, 함께 연주하기도 한다.

악사는 연주를 할 뿐만 아니라 때에 따라서는 굿의 진행과정을 도와주고 만신의 상대역이 되어 재담을 하기도 한다.

> 만신 : 안으로 버썩 들어와서 진수성찬을 차려놓은 걸 봤더니 냄새를 맡아
> 보니 시금털털, 여기서 날 잡아놓고 아랫목 윗목에서 씨름을 했는지
> 울기 화기증 냄새가 펄펄 나. 그래서 저거는 시장하신 사재님상이고
> 여기 잔뜩 차려놓은 건 망재놈상 맞소?
> 악사 : 잘못했지. 저건 사재놈상이고, 여긴 망재님상이지.
> 만신 : 여보 저승에는 제상이 그게 아래 위 공경하라는 말씀이 있시다. 사재
> 님이라 했고(악사 : 놈이고), 이승으로 갔다하면 여기 법은 망재놈이라
> 고 했지라우.
> 악사 : 아냐, 잘못 배웠지.
> 만신 : 아니라고? 이보오, 잘못 배웠다구?(악사 : 잘못 배웠지) 나는 저승에서
> 갱미돈을 내가며 종아리에 피가 나도록 맞아가며 배웠더라니 잘못

배웠다 이 말씀이구랴. 그러면 내가 다시 배우러 갑소.[21)

만신의 상대역은 장고잽이가 맡아서 하는 것이 일반적이다. 그렇기 때문에 여기까지 하고 나서 악사 최형근은 장고를 치고 있던 만신에게 상대역을 하라고 말했다. 그렇지만 그녀가 사양하자 할 수 없이 사재삼성거리가 끝날 때까지 만신의 상대역을 해주었다. 일종의 놀이적 재담적 성격이 강한 대목에서 상대역이 나서 주지 않으면 굿판의 흥이 나지 않는 법인데, 장고잽이가 그러한 역할을 할 수 있는 준비를 갖추고 있지 못하자 악사가 상대역으로 나서게 된 것이다. 악사 최형근은 기주가 어떻게 해야 할지 몰라 머쓱해 하고 있으면 다음 동작을 알려주어 굿판이 원만히 진행될 수 있도록 하였다. 악사이면서 굿판의 전과정을 아주 잘 알고 있기 때문에 필요에 따라 이와 같은 역할을 할 수 있었던 것이다.

지금은 만수받이를 할 때, 악사는 연주를 하지 않고 장고를 치는 만신이 후렴을 받으면서 진행하지만, 예전에는 만수받이에서도 악사들의 연주가 동반되었다. 오늘날 악사가 연주하지 않고 장고 반주로만 진행되는 경우는 부정거리와 뒷전거리 그리고 만수받이로 진행되는 경우뿐이다. 그외 다른 굿거리에서는 항상 악사의 연주가 동반하여 만신의 신명을 돋우어 신을 즐겁게 하며 굿판이 원만히 진행될 수 있도록 여러 가지 역할을 수행한다.

5. 결론

이상으로 서울굿에 있어서의 악사의 성격과 기능에 대해 살펴보았다. 굿판의 악사는 기본적으로 창부신의 성격을 지니고 있다. 악기 연주로 무당의 신

---

21) 2002년 8월 13일, 경기도 남양주군 퇴계원리 12-2 도령사, <진오귀굿> '사재삼성거리'에서(만신 : 이영희, 악사 : 최형근).

명을 돋우어 신을 즐겁게 해 줄뿐만 아니라 굿판에 모인 사람들을 흥겹게 함으로써 제액조복除厄招福을 기원해 준다는 점에서 악사는 굿판에서 없어서는 안 되는 소중한 존재이다. 또한 악사는 굿의 절차를 모두 알고 있어서 굿이 매끄럽게 진행될 수 있도록 도와주며 경우에 따라 무당의 상대역이 되어 주기도 한다. 이런 점에서 악사는 '준무당'이라 할 수 있다.

서울굿을 중심으로 악사와 만신의 관계, 악사가 되는 과정, 각 악사의 역할 등에 대해서 살펴보았는데, 다른 지역을 대상으로 하여서도 이러한 문제에 대해 천착해 볼 필요가 있다. 악기 구성만 하더라도 지역에 따라 다르게 나타난다.

- 황해도굿 : 장고, 징, 제금(바라), 피리, 대금, 해금, 태평소
- 동해안별신굿 : 꽹과리, 장고, 징, 제금
- 남해안별신굿 : 장고, 징, 북, 피리, 젓대, 해금(아쟁)
- 전라도굿 : 정주(정쇠), 징, 꽹과리, 장고, 북, 피리, 아쟁, 대금
- 제주도굿 : 장귀[杖鼓], 북, 징, 설쇄[銅鼓], 바랑[婆囉]

크게 보면 동해안이나 제주도 지역처럼 타악기만으로 구성된 경우와 그 외 지역처럼 관악기·현악기가 동반된 경우로 나누어진다. 아마도 타악기만으로 구성된 경우가 고형일 가능성이 많지만, 이러한 차이가 생겨난 이유에 대해 좀 더 면밀하게 검토해 볼 필요가 있다. 세습무 지역인지 강신무 지역인지 그리고 그 지역의 역사문화적 배경이 어떠한지 등의 문제를 염두에 두면서, 지역에 따라 악사의 구성이나 역할 그리고 출신배경과 만신과의 관계 등이 어떻게 다르게 나타나는지 비교 고찰하는 것을 앞으로의 과제로 삼는다.

한국무가연구(1)

– 무가의 전승실태

김태곤
전 경희대학교
교수

1. 서론

무가巫歌를 체계적으로 연구하려면 무속현장에서 어떤 무가가 어떤 양상으로 어떻게 전승되는가 무가의 전승실태부터 알아야 한다.

지금까지 무가에 대한 논의가 간간히 이루어졌지만 그것은 대체적으로 단편적인 것이거나 또는 극히 제한된 사례적 검토이면서도 무속 현장에서 전승되고 있는 한국무가의 전반적인 정승실태가 파악되지 않은 채 무리하게 무가의 이론을 전개하려는 것이어서, 한국무가의 전반적인 정승실태 파악이 더욱 절실히 요청된다.

이 논고는 이와 같은 요청에 의해 다음 몇 가지 과제를 해결하여 한국무가의 전반적인 전승실태를 파악하는 데 목적이 있다.

첫째, 현재 무속현장에서 지역적으로 전승되고 있는 무가는 어떤 것들이 있는가, 무가의 지역적 전승실태를 파악하여 둘째, 이렇게 파악된 무가를 종합 분류하여 한국무가의 전반적인 종류와 계통을 알아보고 셋째, 무가의 종류에 따라서는 내용과 양식에 차이가 있는 무가가 있을 경우에는 무가의 이본異本을 정리하여 한국무가의 전반적인 정승실태를 체계적으로 파악하는 기틀을 마련하고자 한다.

2. 자료와 방법

이 논고를 작성하는 데 사용한 기본 자료는 필자가 1960. 8.에서 1993.12 현재까지 한국 각지 무속현장에서 굿할 때 무당들이 부르는 무가를 직접 조사 녹음 채록한 무가자료이고, 정치적 사정으로 현장답사가 불가능한 북한지역의 무가자료는 월남越南하여 남한에 거주하면서 무업을 계속하고 있는 무당들의 무속현장에서 역시 같은 방법으로 필자가 녹음 채록한 무가자료이다. 무가를 조사할 때는 무당이 무가를 부르며 굿을 하는 무속의 제의현장祭儀現場을 함께 조사하여 무가와 제의의 상관성을 관찰하였다. 그리고 경우에 따라서는 자료의 입체성을 살리기 위해 무가에 관한 기존 문헌자료도 보조 자료로 참고하였다.

무가 자료를 다루는 방법은 민속학과 구비문학의 입장에서 자료를 객관적으로 보아 무가의 신성성과 문학성을 있는 그대로 보아나가는 현상적 입장을 취했다.

여기서 한 가지 부언해야 할 것은 무가의 현장 녹음 채록 방법이다. 무속현장에서 무가를 녹음 채록하는 데는 두 가지 방법이 있을 수 있다. 하나는 조사자가 굿을 보는 관중을 가장하고 소형의 녹음기를 노출되지 않게 휴대하여, 무당이 무가를 녹음하고 있다는 것을 눈치 채지 않는 상황에서 자연스럽게 조사하는 자연적 조사방법이 있을 수 있고, 다른 하나는 무당이 무가를 녹음하고 있다는 것을 알거나 또는 조사자가 무당에게 조사 채록용으로 굿을 부탁해서 조사하는 인위적 조사방법이 있을 수 있다. 전자는 무가 전승현장이 자연스럽게 있는 그대로 포착될 수 있는 반면에 후자는 무당이 조사자의 녹음채록을 의식하여 긴장하거나 무가내용을 첨삭하는 인위적 요소가 가해질 우려가 있어서, 전자의 조사방법이 최선의 조사방법이라 할 수 있다. 그러나 전자의 조사방법은 이론상으로는 가능할지 모르지만 실제로는 불가능하다. 무당이 무가를 구송하거나 노래하는 굿판은 장구, 북, 제금, 꽹과리, 징, 피리, 해금, 젓대 등의 무악 반주 타악기 소리가 더 크고 요란해 무가 가사를 알아들을 수가 없기 때문이다. 그래서 무가를 녹음 채록하는 방법은 앞에 말한 자연적 상황의 조사방법과 인위적 상황의 조사방법이 신축성 있게 복합적으로 운용되어야 한다. 필자가 지금까지 무속현장에서 무가를 녹음 채록한 방법도 앞에 말한 두 가지 방법을 신축성 있게 복합적으로 활용해, 먼저 무당이 굿할 때 자연적 상황에서 녹음하고, 무가 가사를 알아들을 수 없는 부분은 다시 그 무당에게 굿을 부탁하여 인위적인 상황에서 무가를 녹음한 것으로 보충하고, 경우에 따라서는 그 역으로 먼저 무당에게 굿을 부탁하여 무당이 무가를 부르는 것을 녹음한 다음에 그 무당이 통상적인 굿을 할 때 자연적 상황에서 다시 녹음하여 대조 보충하는 방법을 사용했다.

3. 무가의 전승실태

1) 무가의 지역적 전승실태

지금까지 전국적으로 조사해온 각 지역의 무가 전승실태를 여기서 모두 예거하며 다 다룰 수 없고, 또 다 다룬다 해도 지역적인 유사성이 있어서 중첩되기 때문에 무속의 지역적 특성을 찾아 설정한 무속의 표본지역[1]에서 조사된 무가를 1차적 대상으로 삼고, 경우에 따라서는 표본지역 외의 지역에서 조사된 무가도 2차적 대상으로 삼아 무가의 지역적 전승실태를 신축성 있게 살펴보고자 한다. 이렇게 설정한 무속의 표본지역에서 무가가 조사된 지역은 다음과 같다.

중부지역 - 서울, 인천, 강화, 수원, 화성, 서산, 부여, 보은, 괴산, 제천, 춘천, 양구, 원주지역

영동지역 - 거진, 속초, 양양, 주문진, 강릉, 묵호, 삼척지역

호남지역 - 군산, 전주, 금제, 부안, 고창, 순창, 남원, 광주, 나주, 목포, 진도, 완도, 고흥, 해남, 광양지역

영남지역 - 안동, 울진, 영덕, 월성, 부산, 김해, 마산, 고성, 진주, 산청지역

제 주 도 - 제주지역, 서귀포지역

관서지역 - 평양지역

해서지역 - 해주지역

관북지역 - 함흥지역

관서, 해서, 관북 등지의 북한지역은 정치적 사정으로 북한현지 조사가 불가능해 월남하여 남한에 거주하면서 무업을 계속하고 있는 무당들의 무속현장을 통해 무가를 조사하였다. 이렇게 조사된 무가를 지역별로 그 전승실태를 알아 볼 때는 무가의 종류, 내용, 양식이 다른 지역의 것과 유사하거나 중첩될 경우에는 그 중에서 보다 전형적인 무가를 보유한 지역의 무가를 제시하는 방법을 취하고자 한다.

---

1) 金泰坤, 『韓國巫俗研究』(集文堂, 1981), 38쪽 참조.

(1) 지역별 전승실태

① 중부지역

· 서울지역 무가

서울지역의 전형적인 무가로 문덕순 본本[2]이 있다. 문씨가 보유한 무가의 종류는 다음과 같다.

가. 재수굿

1. 부정不淨거리	2. 가망거리	3. 말명거리
4. 상산上山거리	5. 별상거리	6. 대감大監거리
7. 제석帝釋거리	8. 호구거리	9. 군웅軍雄거리
10. 성주거리	11. 창부倡夫거리	12. 뒷전거리

나. 진오귀

1. 뜬대왕	2. 중디청배請拜	3. 사제삼성
4. 말미(바리공주)	5. 넋청請	6.
7. 진오귀 뒷전		

다. 기타

1. 황제풀이

· 인천지역 무가

인천지역의 전형적인 무가로 서점순 본[3]이 있고, 서씨가 보유한 무가는 다음과 같다.

---

2) 金泰坤, 『韓國巫歌集』 1(集文堂, 1971), 9~102쪽 참조.
3) 金泰坤, 『韓國巫歌集』 2(集文堂, 1971), 257~285쪽.

가. 재수굿

1. 부정거리	2. 본향本鄕거리	3. 대감거리
4. 장군將軍거리	5. 별상거리	6. 신장神將거리
7. 불사佛師거리	8. 제석帝釋거리	9. 성주거리
10. 사냥거리	11. 창부倡夫거리	12. 뒷전

재수굿 무가 외에도 죽은 사람의 영혼을 저승으로 보내주는 진오귀굿 무가와 집을 새로 짓거나 이사해 성주를 봉안하는 황제풀이 무가가 있겠는데, 필자가 인천지역 무가조사에 나선 1964년 6월에는 이미 인천지역의 전형적인 무당의 맥이 거의 끊어져 서씨가 인천지역 대무인 박치순(女, 조사당시, 89세)의 유일한 후계자였고, 박씨는 노령이어서 무가내용을 기억할 수 없기 때문에 차선책으로 1966년 1월에 서씨의 보유 무가인 재수굿 무가만 채록하게 되었다. 그러나 1964. 6.24. 박씨가 가까스로 기억을 더듬어 낸 그가 보유한 재수굿 무가의 종류는 다음과 같이,

1. 부정不淨거리	2. 상산上山거리	3. 가망(본행 : 본향 포함)거리
4. 조상祖上거리	5. 대감거리	6. 창부倡夫거리
7. 성주거리	8. 제석帝釋거리	9. 호구거리
10. 별상거리	11. 서낭거리	12. 뒷전거리

여기서 서씨와 무가의 종류, 굿 순서에 다소 차이가 있는데 그것은 이미 박씨의 기억력이 쇠약해진 후의 조사였고 또 서씨의 경우에도 전승과정에서 오는 차이로 볼 수 있다.

· 수원지역

수원지역의 전형적인 무가로 송부전 본[4]을 채록했고, 그가 보유한 무가는

---

4) 1966. 5.10 조사, 京畿道 北水原 238번지 居住, 巫女 宋富傳(여, 58세, 國文解讀, 降神巫).

다음과 같다.

가. 재수굿

1. 부정不淨거리
2. 초初가망거리
3. 산山바램(산山거리)
4. 군웅群雄거리
5. 신장神將거리
6. 별상거리
7. 불사佛師거리
8. 거리
9. 창부倡夫거리
10. 서낭거리
11. 터굿

나. 진오기새남

1. 사제삼성
2. 말미(바리공주)
3. 도령
4. 시왕
5. 뒷전
6. 대감大監굿
7. 성주굿
8. 안당굿
9. 터굿
10. 우마굿
11. 마당굿

· 화성지역

화성지역의 전형적인 무가로 경기도 화성군 우정면원안 2리 거주 세습무 침복순 본[5]과 화성군 향남면 평리 거주 강신무 김수희 본,[6] 화성군 오산읍 거주 강신무 최영녀 본[7]을 채록했고, 그들의 보유 무가는 다음과 같다.

화성지역 1(침복순 본)

가. 재수굿

1. 부정不淨
2. 산山바램
3. 안시루
4. 제석帝釋굿
5. 조상祖上 군웅軍雄굿
6. 대감大監굿
7. 성주굿
8. 안당굿
9. 터굿
10. 우마굿
11. 마당굿

---

5) 金泰坤, 『韓國巫歌集』2(集文堂, 1971), 151~250쪽 참조.
6) 위의 책, 251~327쪽 참조.
7) 1966. 5.10 조사, 京畿道 華城郡 烏山邑 313 거주, 巫女 崔永女(여, 47세 降神巫, 無學).

나. 집가심

  1. 부정不淨   2. 혼魂모심   3. 사제풀이
  4. 길가름

다. 기타

  1. 씨앗고사

화성지역 2(김수희 본)

가. 재수굿

  1. 안반굿   2. 부정不淨풀이   3. 산山바램
  4. 안시루   5. 제석帝釋굿   6. 호구
  7. 대감大監굿   8. 조상祖上굿   9. 성주굿
 10. 창부倡夫서낭굿   11. 제면굿   12. 터굿
 13. 우물굿   14. 우마굿   15. 마당굿

나. 기타

  1. 단골셈김

화성지역 3(최영녀 본)

가. 재수굿

  1. 不淨굿   2. 안시루굿   3. 산바램
  4. 치석(帝釋)굿   5. 祖上거리   6. 大監거리
  7. 글립   8. 터주거리   9. 우물굿
 10. 牛馬굿   11. 말명   12. 內殿굿

· 부여지역 무가

부여지역의 전형적인 무가로 이어인련 본[8])있고, 이씨가 보유한 무가는 다음과 같다.

가. 축원祝願굿(성주굿)

1. 조왕굿	2. 당산굿	3. 성주
4. 조상굿	5. 帝釋굿	6. 七星굿
7. 손님굿	8. 長者풀이	9. 軍雄굿
10. 대감굿	11. 삼신풀이	12. 수부굿

나. 오기굿

1. 오기굿

부여지역 외에 충남의 서산, 충북의 괴산, 제천 지역에서 무가가 조사되었으나 정통한 무가의 조건을 구비하지 못한 독경류讀經類에 가까운 것이어서 부여 지역의 무가만 제시했다.

· 춘천지역 무가

춘천지역의 전형적인 무가로 최장녀 본[9])이 있고 최씨가 보유한 무가는 다음과 같다.

가. 재수굿

1. 不淨거리	2. 初가망거리	3. 上山거리
4. 불사거리	5. 山神거리	6. 軍雄거리
7. 별상거리	8. 將軍거리	9. 神將거리
10. 大監거리	11. 祖上거리	12. 마당거리

---

8) 金泰坤, 『韓國巫歌集』 1(集文堂, 1971), 103~148쪽 참조.

9) 1968. 1. 13 조사, 江原道 春川市 照陽洞 146번지 거주 巫女, 崔長女(여, 50세, 無學 降神巫).

나. 상주바지

1. 不淨거리
2. 帝釋佛師가망거리
3. 성주거리
4. 조왕거리
5. 地神거리
6. 마당거리

다. 진오귀

앞의 재수굿에 아래의 두 거리가 추가된다.

1. 말미(바리공주)
2. 다리가름

라. 환자患者굿

앞의 재수굿과 무가의 제의 순서가 같고 특히 신장神將굿에 중점을 두고 잡귀를 쫓고 풀어낸다.

·양구지역 무가

양구지역의 대표적인 무가 보유자로 박혜숙[10] 무녀를 대상으로 무가를 채록했다. 박씨의 보유무가는 다음과 같다.

가. 재수굿

1. 不淨거리
2. 서낭거리
3. 山神거리
4. 地神거리
5. 七星거리
6. 將軍거리
7. 龍神거리
8. 작두대신거리
9. 선녀거리
10. 大監거리
11. 祖上거리
12. 하비거리
13. 마당거리

나. 병病굿

1. 不淨거리
2. 서낭거리
3. 山神거리
4. 地神거리
5. 將軍거리
6. 仙女거리

---

10) 1968. 1.14 조사. 江原道 楊口郡 楊口面 上里 거주, 巫女 朴惠淑(女, 37세, 無學, 降神巫).

7. 大監거리　　　8. 祖上거리　　　9. 하비굿
10. 마당거리

다. 성주바지

1. 不淨거리　　　2. 서낭거리　　　3. 山神거리
4. 地神거리　　　5. 五方將軍거리　　6. 성주지신
7. 佛師　　　　　8. 삼신제왕　　　9. 축원

라. 진오기

1. 不淨거리　　　2. 서낭거리　　　3. 山神거리
4. 地神거리　　　5. 七星거리　　　6. 將軍거리
7. 龍王거리　　　8. 大監거리　　　9. 公主거리(바리공주)
10. 祖上거리　　11. 亡者거리　　12. 하비굿
13. 마당거리

마. 방가심

1. 不淨거리　　　2. 五方將軍거리　　3. 亡者請
4. 넋반　　　　　5. 넋두리　　　　6. 넋보냄
7. 마당거리

② 영동지역

영동지역에서 무가巫歌를 조사한 곳은 거진, 속초, 양양, 주문진, 강릉, 묵호, 삼척지역이었다. 영동지역은 무당들이 동해안을 따라 이동하면서 굿을 하고 또 무계가족 무당들이 퍼져 살고 있기 때문에 지역이 달라도 무속이 유사하거나 무가가 중첩되는 경우가 많았다. 그래서 이 지역의 대표적인 무가로 강릉지역과 고성지역, 삼척지역의 무가를 보고자 한다.

· 고성지역 무가

고성지역에서 조사된 무가 중에서 윤을득 본[11]과 최재희 본[12]이 이 지역의 대표적인 무가라 생각된다. 윤씨는 신이 내려서 신병神病을 앓아 무당이 되었지만 고성지역의 정통한 무계를 이은 김씨와 결혼해 남편으로부터 영향받은 지역적 정통성이 있고, 최씨는 신이 내린 강신무 계통으로 거진 지역의 대표적인 무당이다.

고성지역 무가 Ⅰ(윤을득 본)

가. 축원祝願굿(재수굿)

1. 不淨굿	2. 서낭굿	3. 祖上굿
4. 성주굿	5. 地神굿	6. 七星굿
7. 말명굿	8. 걸이풀이	

나. 망자亡者굿

1. 不淨굿	2. 서낭굿	3. 祖上굿
4. 招망자굿	5. 시준굿	6. 성주굿
7. 軍雄굿	8. 七星굿	9. 제면굿
10. 축원굿	11. 넋일굼	12. 뱃노래굿
13. 꽃노래굿	14. 등노래굿	15. 걸이풀이

다. 신神굿

1. 不淨굿	2. 서낭굿	3. 祖上굿
4. 招망자굿	5. 칠성굿	6. 山神굿
7. 말명굿	8. 성주굿	9. 걸이풀이

라. 풍어제豊漁祭

1. 不淨굿	2. 서낭굿	3. 祖上굿
4. 성주굿	5. 시준굿	6. 地神굿

11) 金泰坤, 『韓國巫歌集』 1(集文堂, 1971), 149~195쪽 참조.
12) 1968. 1.15 조사, 江原道 高城郡 巨津面 거주, 崔在熹(男, 42세, 국졸, 降神巫).

7. 山神굿	8. 龍神굿	9. 뒷풀이(걸이풀이)

고성지역 무가 Ⅱ(최재희 본)

가. 재수굿

1. 不淨굿	2. 서낭굿	3. 祖上굿
4. 영가굿(亡者굿)	5. 칠성굿	6. 山神굿
7. 성주굿	8. 대감굿	9. 말명굿
10. 장군굿	11. 발원굿	12. 꽃노래굿
13. 뒷풀이		

나. 환자굿

굿 순서와 무가의 종류는 앞의 재수굿과 같고 특히 서낭굿과 조상굿에 치
중해 환자를 고친다.

다. 시왕굿

1. 不淨굿	2. 서낭굿	3. 祖上굿
4. 영가굿(亡者굿)	5. 칠성굿	6. 山神굿
7. 성주굿	8. 대감굿	9. 말명굿
10. 장군굿	11. 등놀이굿	12. 꽃노래굿
13. 뒷풀이		

시왕굿에서는 영가靈駕굿에 중점을 두고, 발원굿, 등놀이굿, 꽃놀이굿에 망
인의 저승 천도를 축원한다.

·강릉지역 무가

강릉지역의 전형적인 무가로는 박월례, 사화선 모녀 본[13])이 있는데 그들의
보유무가는 다음과 같다.

가. 도신굿

1. 不淨굿	2. 서낭굿	3. 祖上굿
4. 세준굿	5. 성주굿	6. 軍雄굿
7. 지신굿	8. 山神, 七星굿	9. 걸이풀이

나. 서낭굿

1. 不淨굿	2. 골매기서낭굿	3. 하회굿
4. 조상굿	5. 시준굿	6. 성주굿
7. 軍雄굿	8. 地神굿	9. 손님굿
10. 제면굿	11. 심청굿	12. 용왕굿

다. 오구자리(오구굿)

1. 不淨굿	2. 서낭굿	3. 祖上굿
4. 세중굿	5. 초망자굿	6. 발원굿
7. 염불	8. 꽃노래염불	9. 뱃노래 염불
10. 등노래염불	11. 초롱가염불	12. 응금전염불
13. 뒷풀이		

· 삼척지역 무가

삼척지역에서 조사한 전형적인 무가로는 신석남 본[14]이 있는데 그가 보유한 무가는 다음과 같다.

가. 도신굿(성주굿)

1. 不淨굿	2. 서낭굿	3. 祖上굿
4. 세존굿	5. 성주굿	6. 조왕굿
7. 山神굿	8. 거리굿	

---

13) 金泰坤, 『韓國巫歌集』 1(集文堂, 1971), 193~247쪽 참조.
14) 1968. 2. 2 조사, 江原道 三陟郡 近德面 交柯里 거주, 申石南(女, 44세, 無學, 강신무) 枸.

나. 안택굿

1. 不淨굿	2. 서낭굿	3. 삼신세존굿
4. 祖上굿	5. 성주굿	6. 조왕굿
7. 土主神굿	8. 시식걸이 풀이	

다. 풍어제豊漁祭

1. 不淨굿	2. 서낭굿	3. 祖上굿
4. 청좌굿	5. 하회굿	6. 세존굿
7. 성주굿	8. 군웅굿	9. 지신굿
10. 처낭굿	11. 감응굿	12. 심청굿
13. 손님굿	14. 걸립굿	15. 내림굿
16. 지신밟기	17. 거리굿	

라. 오구새남

1. 不淨굿	2. 서낭굿	3. 門굿(招魂굿)
4. 龍船굿	5. 좌정염불	6. 도러설굿
7. 염불	8. 군웅굿	9. 발원굿
10. 시무굿(저승길닦음)	11. 판염불	12. 중굿
13. 지옥탄일	14. 꽃노래	15. 뱃노래
16. 초롱노래	17. 길가름(하직영반)	

③ 호남지역

· 군산지역 무가

군산지역의 전형적인 무가로는 장금순 본[15]이 있는데, 그의 보유 무가는 다음과 같다.

가. 씨끔

1. 지도서	2. 성주굿	3. 삼신굿
4. 조상굿	5. 고푸리굿	6. 길닦음굿

---

15) 金泰坤, 『韓國巫歌集』 2(集文堂, 1971), 88~98쪽 참조.

1965년 조사 당시 장씨는 군산지역에서 대대로 세습되어 오는 세습무의 유일한 생존자로 파악되었으나 무업을 놓은 지 오래 되었기 때문에 굿과 무가를 소상하게 기억하지 못하여 이 지역에서 전승되는 무가를 모두 채록하지 못했다.

· 고창지역 무가

고창지역의 전형적인 무가로 배성녀 본16)이 있고, 그의 보유 무가는 다음과 같다.

가. 씨끔굿

1. 웃머리	2. 성주굿	3. 제왕굿
4. 선영굿	5. 오구물림	6. 씨끔염불
7. 넋풀이	8. 장자풀이	9. 손님풀이
10. 지신풀이	11. 칠성풀이	12. 중천매기

나. 성주굿

1. 안당석	2. 당산석	3. 성주석
4. 삼신지왕석	5. 지신석	6. 厄두리석
7. 서낭석	8. 손님석	9. 祖上석
10. 중천매기		

다. 연신굿

1. 안당석	2. 당산석	3. 성주석
4. 堂맞이	5. 배서낭	6. 龍王祭
7. 解冤	8. 길닦음	9. 중천매기

---

16) 金泰坤, 『韓國巫歌集』 3(集文堂, 1978), 328~410쪽 참조.

라. 기타

1. 성주풀이

· 순창지역 무가

순창지역에서 대대로 세습되어 오는 전형적인 단골인 김야무의 보유 무가[17])를 순창지역의 전형적인 무가로 제시하고자 한다.

가. 축원祝願굿

1. 맨드름	2. 祖上굿	3. 帝釋굿
4. 지신굿	5. 七星굿	6. 逐鬼

나. 오구굿

1. 오구解冤	2. 고풀이	3. 살풀이
4. 넋울림	5. 길닦음	6. 逐鬼

다. 기타

1. 동정재비

· 김제지역 무가

김제지역에서 조사된 전형적인 무가는 신금옥 본[18])이 있는데 신씨가 보유한 무가는 다음과 같다.

가. 성주굿

1. 안당석(조왕석)	2. 당산석	3. 성주석

---

17) 金泰坤, 『韓國巫歌集』 3(集文堂, 1978), 44~79쪽 참조.
18) 1975. 5.21 조사. 全北 金提郡 龍池面 龜岩3里 582번지 거주, 단골 申金玉(女, 80세, 國解, 세습무).

4. 삼신석	5. 지신석	6. 厄두리
7. 서낭석	8. 손님석	9. 조상석
10. 중천매기	11.	

나. 씨끔굿

1. 안당석 ~ 9. 조상석까지는 성주굿 무가와 동일하고,

10. 넋울림   11. 고푸리가 따로 추가 되며,

12. 중천매기를 한다.

· 부안지역 무가

부안지역에서 전승되고 있는 전형적인 무가로는 박소녀[19]본이 있고 그가
보유한 무가는 다음과 같다.

가. 성주굿

1. 조왕반	2. 철융석	3. 초안석
4. 지신석	5. 서낭석	6. 칠성석
7. 장자풀이	8. 성주석	9. 제석굿
10. 조상굿	11. 중천매기	

나. 시끔(오구)

1. 조왕반 ~ 8. 장자풀이까지는 앞의 성주굿 무가와 동일하고,

9. 오구물림	10. 성주굿	11. 조상굿
12. 전(넋)올림	13. 고풀이	14. 씨끔
15. 길닦음	16. 중천매기	

다. 진오굿

| 1. 성주석 | 2. 지신석 | 3. 서낭석 |
| 4. 오구물림 | 5. 염불(천도) | 6. 전올림 |

---

19) 1969. 8.21 조사, 全北 扶安郡 茁浦邑 남빈동 거주, 단골 朴小女(女, 57세, 無學, 세습무) 出.

7. 시끔	8. 고풀이	9. 길닦음
10. 중천매기		

라. 연신굿

1. 조왕반	2. 철융석	3. 성주석
4. 서낭석	5. 손님석	6. 제석굿
7. 중천매기		

· 광주지역 무가

광주지역에서는 대대로 세습되는 이 지역의 대표적인 단골 김 주가 보유한 모家가 조사되어, 광자주역의 전형적인 무가로 제시된다. 그가 보유한 무가는 다음과 같다.[20]

가. 성주굿

1. 안당굿	2.	3. 本鄕굿
4. 軍雄풀이	5. 대신몰아냄(送神)	

다. 오구굿

1. 안당굿	2. 帝釋굿	3. 軍雄굿
4. 오구물림	5. 고풀이	6. 길닦음
7. 대신몰아냄		

· 목포지역 무가

목포지역의 전형적인 무가로는 이점덕 본[21]이 있고 그가 보유한 무가는 다음과 같다.

---

20) 金泰坤, 『韓國巫歌集』 2(集文堂, 1971), 13~43쪽 참조.
21) 金泰坤, 『韓國巫歌集』 3(集文堂, 1978), 99~121 참조.

가. 축원굿

1. 안당	2. 선석	3. 성주굿
4. 삼신풀이	5. 帝釋굿	6. 軍雄굿
7. 대신몰아냄(送神굿)	8. 고풀이	9. 길닦음

나. 씨끔굿

1. 안당	2. 선석	3. 성주굿
4. 산신굿	5. 帝釋굿	6. 오구굿
7. 넋풀이(넋올림굿)	8. 고풀이굿	9. 시끔굿
10. 길닦음	11. 送神굿	12. 解冤(해원송신)

· 고흥지역 무가

고흥지역에서 대대로 세습되어 오는 단골인 오복례가 보유한 무가를 이 지역의 전형적인 무가로 선정했다. 오씨가 보유한 무가는 다음과 같다.[22]

가. 씨끔굿

1. 안굿	2. 혼향맞이굿	3. 오구굿
4. 손굿	5. 명두굿(고풀이)	6. 시끔굿
7. 길닦음	8. 五方굿	9. 설양굿(거리굿)

나. 도신굿(성주굿)

1. 안굿	2. 제석굿	3. 성주풀이
4. 거리굿		

다. 근원손

1. 안굿	2. 성주굿	3. 지왕굿
4. 거리굿		

---

22) 위의 책, 211쪽 참조.

라. 삼신풀이

  1. 지왕굿   2. 삼신풀이   3. 거리굿

마. 사제굿

  1. 성주굿   2. 지왕굿   3. 사제막이
  4. 거리굿

· 해남지역 무가

해남지역의 전형적인 무가로는 이 지역에서 대대로 세습되는 단골 주평란 본[23])이 있는데 주씨가 보유한 무가는 다음과 같다.

가. 씨끔

  1. 안당굿   2. 선영굿   3. 바리데기굿
  4. 손굿   5. 중굿   6. 고풀이
  7. 넋올림   8. 씨끔   9. 희설
 10. 길닦음   11. 五方굿   12. 退送굿

나. 삼신굿

  1. 삼신굿(産前)   2. 삼신굿(産後)

다. 근원손

  1. 근원손

라. 축원

  1. 축원굿   2. 病축원굿

---

23) 金泰坤, 앞의 책, 122~172쪽 참조.

· 광양지역 무가

광양지역의 전형적인 무가로 이 지역에서 대대로 세습되는 단골 이애순이
보유한 무가를 선정했다. 이씨가 보유한 무가는 다음과 같다.

가. 씨끔굿

1. 안당	2. 건넋	3. 혼맞이
1) 제석		
2) 성주		
3) 도사		
4) 업노적		
5) 액맥이		
6) 천근		
4. 사제맥이	5. 정반	6. 오구
7. 고풀이	8. 시끔	9. 길닦음
10. 설양		

나. 삼신풀이

1. 삼신풀이

다. 근원손

1. 근원손

· 진도지역 무가

진도지역의 전형적인 무가로는 이 지역에서 대대로 전승되는 단골계인 박
선내와 박만준이 보유한 무가가 있고, 박씨 무계를 통해 전승되는 무가는 다
음과 같다.[24]

---

24) 1975. 8.31~ 9. 2 조사, 全南 珍島郡 臨淮面 上萬里 749번지 거주, 단골 고인 朴萬俊(男, 60세,
   國解, 세습무). 같은 郡 珍島面 成內里 39-17 거주 단골, 朴先乃(女, 87세, 무학, 세습무). 朴萬俊과

가. 영화굿(재수축원)

1. 조왕반
2. 안당
3. 선석(초가망석)
4. 손굿
5. 帝釋굿
6. 군웅굿
7. 조상굿
8. 중천

나. 시낌굿

1. 조왕반
2. 안당
3. 조가망석
4. 손굿
5. 帝釋굿
6. 軍雄굿
7. 조상굿
8. 시낌굿
9. 중천
   1)씻김
   2)넋풀이
   3)시설
   4)길닦음

다. 혼굿

1. 조왕반
2. 안당
3. 넋건지
4. 용산굿
5. 시낌굿
6. 중천

라. 성주굿

1. 조왕반
2. 안당
3. 뱃굿
4. 지신풀이
5. 帝釋굿
6. 중천
7. 厄맥이굿
8. 성주풀이

마. 연신굿

1. 조왕반
2. 안당
3. 뱃굿
4. 군웅굿
5. 용산굿
6. 선원소지축원
7. 메굿
8. 중천

바. 명두굿

1. 안당
2. 초가망석
3. 손굿

朴先乃는 사촌남매간으로 同一巫系이다.

4. 제석굿   5. 조상굿   6. 고풀이
7. 중천

이 밖에 환자굿과 고사굿이 있는데, 환자굿에서 부르는 무가는 씨낌굿과
같고, 고사굿은 단골 혼자서 간략한 제물을 진설하고 축원한다.

· 완도지역 무가

완도지역의 전형적인 무가로는 이 지역에서 대대로 세습되는 오정국 무계
의 보유 무가 가 있는데, 그의 무가는 다음과 같다.[25]

가. 성주굿

  1. 안당   2. 조상굿   3. 중굿
  4. 성주풀이   5. 도량경   6. 성주받이
  7. 퇴송

나. 씨낌굿

  1. 안당   2. 조상달램   3. 오구풀이
  4. 조상굿   5. 중굿   6. 명당경
  7. 넋올림   8. 선영굿   9. 고풀이
  10. 길닦음   11. 퇴송

다. 지왕마지

  1. 지왕맞이   2. 푸념   3. 퇴송

라. 병굿

  1. 성주달램   2. 황천해원   3. 퇴송

25) 1968. 7.29 조사. 全南 莞島郡 蘆花面 道廳里 거주 단골 吳正局(男, 74세, 無學, 세습무), 동 吳氏의
딸 단골 吳貴任(女, 33세, 無學, 세습무), 吳正局이 고령으로 노쇠하여 巫歌는 그의 딸 吳貴任의 唱
本을 조사했다.

마. 칠성

   1. 칠성맞이   2. 푸념

· 보성지역 무가

보성지역에서는 단골인 박남임[26]이 조사대상으로 선정되었는데 그의 보유
무가는 다음과 같다.

가. 씨끔굿

   1. 안당   2. 성주굿   3. 선영굿
   4. 노적굿   5. 오구굿   6. 넋올림
   7. 씨끔   8. 길닦음   9. 퇴송굿

나. 병굿

   1. 안당   2. 성주굿   3. 선영굿
   4. 병굿

다. 지앙맞이

   1. 삼신굿

라. 근원손

   1. 축원

마. 사혼死婚굿

   1. 안당   2. 성주굿   3. 死婚굿
   4. 넋올림   5. 씨끔   6. 길닦음
   7. 퇴송굿

---

26) 1969. 1.24 조사. 全南 寶城郡 仁士洞 1洞 6班 거주 단골 朴南任(女, 58세, 國解, 세습무).

④ 영남지역

· **안동지역 무가**

안동지역의 전형적인 무가로는 이 지역에서 대대로 무업을 이어오는 세습
무인 안희식 본[27])이 있고, 그가 보유한 무가는 다음과 같다.

가. 별신(풍어제豊漁祭)

1. 不淨굿	2. 세존굿	3. 서낭맞이굿
4. 祖上굿	5. 성주굿	6. 沈淸굿
7. 노또오굿(軍雄굿)	8. 龍神굿	9. 손님굿
10. 제면굿	11. 거리굿	

나. 도신굿

1. 不淨굿	2. 성주굿	3. 祖上굿
4. 성주굿	5. 세존굿	6. 노또오굿
7. 손님굿	8. 제면굿	9. 거리굿

다. 오구

1. 부정굿	2. 골메기굿	3. 門굿
4. 초망자굿	5. 軍雄굿	6. 발원굿
7. 염불	8. 등노래	9. 꽃노래
10. 뱃노래	11. 거리굿	

· **영덕지역 무가**

영덕지역의 전형적인 무가로는 이 지역의 세습무인 김일향이 보유한 무
가[28])가 있는데, 김씨가 보유한 무가는 다음과 같다.

---

27) 金泰坤, 『韓國巫歌集』 2(集文堂, 1971), 212~258쪽 참조.
28) 金泰坤, 『韓國巫歌集』 1(集文堂, 1971), 372~39쪽 참조.

가. 오구굿

1. 不淨굿
2. 골메기굿
3. 門굿
4. 請魂굿
5. 軍雄굿
6. 꽃노래굿
7. 뱃노래굿
8. 보신개국
9. 하직영반
10. 燒錢굿
11. 거리굿

· 월성지역 무가

월성지역에서 전승되는 전형적인 무가로는 이 지역의 세습무계인 정선이의 보유 무가가 있는데, 그가 보유한 무가는 다음과 같다.[29]

가. 별손굿

1. 不淨굿
2. 골메기굿
3. 시준굿
4. 설양굿(골매기마지굿)
5. 가매하회굿
6. 물국용왕굿
7. 물국제석굿
8. 심봉사국
9. 손님풀이
10. 걸립굿
11. 걸이풀이

나. 오구

1. 不淨굿
2. 골메기굿
3. 門굿
4. 초망자굿
5. 노또굿
6. 발원굿
7. 중굿
8. 염불
9. 꽃노래
10. 등노래
11. 하직굿
12. 질가름굿
13. 허개굿
14. 걸이풀이

다. 물굿

1. 용왕축원
2. 염불
3. 魂請
4. 염불
5. 시식
6. 물국용왕굿

---

29) 1968. 1.23 조사, 慶北 月城郡 甘浦里 479번지 무당 鄭善伊(女, 73세, 無學, 세습무).

· 영일지역 무가

영일지역의 전형적인 무가로는 이 지역에서 대대로 세습되는 김석출 무계의 보유 무가[30]가 있는데 그가 보유한 무가는 다음과 같다.

가. 삼제왕굿

1. 不淨굿	2. 골메기굿	3. 조상
4. 세존굿	5. 칠성굿	6. 삼신제왕굿
7. 거리굿		

나. 논부굿

뜰안에 차린 굿상 앞에서

1. 부정굿	2. 조상굿	3. 삼신굿
4. 세존굿	5. 처낭굿	

처낭굿에서 천신을 맞아 마루에 차린 굿상에서

6. 가망굿	7. 세존굿	8. 성주굿
9. 조상굿	10. 제석굿	11. 군웅굿
12. 손님굿	13. 부인굿	14. 조상원래굿
15. 거리굿		

다. 별상굿

1. 부정굿	2. 골메기굿	3. 처낭굿
4. 조상굿	5. 세존굿	6. 손님굿
7. 거리굿	8. 막동이	

라. 맹인거리

1. 부정굿	2. 골메기굿	3. 조상굿
4. 군웅굿	5. 성주굿	6. 조상굿
7. 맹인거리		

---

30) 金泰坤, 『韓國巫歌集』 4(集文堂, 1980), 11~25쪽 참조.

마. 광인굿

1. 부정굿   2. 골메기굿   3. 조상굿
4. 처낭굿   5. 도술풀이   6. 제반굿
7. 거리굿   8. 작두굿   9. 여처낭굿

바. 오구굿

1. 부정굿   2. 천왕굿   3. 영가굿
4. 추적자굿   5. 발원굿   6. 조상영가
7. 오구굿   8. 수리굿   9. 십왕탄일
10. 영산굿   11. 뱃놀이   12. 시식풀이
13. 등놀이   14. 정전돌이   15. 시식풀이

사. 별신굿

무당이 도도가(都都家)집 마당에서,

1. 부정굿   2. 산신굿   3. 처낭굿
4. 세존굿   5. 조상굿

신당(神堂)인 골메기당에 가서 당문을 열어놓고 당 안을 향해 내당석으로

6. 문굿   7. 가망굿   8. 세존굿
9. 성주굿   10. 군웅굿   11. 처낭굿
12. 부인굿

당문을 닫고 바깥을 향해 외당석으로

13. 가망굿   14. 세존굿   15. 조상굿
16. 걸림굿   17. 제석굿   18. 황제굿
19. 산신굿   20. 처낭굿   21. 심청굿
22. 손님굿   23. 용왕굿   24. 노또굿
25. 월래굿   26. 대거리   27. 지신굿
28. 등노래굿   29. 꽃노래굿   30. 뱃노래굿
31. 거리굿

아. 기타

  1. 축원문　　　　　2. 중타령　　　　　3. 산중타령

자. 초망자굿

이 자료는 김석출의 조모 이옥분(巫)으로부터 김석출 대까지 물려오는 한글 필사본에 수록된 무가이다. 이 필사본에 수록된 무가는 30종인데 단편적인 것들로 불경의 경문들이 많이 섞여 있다. 여기에 수록된 30종의 무가를 살펴보면 다음과 같다.

  1. 만명경이라　　　　2. 산일홈이라　　　　3. 산신임본이라
  4. 시다림　　　　　　5. 나옹화승 서왕가라　6. 아미타불인힝
  7. 지옥염불니라　　　8. 쥬인공이라　　　　　9. 만수 흥길속가라
 10. 오준가라　　　　　11. 조웅전갓사라　　　　12. 져성전가사라
 13. 불설황마지은이라　14. 묘법연화경　　　　　15. 용수보살약츤가라
 16. 견송이라　　　　　17. 삼승경관이라　　　　18. 팔상문
 19. 심승문　　　　　　20. 문슈팔불　　　　　　21. 츰히진언
 25. 츰희지은　　　　　26. 홧초가라　　　　　　27. 고亽초긔지신
 28. 비단가　　　　　　29. 입춘가　　　　　　　30. 천왕말문

영남지역에서는 앞에서 본 지역 외에 김해, 마산, 진주, 산청 등지에서 무가를 조사하였으나 필자가 이지역의 무가를 조사하기 시작한 1960년대 후반기에는 이미 전승되어 오던 세습무의 맥이 끊긴 후라 마땅한 제보자를 찾을 수 없었다. 이 지역들에서 조사된 자료는 무가라기보다는 무가 명칭에 독경의 경문이 내용으로 채워진, 「조왕경」, 「산신경」이라는 예와 같이 무가와 경문이 절충되어 독경으로 재구再構된 것들이어서 정통한 무가로 볼 수 없기 때문에 영남지역 무가에 넣지 않았다. 부산지역의 경우, 김석출이 현재 부산의 동래에 거주하면서 무업에 종사하고 있기 때문에 김씨의 무업 근원이 영일지역이지만 부산지역도 김씨의 무권巫圈에 속한다.

⑤ 제주도

제주도는 조사 당시 남군에서는 조사 당시 서귀포읍을 포함한 그 주변지역에서 각각 이 지역들의 전형적인 심방(무당)을 찾아 무가를 조사하였다. 이렇게 해서 조사된 제주도 북부 제주(濟州市)지역의 전형적인 무가로 안사인 본[31]이 있고, 제주도 남부 서귀포지역의 전형적인 무가로 박생옥 본[32]이 있는데, 그들이 보유한 무가는 다음과 같다.

가. 불도佛道맞이

1. 배포침	2. 초감제	3. 하정
	1) 집안연유 닦음	
	2) 굿門열림	
	3) 새다림	
	4) 신청괘	
	5) 점사	
4. 수룩	5. 西天꽃질	6. 도수김
7. 할망다리놔 수와드림	8. 도진	

나. 칠성제七星祭

1. 배포침	2. 초감제	3. 北斗七星下降맞이
4. 점사	5. 하정	6. 도진

여기서 하는 배포침과 초감제, 하정, 도진은 제주도 굿의 기본적인 굿 순서로 앞의 불도맞이와 같고, 이하 다른 제의에서도 같다.

31) 1960. 5.21~26. 同年 12.24~28, 1973.12.19~25 조사. 濟州道 濟州市 龍潭1洞 426번지 거주 심방 安仕仁(男, 46세, 高卒, 세습무).
32) 1966. 5.23~24 조사, 濟州道 南部 西歸浦邑 西歸里 531 거주, 신방 朴生玉(男, 59세, 무학, 세습무).

다. 맹감풀이

1. 초감제   2. 하정   3. 새경본풀이
4. 사만이본풀이   5. 맹감도수김   6. 각도비념
7. 도진

라. 일월日月맞이

1. 배포침   2. 초감제   3. 하정
4. 수룩   5. 日月도수김   6. 도진

마. 성주굿

1. 배포침   2. 초감제   3. 하정
4. 木手請   5. 성주풀이   6. 門前본풀이
7. 도진

바. 서낭풀이

1. 초감제   2. 하정   3. 석살님
4. 서낭본풀이   5. 서낭坐定   6. 도진

사. 십왕十王맞이

1. 배포침   2. 초감제   3. 하정
4. 십육사자본풀이   5. 도올림   6. 神석살림
7. 나까시리   8. 差使영혼질침   9. 십왕도진

아. 귀양풀이

1. 초감제   2. 하정   3. 차사본풀이
4. 도수김   5. 도진

자. 산신굿

1. 초감제   2. 하정   3. 산신본풀이
4. 석살림   5. 도수김   6. 도진

차. 큰굿

1. 초감제	2. 初神맞이	3. 상제
4. 하정	5. 도수김	6. 보세감상
7. 석시놀음	8. 日月맞이	9. 佛道맞이
10. 초공본풀이	11. 이공본풀이	12. 十王맞이
13. 제우상계	14. 세경본풀이	15. 삼공본풀이
16. 신임대전상굿	17. 三千殿 十王 地藏萬菩薩 도수김	
18. 門前마을도수김	19. 도진	

카. 뒤맞이

1. 초감제	2. 하정	3. 도진

타. 푸다시

1. 초감제	2. 하정	3. 푸다시
4. 도진		

파. 마누라 배송拜送

1. 할망본풀이	2. 마누라 본풀이	3. 갑가름

하. 비념굿

1. 비념

· 서귀포지역 무가

가. 큰굿

1. 초감제	2. 神맞이	3. 생계
4. 하정	5. 보세감상	6. 초공풀이
7. 이공풀이	8. 초공맞이	9. 이공맞이
10. 초이공모심	11. 사라大王	12. 삼공풀이
13. 十王맞이	14. 서제본풀이	15. 체사영맞이
16. 안시왕맞이	17. 제우제산	18. 신임굿

19. 세경풀이	20. 맹감하정	21. 서만이 본풀이
22. 신검이굿	23. 세경수이굿	24. 칠성풀이
25. 지장풀이	26. 문전풀이	27. 본향풀이
28. 군웅만판	29. 하소록굿	30. 도진

나. 구양풀이

| 1. 초감제 | 2. 서재풀이 | 3. 십이대왕풀이 |
| 4. 도진 | | |

다. 사남굿

앞의 큰 굿 30제차祭次중에서 도진만 남기고 29제차까지 한 다음에

| 1. 십전대왕 | 2. 영맞이 | 3. 도진 |

라. 성주맞이

| 1. 초감 | 2. 성주풀이 | 3. 도진 |

⑥ 관서지역

· 평양지역 무가

평양지역의 전형적인 무가로는 월남하여 서울에 거주하면서 무업에 종사하고 잇는 평양 무당 정대복 본[33]이 있는데, 정씨가 보유한 무가는 다음과 같다.

가. 재수굿

1. 추당풀이	2. 앉은 請拜	3. 七星굿
4. 타살굿	5. 祖上굿	6. 넝정굿
7. 선감응굿	8. 서낭굿	9. 터주대감굿

---

33) 金泰坤, 『韓國巫歌集』 3(集文堂, 1978), 17~69쪽 참조.

| 10. 성주굿 | 11. 帝釋굿 | 12. 倡夫굿 |
| 13. 中國使臣將軍굿 | 14. 가는 祖上 | 15. 뒷전풀이 |

나. 수왕굿

1. 추당풀이	2. 앉은 請拜	3. 수왕세턴
4. 祖上굿	5. 성신굿	6. 서낭굿
7. 터대감굿	8. 조상돌림	9. 사자굿
10. 수왕굿	11. 뒷전풀이	

⑦ 관북지역

· **함흥지역 무가**

함흥지역의 무당으로 월남하여 남한에 거주하면서 무업을 계속하는 무당들을 대상으로 조사한 결과 이고분이 이 지역의 대표적인 무당이라 판단되어 이 씨를 집중적인 조사대상으로 삼았는데, 그가 보유한 무가는 다음과 같다.[34]

가. 재수굿

1. 터주굿	2. 성주굿	3. 七星굿
4. 부군굿	5. 장군굿	6. 호구별상굿
7. 창부굿	8. 대감굿	9. 서낭굿
10. 山川굿	11. 祖上굿	12. 신선굿
13. 뒷굿		

나. 망묵

1. 지적굿	2. 성주굿	3. 門열이千手
4. 타승	5. 치원대양산복	6. 충열굿
7. 동갑적계	8. 궁상이굿	9. 七公主굿
10. 도랑선비	11. 진가장굿	12. 왕달千手

---

34) 金泰坤, 위의 책, 17~150쪽 참조.

13. 상시과   14. 중니가름   15. 마당도리

⑧ 해서지역
· 해주지역 무가

해주지역의 전형적인 무가로, 월남하여 충남 서산읍에 살면서 인천등지까지 무의 세력을 뻗치던 황해도 무당 류순덕 본[35]이 있는데, 그의 보유 무가는 다음과 같다.

가. 재수굿

1. 山굿   2. 初不淨굿   3. 七星굿
4. 성주굿   5. 將軍굿   6. 가뭉굿
7. 山川將軍굿   8. 대감굿   9. 祖上굿
10. 마당굿

나. 진오귀

1. 初不淨굿   2. 수왕제석   3. 사제으름
4. 수왕가름   5. 마당굿

· 안악지역 무가

안악지역의 전형적인 무가로는 안악에서 월남하여 인천에 거주하면서 황해도 월남민을 대상으로 무업을 계속하고 있는 정학봉[36]이 보유한 무가가 있다. 정씨는 황해도에서 육이오 동란과 일사후퇴 대 월남하여 남한에 거주하는 생존한 황해도 무당 중에서 대표적인 큰무당으로 손꼽힌다. 정씨가 보유한 안악지역의 무가는 다음과 같다.

---

35) 金泰坤, 『韓國巫歌集』 2(集文堂, 1971), 286~312쪽 참조.
36) 1993. 12. 6 조사, 仁川直轄市 南區 崇儀1洞 60번지 거주. 鄭學鳳(女, 63세, 武學, 강신무) 전거주지
    : 황해도 안악군 대행면 풍곡리 상교동.

가. 재수굿

1. 부정굿   2. 주당풀이   3. 神請굿
4. 산천마지굿   5. 초부정굿   6. 충열굿
                     (대감, 조상 말명 곁들임)
7. 영정굿   8. 타살굿   9. 성주굿
10. 대감굿   11. 장군굿   12. 조상굿
13. 마당전

나. 병굿

재수굿과 제의 절차 무가가 같으나 초부정굿과 타살굿, 장군굿에서 '질러내기'를 한다. 질러내기는 환자를 오방기五方旗로 덮어씌우고 신칼로 찍는 시늉을 하는 것이다.

다. 진혼기

1. 부정굿   2. 주당풀이   3. 신청굿
4. 산천굿   5. 사제어름   6. 수왕굿
7. 마당전

라. 철무리굿

1. 부정굿   2. 주당풀이   3. 신청굿
4. 산천굿   5. 초부정굿   6. 칠성굿
                     (소대감, 조상 말명 곁들임)
7. 영정굿   8. 군웅굿   9. 타살굿
10. 성주굿   11. 대감굿   12. 장군굿
13. 조상굿   14. 마당전

마. 성주풀이

제차와 무가가 재수굿과 같고, 성주굿에서 성주대를 잡고 성주신이 내리면 성주신을 봉안하는 절차만 다르다.

바. 혼례굿

혼례를 치루지 못하고 죽은 처녀, 총각을 결혼시키는 굿인데, 제차와 무가가 재수굿과 같고, 타살굿 다음에는 혼례를 상징하는 대례를 지내는 과정이 추가된다. 대례는 총각, 처녀의 허수아비를 짚으로 만들어 옷을 입히고 대례를 지낸 다음, 신방을 차리는 순서이다. 마당전에서 이 허수아비 신랑, 신부를 불에 태운다.

지금까지 앞에서 보아온 필자의 현장조사를 통해 수집된 무가자료외에 다음과 같은 무가자료집들이 있다.

孫晋泰, 朝鮮神歌遺篇, 鄕土硏究社, 東京, 1930.

赤松智城・秋葉隆, 朝鮮巫俗の硏究 上卷, 大阪屋號書店, 서울, 1937.

秦聖麒, 제주도 무가집 Ⅰ・Ⅱ(프린트本), 제주도, 1960, 1963.

_____, 남국의 무가(프린트本), 제주 민속문화연구소, 제주, 1968.

_____, 남국의 무가(제주도무가전집 : 프린트 本), 제주도 민속문화연구소, 제주, 1968.

任晳宰・張籌根, 관서지방무가(프린트 本), 문화재관리국, 서울, 1966.

崔正如・徐大錫, 東海岸巫歌, 螢雪出版社, 1974.

徐大錫・朴敬伸, 安城巫歌, 集文堂, 서울, 1990.

이 무가자료집들에 수록된 무가의 수량과 내용, 종류 등에 관해서는 이미 논의[37])되었기 때문에 중언을 피하고자 한다. 따라서 1930년대에 조사된 『조선신가유편朝鮮神歌遺篇』과 『朝鮮巫俗の硏究』 상권을 제외한 1960년대 이후에 조사 출간된 무가자료집들에 수록된 자료들은 필자가 무가를 조사 수

---

37) 金泰坤, 「巫歌」, 『우리민속문학의 이해』(開文社, 1979), 131~139쪽 참조.

집한 앞에 제시한 자료(1960~1993.12 현재)와 중첩되는 것들이어서 따로 제시하는 번거로움을 피했다. 그리고 앞에서 밝힌 1930년대에 조사도니 자료도 앞에 밝힌 졸고[38)]에 언급되었기 때문에 따로 제시하지 않는다. 앞의 무가자료집 외로 구비문학대계口碑文學大系[39)]에 수록된 무가 254편이 있고, 『한국민속종합조사보고서』[40)]에 수록된 무가 73편이 있으며, 국어국문학[41)]에 제주도 무가 11편이 수록되어 잇는데, 이들 무가자료 역시 앞에 제시한 필자의 무가자료와 중첩되는 것이어서 따로 제시하지 않는다. 끝으로 충청도 무가[42)]에 54편의 무가자료巫歌資料가 수록되어 있는데 이 중에서 7편만이 무가와 독경문이 절충 변이된 무가의 아류亞流로 볼 수 있고, 나머지는 모두 독경문이다.

지금까지 앞에서 제시한 자료를 통해 필자가 전국 36개 표본지역에서 조사한 무가가 1042 가지, 타 문헌에 수록된 무가 664가지(조선신가유편 14편, 조선무속의 역구 상권 72편, 제주도 무가집들 178편, 관서지방무가 18편, 관북지방 무가 11편, 전국민속종합조사보고서 73편, 구비문학대계 254편, 국어국문학 11편, 충청도 무가 7편, 안성무가 14편), 도합 1706가지 무가가 조사되었다. 이들 무가 중에는 구비문학대계에서 경문이 무가라는 명칭으로 조사도니 것들도 있는 예가 있어[43)]서 신중히 무가의 성격 기준을 놓고 검토해 보아야 할 일이지만, 지금까지 막연하게 생각해오던 무가의 윤관이 일단 잡혔고, 또 무가의 지역적 전승 실태가 포착되어 어떤 지역에서 어떤 무가가 전승 되는가 그 전승실상도 알 수 있게 되었다.

38) 金泰坤, 위의 글 참조.
39) 『口碑文學大系』(城南 : 韓國精神文化硏究院, 1980~1988).
40) 『韓國民俗綜合調査報告書』 1-12(文化財管理局, 1969~1988).
41) 『국어국문학』 19・22호(국어국문학회, 1958・1960)에 장주근이 수집한 <濟州道巫歌 1・2>, 총 11편이 수록되었다.
42) 金榮振, 『忠淸道巫歌』(형설출판사, 1976).
43) 金泰坤, 「口碑文學硏究史」, 『국어국문학 40년』(집문당, 1992), 157~158쪽.

2) 무가의 종류와 계통

(1) 무가의 종류

무가의 종류를 파악하는 일은 먼저 한국에서 어떤 무가들이 전승되는가 알아보는 데에 필요하고, 다음은 그렇게 파악된 무가의 종류를 통해 무가의 계통과 이본을 검토하는 데에 필요한 기초 작업이다.

앞에서 집계된 1706건의 무가는 같은 명칭을 가진 무가라도 여러 지역에서 전승도기도 하고, 또 한 지역 안에서도 굿의 종류에 따라서는 같은 명칭의 무가가 중복되게 불리어지는 예가 있다. 즉 '부정不淨굿' 무가를 예로 들 때, 그런 부정굿 무가는 서울지역에도 있고, 수원, 춘천, 삼척에도 있는 데다 같은 서울지역의 재수굿, 병굿, 진오기 등에서도 무당이 굿 서두에 부정굿 무가를 공통적으로 부른다. 그래서 부정굿 무가가 여러 지역에서 전승되지만 종별로 볼 때는 1종으로 보아야 하기 때문에 무가의 종별분류가 필요하다.

① 무가의 종별 분류기준

무가의 종류를 알아 볼 때는 무가를 가닥지어 나누는 분류기준이 있어야 하는데, 여기서는 다음과 같은 기준에 따라 무가를 분류하려고 한다.

첫째, 무가의 명칭이 서로 다르면서 또 그 무가의 내용도 서로 다른 무가를 1차적으로 구분하고,

둘째로는 첫째 기준에 따라 분류된 기틀 위에서 2차적으로 무가의 명칭이 서로 유사하면서 또 내용도 유사한 무가가 있으면 한데 묶는다.

셋째, 무가의 내용과 기능이 같으면서도 명칭이 다른 경우 - 토착어 명칭이 있고, 이것이 한자어 명칭으로 바뀐 것 - 는 동일계의 같은 종류로 묶는다(예 ; 말명굿 : 조상굿). 또 내용과 기능이 같으면서도 무가 명칭이 와전, 변이 된 것도 동일계의 같은 종류로 묶는다.

넷째로는 둘째, 셋째의 경우에서 그 계열의 대표적인 무가 명칭을 기준으

로 앞에 놓고, 그와 유사한 명칭이거나 또는 무가 명칭이 토착어가 번역된 한자어 명칭인 경우에는 괄호 속에 넣는다.

무가의 종별적 분류가 이렇게 네 가지 기준에 따라 분류되지만 이것은 첫 번째의 1차적 분류를 기본으로 한 것이다. 그러니까 무가의 종별적 분류에서 주가 되는 기준은 첫 번째의 기준이다. 그리고 무가의 종류를 알아보기 쉽게 가나다순으로 정리하고자 한다.

이상과 같은 기준에 따라 한국의 무가를 분류하면 다음과 같다.

② 무가의 종류

1. 가는조상	2. 가매하회굿	3. 가망굿 (가뭉굿, 감응굿)
4. 각도비념	5. 갑가름	6. 설영굿
7. 건넋	8. 건립축원	9. 걸립(걸립굿, 글립)
10. 계면굿 (제면굿, 제명굿)	11. 제반굿	12. 고풀이(고풀이굿)
13. 골매기굿	14. 과부타령	15. 군웅굿 (군웅거리 군웅 군웅본풀이 군웅만판 군웅청배 노또굿 노또오굿 노또물기)
16. 굴원해원문	17. 궁상이굿	18. 근원손
19. 길가름 (질가름굿 다리가름 수왕가름)	20. 길닦음(질닦음)	21. 꽃노래굿 (꽃놀이, 꼴노래염불)
22. 나까시리	23. 내림굿	24. 내전굿
25. 넋건지	26. 넋두리	27. 넋두리비념

61. 막동이

62. 망자거리(망자굿)

63. 망자청
　　(망제청굿
　　초망자굿
　　초망자석)

64. 맨드름

65. 맹감도수김

66. 맹감본

67. 맹감하정

68. 맹인거리

69. 맹인타령

70. 맹인덕담경

71. 메굿

72. 명두굿

73. 명진국생불
　　할망본풀이

74. 목수청

75. 문굿

76. 문열이천수

77. 문전풀이
　　(문전본풀이 문전본)

78. 문전마을도수김

79. 물국제석굿

80. 바리공주
　　바리데리
　　버리데기
　　비리데기
　　말미
　　捨姬
　　칠공주

81. 발원굿

82. 배서낭

83. 배포침

84. 뱃굿

85. 뱃노래굿

86. 뱃노래염불

87. 별상거리
　　(별상, 별성, 호구별상굿)

88. 병굿

89. 병축원굿

90. 보세감상

91. 보신개국

92. 본향굿(본향거리)

93. 본향풀이

94. 부군굿

95. 부인굿

96. 부정굿
　　(부정
　　부정거리
　　부정풀이
　　초부정거리
　　초부정굿)

97. 북두칠성하강맞이

98. 불도맞이

99. 불사거리(불사)

100. 불신께올리는말

101. 비념

102. 비단가

103. 사라대왕

104. 사만이본풀이

105. 사자굿
　　(사자맞이
　　사제맥이
　　사제삼성

사제어름

사제으름

사제풀이)

106. 산마누라

107. 산신굿

(산신거리

산굿

산바램

산풀이

산천굿

산천장군굿

상산거리)

108. 살풀이

109. 산천전십왕지장
보살도수김

110. 삼공풀이

(삼공본, 삼공본풀이)

111. 삼신굿

(삼신세존굿

삼신제왕

삼신제왕굿

삼신지왕석

삼신축원

삼신풀이)

112. 상계(생계)

113. 새다림

114. 서귀본향당풀이

115. 서낭굿

(서낭거리

서낭맞이굿

서낭석)

116. 서낭부정

117. 서낭본풀이

118. 서천꽃길

119. 석살림

120. 석시놀음

121. 선감응굿(선감웅)

122. 선녀거리

123. 선석

124. 선영굿(선영)

125. 선왕굿

126. 선왕노래

127. 선원소지축원

128. 설양

129. 성신굿

130. 성주굿

(성조굿

성조풀이

성주거리

성주본가

성주풀이)

131. 성주받이

(성주드리는말문)

132. 성주달램

(성조님께 올리는말

성조축원)

133. 성주보안경

134. 성주지신

135. 세경풀이

(세경본 세경본풀이)

136. 세경수이굿　　137. 세민황제본풀이　　138. 손님굿
139. 수룩　　　　　140. 수문장축원　　　141. 수리굿
142. 수왕굿　　　　143. 수왕세턴　　　　144. 수왕제석
145. 시루말　　　　146. 시룻고사　　　　147. 시리굿
148. 시무굿　　　　149. 신검이굿　　　　150. 신석살림
　　　(당금애기
　　　　세존굿
　　　　세준굿)
151. 신선굿　　　　152. 신선천수　　　　153. 신임굿
154. 신임대전상굿　155. 신장거리　　　　156. 신중도본풀이
157. 신중타령　　　158. 심청굿　　　　　159. 십왕도진
　　　　　　　　　　　(심봉사굿)
160. 십왕본풀이　　161. 십왕탄일　　　　162. 십육사자본풀이
163. 십이대왕풀이　164. 씨끔굿　　　　　165. 씨앗고사
　　　　　　　　　　　(씨끔
　　　　　　　　　　　씨끔염불
　　　　　　　　　　　씨낌)
166. 아기가울때　　167. 안당굿　　　　　168. 안당말미
　　　産神께올리는 말　(안굿, 안당석)
169. 안반굿　　　　170. 안시루　　　　　171. 안시왕맞이
172. 안택굿　　　　173. 앉은청배　　　　174. 알당본
175. 애기괴로운때　176. 애기빌때　　　　177. 액두리(액두리석)
　　　(애기넘어진때)
178. 액맥이(액맥이굿)　179. 야락　　　　　180. 업노적
181. 여처낭굿　　　182. 열왕　　　　　　183. 염불
184. 영가굿(영가)　185. 영감본　　　　　186. 영맞이
187. 영산굿　　　　188. 영전굿　　　　　189. 영정굿
190. 오기굿　　　　191. 오방굿　　　　　192. 왕달천수
　　　(오구물림　　　　(오방장군거리)
　　　　오구새남
　　　　오구해원
　　　　오기풀이
193. 용선가　　　　194. 용신굿　　　　　195. 우마굿
196. 우물굿　　　　197. 웃당본　　　　　198. 웃머리
　　　(우물신께올리는말)

지금까지의 무가 분류작업을 통해 그동안 1706건의 무가가 조사되었지만 그것을 종별상으로 다시 갈래어지 정리하면 총 314종의 무가가 전승된다는 사실을 알게 되었다. 글서 그동안 학계에서 막연하게 추측해 오던 한국무가의 종별적 윤곽이 잡히게 되었다.

무가의 이 분류집계는 새 자료의 발굴 여하에 따라서는 다소 신축성이 있을 수도 있겠지만, 그러나 이 분류집계의 기본 골격이 크게 변하지는 않을 것이라 생각된다.

한편 김석출 家에서 전해오던 필사본 무가 '초망자굿'은 다소 오해의 소지가 있을 것 같아, 이 자료에 대한 보충적 설명을 하고자 한다. 필사본 '초망자굿'에는 30건의 자료가 수록되어 있는데, 이 자료들은 대부분 단편적인 불경 부분인데다 '홧초가라', '비단가', '입춘가'를 제외한 나머지 자료들은 오늘날 경상도 지역굿에서도 전승되지 않는다. 이 필사본 자료의 대부분이 오늘날까지 이어지지 않은 이유가 그동안 전승과정에서 심한 변이, 인멸 도태되었거나 또는 '초망자굿'에 이 중의 몇 건의 자료들이 선택되어 한 편의 '초망자굿'무가를 구성했던 이유였을 가능성도 있다. 이런 점을 고려하여 필사본 '초망자굿'은 초망자굿 한 건으로 처리했다.

(2) 무가의 계통

① 무가의 계통 분류기준

무가의 계통 분류는 다음과 같은 분류기준에 따라 신축성 있게 된다.

가) 무가의 주인공인 신격에 기준을 둘 경우는 그 신통에 따라 무가 계통이 분류되어 앞에서 본 무가의 종별적 분류를 신통별로 보다 집약하면 되고, 역시

나) 무가의 주인공인 신의 성격에 기준을 둘 경우는 그 신이 가신家神, 동신洞神, 외계신外界神[동외신(洞外神)]으로 구분되면서 그 구분에 따라 가신계통家神系統의 무가, 외계신계통外界神系統의 무가로 분류될 수 있다. 그리고

다) 무가의 기능에 기준을 둘 경우는 그 무가를 부르는 제의적 목적이 초복

을 위한 것인가, 치병을 위한 것인가 그 무가의 기능에 따라 초복계통의 무가, 치병계통의 무가 등으로 분류될 수 있다.

가)의 기준에 의한 무가의 계통은 이미 앞의 무가의 종별적 분류에서 그 기틀이 잡혀 있고 나)의 기준에 의한 무가의 계통 역시 가)의 결과를 가신·동신·외계신으로 다시 분류하는 것이어서 그 윤곽이 드러나 있다. 그래서 가)와 나)는 무가의 주인공인 신격에 촛점이 맞추어진 것이다. 그러나 다)는 가)와 나)를 포괄하면서 무가의 주인공 그 신이 인간에게 무엇을 어떻게 해준다는 무가의 내용까지 알 수 있는 것이어서 다)에 기준을 두어 무가의 계통을 알아보고자 한다.

② 무가의 계통

한국에서 전승되고 있는 무가가 앞에서 314종으로 파악되었지만 그것을 다시 앞에서 본 다)의 기분에 의해 분류하면 대체로 다음과 같은 10개 계통으로 정리된다.

가) 부정계통무가不淨系統巫歌 : 제의 공간의 정화
   - 부정, 부정거리, 부정풀이 등
나) 청신계통무가請神系統巫歌
   - 가망굿, 신맞이, 하정 등
다) 조상계통무가祖上系統巫歌 : 인간의 근원根源
   - 조상굿, 말명 등
라) 기자계통무가祈子系統巫歌
   - 삼신굿, 시준굿, 불도佛道맞이, 수룩 등
마) 수명계통무가壽命系統巫歌
   - 칠성굿, 장자풀이 등
바) 초복계통무가招福系統巫歌

－ 성주굿, 대감굿, 제석굿, 황제풀이, 업노적 등

사) 제액수호계통무가除厄守護系統巫歌

－ 군웅굿, 서낭굿, 창부굿, 골매기굿, 산신굿, 장군굿, 액厄두리, 신장
거리 등

아) 치병계통무가治病系統巫歌

－ 손님굿, 호구굿, 별상굿, 마누라본풀이, 푸다시, 비념, 봉사굿, 환자
굿 등

자) 명부계통무가冥府系統巫歌 : 내세위도來世蔿度

－ 오기굿, 바리공주, 사자굿, 황천해원 등

차) 송신계통무가送神系統巫歌 : 퇴송退送

－ 뒷전풀이, 퇴송굿, 거리굿, 중천매기 등

앞에서 집계된 314종의 무가가 대체로 이와 같은 10개 계통으로 분류되는
데, 무가의 기능적 계통에 종속되는 무가 종의 예증 역시 지면관계로 인해 이
해의 편의를 위한 대체적인 것만 예거했다. 한편 하비굿(합의굿)이나 근원손, 여
탐 등이 있어서 신들도 상화간의 합의 또는 신과 인간, 인간과 인간 사이의
합의, 화해가 예상되어 화해계통의 항목이 따로 설정 될 수도 있을 것 같지만,
신들 상화간의 알력이나 신과 인간 사이의 알력이 있을 경우에는 집안이 되는
것이 없고 앓게 된다든가, 되는 게 없어 손재수가 따른다고 믿기 때문에 이런
알력은 제액이나 치병治病과 상관성이 있는 것이라 생각된다. 또 인간 상화간
의 알력은 살이 끼어 있어서 그와 같은 불화가 있는 것이라 하여 살을 걷어내
는 살풀이를 하니, 이 역시 제액과 깊은 상관성을 갖는 것이라 생각된다.

기능별로 분류된 무가의 10개 계통을 가)에서부터 차)까지 차례로 읽어
가면,

가. 제의공간祭儀空間을 정화시켜 놓고

나. 신 들을 청해 들여

다. 조상의 근원을 이어서

라. 자손이 번창해

마. 수명장수하면서

바. 복을 받으며

사. 액을 물리치고

아. 병을 물리치며 오래 살다가

자. 사후에도 내세의 좋은 곳에 가서 영원히 행복하게 잘 살고,

차. 굿판에 와서 이렇게 도와준 제신들을 다시 평안하게 돌려보내는, 내용들이다. 그래서 무가의 기능은 이와 같은 제의상관祭儀相關 구비물口碑物로서, 인간존재의 영구지속 욕구로 압축시켜 볼 수 있다.[44]

3) 무가의 지역적 보편성과 특수성

앞에서 본 무가의 지역별 전승실태를 보면 각 지역이 서로 떨어져 있으면서도 공통적인 보편성이 있고, 그러면서도 또 지역적인 차이가 있는 특수성이 있다. 먼저 무가의 지역적 보편성부터 보면 다음과 같다.

1960~1993년 현재까지 필자가 직접 무가전승현장을 조사한 36개 지역 표본지역에서 조사한 무가는 어느 지역에서나 제의공간을 정화시키는 무가(예 : 不淨굿)가 굿 서두에 부르고, 그렇게 제의공간을 정화시켜 부정을 가린 다음에 신을 청해 오는 청신계통의 무가가 있으며, 청해온 신들께 제의를 올리고 나서 제의에 모여든 신들을 돌려보내는 송신계통送神系統의 무가가 있다. 그러니까 지역마다 무가의 명칭에는 다소 차이가 있지만, 부정不淨, 청신請神, 송신送神의 주된 내용은 일치한다. 또 송신 다음에 각신에게 올리는 조상祖上굿, 삼신神굿, 산신山神굿, 성주굿, 칠성七星굿, 제석帝釋굿, 서낭굿, 손님굿[도는 별상

---

44) 金泰坤, 앞의 책, 169쪽 이하 '巫俗의 存在根源과 原本(arche-pattern) 참조.

(別相굿), 군웅軍雄굿 무가도 전국적으로 고루 분포되어 지역성을 초월해 보편성을 가진 무가이다.

무가의 지역적 특수성은, 우선 무악이 지역마다 차이가 있고, 그런 무악의 차이가 그 지역의 전통적인 민속악과 깊은 상관성을 가지고 있는 점이다. 예를 들 면 호남지역의 무악이 살풀이 가락을 주조主調로 하고, 경기지역의 무악은 타령조打令調를 주조로 하며, 황해도 지역의 무악은 산염불가락이 주조를 이루고 있는 것과 같은 예이다. 그래서 무악의 가락과 장단은 지역적으로 각기 달라, 지역적인 특성을 가지고 있다.

또 무가의 지역적인 명칭을 볼 때, 굿 서두에 하는 제차인 '부정굿'이라는 명칭이 호남지역과 제주도를 제외한 경기, 해서, 관서, 관북, 영남지역에서 공통되고, 이런 굿이 충청, 호남지역에서는 '안당굿'(안당석, 안당. 또는 조왕굿, 조왕반)이라 불리어 명칭상의 차이가 있다. 특히 호남지역에서 굿의 제차와 함께 무가명칭이 끝에 석席이라는 말이 붙는 점도 주목된다. 즉 다른 지역에서도 '성주거리' 또는 '성주굿'이라 하여 ─거리, ─굿이라는 말이 붙는데 호남지역에서는 ─굿이라는 말이 간혹 사용되면서도 ─석이라는 말이 주로 사용된다. 이렇게 ─석이라는 말이 호남지역에서 주로 사용되는 점도 무가의 명칭에서 호남지역 무가의 지역적 특성 중의 하나로 볼 수 있다.

제주도 무가의 경우, 굿 서두에 '초감제'를 하여 본토의 부정不淨굿, 안당굿, 조왕반 등과 다르고, 또 성주풀이・서낭풀이・칠성풀이・문전풀이・군웅만판 등 몇몇 무가를 제외한 제주도 무가 대분이 명칭부터 본토 무가와 달라 제주도의 지역적 특성을 지니고 있다. 제주도 무가가 본토 무가와 명칭이 전연 다르면서도 간혹 내용이 유사한 것도 있는데, 이런 점은 무가의 이본 검토에서 심도 있게 따로 논의되어야 할 문제이다.

굿 서두에 하는 부정계통不淨系統의 무가가 부정굿・안당석・조왕석 등으로 그 명칭의 갈래가 많지 않은데 비해 굿의 끝 순서로 하는 송신계통送神系統의 무가는 뒷전, 뒷전거리, 뒷전풀이, 뒷굿, 거리풀이, 마당굿, 마당거리, 수부굿,

중천, 중천매기, 퇴송굿, 도진 등 그 명칭의 갈래가 지역마다 각기 차이가 있다.

무가의 양식에서, 전술적 양식[45]의 무가가 압도적으로 많아 본토에서 바리공주 계열, 제석계열, 손님계열, 장자풀이계열·성주계열·칠성계열·지신계열 등의 무가가 서사적 양식을 근근히 유지하면서 극소하게 산발적으로 전승되고 있는데, 제주도와 함경도 지역의 경우는 서사적 양식의 무가가 다른 지역에 비해 압도적으로 많이 전승되고 있는 지역적 특성을 가지고 있다. 즉 서사적 양식의 무가가 서울지역에서는 바리공주 1종만 전승되고, 호남. 영남지역에서도 많아야 3, 4종이 전승되는데, 함경도 지역에서는 8종, 제주도에서는 본本풀이라 부르는 서사적 양식의 무가가 기본적으로 12본풀이라 부를만큼 압도적으로 많이 전승되고 있다.[46] 그래서 무가의 양식을 통해 볼 때 제주도와 함경도 지역이 서사적 양식의 무가를 집중적으로 보유한 지역적 특성을 가지고 있다. 서사적 양식의 무가 전승 상의 지역성 문제는 무가의 전승 변이 추적에 중요한 단어가 되는데 이 점도 무가의 이본 변이에서 따로 심도있게 다루어야 할 문제라 생각된다.

4. 결론

지금까지 한국무가의 전승실태에 관해 논의된 것을 종합하여 다음과 같이 결론을 맺고자 한다.

필자가 1960~1993년 12월 현재까지 전국 36개 무가 전승 지역 표본지역 현장에서 조사한 무가자료 1042건과 타문헌 11건에 보고 수록된 무가자료 664건을 합치면 도합 1706건이 되고, 이것을 종별에 따라 분류해서 총 316종으로 정리했다. 이 작업을 통해 1993년 12월 현제 시한을 기준으로, 1930

---

45) 金泰坤, 「巫歌의 形態的 類型」, 『국어국문학』 58~60합병호(국어국문학회, 1972), 143~147쪽 참조.
46) 金泰坤, 『韓國巫歌集』 4, 231쪽 이하 참조.

년『조선신가유편朝鮮神歌遺篇』(손진태)이 출간된 이래 64년 만에 한국의 무가가 총정리 되어 지금까지 막연하게 추측해 오던 한국무가의 윤곽이 일단 잡히게 되었다. 따라서 무가의 지역별 전승실태를 통해 어떤 지역에서 어떤 무가가 전승되고 있는가 무가의 지역별 전승실태도 알 수 있게 되었다.

한국무가 317종을 기능별로 분류해서 10개 계통으로 정리했는데 그것을 다시 기능에 초점을 맞춰 집약하면 인간존재의 영구지속 욕구로 압축된 무가가 지역별로 각기 다양한 명칭과 내용을 가지고 있지만 기능상으로 보면월해 일지되는 지역적 보편성이 있고, 명칭과 내용이 유사하여 전국에 보편적으로 널리 분포되어 전승되고 있는 무가로는 조상祖上굿, 삼신神굿, 산신山神굿, 부정계통不淨系統・청신계통請神系統・송신계무送神系巫의 무가들은 지역을 초성 주굿, 칠성七星굿, 제석帝釋굿, 서낭굿, 손님굿[또는 별상(別相)굿], 군웅軍雄굿, 무가 등이 있다.

무가의 지역적 특성은 먼저 지역마다 무악의 가락과 장단이 다르고 무가의 명칭과 내용이 다른 점이다. 특히 호남 지역에서 굿 제차의 명칭이나 무가의 명칭이 끝에 −석席이라는 말이 붙고, 장자풀이 무가는 충남・전라남북 지역에 주루 분포된 지역적 특성이 있는데, 이런 호남지역의 특성은 일반 무속과 연계되는 마한馬韓・백제문화권百濟文化圈과의 깊은 상관성이 있는 것으로 보인다.

현재 전승되고 있는 한국의 무가는 양식상으로 볼 때 전술적 양식이 지배적이고 서사적 양식이 열악한데, 제주도와 함경도지역에서는 서사적 양식이 우세한 지역적 특성이 있다.

이 논고의 성과는 지금까지 조사된 무가를 총정리 하여 한국무가의 이본과 전승변이 문제는 이 논고를 기반으로 하여 계속 추적해 나가고자 한다.

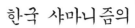

한국 샤마니즘의 정의

－샤마니즘의 특성을 중심으로

김태곤
전 경희대학교
교수

1. 서론

Tungus의 'Saman'(Shaman)이라는 말이 17C부터 서양에 알려진[1] 이래, Shamanism에 대한 관심이 점차 높아가고 있지만 그 높아지는 관심만큼이나 샤마니즘의 개념 정의가 어려워지고 있다. 그래서 필자는 한국 안에서는 한 국어로 원어인 'Musok(巫俗)'이라는 말을 그대로 사용해왔고, 이 말을 영어로 번역할 경우에 한해서만 '무속巫俗'과 가장 가까운 말을 선택한 것이 '샤마니 즘(Shamanism)'이라는 말이었다. '무속'을 '샤마니즘'이라 번역하는 경우에도 '무속'을 곧바로 '샤마니즘'이라 번역할 수 있겠느냐는 이견과 '무속巫俗' 자체 가 샤마니즘이라는 두 가지 견해가 있을 수 있다. 이와 같은 '무속'과 '샤마니 즘'의 개념 문제는 샤마니즘의 정의 기반 위에서 '무속'이 샤마니즘과 어디가 어떻게 같고 또 어디가 어떻게 다르다는 것을 분명하게 밝혀내는 것으로부터

그 해결의 실마리를 찾을 수 있겠다. 그런데 앞에서도 잠시 언급했듯이 샤마니즘의 정의 자체가 매우 포괄적이고도 신축성이 있어서 그리 용이한 문제가 아니다. 한국 안에서 '무속'과 샤마니즘의 서로 같다거나 같지 않다는 등의 시비거리를 불러오는 것도 바로 샤마니즘의 정의 문제로부터 시작되는 것이라 생각된다.

이 논고에서는 한국의 '무속'을 샤마니즘으로 보는 입장에서 한국 샤마니즘의 정의문제에 초점을 맞추어 논의하려고 한다. 그러자면 그 전제적 선행작업으로 '무엇이 샤마니즘인가'라는 일반적인 샤마니즘 정의가 논의되어야 하겠고, 그런 기반 위에서 한국 샤마니즘의 정의 문제가 논의된 연후에는 또 서로 성격상의 차이를 보이고 있는 한국 샤마니즘의 지역적 분포 문제는 이 한국 샤마니즘의 정의에서 어떻게 처리될 수 있는가 하는 문제로 이어져 논의하게 된다.

이렇게 샤마니즘의 정의가 어려워진 것은 샤마니즘 연구자들이 서로 다른 샤마니즘의 어느 한 측면에만 기준을 두고 서로 입장을 달리하면서 샤마니즘의 특성을 찾으려고 한 것이 첫 번째 이유로 지적될 수 있다. 다음은 이와 같은 상황에서 샤마니즘 연구자들이 샤마니즘의 현장조사 기반이 약한 채 2차적인 문헌자료에 의존해 샤마니즘을 정의하려는 데서 오는, 현장과 문헌의 오차를 두 번째 이유로 지적할 수 있다.

앞에서 지적한 이와 같은 두 가지 미비한 점을 보완하기 위해 이 논고에서는 먼저 필자가 직접 샤마니즘의 현장을 답사한 현장조사 자료를 1차적인 기본 자료로 삼으려고 한다. 한국의 샤마니즘 자료는 필자가 1960. 8~1995.10 현재까지 35년간에 걸쳐 한국 전역의 샤마니즘 현장을 직접 조사한 것이다. 한국 주변의 샤마니즘 현장자료 역시 필자가 직접 현장을 답사하여 얻은 자료인데, 그 조사지역과 조사일자는 다음과 같이, 일본 큐슈의 쓰시마·이끼시마(1974. 7.24~8. 6), 일본큐슈의 히라도구찌·오시마(1976. 8. 6~10), Taiwan의 Taipei·Tainang 주변(1982. 6.24~7. 2), Chinainter Mongol의 Ordos 지역(1990. 7.26~30), Mongol의

Ulanbator 주변과 Hupskul(1990. 8. 11~22). Siberia Yakutia의 Yakutsk 주변과 Maanday · Kutana · Namygin 지역(1992. 8.11~22, 1992.12.21~1993. 1.10), Siberia 의 Khabarovsk 주변(1993. 2.21~28), Siberia의 Yakutsk, Maandai 주변(1993. 7.25~ 8. 3), Siberia의 Maandai, Maya, Yeringri, Naihin 주변(1994. 7.24~8.21), Mongolia 의 Ulanbator, Gachurt 주변(1995. 6.23~7. 8), Siberia의 Yakutsk, Khabarovsk, N aihin 주변(1995. 7.16~27)이다. 이외에 더 필요한 자료는 그동안 다른 학자들에 의해 조사 보고된 문헌자료를 보충적으로 활용하려고 한다. 그리고 샤머니즘의 정의를 논의하는 방법은 민속학 · 민족학과 종교현상학적宗敎現象學的 기반 위에 서 객관적으로 조사된 샤머니즘의 현장관찰 자료를 있는 현상 그대로 보아 나가 는 객관적 입장을 취하려고 한다.

2. 샤머니즘의 정의

이제까지 세계적으로 거론되어온 샤머니즘의 대한 수많은 정의들을 제한 된 지면에서 모두 열거할 겨를이 없다. 그래서 지금까지 샤머니즘의 개념을 정의하는 데에 기준이 되어온 trance, ecstasy, possession[2]에 중점을 두어, 이 제까지 논의되어온 샤머니즘의 개념 정의를 검토한 다음에 필자의 견해를 제 시하고자 한다.

엑스타시에 기준을 두어 샤머니즘을 정의하려는 입장은, 엑스타시의 개념을 샤만이 트랜스 상태에서 샤만의 혼이 몸 밖으로 나가 천상계天上界나 지하계地下 界를 여행한다고 믿는 것이라 하고, 이와 같은 'ecstatic journey'를 샤만의 특성 이라고 했다.[3] 또 포제션에 기준을 두어 샤머니즘을 정의하려는 입장은 포제션

---

2) 金泰坤,「韓國사머니즘의 構成體系」,『宗敎史硏究』2(서울 : 韓國宗敎史學會, 1973), 65쪽.
3) M. Eliade, *Shamanism*, New York : Bollingen Foundation, 1964, p.5 · p.190.
   Ake Haltkrantz도 샤만의 특성을 ecstasy로 보았는데, ecstasy는 trance와 같은 의식변화 상태라 했다.
   Louise Backman · Ake Hultkrantz, *Studeis in Lapp Shamanism*, Stockholm : Almgreist&Wiksell, 1978,

의 개념을 샤만이 의식변화 상태에서 spirits[靈]가 샤만의 몸 안에 들어오는 것이라 하고, 포제션을 다시 spirit-possession과 possession-trance로 구분했다. 그리고 샤만의 혼이 몸 밖으로 나가서 여행한다고 믿는 것[ecstasy]을 'soul-absence' 또는 'non-possession'이라 했다.4) 이렇게 보면 엑스타시에서는 샤만의 혼이 몸 밖으로 나가고, 포제션에서는 spirits가 밖으로부터 샤만의 몸 안으로 들어오는 것이어서 엑스타시와 포제션은 서로 상반된 양극적兩極的 현상처럼 보인다. 그러나 엑스타시와 포제션은 트랜스 상태에서 있게 되는 동일 범주의 상황인데도 어느 한쪽에서만 보았기 때문에 이렇게 엇갈리는 견해를 가져오게 되었다. 필자가 1992년 8월과 1994년 8월에 시베리아의 Yakutia에서 조사한 샤마니즘의 현장을 통해서 보면,5) 트랜스 상태에서 엑스타시와 포제션은 공통분모共通分母를 갖는 상보적相補的인 종교적 상황이라 생각된다. Yakutia의 샤만들은 initiation 과정에서 오리 · 백조 · 물고기 · 물방개 · 커다란 땅벌레 · 곰 · 늑대 등의 spirits[靈]와 대화하며 접촉하고, 때로는 그와 같은 오리 등의 조류,

---

p.11 · p.20.

4) Erika Bourguigonon, World Distribution and patterns of Possession States, Trance and Possession States, Edited by Raymond Prince, Montrial : R. M. Bucke Memorial Society, 1968, p. 3~34. 이밖에 H. Findeisen도 possession이 샤마니즘의 核心이라고 했다.
Louise Bakman/Ake Hultkrantz, op. cit., p.21~22.

5) 1992. 8.13, Yakutia 현지조사. informant A : Shaman, Yaugim Mitrivis Vuegom(남, 83세, Maandai 거주). 1992. 8. 17, Yakutia 현지조사, informant B : Shaman, Matvei Afanasyev(남, 78세, Suntary 거주). 1994. 8. 7, Yakutia 현지조사, informant C : Shaman, Muervii(여, 108세, Yeringri 지역 유목), informant A는 initiation 과정에서 선생 샤만으로부터 fire spirits와 대화하는 방법부터 배웠는데, fire spirits를 부르면 stove 앞에 그 spirits가 나타나서 함께 대화한다고 했다. 그리고 그는 제의에서 그의 샤만복 앞가슴에 달아맨 물고기와 같은 형상이 되어 물속을 여행한다고 했다.
informant B는 initiation 과정에서 의식상실증에 걸렸고, 그런 상태에서 오리 · 백조 · 늑대 · 곰 등으로 자신이 변신하는 체험을 했으며, 제의에서 그가 직접 그린 오리나 늑대의 spirits로 변신하여 天上界로 날아가거나 地下界로 간다고 했다. 또 그의 제의는 모닥불을 피워놓고 불을 들여다보고 북을 치며 spirits가 그의 앞에 나타나면 미친 듯이 이리저리 날뛰며 빠르고 거센 억양으로 spirits와 대화한다.
informant C는 Evenky族의 유목민 샤만인데 인포먼트 A · B와 유사하다. 그의 제의는 Tent 안의 난로 앞에 '빠꿀라' 라는 독한 향내가 나는 trance 촉진 풀을 태워, 그 향내를 맡고 독한 vodka를 연거푸 2잔을 마신 다음 트랜스로 몰입해 쪽쪽쪽 하는 소리를 내면서 북을 치고 노래를 부르는 것으로 시작되었다. 이때 쪽쪽쪽 하는 소리는 샤만이 새로 변신해 새소리를 내는 변신의 상황이라고, 제의가 끝난 후에 샤만이 필자의 질문에 대답했다.

물고기 등의 어류, 곰 등의 동물류로 직접 변신하기도 한다. 그리고 샤만이 된 후에도 제의에서 이런 spirits를 부르면 그 spirits가 언제든지 샤만의 곁으로 오고 또 샤만이 그런 spirits로 변신하여 천상계나 지하계를 자유롭게 여행한다고 믿는다. 즉 샤만이 조류로 변신하면 그 조류처럼 천상계로 날아오르고, 동물로 변신하면 그 동물처럼 땅속으로 들어가 지하계를 여행하며, 물고기로 변신하면 그 물고기처럼 수중계를 여행한다고 믿는다. 그래서 샤만들은 이와 같은 spirits 의 모형을 구리나 백동판으로 길이 9cm 정도의 길이로 만들어 샤만의 제복祭服 앞가슴 쪽의 옷깃 양쪽에 위로부터 차례로 매달아, 그런 spirits가 샤만의 몸에 항시 있어 준다는 것을 암시한다. 이런 spirits를 기능상으로 보면 한국 무당의 '몸주'(처음에 무당에게 내린 몸임자 神)에 비교되고, 도 spirits의 모형은 한국 무당의 무신도巫神圖와 비교된다. 무당이 이 '몸주'를 무신도로 형상화시켜 그의 집안 신단에 모셔두고 '몸주'로부터 영력을 받는 원천으로 삼듯이 시베리아 샤만들 도 처음에 샤만에게 내린 spirits의 모형을 제복 앞가슴에 늘 달아두어 영력의 원천으로 삼는 것이라 생각된다. 이와 같은 샤만의 spirits[靈]를 Shirokogoroff 를 비롯한 샤마니즘 연구자들은 helping spirits라 했다.6)

여기 spirits는 몽골 · 시베리아 등지에서 령靈 또는 정령精靈, 한국에서는 신 神으로 해석할 수 있다는 점을 덧붙인다. 이제 이 시베리아의 현장자료를 다 음과 같이 분석, 정리할 수 있다.

샤만의 ininitiation 과정은 극도의 의식변화 상태인 트랜스 상황에서 있게 된다. 트랜스 상황은 샤만이 자신의 의지로 제어할 수 없는 상황인데, 이런 상태에서 샤만이 타자인 spirits로 변신하거나 또는 샤만이 그런 spirits세계로 몰입되어 spirits의 세계를 탐지한다고 믿는다. 이와 같은 샤만의 의식변화 상 태인 trance를 기점으로 샤만의 변신이나 spirits와의 대화가 가능해져 트랜스 가 엑스타시나 포제션의 기틀이 된다. 그리고 포제션의 개념을 샤만이 트랜

---

6) S. M. Shirokogoroff, op. cit., p.362; M. Eliade, op. cit., p.88.

스 상태에서 spirits를 포함한 초월적인 존재와 접촉할 수 있는 영력의 소유로 보면 엑스타시는 포제션에 포괄되는 다양한 포제션 한 양상이라 생각된다. 즉 샤만의 영력 소유 현상인 포제션의 상황에서 샤만의 혼이 spirits와 대화도 하며, spirits의 세계를 탐지하기도 하는데 'ecstatic journey'는 바로 트랜스 상태에서 샤만의 혼이 조류로 변신하여 그 조류처럼 천상계로 날아오르는 상황이기 때문에 'ecstatic journey'에 기준을 둔 엑스타시의 개념은 이 트랜스를 기반으로 한 포제션, 곧 트랜스-포제션의 범주 안에서 일어나는 포제션의 한 현상이라 생각된다.

트랜스와 포제션의 관계를 논의하는 자리에서 한 가지 더 검토되어야 할 것은 트랜스가 반드시 포제션과의 관계만 있는 것이 아니고 정신병리적인 면도 함께 있다는 점이다. 정신병리적인 트랜스를 psycho-trance라 한다면, 트랜스 상태에서 spirits와 접촉하는 종교적 상황을 종교적 트랜스라 할 수 있다. 그리고 이와 같은 종교적 트랜스는 샤만이 트랜스 상태에서 spirits를 포함한 초월적인 존재와 접촉할 수 있는 영력을 소유한 상황이어서 트랜스-포제션이라 할 수 있다. 그러니까 지금까지 spirits와의 접촉에 의해 있게 된다고 보아온 엑스타시와 포제션이 모두 이 종교적 트랜스 상태인 트랜스-포제션의 범주이다. 따라서 종교적 트랜스는 신성적神聖的 spirits와 접촉하는 종교적 배경을 가지고 있다는 점에서 정신병리적인 psycho-trance와 구별된다. 이런 트랜스와 엑스타시, 포제션의 상관성을 도시圖示하면 다음과 같다.

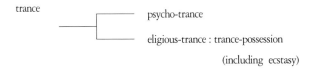

```
trance ─────┬───── psycho-trance
            └───── eligious-trance : trance-possession
                        (including  ecstasy)
```

지금까지의 논의를 통해 샤만의 특성이 트랜스-포제션이라는 것을 알게 되었다. 그래서 이와 같은 샤만의 특성을 기준으로 하여 다음과 같이 샤마니즘을 정의할 수 있다. 샤마니즘은 전문적인 트랜스-포제션의 기능을 가진 샤만이 초자연계와 접촉하여 그 초월적인 힘에 의해 길흉화복 등 인간의 생활에 필요한 모든 욕구를 성취시키려는 전통적인 자연종교적 현상이다.

3. 한국 샤마니즘의 정의

앞에서 살펴본 샤마니즘의 정의를 통해서 볼 때 한국의 무속이 샤마니즘과 어떤 관련성이 있는가 알아보고자 한다.

한국 무속의 주축인 무당이 샤만의 특성으로 꼽는 전문적인 트랜스-포제션의 기능을 소유하고 있기 때문에, 한국의 무속은 샤마니즘의 범주 안에 드는 한국의 전통적인 자연종교적 현상이라 생각된다. 이와 같은 입장에서 보면 한국의 무속을 '한국의 샤마니즘', 무당을 '한국의 샤만'이라 불러도 큰 무리가 없을 것이다. 그러면 어떤 근거로 무당이 샤만의 특성인, 전문적인 트랜스-포제션의 기능을 소유한 것이라 하는가, 그 근거로 삼을 수 있는 한국 무속의 중요한 부분을 개괄적으로 요약 소개하고 그 근거에 의해 한국 샤마니즘의 정의를 정리하고자 한다.

한국에서 무당이 되는 과정은, 한 개인이 갑자기 의식변화 상태가 되어 돌발적인 정신이상 증세가 나타나거나 또는 처음에 까닭 없이 시름시름 앓고 밥을 먹지 못하며 몸이 말라 허약해지고 신비스런 꿈을 자주 꾸게 되는데 꿈속에서 spirits[神]와 만나고 그 신의 음성을 들으며 대화도 하고 심하면 신을 따라 집 밖으로 나가 길거리나 들판을 헤매 다니기도 하는 심한 정신질환 증상이 나타난다. 그러나 이런 증상은 의약치료가 불가능하기 때문에 몸에 내린 신을 맞아 그 신의 의사대로 무당이 되어야 치유될 수 있다는 무속의 전통적 사고에 따라 선생무당이 신을 맞아 무당으로 입문하는 initiation ceremony인 '내림굿'을 해준다. 그러면 무당 후보자는 그의 몸에 내린 신을 그에 집에 모셔놓는 신단을 꾸며 놓고 여기에 아침과 저녁으로 정화수를 바치면서 영력이 강해져 유능한 무당이 되게 해 달라고 빈다. 그리고 내림굿을 해준 선생무당을 따라다니며 약 3년 동안 굿상을 차리는 방법과 신神을 향해 축원하고 그 신을 맞아 신의 의사를 알아내는 의사소통 방법 등을 배워서 완성된 무당으로 독립하게 된다.[7] 신과 접촉하기 위해서는 신을 굿판에 오도록 하는 무가와, 신이 무당의 몸에 내려서 무당이 신으로 바뀌어 신의 옷[巫服]을 입고 신의 몸놀림을 하며 신의 말을 하는 등 춤과 극적 상황이 교합된 과정이 따르게 된다.[8] 그리고 처음에 무당에게 내린 spirits[神]를 '몸주' 곧 '몸의 임자'라 하는데, 이 '몸주' 신을 신단에 모셔 놓으면 이 '몸주'가 무당이 평생 동안 영력을 행사할 수 있는 영력의 근원이 된다. 그러니까 무당의 영력이 이 '몸주'로부터 오는 것이다. '몸주'는 무당에게 내린 신의 종류에 따라 천신天神이 내렸으면 '천신몸주', 산신山神이 내렸으면 '산신몸주' 하는 식으로 다양하고, 무당 한 사람이 '몸주' 신을 하나에서 셋이나 넷까지도 가지고 있다. 또한 무당의 신단이 있는 방 벽에는 신의 초상을 그림으로 그린 무신도巫神圖(60cm×100cm 정도의 크기)들이 15~20장 내외로 걸려 있는데, 이 무신도들은 무당의 '몸주'를 비롯한 신앙대신 신이다. 이와 같은 무신도는 무당이 트랜스 상태에서 체험한 신의 형상을 내림굿을 한 후에 민간 화공에게 부탁해서 그린 것이다.[9] 무당의 제의는 이 무신도들이 걸려 있는 신단 앞에서 해야 하는데 제의규모가 클 경우에는 신단이 있는 방문을 열어놓고 그 옆으로 연결된 대청에서 하기도 하고, 제의 규모가 더 크면 뜰 안으로 나가서 굿상을 차려놓고 하기도 한다. 그리고 굿의 짜임새를 보면 처음에 '부정不淨굿'을 하여 굿하는 장소를 정화를 하고 나서 신을 차례로 굿판에 불러들여 가무로 즐겁게 놀리면서 의사를 들은 다음에 '뒷전'(또는 마당굿)에서 굿판에 모여든 신과 잡귀들을

---

7) 金泰坤, 『韓國巫俗硏究』(서울 : 集文堂, 1981), 224~228쪽, 259~260쪽.
8) 위의 책, 357쪽.
9) 金泰坤, 앞의 책, 294쪽.

돌려보내, ①신을 부르고 ②불러온 신을 대접하며 길흉화복 등 인간의 소원을 빌고 난 다음에 ③그 신을 돌려보내는 3단계 과정으로 구성되어 있다.

여기서 무당은 산신을 불러들여 놀리는 제의 과정에서는 산신의 신복神服을 상징하는 무복巫服을 입고 산신의 역할을 하여 산신의 몸짓과 말(공수: 신탁神託)을 하며, 장군신을 불러들여 놀리는 제의 과정에서는 장군신의 신복을 상징하는 무복을 입고 장군신의 역할을 하여 장군신의 몸짓과 말을 하면서 장군신의 용맹성을 보이기 위해 맨발로 날카로운 작두 위에 서서 춤을 추기도 한다. 이 때의 무당은 산신이나 장군신 등으로 변신했다는 것을 의미하는 동시에 그와 같은 초월적인 존재가 인간의 소원을 성취시켜 준다는 의미도 함께 내포한다. 그래서 서울, 경기 지역을 비롯한 중부지역의 굿에서는 대체로 10위位 정도의 신이 차례로 초청되고 그 신이 굿판에 초청되어 올 때마다 무당이 그 신으로 변신하여 하루 굿을 하는 동안에 무당이 대략 10번 정도 변신한다. 굿의 규모가 커서 굿 과정의 수가 더 많아지면 그렇게 많아지는 굿 과정의 수대로 신이 매 과정마다 초청되어 무당의 변신은 10번 이상이 될 수 있고, 지역과 굿의 종류에 따라서는 굿 과정이 20과정이 넘기도 하여 무당은 하루 굿을 하는 동안에 매 과정마다 해당 신으로 바뀌는 변신이 20번이 넘을 수도 있다.[10]

그리고 한국 무속에서 신앙되는 신은 자연계 신으로 천신天神·일신日神·성신聖神·산신山神·지신地神·용신龍神·수신水神·화신火神·동물신動物神 등과 인신계 신으로 왕신王神·장군신將軍神·대감신大監神·무조신巫祖神 등을 합쳐 대략 300종이 되고, 무속에서는 이들 신이 바람이나 공기와 같아 일반 사람들에게는 보이지 않지만 그 형상은 인간의 모습과 같은 것이라고 믿는다.[11] 이와 같은 한국 무속의 개략은 A. 무당의 initiation으로부터 무당이 되는 과정, B. 무속의 신앙대상인 신의 범위와 성격, C. 신과 무당의 관계, D. 제의에서 무당의 역할 등으로 구분된다. 여기서 A, C, D는 모두 트랜스-포

---

10) 金泰坤, 위의 책, 357~385쪽.
11) 金泰坤, 앞의 책, 280~289쪽.

제선의 상황과 직결되므로 앞에서 본 시베리아 샤만의 트랜스-포제선과 일치된다. A에서는 무당의 initiation이 의식변화 상태인 트랜스 상황에서 신과의 접촉에 의한 정신이상 현상이고, C에서는 신이 무당의 몸을 소유했다는 종속관계의 '몸주'가 되고, 또 그런 '몸주'의 뜻에 따라 무당으로 입문해야 불가사의한 신비적 정신이상 증상이 치유될 수 있다고 믿으며, D에서도 무당이 신을 불러들여서 아예 그 신으로 변신하여 신의 역할을 하면서 인간의 소원을 성취시켜 준다고 믿는 것이어서, A, C, D는 모두 무당이 트랜스 상태에서 신과 접촉하는 트랜스-포제선의 상황이라 생각된다. 다만 B만이 시베리아 샤마니즘과 한국의 무속, 양자 사이의 차이점으로 나타난다. 즉 앞에서 본 시베리아 샤만의 spirits[靈]는 조류와 물고기·동물 등의 자연물 등이 주류를 이루고, 그 형상이 조류와 물고기·동물 등의 자연물 그대로인데 비해 한국 무당의 신은 하늘·해·달·별 등의 천체와 바다·강·물·산·바위·땅 등의 자연물과 인신人神 등이 주류를 이루는 것이 다르고 또 그 형상이 자연물이라 하더라도 인간의 모습이어서 인격적으로 현현하는 것이 두드러진 차이점이다. 따라서 시베리아 샤만의 신은 자연물 그대로의 즉물적卽物的인 sprits [靈]인데 비해 한국 무당의 sprits(신)는 자연물이라 하더라도 인간의 형상으로 나타나는 인격적인 sprits여서 시베리아 샤만의 경우와 같은 지극히 자연적 상황 그대로의 즉물적 신의 단계로부터 벗어나 인위적 상황이 부가된 인격적 sprits라 할 수 있다. 그리고 이와 같은 신의 성격차에 따라 트랜스-포제선의 양상에도 차이가 있다. 시베리아 샤만은 트랜스-포제선 상태에서 조류와 동물로 변신하여 천상계나 지하계를 여행하고 또 물고기로 변신하여 수중계를 여행한다고 믿는데 비해 한국의 무당은 트랜스-포제선 상태에서 인격적인 신으로 변신하여 그 신의 인격적인 동작과 말을 한다고 믿는다. 이와 같은 차이의 원인은 즉물적 신의 포제선과 인위적 상황이 부가된 인격적 신의 포제선 여하에 따르는 신의 지역적 특성에 의한 것이라 생각된다. 즉 즉물적 신의 포제선일 경우에는 샤만이 조류나 동물·물고기로 변신했기 때문에 그와 같이 하늘을 날아오르고 물속을 헤엄쳐 들어간다고 믿게 되고, 인격적 신의 포제션일 경우에는 양상이 아주 달라 그 행동반경에 인간적 제약성이 따라 새처럼 날거나 물고기처럼 물속을 헤엄쳐 들어갈 수 없게 된다. 그래서 시베리아의 샤만과 한국의 무당이 소유한 트랜스-포제션의 지반은 같으면서도 신의 성격에 따라 트랜스-포제션의 외적 양상이 지역적으로 달라지는 지역적 특성을 보이게 된 것이라 생각된다. 이와 같은 트랜스-포제션의 지역적 특성은 Mongolia[12]와 일본[13] 등지에서도 한국과 유사한 인격적 spirits, 포제션으로 나타난다. 따라서 Eliade가 'ecstatic journey'에 초점을 맞추어 샤만의 특성을 논의하려고 한 것도 이와 같은 spirits의 성격에 따르는 트랜스-포제션의 지반 위에서 나타나는 지역차일 뿐이며, 앞에서 검토된 바와 같이 그 'ecstatic journey'가 샤마니즘의 전반적인 특성을 포괄할 수 있는 요건은 될 수 없다.

지금까지의 논의를 통해 앞에서 본 한국무속의 개요 A·B·C·D가 모두 트랜스-포제션의 상황에서 일어나는 종교적 현상이라는 것을 알게 되었다. 그래서 한국무속은 트랜스-포제션을 기반으로 하는 시베리아 샤마니즘과 같은 범주 안에 드는 샤마니즘의 현상이라 생각된다. 이와 같은 관점에서 한국의 샤마니즘을 다음과 같이 정의할 수 있다. 즉 한국의 샤마니즘은 전문적인 트랜스-포제션의 기능을 가진 무당(샤맨)이 초자연계와 접촉하여 그 초월적인 힘에 의해 길흉화복 등 인간의 생활에 필요한 모든 욕구를 성취시키려는 한국의 전통

---

12) 1990. 8. 4, Mongolia 현지조사. Shaman : Dawaji (남, 73세, Hupskul, Dathat의 Shaman)의 조사 자료에 의거. shaman의 spirits는 선생 샤만이 죽은 spirits와 조상의 spirits가 주류를 이루고, spirits 의 形相은, 상반신은 사람의 모양이고 하반신은 천이나 발·주렵과 같이 너풀거리며, 바람처럼 떠다닌다.

13) 1974. 8. 6, 日本 현지조사. 巫女 : 平田あい(여, 75세, 長崎縣 壹崎郡 石田町 山崎觸 거주)의 조사자료에 의거. 巫女 히라다는 26세 때 이상하게 배가 아팠으나 치료가 불가능하던 중, 어느 날 밤 꿈에 흰옷을 입은 6人(신)이 나타나 '네 몸에 내가 내린다'고 한 후부터 헛소리를 하며 심한 정신이상 증세가 나타났다. 그 후 엎드려 빌며 신을 청하면 이 6人의 신이 나타나 말해 주는 것을 그대로 神徒들에게 자기가 전달해 준다. 히라다는 신이 몸에 내려서 神託으로 占을 치는 '神よせ'이다. 이외로, 櫻井德太郎, 『日本のシャマニスム』上卷(東京 : 吉川弘, 文館, 1974), 88面 참조.

적인 자연종교적 현상이라고 정의할 수 있다. 이런 관점에서 앞으로 무당을 샤만, 그 무당이 주축이 된 종교적 현상을 샤마니즘이라 부르고자 한다.

트랜스-포제션에 기반을 두어 한국의 샤마니즘을 이렇게 정의할 때, 그와 같은 트랜스-포제션이 한국에서 샤마니즘만이 보유한 종교적 특성인가, 아니면 다른 종교적 현상에서도 그와 같은 트랜스-포제션 현상이 있는가, 있다면 어떤 양상이며 샤마니즘과 어떻게 구별될 수 있는가, 이런 의문점이 또 제기된다. 즉 한국의 기독교 교회 일각에서는 신도들이 트랜스 상황에서 하나님으로부터 성령聖靈을 받아 하나님과 대화한다고 믿는 방언方言을 하고, 또 신도들의 영혼이 천상계로 올라간다고 믿는 입신入神 현상 등이 있는데,[14] 샤마니즘의 트랜스-포제션과 매우 흡사하다. 그러나 기독교의 방언과 입신 등은 트랜스 상태에서 하나님과 접촉하는 역사화 된 유일신으로서의 인격적인 하나님 포제션이고, 그 하나님에 대한 기독교 고유의 예배가 있어서 샤마니즘과 확연히 구별된다. 또 '독경' 신앙의 신비적인 종교적 체험 중에는 천신天神·칠성七星·산신山神·신장神將 등이 강신降神되어 샤마니즘의 트랜스 포제션과 같은 것으로 볼 수도 있으나 '독경'신앙은 그 고유의 신장神將을 섬기며 위협적인 경經을 외워 인간을 해치는 잡귀와 액 등을 몰아내, 인간의 소원을 성취시키려는 것이어서, 앞에서 본 한국 샤마니즘의 개요와 크게 다른 '독경' 신앙은 독자적인 종교적 현상이다. '독경' 신앙 중의 천신·칠성·산신 등이 강신하는 트랜스-포제션은 샤마니즘 의 트랜스-포제션과 같을 수도 있는 것인데, 이것이 샤마니즘의 배경을 갖지 못하고 '독경' 신앙의 배경을 갖게 되었을 때, '독경' 신앙과 샤마니즘이 중첩되어 그 한계점을 찾기가 어렵게 만드는 요인이다. 트랜스-포제션이 '독경' 신앙의 배경을 갖게 된 원인은 트랜스-포제션의 상황을 '독경' 신앙 식으로 유도했을 때 그와 같은 '독경' 신앙의 배경을 갖게 되고, '독경' 신앙에 의해 샤마니즘의 '내림굿'과 같

---

14) 金泰坤,「基督教 속의 샤마니즘-巫俗이 韓國 基督教에 미치는 影響-」,『東西春秋』1-4(서울 : 希望出版社, 1967. 8), 183~186쪽.

은 성격의 제의를 하는 것은 이런 제의를 주관해 줄 샤만이 손쉽지 않을 경우이다. 이렇게 해서 샤마니즘과 같을 수도 있는 트랜스－포제션이 샤마니즘의 상황으로 발전되어가지 못하고 '독경' 신앙의 배경을 갖게 되는 것은 '독경' 신앙이 가지고 있는 독자적인 고유의 종교적 현상이 있기 때문이다. 그러나 이와 같은 현상은 샤마니즘이 단절된 지역이거나 또는 샤마니즘의 영향력이 극히 미약해진 지역에서 샤마니즘과 '독경' 신앙이 서로 변질시켜 이 양자가 원래의 제 모양을 잃어가는 과정이다. 그래서 '독경' 신앙 속에 샤마니즘의 트랜스－포제션과 같을 수도 있는 요소가 있게 되지만, 그것은 앞에서 말한 원인에 의해 샤마니즘과 '독경' 신앙이 나중에 서로 섞이게 된 지역적(예 : 정통 샤마니즘이 거의 인멸되어가는 충청남북도, 강원도 일부 등의 중부 내륙지역과 그외 샤마니즘의 영향력이 미약한 지역 등)인 후기적 현상이고, 샤마니즘과 '독경' 신앙은 원래 그 형태가 다른 것이다.

한편 계룡산과 모악산 주변의 신흥종교들 중에도 교주들이 트랜스 상태에서 하늘로부터 계시를 받고 또 강증산姜甑山이나 예수・석가・공자 등으로부터 난세에 처한 세상을 구원하라거나 병을 고쳐 중생을 구제하라는 등의 계시를 받은 후에 신통력을 얻어 포교한다는 이적들이 있다.[15] 이와 같은 신흥종교의 이적들이 트랜스 상태에서 초월적인 존재와 접촉하는 트랜스－포제션의 한 현상으로 볼 수도 있어서 한국 샤마니즘의 트랜스－포제션과 비교될 수도 있다. 그러나 신흥종교의 이적들은 그 포제션의 대상이 이미 정립되어 있는 역사화된 교조(예수・석가・공자 등)여서 샤만의 포제션 대상인 자연신과 완연히 다른데다 신흥종교들의 교리와 의식이 샤만의 자연적 상황의 제의와 완연히 다르다. 샤마니즘의 제의에서는 샤만이 포제션 대상으로 변신하여 그와 같은 spirits[神]의 입장에서 인간의 소원 성취의 내용을 극적으로 연출하여 직접 성취시켜 준다고 믿는다. 이에 비해 신흥종교에서는 대체로 신흥종교들

---

15) 柳炳德, 『韓國新興宗敎』(서울 : 시인사, 1986), 212・300쪽.

각자의 교리체계에 의한 각자의 의식 형태를 만들어, 포제션의 대상에서 대좌적 위치에서 기도하며 소원성취를 기도하는 형식이다. 신흥종교 교주들 중에는 간혹 본인이 직접 초월적인 신격적 존재라 자처하는 예도 있으나, 이 경우는 자신이 인위적으로 만든 교리와 그 교리에 의한 의식이 있어서, 인위적 상황이 아닌 자연적 상황의 샤마니즘과 다르다.

지금까지의 논의를 통해 트랜스-포제션의 상황이 한국에서 샤마니즘 외에 기독교와 '독경' 신앙, 신흥종교들 속에서도 발견되지만, 기독교와 신흥종교들 속에서 발견되는 트랜스-포제션은 그 포제션의 대상이 샤마니즘의 자연적 spirits에 의한 원고적 트랜스-포제션과는 현격하게 다르고, '독경' 신앙의 경우 후기적으로 샤마니즘의 트랜스-포제션과 습합된 것이지만 '독경' 신앙와 샤마니즘은 각기 독자적인 제의 양식이 있어서 각기 다른 독립적인 종교적 현상이라는 것을 알게 되었다. 따라서 트랜스-포제션은 종교적 현상에서 두루 나타날 수 있는 인간이 가지고 있는 공통적인 종교적 심성이지만, 그와 같은 종교적 심성이 트랜스-포제션 상황으로 발전되어 갈 수 있는 계기는 개인차에 따라 달라서 개인의 생활환경에 의해 좌우된다는 것도 알 수 있다. 그리고 샤마니즘의 트랜스-포제션은 지극히 자연적 상황의 원고적이고도 강열한 한국의 전형적인 것인데 비해 기독교나 신흥종교의 트랜스-포제션은 그 포제션의 대상이 역사화된 인위적 상황의 교조에 의한 교리(신흥종교의 경우는 독자적인 교리)나 의식을 만들어 샤마니즘과는 완연히 다르다. 트랜스-포제션 상황을 모두 샤마니즘적 분위기로 보려고 했던 종래의 견해에서 한 걸음 더 나아가 샤마니즘 영역을 스스로 식별할 수 있게 하는 기준이 된다.

4. 한국 샤마니즘의 변천

트랜스-포제션에 기준을 두어 한국 샤마니즘을 정의할 때, 한국에는 또 그와 같은 트랜스-포제션이 없이 대대로 혈통을 따라 샤만이 되는 부류도 있어서 트랜스-포제션이 한국의 샤마니즘을 정의할 수 있는 기준이 될 수 있느냐는 의문이 또 제기된다. 이 문제를 풀어 나가기 위해 현재 한국에서 전승되고 있는 샤만의 타입type들과 그 분포부터 살펴보고자 한다.

트랜스-포제션에 기준을 두어 한국 샤만의 타입을

A. 무당형

B. 단골형

C. 심방형

D. 명두형

의 네 가지 타입으로 분류되고, 그 분포지역이 각기 달라 샤만의 성격이 지역적으로 특성을 보이고 있다는 것을 알게 된다.[16]

A. 무당형은 전문적인 트랜스-포제션의 기능을 가지고 있으면서 주로 중, 북부지역에 분포되어 있다. 그리고 무당형은 트랜스-포제션에 의한 영력으로 점을 치고 가무로 샤마니즘의 본격적인 굿을 하며 굿 도중에 변신하여 신의 역할을 하고, 집안에 신을 모신 신단을 가지고 있다.

B. 단골형은 트랜스-포제션의 기능이 없이 조상 대대로 혈통을 따라 세습되고 주로 남부지역에 분포되어 있다. 단골형은 영력이 없기 때문에 점을 칠수 없고 집안에 신을 모신 신단을 가지고 있지 않다. 그러면서도 단골형은 무당형과 같은 형태의 가무를 기반으로 한 본격적인 굿을 하는데, 굿 도중에 변신하여 신의 역할을 하는 기능은 없다.

C. 심방형은 트랜스-포제션의 기능이 없이 조상 대대로 혈통을 따라 세습되고 제주도에만 분포되어 있다. 심방형은 직접적인 영력은 없지만 '명두'[17]

---

16) 金泰坤, 앞의 책, 141~149쪽.
17) 놋쇠로 만든 길이 30cm, 폭 2cm 가량의 칼에 5색 헝겊 길이 40cm 가량의 것이 여러 개 달린 한

나 '산판'18) 등의 도구를 이용해 신의 의사를 탐지하는 점을 치고 무당형과 같은 형태의 가무를 기반으로 한 본격적인 굿을 하는데, 굿 도중에 직접 신으로 변신하는 기능은 아주 희박하고, 신의 역할을 간접적인 극적 형식을 통해 연출한다.19) 따라서 집안에 신을 모신 신단은 없으나 '명두'와 '산판'등의 점구들은 '조상'이라고 하며 신성하게 모셔둔다.20)

　　D. 명두형은 전문적인 트랜스-포제션의 기능을 가지고 있으면서 주로 남부 지역에 분포되어 있는데, 중, 북부지역에도 산발적으로 분포되어 있다. 명두형은 무당형과 같은 형태의 가무를 기반으로 한 본격적인 굿은 할 수 없고 영력으로 점을 치는 것이 주 기능인데, 집안에 신을 모신 신단을 가지고 있다.

　　앞에서 본 A·B·C·D 네 가지 타입의 샤만을 성격과 지역별로 정리하면 다음과 같다.

　　전문적인 트랜스-포제션의 기능은 A. 무당형과 D. 명두형이 소유하고, B. 단골형과 C. 심방형은 트랜스-포제션과는 관계없이 조상의 혈통을 따라 세습된다. 그리고 지역적으로 보아 트랜스-포제션과의 기능을 가진 샤만(A형)은 주로 중, 북부지역에 분포되어 있고, 혈통을 따라 세습되는 샤만(B·C형)은 주로 남부지역에 분포되어 있다. D. 명두형이 주로 남부지역에 분포되어 있으면서 전국적으로 산발적인 분포 현상을 보이고 있으나, 여기서 말하는 분포 문제는 트랜스-포제션의 기능을 가진 샤만의 주력이 상대적으로 중, 북부지역에 분포되어 있는 현상을 가리키는 것이다. 그리고 D. 명두형이 전국적으로 분포되어 있으며, 트랜스-포제션과 관계없는 샤만이 남부지역에 특히 집중적으로 분포되어 있는 현상에 의문을 갖게 되는데 이 문제는 뒤의 논

쌍의 占具. 金泰坤,『韓國巫俗圖錄』(서울 : 集文堂, 1982), 160쪽, <사진 27> 참조. 사용방법은 같은 책, 154쪽, <사진 12> 참조.

18) 놋쇠로 만든 직경 15cm 가량의 접시형 원반에 각각 직경 5cm 가량의 잔과 엽전을 2개씩 놓고 던져서 떨어지는 위치를 보고 예언하는 占具. 위의 책, 158쪽, <사진 23> 참조. 사용방법은 같은 책, 154쪽, <사진 13> 참조.

19) 金泰坤, 앞의 책, 155쪽, <사진 14, 16, 17> 및 그 설명 참조.

20) 위의 책, 151쪽, <사진 5> 및 그 설명 참조.

의에서 스스로 풀리게 된다. 이와 같은 샤만의 성격과 지역별 분포 문제를 다시 집약하면, 트랜스-포제션에 의해 영력을 소유한 신권적인 샤만을 charismatic shaman(A·D형), 조상의 혈통을 따라 세습되는 샤만을 hereditary shaman(B·C형)으로 각각 집약할 수 있는데, 전자는 주로 중·북부지역에 분포되어 있고, 후자는 주로 남부지역에 분포되어 있다. 그래서 한국의 샤만은 크게 chamismatic 샤만과 hereditary 샤만의 두 타입이 있고, charismatic 샤만은 주로 북쪽에, hereditary 샤만은 주로 남쪽에 분포되어 남과 북의 지역적 분포상의 특성을 보이고 있다.

이렇게 남쪽과 북쪽에 따르는 샤만의 지역적 성격 차이를 놓고, 남쪽에 분포되어 있는 hereditary 샤만은 신과 접촉하는 영적 기능이 없기 때문에 샤만이 아니라거나 또는 북쪽에 분포되어 있는 charismatic 샤만은 시베리아 계통의 샤만이고, 남쪽에 분포되어 있는 hereditary 샤만은 남쪽으로부터 바다를 통해서 전파 되어온 priest라는 견해[21]를 가져볼 수도 있을 것이다. 그러나 단선적인 전파론적 입장만이 아니고 종교사적 입장에서 사회·경제·정치·문화사적 배경까지 시야를 넓혀서 보면, 처음에 charismatic shaman의 종교적 charisma가 사회적 카리스마로 연장되어 사회적으로 제도화한 제도적 카리스마로 정착된 것이 혈통을 따라 세습되는 hereditary 샤만이라 생각된다.[22] 사회적으로 정착된 이런 제도적 카리스마 자료를 뒷받침 해 주는 것이 오늘날까지도 남부지역(특히 호남지방)에서 hereditary 샤만(단골)의 영토권과도 같은 '단골판'이다. 단골판은 hereditary 샤만이 단골들이 각각 독점해 굿을 하면서 샤마니즘에 관련된 일체의 권한을 독점하고 있는 단골의 판도(영역)이다. 단골판의 크기는 여러 개의 자연마을이나 문중을 합쳐 대략 500호 내외로부터 크면 1500호 내외까지도 되고 이 단골판 안에서는 정해진 한 사람의

---

21) 崔吉城·任晳宰·玄容駿의 견해 - 金泰坤,「韓國巫系의 分化 變遷」,『韓國民俗學』1(서울 : 韓國民俗研究會, 1969), 54쪽.
22) 金泰坤, 위의 글, 72쪽.

단골만 굿을 하며 봄과 가을에 햇곡식을 수확할 때마다 단골판 안에 살고 있는 주민들로부터 호 당 2~5되 내외, 많으면 1말까지도 거두어들이고, 이 단골판을 단골들 상호간에 팔고 사거나 세를 놓기도 한다. 단골의 사제권과도 같은 권한이 구역제로 나누어져 그 권한이 미치는 영역이 조상 대대로 혈통을 따라 세습되는 것이 단골판이기 때문에 하나의 단골판 안에서는 한 사람의 단골만 굿을 하며 권한을 행사할 수 있는 원칙이 있어서 단골판이 단골들 상호간에 매매되거나 세를 놓게 된다.[23] 이와 같은 단골 사회의 제도적인 단골판이 비교적 완전한 형태로 남아서 오늘날까지 전승되는 지역이 호남지역이다. 이 지역은 벌써 2000여 년 전부터 50여 명의 '천군'들이 50여 구역[國]으로 나누어 그 구역 내의 공적인 제의('國' 전체의 농경의례)를 맡아서 했다는 『삼국지三國志』「동이전東夷傳」「한전韓傳」의 「마한조馬韓條」에 관한 기록記錄이 있어서, 역사민속학적歷史民俗學的 시각에서 볼 때 당시의 천군과 '국國'들이 오늘날의 단골과 단골판에 비교될 수 있다. 그리고 『삼국사기三國史記』에 의하면 왕을 차차웅次次雄이라고도 하는데 차차웅은 무巫를 가리키는 말이라고도 하여 왕과 무의 상관성을 말해주고 있는 것을 보면, 마한馬韓의 50여 '국'들은 제사장인 천군의 종교적 charisma가 사회적으로 정착 제도화한 관할 구역으로 보인다. 또한, 천군들의 능력 여하에 따라 그 중의 소수 천군이 점차 사회적 통솔력을 갖고 정치력을 겸한 장長이나 왕으로 격상되는 것과 함께 나머지 천군들의 위상은 상대적으로 낮아지면서 그 관할 구역도 역시 분열 축소되어 종교적 기능만 유지 하게 되어 오늘날의 단골 조직(단골의 세습과 구역제도)으로 이어지게 된 것이라 생각된다.[24] 이런 관점에서 보면 남부지역에서 세습되는 hereditary 샤만은 초단계의 charismatic 샤만에서 분화되어 사회적으로 정착되면서 종교적 카리스마가 사회제도적 카리스마로 바뀌어

---

23) 金泰坤, 앞의 글, 62~64쪽.
24) 金泰坤, 「蘇塗의 宗敎民俗學的 照明 – 호남지역 巫의 '단골制'와 '堂山'信仰과 관련하여 – 」, 『마한 백제문화연구』 16(百濟文化硏究所, 1990), 162~177쪽.

세습되고 그러면서 원래의 종교적 카리스마가 도태 변화된 것이라 추정된다.[25] 그리고 C. 심방형은 영적 요소를 가지고 있어서 A. 무당형과 B. 단골형의 중간적 과도기적 타입인데 A 타입에서 B 타입으로 이행되어가는 과도기적 현상이거나 또는 B 타입에서 다시 A 타입으로 복귀해 가는 순환적인 과도기적 타입 중의 어느 하나로 볼 수 있고, D 명두형은 인간의 심층에 보편적으로 내재內在한 트랜스-포제션의 종교적 심성이 단골의 제도적인 조직에 의해 차단된 B 타입에서 다시 A 타입으로 복귀되어 가는 순환적 과정의 한 현상이라 생각된다. 이렇게 보면 앞에서 제기 되었던 D. 명두형 B. 단골형이 집중적으로 분포되어 있는 남부지역에 특히 많이 분포된 의문이 풀리게 된다. 그리고 샤만의 성격이 남쪽과 북쪽에서 각기 지역적 특성을 보이는 것은 한국의 역사와 자연환경에서 오는 문화적 요인[26]에 의한 것이라는 점도 간과할 수 없다.

지금까지의 논의를 통해 공적시 입장에서 보면 한국의 샤만이 A. 무당형, B. 단골형 C. 심방형, D. 명두형의 네 타입으로 나누어져 각기 다른 지역에서 전승되고 있지만 통시적 변천에 의해 샤만이 분화 변천된 현상들이고, 그 변천 이전의 샤만 원류는 원고적인 트랜스-포제션의 기능을 가진 카리스마틱 샤만(A. 무당형)이라는 것을 알게 되었다.

5. 결론

무엇이 한국의 샤마니즘인가라는 물음-한국 샤마니즘의 정의에 관해 논의된 것을 종합하여 다음과 같이 결론을 맺고자 한다.

한국의 무속이 그대로 샤마니즘이라거나 또는 한국의 무속은 시베리아 샤

---

25) 金泰坤, 앞의 글, 67쪽.
26) 金泰坤, 『韓國巫俗硏究』, 430~449쪽.

마니즘과 다른 한국 고유의 종교적 현상이라는 등의 논란은, 아직도 샤마니 즘의 일정한 개념이 정립되어 있지 않아, 샤마니즘과 무속을 비교할 수 있는 기준점이 잡히지 않은 데서부터 야기된 문제였다. 샤마니즘을 정의할 때 대 체로 트랜스, 엑스타시, 포제션에 기준을 두어 샤만의 특성을 규정지으려는 것이 샤마니즘을 연구하는 학자들 사이에서 진행되어 온 세계적인 추세이다. 그러나 샤만의 특성으로 규정지으려는 그 기준인 트랜스·엑스타시·포제션 에 대한 학자들의 개념적 견해 차이가 있는데다 샤마니즘의 현장관찰 경험이 부족한 채 주로 2차적인 문헌자료에 의존해 샤만의 특성을 찾으려 했기 때문 에 샤마니즘을 정의하는 데에 혼선을 빚어왔다.

　샤마니즘의 현장을 조사해 보면 샤만의 특성을 엑스타시에 기준을 두든, 포 제션에 기준을 두든 그 기반이 되는 전제적 조건이 샤만의 의식변화 상태인 트 랜스로부터 시작되는 것인데도 지금까지 트랜스 문제를 제쳐놓고 주로 엑스타 시나 포제션의 한 측면에서만 샤만의 특성을 찾으려고 했기 때문에 샤만의 특 성이 부분적으로 논의되어온 결과를 가져오게 되었다. 엑스타시를 샤민이 의식 변화 상태에서 spirits를 포함한 초월적 존재나 그와 같은 영적 세계와 접촉할 수 있는 영력의 소유 현상으로 보는 것이라면 포제션은 ‘트랜스-포제션’의 상 황이라 할 수 있다. 따라서 ‘종교적 트랜스’ 상황은 결국 ‘trance-possession’상 황의 범주 안에 있게 되고, 엑스타시를 ‘종교적 트랜스’ 상황으로 보면 엑스타 시는 ‘트랜스-포제션’의 범주 안에 있는 것이어서, 엑스타시와 포제션은 동일 범주의 것인데도 양자의 개념 설정이 잘못 되어 엑스타시를 ‘soul-absence’라 거나 또는 ‘non-possession’이라는 입장에서 논의해 왔다. 만약 소위 ‘ecstatic journey’(Eliade)와 같은 ecstasy를 ‘soul-absence’상태로 본다면 샤만의 다양한 ‘트랜스-포제션’ 상황에서 샤만이 조류나 동물로 변신하여 천상계나 지하계 를 여행하는 조류나 동물 spirits 포제션에 의해 그와 같은 동작으로 천상계나 지하계를 간다고 믿는 것인데, 이런 상태를 ‘non-possession’이라 한다면 spirits 포제션에 의해 샤만의 혼이 그 spirits와 같은 행동으로 그렇게 여행하는 것이기 때문에 포제션의 상황이어서 non-possession이라는 견해는 성립될 수 없다. 이렇게 보면 샤만의 특성은 트랜스-포제션이라는 귀결점에 도달하게 되어 샤마니즘의 정의를 다음과 같이 정리할 수 있다. 샤마니즘은 전문적인 트랜스-포제션의 기능을 가진 샤만이 초자연계와 접촉하여 그 초월적인 힘에 의해 길흉화복 등 인간의 생활에 필요한 모든 욕구를 성취시키려는 전통적인 자연종교적 현상이다.

이와 같은 샤마니즘의 정의를 통해서 보면 한국의 무당이 트랜스-포제션의 특성을 가지고 있기 때문에 무당을 주축으로 하는 무속이 샤마니즘과 같은 범주라 생각되어, 한국의 샤마니즘을 다음과 같이 정의할 수 있다. 한국의 샤마니즘은 전문적인 트랜스-포제션의 기능을 가진 무당(shaman)이 초자연계와 접촉하여 그 초월적인 힘에 의해 길흉화복 등 인간의 생활에 필요한 모든 욕구를 성취시키려는 전통적인 한국의 자연종교적 현상이다.

한국 샤마니즘의 정의에 이어, 트랜스-포제션을 샤만의 특성으로 볼 때 시베리아의 샤마니즘과 한국 샤마니즘의 spirits가 서로 다르다는 문제가 제기되는데, 그것은 양자가 자연환경에 따르는 문화적 배경의 차이에서 오는 지역적 특성이라 생각된다. 그리고 한국에는 중·북부지역에만 트랜스-포제션의 기능을 가진 무당형인 charismatic shaman이 분포되어 있고, 주로 남쪽에는 trance-possession과 무관한 단골형과 심방형인 hereditary shaman이 분포되어 있는데, 이렇게 각기 다른 지역적 특성을 보이고 있는 한국 샤만의 이질성은 한국의 역사성과 지리적 자연환경에 따라 역사적 시간선상에서 오는 사회·경제·문화에 따르는 종교사적 변천에 의해 샤만이 분화 변천된 현상들이고, 그 변천 이전의 한국 샤만의 원류는 원고적인 트랜스-포제션의 기능을 가진 charismatic shaman이라고 생각된다.

한편 한국에서는 기독교의 일부 교회와 신흥종교, '독경' 신앙 등에서도 한국 샤마니즘의 트랜스-포제션과 유사한 현상이 발견되는데, 기독교와 신흥종교 속에서 발견되는 트랜스-포제션은 그 포제션의 대상이 샤마니즘의 자연적 spirits에 의한 원고적 트랜스-포제션과 현저하게 다르고, '독경' 신앙의 경우는 후기적으로 샤마니즘의 트랜스-포제션과 습합된 것이지만 '독경' 신앙과 샤마니즘은 각기 다른 독자적인 제의 양식이 있어서 각기 독립적인 종교적 현상이라 생각된다.

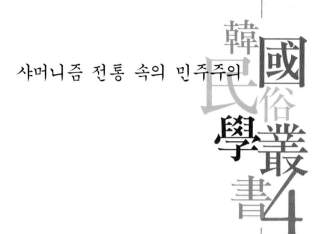

샤머니즘 전통 속의 민주주의

박일영
가톨릭대학교
교수

1. 서론

오늘날 인간 삶의 점증하는 사회화 현상은 한 편으로 교통과 통신의 발달과 함께 세계 전체를 하나의 생활권으로 만들어 가는가 하면, 다른 한편 인간이 자신의 능력을 크게 확대해 가면서도 그 능력을 언제든지 충분히 제어하는 것은 아니다. 일례로 세계 경제는 작금 인류 역사상 최대의 호황을 누리면서도 한 편으로는 기아와 빈곤의 심각성이 그 어느 때보다도 심한 부富의 편중 현상을 낳고 있다. 사회인류학자인 더글라스Mary Douglas(1966)의 말대로 그것은 전환기의 위험성을 드러내는 '간극의 위기(interstitial crisis)'라 할 수 있을 터이다.[1]

인간이 지능과 창조적인 능력에 의하여 일어난 일대 변혁들이 이제는 오히려 인간 자체를 변화시키기에 이르렀다. 또한 초강대국 권력자의 손놀림하나

---

1) 반게넵 A. L., 전경수 역, 『통과의례』 을유신서 18(서울 : 을유문화사, 1985).

로 온 인류는 순식간에 멸망할 수도 있는 지경에까지 이르면서 팽배한 위기의식은 서구 제국에서 소의 '녹색당(die Grünen)'이 급속히 그 세력을 확장하는 데에서도 그 단면을 볼 수 있다. 이렇게 희망과 불안이 엇갈리는 상황에서 현대를 살고 있는 사람들은 사회의 발전 추이에 따라 끊임없는 도전 중에 응전을 요구받고 있다.[2]

그것은 궤를 달리 해서 종교와 세계의 새로운 관계정립의 요구라고 해석할 수 있다.[3] 고대 제정일치의 시대를 지나, 정교분리라는 명분 아래 진행 되어 온 제정 대결의 시대를 거쳐, 이제 제정 대화의 시대로 진행되면서 종교사가 보여주는 세계종교 전반의 사회화 과정은 이 시대를 주도하는 중심사조 내지 시대정신이 상극의 '상대성 원리'임을 보여준다. 정치·경제·종교·인구분포 등 세계구조의 전반적인 재편성과 함께 가치관의 재정립으로 사고방식이나 생활유형의 근본적인 변화가 요구되고 있다. 종교문제에 국한해서 보면, 그것은 바로 현대 세계의 종교 자체에 대한 새로운 탐구 요청이라는, 종교를 향한 도전이라고 할 수 있겠다.

같은 종교문제라고 하더라도 물론 각 문화권이 처한 맥락에 따라서 주관심사는 다를 수 밖에 없다. 소위 제1세계의 관심사가 "신 없는 사회에서, 즉 마치 신이 없는 듯이 생활하는 사람들 사이에서, 어떻게 신에 관하여 이야기할 것인가?"라면, 제3세계의 관심사는 "인간 없는 세계, 즉 비인간화된 사회에서 어떻게 인간에 관하여 이야기할 것인가?"라고 대비하여 볼 수 있다. 그리스도계를 예로 들자면, 이와 같은 상황의 인식에서 태동하는 것이 바로 중·남미의 '해방신학(운동)'이며 북미·남아의 '흑인신학' 그리고 동북아의 '민중신학'인 셈이다.

수량적으로만 보아서는 한국에서 종교들은 목하 대단한 성공을 거두고 있는 중이다. 하지만 한국의 종교들은 양적인 성공을 넘어서서 질적인 성숙도

---

2) Bloch, Ernst, Das Prinzip Hoffnung, 3 Bde Frankfurt a. M., 제5판(1978).
3) 폰 바이츠재커, C. F., 이정배 역, 『시간이 촉박하다』현대신서 140(서울 : 현대사상사, 1987).

필요로 한다. 종교들이 표방하는 메시지가 화음禍音(Droh-botschaft)이 아닌 진정한 복음福音(Froh-botschaft)이 되기 위해서는 양적인 성장만을 추구하는 전도에 머무를 뿐 아니라, 질적 성숙을 위하여 인간 삶의 모든 분야에 관심을 기울여서 "신神의 가이없는 사랑을 인간에게 실천한다"는 본래 의미의 선교를 행하여야 한다.[4]

그것은 바로 상식인의 처지에서 생각해 볼 수 있는 바대로의 민주주의가 지향하는 목적이기도 하리라 : 첫째, 인간을 중심으로 인간의 권리를 존중하면서 둘째, 권력의 기반이 역사의 주체인 나라 백성 모두에게 있으며 셋째, 그리하여 모두가 어울려 잘 사는 조화로운 공동체의 건설이라고 이해한다면 과히 빗나간 민주주의 이해는 아니라고 본다.

민주주의의 실현이라는 이러한 과업이 한국에서 성공하기 위하여 한국인이 지닌 샤머니즘의 종교성을 제쳐 두고서는 불가능하다고 생각한다. 심각한 모순과 복잡다단한 역사적·지리적·정치적 조건을 갖춘 이 땅에서 한국인은 지속적인 저항과 혁신의 전통을 갖추고 있다. 이와 같은 생명력 내지 저항력의 원천이 바로 샤머니즘적인 종교성이 표출된 '굿정신'이라고 할 수 있다.[5] 이와 같은 종교적 잠재력은 한국 사회에 긍정적으로도 부정적으로도 영향을 끼칠 수 있다. 긍정적으로는 비인간화를 거슬러 역동적인 저항의 정신적인 기반으로 큰 역할을 할 수 있는 반면에, 부정적으로는 현세도피적인 기복행각을 일삼거나 지배자의 이데올로기 합리화에 이용당할 가능성도 없지 않다.[6]

샤머니즘 종교성의 올바른(ortho-practical) 계발은 한국에서 제종교의 조화로운 문화토착화 내지는 문화적응(inculturation)을 위하여서도 중대한 의미를 가진다. 왜냐하면 무교야말로 한국의 종교-문화적 맥락 속에서 정신유산이 갖추

---

4) 프리들리, R., 박일영 역, 『현대의 선교, 선교인가 반(反)선교인가』 신학선서 10(서울 : 성바오로출판사, 1989), 66~135쪽.
5) 유동식, 『한국 샤머니즘의 역사와 구조』(서울 : 연세대학교출판부, 1975), 345~346쪽.
6) 김지하, 『밥』(왜관 : 분도출판사, 1984), 93~108쪽.

고 있는 중요한 기반의 하나로 여겨지기 때문이다. 물론 이와 같은 종교성은 시대의 변천에 따라 다양한 모습으로 변용되어 온다. 전통적인 무당의 의례 중에 단순하게 혼합 전승되는가 하면, 다른 종교의 외형을 취하여 습합되거나, 자기 부정[斷]을 매개로 창조적으로 고양(Aufhebung)되어 융합의 길을 걷기도 한다.[7] 이 글에서는 종교-문화적인 맥락에서 한국 사상의 길을 기반을 이루어온 샤머니즘의 종교성이 오늘의 정치-경제적 상황에서 민주주의를 실현해 나아가는 과정 중에 과연 적극적으로 기능하는가의 여부를 논구하는데 중점을 삼기로 한다.

2. 샤머니즘이란?

무당을 중심으로 하는 한국 고유종교의 가장 대표적인 형태를 흔히 무속巫俗내지 무속신앙이라 한다. 그러나 이러한 종교현상을 가리키는 용어로는 그 외에도 타종교와 동격으로 부른다는 의미에서 무교巫敎라고 한다든지[8] 현장에서 부르는 명칭을 존중한다고 그냥 무巫라고 부르는 경우도 있고,[9] 때에 따라서는 국제적인 용어를 그대로 사용하여 샤머니즘shamanism이라고 하기도 한다.[10] 한국의 샤머니즘을 부르는 명칭이 이렇게 다양하듯이, 전 세계적으로도 샤머니즘이 과연 무엇인가에 대한 논란이 끊이지 않고 있다.[11]

샤먼shaman이니 샤마니즘이니 하는 용어는 원래 한국어와 동일한 언어계통인 알타이어족에 속하는 퉁구스어에 그 기원으로 두고 있다. 샤머니즘이라는

7) 유동식, 『한국 샤머니즘의 종합적 고찰』, 『민족문화연구총서』 6(서울 : 고려대학교민족문화연구소, 1982), 129~145쪽.
8) 유동식, 앞의 책(1975), 표지.
9) 조흥윤, 『한국의 무』(서울 : 정음사, 1983), 표지.
10) 이부영, 『샤머니즘과 무속 : 한국 사상의 원천』(박영문고 80, 서울 : 박영사, 1983), 62~97쪽.
11) Thiel, J. F., Religionsethnologie, Grundbegriffe der Religionen schriftloser Völker, Collectanea Instituti Anthropos 33, Berlin, 1984, p.132.

용어는, 홀랜드의 상인 이데스(E. Y. Ides)가 시베리아를 여행하면서 만난 퉁구스족의 박수무당을 퉁구스어로 샤만이라고 한다는 말을 1704년에 펴낸 그의 여행기에 실으면서 학계에 알려진 용어이다.[12] 샤만이라는 단어의 어근은 알타이어의 동사 '샤ša'에서 유래하는데, 그 의미는(보통사람은 알 수 없는 문제를) '알다'라고 한다.[13] 무엇인가 일반 세속 사람들은 알 수 없는 신령들의 세계에 대한 특수한 지식을 가진 종교 전문가를 뜻한다고 본다. 그리하여 퉁구스인들은 샤만이라는 말로써 특정한 부족의 종교기능자를 뜻한다. 이들 샤만은 특별한 신령들과 친밀한 관계를 유지하는 자들로 알려져 있다. 이들은 그러므로 신령들을 불러서 제 몸에 모시고 그 신령들이 자기 몸을 통하여 인간들에게 말을 하도록 할 수 있다고 여겨진다.[14]

이러한 과제를 수행하기 위하여 샤만은 탈아경脫我境(extasy)에 몰입 한다.[15] 엄밀한 의미에서는 시베리아, 북아메리카, 중앙아시아의 토착인종들 사이에서 이상과 같은 종교적 기능을 행사하는 능력을 갖춘 사람들을 샤만이라고 한다.[16] 그러나 최근 들어 샤머니즘이라는 용어는 세계 여러 문화권 안에서 다양한 종교적 과제들을 취급하는 사람들과 그 제도에 구별 없이 마구 사용되어 오는 경향이 늘고 있다. 즉 신비가, 마술가, 주술의呪術醫(medicin-man) 등에게도 샤만이라는 호칭을 남용함으로써 혼란을 가중시키고 있다.[17]

탈아경과 함께 신들림을 의미하는 빙의憑依(possession)라는 샤만의 종교 현상은 각 민족과 샤만 각자의 개인적 기질에 따라 그 정도에 있어서 차이가 난

12) Casanowicz, I. M., *Shamanism of the Natives of Siberia. Annual Report of the Smithsonian Institution*, Washington D. C., 1924, p.419.
13) Hultkrantz, Åke, "A Definition of Shamanism", *Temenos* 9, 1973, p.27.
14) Eliade, M., "Schanamsmu", *Die Relifion in Geschichte and Gepenwart*, 3. Aufi., Bd. 5, 1961, 1386~1388.
15) D. Schröder, 1955, p.852.
16) Ibid., pp.862~865.
17) Motzki, H., *Der Schmanismus als Problem religions-wissens chaftlicher Terminollgie*, Magisterarbeit, 1974, p.132; 원광대학교 민속학연구소 편, 『샤머니즘의 현대적 이미. 제2회 국제 민속학 학술회의. 동양 샤머니즘 학자대회록』(이리 : 원광대학교, 1972), 138~146쪽.

다. 여하튼간에 순수한 샤만은 신령에 대한 종교적 체험을 한 사람들을 일컫는다. 그러나 샤만이 처한 주변 여건에 따라 조금씩 변형되기도 한다. 한 가지 예를 들자면, 한국 남부 지방에서 집안 대대로 이어지는 무당인 소위 '세습무'는 무당 개인의 소명체험 보다 무당 집안의 세습적인 전래를 더 중시한다. 샤만의 신령체험 내지 소명체험의 첫 증상은 샤만 후보자의 지속적인 정신장애와 육체적 고통이다. 한국 샤머니즘에서는 이러한 현상을 신병神病 혹은 무병巫病이라고 부른다.

이와 같은 무당이 되는 증후군(syndrome)은 샤만의 직능을 수행함으로써 차차 극복된다. 영국 여성으로 사회인류학자였던 챠플리카[18)는 이러한 무당의 신병 현상을 "북극권의 히스테리"라고 보았다. 덴마크의 인류학자 올마르크스[19)는 챠플리카의 이론을 받아서, 샤만의 강신체험내지 종교 체험을 "북극권에서 생존의 위협을 받는 생활조건으로 말미암아 희생된 현상"이라고 해석하였다. 그럼으로써 종교현상을 종교현상으로 보기 보다는 다분히 서구 우월주의적이 왜곡된 시각을 드러내 보였다.

한자문화권인 동북아시아에서는 민간신앙체계를 무巫라고 표기한다. 이 글자의 본래 뜻은 소매가 긴 옷을 입은 의례집전자인 무당이 신령들을 즐겁게 만들어 주기 위해서 춤을 추는 형상이라고 한다.[20) 엘리아데 같은 종교학자들에 의하면 한국을 위시하여 중국, 일본, 몽골 등 동북아시아의 이와 같은 신앙체계는 북만주 지역에 분포하는 퉁구스족의 종교를 대표로 하는 시베리아형의 샤머니즘에 속한다는 것이 중론이다.[21)

엄격한 의미에서 가장 순수한 형태의 샤머니즘이라고 알려진 시베리아의 샤머니즘에 비교해서 한국의 샤머니즘은 그 틀이 상당히 고정되어 있다. 그

18) Czapilcka, M. A., *Aboriginal Siberia, A Study in Social Anthropology*, Oxford, 1914, p.307.
19) Ohlmarks, Å., *Studien zum Problem des Schamanismus*, Lund-Kopenhagen, 1939.
20) 許愼, 『設問解字』[北京, 1977(reprint)], 100쪽.
21) Eliade, M., *Shamanism. Archaic Techniques of Extasy*, Bolligen Series 76, Princeton, 1964, p. 4 · 434.

중에서도 특히 남부지방의 샤머니즘은 강하게 의례화儀禮化된 모습을 보인다. 그래서 1930년대 이래 한국 샤머니즘을 연구해 온 임석재는 심지어 한국의 샤머니즘은 한국 고유의 독특한 종교 현상이라고 본다. 그러므로 한국의 샤머니즘은 시베리아의 샤머니즘과 동일시할 수 없으며, 굳이 서양말로 번역하자면 '무이즘muism이라고 표기해야한다고 주장하기까지 하였다.[22]

그러나 이와 같은 차이는 시베리아와 한반도가 가지고 있는 서로 다른 역사적 · 지리적 배경을 감안해 보아야 할 터이다. 시베리아의 샤머니즘과 다른 한국 샤머니즘의 변형은 지리 · 기후적 차이로 인한 전이와 타종교와의 교섭에 따른 편차로 봄이 타당할 것이다. 예를 들면, 세계의 시작에 대하여 말하는 창세신화의 내용도 한반도 내에서조차 그 내용 상에 있어서 상당한 편차가 있다. 예를 들면, 함경도의 '창세기'가 보여주는 북방식 '천지창조형' 신화와 경상도의 '천지순환지법'에서 볼 수 있는 한반도 남부의 '우주개벽형' 신화가 서로 다르다.

또 하나 주목해야 할 현상은 시베리아의 샤머니즘이 사양길을 걷는 반면에, 한국의 샤머니즘은 여전히 활발하게 살아있는 종교현상이라는 점이다. 한국 무당들의 전국 조직인 '대한승공경신연합회'의 통계에 따르면, 현재 전국적으로 등록된 무당의 숫자가 팔만여명에 이른다고 한다. 게다가 무당들은 점차 학력이 높아지고 평균연령은 낮아짐으로써 일종의 현대화 양상을 보인다.[23] 최근에 이르러서는 여기서 한 걸음 더 나아가 한국 무교는 제도종교로의 발돋움을 시도하는 기미마저 보인다. 각 지역 경신회 대표들이 1988년 5월 경기도 남이섬에 모여 '천우교天宇敎'의 창교를 선포하기에 이르렀고, 같은 해 11월에는 '천우교 교리서'까지 발간하였다.

역사적으로 보아도 한국의 샤머니즘은 가장 오래된 종교현상임을 부인하

---

22) Yim Suk-jay, "Introducion au Mouïsm. La Religion populaire Coréenne", *Social Compass* 25, Louvain, 1978, p.175.
23) 최남억(1994).

기 어렵다. 한국 샤머니즘의 신화적 유래를 단군신화에까지 소급하여, '단군'이라는 명칭이 고대에 하늘에 제사를 지내던 제관인 천관天官이며, 몽골어에서 하늘이나 천신天神을 뜻하는 '텡그리tengri'와 관련이 있다는 주장도 있기는 하다. 이러한 주장이 비교언어학적으로 증명되지 않아 그대로 받아들이기에는 무리가 뒤따른다 하더라도,[24] 샤머니즘이 한국 종교의 가장 오래된 형태임은 한국 고대종교를 다루는 다방면의 전문연구자들 사이에도 의견이 일치하는 분명한 사실이다.[25]

3. 샤머니즘의 종교성

고대의 국가적인 차원에서 거행되던 제천의례를 위시한 샤머니즘 의례는 점차로 가정과 마을신앙으로 전환되어 갔다. 샤머니즘 의례를 거행하는 전문가를 무당이라고 한다. 무당에 관한 여러 가지의 명칭 중에서[26] 가장 보편적인 명칭은 여자의 경우에는 무당, 남자의 경우에는 박수 혹은 박수무당이라 불린다. 무당이나 무당이 주재하는 가장 본격적인 종교의례인 굿의 명칭은 지방이나 특성에 따라 매우 다양하며, 이들은 개인이나 가정, 마을 등의 신앙에 깊은 영향을 끼친다. 순수한 한국어 개념으로 알려진 굿의 의미는 "흉하고 험한 일[兇險之事]을 물리쳐서[27] 행운을 맞아들이는 일"[28]이라고 할 수 있다.

샤머니즘의 신앙은 주로 가정이나 마을이라는 생활공동체를 기반으로 형성되고 발전한 종교라는 점에서 신앙과 마을 신앙이 그 중심을 이룬다고 할 수 있다. 그와 같이 집안 중심의 신앙과 지역공동체 중심의 신앙으로 양분될

24) 유동식, 앞의 책(1975), 34쪽.
25) 이기백, 『한국사신론』(서울 : 일조각, 재판, 1978), 17~18쪽.
26) 村山智順, 『朝鮮の巫覡』(『朝鮮總督府 調査資料』 36集, 民間信仰 第3部, 京城(서울), 1932), 19~41쪽.
27) 李能和, 『朝鮮巫俗考』, 『啓明』 19(1927), 19~41쪽.
28) Ramstedt, G. J., *Studeis in Korean Etymology*, Helsinki, 1949, p.132.

수 있는 형태들이 샤머니즘 의례에서는 대표적으로 '집굿'과 '마을굿'으로 나뉘어 진다고 본다.[29]

먼저, 가신신앙은 집안을 중심으로 하는 신앙이다. 집은 가옥과 집터를 포함하며, 조상이 대대로 살아온 곳으로서, 혈통이라는 전통이 머무는 장소이다. 그래서 집은 가문의 전통을 여는 곳이며 인간의 안락처로 상정되므로 신성시되는 장소이다. 그렇기 때문에 집을 짓는 데에도 종교의례가 따른다. 집터를 다질 때에는 토지신에게 절며, 상량할 때에는 성주신을 모신다. 집을 짓는다는 것은 그러므로 단순히 건물의 설립에 그치지 않고 신과 더불어 살아갈 신성한 공간을 만드는 것으로 간주하였다. 네덜란드에서 활동한 노르웨이 출신의 종교학자 크리스텐센에 의하면, 신성한 공간이란 신이 거주하는 장소, 신적인 힘이 자신을 드러내는 장소로서, 세계와 우주의 중심축(axis mundi)이 된다. 과거뿐만 아니라 지금도 신령이 거주하는 바로 이 장소를 통하여 인간은 무한하고 신적인 세계와 접촉하게 된다.[30]

장소에 따라 나누어 보면 집안을 수호하는 신들은 다음과 같다. 안방에는 조상신과 삼신, 마루에는 성주신, 부엌에는 조왕신, 뒷마당에는 텃대감, 출입구에는 수문신, 뒷간에는 측신, 우물에는 용신 등이 있다.[31] 굿보다 간략한 형태의 의례로서는 여러 종류의 치성이 있다.[32] 예를 들자면, 잡귀가 원인이 되어 병이 난 경우에는 인간의 잘못에 대하여 신에게 용서를 빎으로써 처병을 꾀하는 '푸닥거리'를 무당이 한다. 사안이 중대한 경우에 거행하게 되는 본격적 의례인 굿 중에서도 재수굿, 병굿, 진오귀굿 등은 가신신앙의 범주에

29) 박일영, 「한국인의 민간신앙과 종교적 심성」, 『한국전통문화와 천주교』 1(한국가톨릭문화연구원, 1995), 333~334쪽.
30) Kristensen, W. B., *The Meaning of Religion*, The Hague : Martinus Nijhof, 1971, pp.357~376; Eliade, M., *The Sacred and the Profare*, 1959. D. Schröder, "Zur Struktur des Schamanismus. Mit besonderer Berücksi chtigung des Lamaischen Gurtums", *Anthropos* 50, 1955, pp.20~65; M. Eliade, *The Myth of Eternal Return*, 1971, pp.12~17; *Patterns in Comparative Religion*, 1972, pp.375~379.
31) 김태곤, 『한국무속의 연구』(집문당, 1981), 280~285쪽.
32) 조흥윤, 앞의 책(1983), 53~54쪽.

드는 '집굿'으로 분류할 수 있다.

한 집안의 범위를 벗어나서 사람이 사는 공간은 마을이다. 집안 신앙의 확대가 바로 마을 신앙이라고 할 수 있다. 마을은 지역 수호신이 머무는 곳이기도 하지만 잡귀 잡신이 떠도는 위험한 곳이기도 하다. 마을을 지키는 수호신은 산신, 동신, 골매기(고을막이) 등으로 불린다. 대부분의 마을에서는 하나의 주신을 모시는데, 이 주신은 여러 하위 신들을 거느린다. 마을 신앙은 대개 한 마을에 한정되지만, 경우에 따라서는 마을 밖으로까지도 확대되어 마을과 마을이 합심하여 집단의례를 행하는 때도 있다. 같은 산을 중심으로 산자락에 위치한 마을들이 공동으로 행하는 의례 중에 대표적은 것으로는 음력 오월 오일을 전후하여 지내는 단오굿33)이 있다. 이 밖에도 혼례, 상례, 제례, 농경의례 등의 기회에도 마을에서 공동으로 제의가 이루어진다고 볼 수 있다. 마을에서 동제를 지낼 때는 동네를 대표하는 남자 어른이 제관이 된다. 현행 마을 단위 공동의례의 주종을 이루는 형태는 남자들이 주도하는 유교식의 제사와 여자들이 주관하는 마을굿이 병행, 절충되는 '별신제' 형식이다.34)

본격적이고 전문적인 무당이 집전하는 의례 말고도 일반인이 사제자가 되어 가정이나 마을에서 의례를 행하는 경우도 있다. 가신신앙의 의례 중 가장 간단한 방법은 '비손' 혹은 '비나리'이다. 이것은 손을 모아서 비는 의식이다. 가정무(family-shaman)기능을 하는 주부가 가족의 병을 치료하기 위하여 행하는 경우가 대부분이다. 이때 간단히 음식을 차려서 신에게 빈다. 치병 목적이 아니면서 적극적으로 집안의 풍요와 행운을 기원하는 의례로서는 고사가 있다.

가정에서 간단히 거행하는 종교의례인 '고사'를 지낼 때에는 집안의 단골 무당이 초빙되어 주례하기도 하나, 일반적으로 집안의 주부가 행하는 경우가 많다. 절기상으로는 대개 여름과 가을에 지낸다. 고사에서는 보통 시루떡, 막

---

33) 강원도 민속학회 편, 「강릉 단오제의 심층적 연구」, 제2회 강원도 민속학회 정례 학술대회, 『강원민속학』 3, 1985. 6. 7.
34) 박일영, 「무속의 제천의례」, 『이성과 신앙』 6(수원가톨릭대학, 1993), 86~89쪽.

걸리, 북어를 바치면서 '비손'을 하는 형식을 취한다. 그 중에서도 시루떡이 중심 제물을 이루는데, 그것은 고사의 기원이 본래 추수감사제의 성격을 지니기 때문이다. 오늘날에 와서는 사업 번창이나 풍어豊漁 등 고사 지내는 사람의 생활조건에 따라 그 목적이 세분화 되어 있다. 고사를 지낸 뒤에는 가신家神에게 올렸던 제물을 가족, 친지, 이웃사람들과 나누고 서로 행운을 비는 덕담을 주고받는다.[35]

한국의 샤머니즘은 외래종교와의 교섭관계 속에서 융합되는 특징을 나타낸 보인다. 그리하여 불교, 유교, 도교 등의 외래종교들로부터 형식이나 신화를 모방하여 한국 샤머니즘을 체계화시켜 나아갔다. 한편으로 한국에 들어온 불교나 유교도 샤머니즘의 종교성을 자기들의 신앙체계 안에 받아들였다. 불교 사찰 안에 산신각을 짓게 된 이유는 샤머니즘 신앙을 수용했기 때문이다. 유교제사에서 떡을 중시하는 태도는 무의를 가미한 결과라고 본다.

최근에는 샤머니즘과 그리스도교의 관계가 자주 논란의 대상이 되고 있다. 그리스도교 측에서는 한편으로 샤머니즘을 미개한 신앙형태로 단정하고 타파해야 할 대상으로 간주하는가 하면, 또 다른 한편에서는 한국의 고유한 종교 문화의 모태로 존중하고 간직해야 한다고 주장한다.[36] 무인巫人들 사이에도 사정은 엇비슷하다. 한쪽에서는 그리스도인들에 대하여 심한 적대감과 피해의식을 드러내 보이면서도 다른 한 편에서는 그리스도교적인 요소들을 샤머니즘 안에 받아들인다.[37] 예수를 한 많은 원신으로 받드는 태도 같은 것을 대표적인 예로 들 수 있다. 샤머니즘이 때로는 외래고등종교와 습합하고 때로는 멸시를 당하면서도, 한국종교사의 전체 구도 속에서 볼 때 상호 보완적인 기능을 담당해 온 것으로 보인다. 시대의 흐름을 타고 엘리트를 중심으로

35) 김성배, 『한국의 민속』(집문당, 1980); 장주근, 「가신신앙」, 『한국민속대관』 3(고려대학교, 1982), 119~125쪽.
36) 박일영, 「종교 간의 갈등과 대화, 무속과 그리스도교를 중심으로」, 『종교신학연구』 3(서강대학교, 1989), 99~124쪽.
37) 조흥윤, 『샤머니즘 전통에서 보는 그리스도교』, 『종교신학연구』 6(서강대학교, 1993), 153~172쪽.

부침을 거듭하여 온 외래종교에 맞서서 그 명운을 꾸준히 이어온 샤머니즘 안에서 바로 한국 종교성의 진솔한 모습이 가장 선명하게 발견된다.

4. 샤머니즘 속의 민주주의적 요소

이제 구체적으로 한국 샤머니즘 속에 들어있는 민주주의적 요소들을 찾아보자. 고대로부터 이 땅에 들어온 샤머니즘(神敎·불교·풍류도)은 하늘과 땅 그리고 그 사이에 들어있는 인간, 이들 우주를 구성하는 기본 삼요소인 삼재三才 사이의 질서와 조화를 통한 지상천국의 실현을 목적으로 한다. 그리고 이들 삼재 사이에서 조화를 주도하는 존재는 바로 인간이라는 인본주의 이념이다. 왕王이란 하늘, 땅, 사람(=가로획 세 개)를 하나의 법(=세로획 한개)으로 연결하는 사람이요, 무巫자의 양편에 사람 인人자 두개가 바로 춤추는 사람의 형상을 나타내는 모양이다. 천지가 사람과 더불어 질서와 조화를 이루는 광명이세光明理世의 실현이 바로 고대부터 한국 샤머니즘의 목적이고 이상이었다. 이러한 사상은 국내의 이상적인 국가 건설에 머무르지 않고, 더불어 사는 '홍익인간'이라는 국제 협조와 국제 평화 애호 사상으로까지 확대되었다. 현대 국가의 이상인 민주국가의 건설과 상통하는 요소이겠다.[38]

또한 제천祭天사라는 종교의례를 통하여 계절에 따라 정기적으로 나라 백성이 모두 한 자리에 모여 '연일주야 음주가무함으로써' 모든 인류의 공통의 조상인 하늘에 제사 지냈다는 것은 다음과 같은 의미가 들어 있다고 하겠다. 즉 천지인의 원리 속에서 인간을 평등한 존재로 이해하고 고루 조화를 추구하는 고대형 민주주의 이념이라고 말이다.[39] 이러한 제천의 전통은 조선시대 성리학이 지배 이념이 됨으로써 반민주주의적인 방향으로 선회하게 된

---

38) 장주근, 「한국 민속신앙의 사회적 역할」, 『신동아』 98(1972), 314~322쪽.
39) 유동식, 「신화와 의례에서 본 고대 한국인의 신앙 형태」, 『한국종교학』 1(1972).

다. 즉 상제上帝에 대한 제사는 중국의 천자만이 집행할 수 있다는 주장을 내세움으로써 조선의 백성은 직접 천제를 드릴 수 없게 되는 것이다. 이것이 바로 신분에 얽매어 특권층만이 모든 것을 누리는 모순과 부조리의 상황으로 전개된 역사를 보여준다.[40] 조선조 말 고종이나 대종교의 나철이 다시 천제를 드리기 시작했다는 것은 외형상 잃어버린 주권의 회복 시도라는 정치적 제스처이기 이전에 민주적 전통으로의 복귀요 인간성 회복이라 할 수 있다.

이와 더불어 다시 반추해 볼 일은 조선조 관변 기록들에서 끊임없이 제기되는 '혹세무민의 음사淫祀・음풍대행淫風大行'에 대한 비난들이다. 성리학의 경직된 이데올로기에 편향된 이들의 눈에는, 남녀노소가 한 자리에 모여 귀천의 구별 없이 의례절차를 의논하고 실천하며 공동체의 대소사를 의결함으로써 연대감을 확인하고 더 나아가 사회 변혁에 강한 영향력을 끼칠 수 있는, 민주적인 종교의례가 눈에 가시였다. 더군다나 제천의 금지로 샤머니즘은 민중 주도, 여성 주도의 성향이 가속화 된다. 그것이야말로 가부장적이고 사대주의적인 특권의식에 사로잡힌 이들에 의하여 민중의례가 음사로 매도된 속뜻이었다.

기록에 의하면, 고려시대 고종(재위 : 1213~1259)때부터 한국 샤머니즘에는 저주술이 나타난다. 종교학의 용어로는, 상대방을 축복하는 백주술과 대칭하여 흑주술이라고도 한다. 주술呪術의 힘을 빌려 상대방을 해코지하려는 술책이다. 이러한 현상을 대부분의 학자들은 한국 샤머니즘의 타락으로 본다. 그러나 필자의 견해는 다르다. 그것은 탈춤이 양반(=정치적 특권층), 승려(=종교적 특권층), 노인(=문화적 기득권층)으로 상정되는 기득권층에 대한 비판성향을 드러내는 바와 같이 저주술 역시 사회비판의식의 발로요, 표현이라고 해석된다. 사회계층의 분화와 고정화로 점점 심해지면서 분명히 드러나는 불의와 부정

---

40) Chang Yun-shik, Heavenly Beings. Men and the Shaman, Interplay Between High and Low Culture in Korean History, 『제1회 한국학 국제 학술회의 논문집』(한국정신문화연구원, 1980), 1060~1078쪽.

에 대한 분노, 그러면서도 현실적으로 이를 개혁하거나 맞대놓고 비난할 수 없는 무력감 등이 이렇게 주술 내지는 종교적인 표현을 빌려 나타나는 저항의식이라고 볼 수 있다는 말이다. 이와 같은 저주술이라는 현상 역시 민간의 종교, 민중의 종교가 기득권층만이 아니라 사회 구성원 대다수의 권익을 위하여 나서는 또 다른 방편이라고 여겨진다.

5. 굿정신 속의 민주주의

오늘날에도 여전히 한국인의 삶에 밀접한 연관을 갖고 있는 샤머니즘은 기본적으로 다신론(polytheism) 내지는 교체일신론(kathenotheism)이라고 할 수 있다.[41] 특히 가난과 고난에 억눌린 이들의 종교체험은 이른바 '원시적인' 민중종교의 특징들과 일치한다. 비합리적인 신화적 사고구조, 주술에 의한 해결 추구, 현세 위주 그리고 윤리적인 중립,[42] 이와 같은 한국인의 종교성은 한국인 자신의 기본적인 체험인 삶과 죽음, 기쁨과 슬픔, 좌절과 희망 등을 반영한다.

스리랑카의 민중불교 전문가인 피에리스A. Pieris는 이와 같은 민중종교의 종교성을 '우주적 종교성(cosmic religiosity)'이라고 명명한다. 서구 출신 인류학자들이 기술지배 이전 시대 씨족 사회의 신앙체계를 폄하하여 정령숭배(animism)라고 한 점을 비판하면서, 피에리스가 독특하게 사용하는 신조어이다. 이러한 종교성은 자연세계 내에 들어있는 초인간적인 힘에 관한 신앙에 근거를 둔다고 본다. 그 까닭은 이 신앙체계 안에서는 인간이 대자연의 요소들과 우주적인 친교를 이룸으로써 사회적 조화가 이루어지기 때문이라는 것이다. 또한이와 같은 우주적 종교성은 고등종교의 '초우주적인 종교성(meta-cosmic

---

41) J. F. Thiel, op. cit., 1984, p.151.
42) Pieris, A., *Theologie der Befreiung in Asien. Christentum im Kontext der Armut und der Religionen*, Theologie der Dritten Welt. Bd 9, Freiburg, 1986, pp.135~138.

religiosity)'과 상호보완 될 때에 '종교성을 갖춘 인간(homo religiosus)' 모두에게 건설적 의미에서 발전에 기여할 것이라고 전망한다. 이러한 종교공동체 안에서는 자연계와 사회질서가 서로 교차 하면서 자연의 요소들과의 우주적 친교를 통하여 사회의 조화가 확보된다고 한다.[43]

한국 무의巫儀를 살펴보자. 짧게는 한나절에서 길게는 여러 날에 이르기까지 굿이 진행되는 동안 모든 참석자들과 구경꾼들은 가족적인 분위기에서 풍성한 대접을 받게 된다. 일상의 식사시간이나 제의적인 '대동음복'에서 화기애애한 분위기가 이루어진다. '굿당'은 일상생활을 영위하는 장소와 비교하여 그 크기나 모양에서 별 구별 없이 친근한 장소이다. 그러한 현상은 현하 개선주의(triumphalism)에 입각하여, 민초들에게 위압감을 조장하면서, 사치와 규모의 경쟁을 벌이는 고등종교들의 종교건물 건축 현장들과 좋은 대조를 보인다. 굿의 내용은 '재앙을 쫓고 복을 부름'으로 이루어 져서 한恨을 풀고 원願을 들어주는데 적합한 듯이 보인다. 이렇게 '우주적 종교성'에서 계발된 소속감은 공동체 구성원들에게 연대적인 삶의 추진력으로 작용한다. : 공동생활, 공동식사, 삶의 갈등과 모순에 대한 공동 해소 노력 그리고 불운이나 재앙에 대한 공동대처로서 말이다.[44]

개인간이나 집단간에 커뮤니케이션이 제대로 이루어지려면, 그에 앞서서 인식의 수단과 그 전달 도구로서의 언어가 서로 간에 합치되어야 한다. 민중과 엘리트는 사고 구조나 표현 수단이 상이하므로 언어에 의한 직접 대화는 불가능에 가깝다. 계층간에 서로 다른 경험과 배경 때문에 언어를 통한 직접적인 상호소통은 이 두 집단(sub-culture)사이에 잘 이루어지지 않는다. 그런데 무당 의례에서 사용되는 언어는 그 의례를 청한 신봉자나 의례를 진행하는 무당의 실존적인 경험에 대한 집단 전승이요, 의사전달이라고 할 수 있다. 한국 종교사의 흐름에서 보더라도 지배자들은 사회비판적인 기능이 다분한 피

---

43) Ibid., pp.52~53.
44) 박일영, 앞의 글(1989), 110쪽.

지배자의 제의를 금지하지 않았을 뿐만 아니라, 어떤 의미에서는 이러한 제의들을 장려하고 함께 즐기기까지 하였다는 것을 알 수 있다.

지금도 강릉 지방 단오제에서 연희되는 '관노가면극'은 그 좋은 증좌이다. 강릉의 단오제에는 원래 탈춤이 없었는데, 그 점을 관가에서 애석히 여겨 관노官奴들을 시켜서 연희하게 한 것이 강릉의 관노 가면극이라는 것이다.[45] 이 가면극은 대사가 없는 무언극이라는 특징을 가진다. 필자의 견해로는 이 탈춤이 개사가 없이 무언으로 진행되는 이유가, 다른 지방에서와 같이 민중의 자생적인 비판의식의 발표에 의해서가 아니라, 지배자의 제도적인 강요에 의하여 마지못해 흉내를 내었기 때문은 아니었나 검증할 필요가 있다고 여겨진다.

이러한 사실은 민중의 연희라든지 제의가 다만 양반의 오락거리였다기 보다는, 민초들이 생활 현장에서 느껴온 억울한 이야기들을 풀어내는, 지배자와 피지배자간의 중요한 언로言路 구실을 했다는 것을 뜻한다. 민중 연희와 제의에서 드러나는 이와 같은 이야기들은 절실한 삶의 현장에서 생성된 담론들이고 생존을 위한 힘겨운 씨름에서 이루어진 내용들이다. 그러므로 이러한 이야기들은 단지 입으로만 설명되는 언표가 아니라, 온몸으로 증언되는 언어이다. 이와 같은 진지한 언어는 이 시대의 징표를 깨닫도록 해준다. 고난 받는 이들이 경험한 집단적인 전승의 이야기들은, 사람들이 어떻게 한스러운 고난으로부터 벗어나서 초월의 경험을 하며, 모순으로 가득 찬 세계를 어떻게 이해하고 대하며, 미래에 대하여는 어떤 꿈을 꾸는지 알려준다는 것이다.[46]

고난의 이야기들이라든가 고난의 극복으로서 한풀이와 관련한 내용들이 무의에서 감지된다. 수세기에 걸친 이들의 지혜가 여기서 드러나며, 무가·사설·신화·공수·덕담 등이 그들 고유의 언어로 전달된다. 이미 어느 정도 정

45) 강원도 민속학회, 앞의 책(1985); 장정룡, 「관노가면극의 기원과 상징」, 『강원민속학』 3(1985. 6. 7), 57~59쪽.
46) 김용복, 「메시아의 민중」, 『민중과 한국신학』(서울 : NCCK, 1982), 287~301쪽.

형화되어 있는 무가, 사설, 신화 보다는 공수와 덕담이 그 즉흥성 때문에 이들의 삶에 더욱 가깝다. 신령과 인간 사이에서 이루어지는 커뮤니케이션인 '공수'는 신으로부터 인간에게 전해지는 일방적인 신탁이 아니다. 그것은 신과 인간 사이에서마저도 대등하게, 흉·허물없이 이루어지는 민주적인 의사소통의 메카니즘이다. 특히 고난의 경험은 비극적 분위기가 주조를 이루는 공수에서 잘 드러나는 한편, 고난의 극복은 희극적 분위기로 전환된 덕담에서 구체적으로 상정된다. 고난은 극복될 수 있다는 것이 민중의 경험이다. 고난이 극복된 삶이 일종의 상징 언어로서 의례에 나타난다.[47] 심층심리학자인 이부영은 무당굿이 일정한 해피엔딩의 유형을 갖추어 진행되는 대화의 단계를 거침으로써, 상당히 효과적인 심리치료의 효능을 발휘한다고 분석한다. 신령들이 처음에는 인간들의 게으름과 무관심을 탓하다가도 결국에는 축복을 하고 불운으로부터의 보호를 약속한다는 것이다.[48] 이러한 단계를 통하여 신령들과 인간 사이에, 또 인간들 상호간에 새로이 정립된 관계가 형성된다. 그것은 특히 미래에 대한 낙관적인 조망을 통하여 이루어진다.

그러니까 굿의 분위기는 감정의 치우침 없이 희노애락이 모두 정직하게 드러나는 역설적이고 부조리한 인생과 세상의 축소판이다.[49] 이렇게 볼 때 '굿 정신'의 핵심은 갈등과 고통으로 가득 찬 세계 안에서 안전·보호·생존 등으로 표현되는 포괄적 의미의 '재수'를 확보함이라고 할 수 있다. 그것은 어떤 의미에서는 초자연적인 존재로부터 오는 총체적인 인간의 완성, 즉 구원이라는 뜻으로 이해될 수도 있다. 이러한 굿 정신은 오늘날 한국 사회에서 그리고 전 세계에 다종교 공존의 원리를 제시하는 해석학적인 틀(hermeneutic paradigme)을 제공할 수도 있다.[50]

---

47) 키스터, D., 「무당 언어의 상징성」, 『문학사상』 60(1977), 295쪽.
48) 이부영, 「한국 무속의 심리학적 고찰」, 『한국 무속의 종합적 고찰』(고려대학교 민족문화연구소, 1982), 163~164쪽.
49) Jung, C. G., "Allgemeines zur Komplextheorie," Gesammelte Werke, Bd. 8, Olten, 1971, p.116.
50) Brenneman, W., The Seeing Eye, Hermeneutical Phenomenology in the Study of Religion, The Pennsylvania State University, 1982.

6. 샤머니즘의 사회적 과제

굿에서 대표적으로 나타나는 역동적이고 우주적인 종교성은 민중의 근본
적인 태도를 잘 나타내준다. 그러나 피에리스가 말한 바대로 "현대 기술사회
는 인류에게서 우주적 종교성을 앗아가는 대신에 노이로제를 안겨주며, 종교
적 가난을 가져가는 대신 맘몬을 갖다 준다."[51] 이러한 세태를 기득권자들은
십분 활용하여 민중의 축제를 '매입'하여 자신들의 의도대로 변형시켜 민중
문화의 파괴를 꾀하게 된다. 그러한 작태는 정치지도자들이 민중의 축제에서
본래의 굿정신은 빼어버리고 껍데기의 오락적인 요소만을 박제화 하여 관광
상품(tourist attraction)으로 만드는 데에서도 드러나지만, 토착화를 운위하는 종
교 식민주의 내지 종교 제국주의의 간계도 한몫을 한다. 마치 카멜레온이 주
변의 색과 동화되어 먹이를 노리듯이, 피상적인 외모의 변화에만 급급하는
모습은 종교의 참된 정신과는 거리가 멀다.

여기에서 한국 샤머니즘의 대對사회적인 과제가 드러난다. 그것은 참다운
굿정신으로 되돌아가는 일이다. 무당굿에서 빈번히 일어나고 있는 격정의 폭
발과 감정의 유희를 자제하고 민중의 일상 경험에 충실하면서, 가족과 공동
체의 결속을 강화하고 조화를 이루는데 적극적으로 나서야 한다. 그것은 사
회의식에 투철해야 하는 다른 종교들의 경우에도 마찬가지이다. 그래서 민중
의 종교성과 기성종교들의 본래 모습이 간직하고 있는 사회의식은 상호 보완
되고 상호선교相互宣教하여야 한다.[52]

현대 종교가 가지고 있는 과제 중 하나는 서로 다른 맥락에서 형성된 다양
한 사회의 저마다 다른 경험을 받아들이는 일이다. 제각각의 맥락에 대한 인
식은 서로를 민주적으로 성장시킬 뿐만 아니라, 무엇보다 먼저 자기 자신이
처한 상황에 대한 새로운 인식 가능성을 제공하며, 고유한 자기 자신의 실체

---

51) A. Peris, op. cit., 1986, p.148.
52) R. 프리들리, 앞의 책(1898), 66~135쪽.

를 돌아보게 한다. 그렇게 할 때 현대의 종교인들은 하나의 지구촌 내치 지구
시 안에서 공동생활을 영위할 수 있는 방식을 발견할 수 있다.[53]

한국의 종교사는 어떤 의미에서 외래종교들의 '샤머니즘화 과정'이라고 할
수도 있다. 불교·유교·기독교 등 모든 '수입 종교'들은 시간이 흐르면서 샤
머니즘의 요소들을 받아들이고 있다.[54] 광범위하게 유포된 민중불교에서의
미륵신앙이라든가, 유교적 이상인 효孝를 바탕으로 한 조상숭배의 발달 등이
그 예가 되겠다. 이러한 경향은 기독교에서도 간과될 수 없다. 가톨릭교회에 들
어오는 적지 않은 사람들이 교회 전례를 굿의 한 형태로 생각한다든가, 묵주나
성수 그리고 십자고상을 비결처방이나 부적으로 여기는 경우도 있다. 개신교에
서는 성서에 대한 자유 해석을 통하여 무적으로 정향된 종파들이 생겨나는 여
지를 마련한다. 특히 구약의 예언서들이나 신약의 묵시록을 자기들 취향대로
해석함으로써 생겨난 신흥 교파들이 그 대표적인 경우이다.

한국이라는 삶의 자리에서 이제 중요한 일은 역동적인 민중의 무적으로 성
격 지어진 종교성을 어떻게 하면 사회의식의 원동력으로 전환하는가의 문제
이다. 한국 샤머니즘에서 의례적 공동식사인 '대동음복'은 생기회복 내지 희생
(revitalization)의 기능을 상징적으로 갖는다. 신과 인간, 인간과 인간 사이에 화해
의 과정을 거쳐서 한이 제거되고 연대감이 보장된 후, 인간들 상호간에 그리
고/혹은 인간과 신들 사이의 조화를 회복시키고 재생하는 것이다.[55] 수동적
이며 개인적이고 반복적인 한풀이가 능동적이고 사회 의식적이며 구조적인
해결책을 찾도록 하여야 한다. 말을 바꾸면, 끊임없는 악귀축출로서의 소모적
인 한풀이의 과정을 넘어서서 결정적인 해방과 구원의 과정을 향하여 자신을
열어야 한다는 것이다.

무당들의 원조로 여겨지는 '바리공주'에 대한 신화는 죽은 이를 위한 진오귀

---

53) Smith, W. C., *Towards a World Theology, Faith and the Comparative History of Religion*, Philadelphia
   : The Westminster Press, 1981, pp.180~194.
54) 그레이슨, 제임스 헌틀리, 강돈구 역, 『한국종교사』(민족사, 1995), 347~358쪽.
55) M. Elade, op. cit., 1954, pp.474~476.

굿에서 구송된다. 어느 왕의 일곱 번째 딸이 부모로부터 버려지는 지경(바리데기)에 이르렀다. 그러나 갖은 고초를 다 겪은 바로 이 버려진 천덕꾸러기가 저승의 불로장생약을 구해다 죽을병에 걸린 부왕의 목숨을 살려내며, 결국에는 모든 인간을 구하는 무당이 되었다는 줄거리이다.[56] 이러한 이야기의 근저에 깔린 인간적이고 종교적인 흐름은 다음과 같다. 지극히 존귀한 자가 지극히 비천한 자가 되는 인간 수난, 자기 비하의 과정을 통하여 고통을 극복하고, 고통의 극치인 죽음마저도 극복함으로써 영원히 해방되어 궁극적 자유와 평안을 얻을 수 있는 가능성을 제시하게 된다.[57]

그의 추종자임을 자부하는 무당들은 이러한 기제 속에서 자기 원형상을 획득한다는 것이다. 그럼으로써 무당은 무력한 이들의 고난과 대결하는 강력한 종교체험을 통하여 신과 인간의 중재자라는 기능을 갖게 된다. 이러한 맥락에서 볼 때 굿과 같은 샤머니즘의 제의는 한을 풀어내는 기능을 갖고 있다. 그러나 여기에서 요청되는 일은 가해자에 대한 보복이라는 악순환의 고리에 매달리지 말고, 가해자와 피해자 그리고 지배자와 민중 사이의 화해와 용서가 이루어지는 적극적인 조화의 비전을 제시하는 일이다. 한국사 안에서 지속적이고 다양한 민중 운동들과 의식 있는 종교인들의 사회참여는 이상에 언급한 사항들이 실현 가능하다는 이정표들이라고 할 수 있다.

7. 결론 : 샤머니즘과 평화의 실현

앞의 단락들에서 논의한 대로 한국에서의 올바른 해방의 실천이 종교의 테두리 안에서 이루어질 때 의식 있는 한국의 종교인들은 세계 전체의 정의와 평화의 실현, 민주주의의 구현에도 큰 몫을 담당하게 된다. 그것은 한국 샤머

---

56) 김태곤, 『한국무가집』 1(서울 : 집문당, 재판 : 1979), 60~64쪽.
57) 윤이흠, 『한국종교연구』 1(서울 : 집문당, 1986), 139~142쪽.

니즘의 본질적인 특징인 '조화'의 원리에서 드러난다. 신령과 인간 모두를 위하는 마음은 이렇게 드러난다. 모시는 신령을 예로 들어보자. 가능한 넓은 범위의 신령에 대하여 마음을 쓴다.[58] 자연과 위대한 인물들로 구성되는 정신正神, 친·외가를 포함하여 제가집 양주의 4대 조상을 모시는 조상신, 심지어는 잡귀잡신인 귀신까지도 소홀히 하지 않는 조화의 정신인 것이다. 이러한 조화의 정신은 바로 민주주의적인 사고의 틀을 보여준다.

오늘날 인류가 처한 심각하고도 신속한 변화 앞에서 제각각의 문화가 구유한 사회적이고 역사적인 경험을 서로 진지하게 수용하여야 한다. 그것은 인류 전체가 당면한 전환기의 위기를 극복하고 성숙하여 온 누리의 평화를 가져오는 첩경이 된다. 선사시대부터 한민족의 신앙체계인 샤머니즘을 비롯하여 19세기 후반기 이래 창교되고 있는 동학을 위시한 각종 민족 종교 그리고 세계종교들이 공존하고 있는 것이 한국의 종교 상황이다. 여기에서 이 땅의 종교인들은 그들 각 종교의 풍부한 유산과 잠재력을 가지고 온 누리와 온 겨레의 해방에 공헌하여야 한다.

그 중 특히 민중종교전통은 비인간화를 거슬러, 이 땅의 백성 모두가 역사의 주인공이 되는 인간화·민주화 과정을 향하여 부단히 저항해 온 전철이 있다.[59] 이와 같은 전통에서 한국의 종교들은 '지구시地球市'의 해방을 위하여 하나의 새로운 원리를 갖추어야 한다. 민중 종교성의 내면적인 힘을 바탕으로 각 종교는 상호선교의 주체로서 자기 전통을 보존하면서 동시에 자신을 피선교의 대상으로 내어줌으로써 한걸음한걸음 가까워지고, 함께 발전함으로써 세계 평화를 향하여, 온 세계의 민주화를 위하여 창조적으로 공헌하게 될 것이다.

58) 정진홍, 앞의 책(1982), 37쪽.
59) 서남동, 『두 이야기의 합류 : 민중과 한국신학』(서울 : NCCK, 1982), 237~276쪽.

호남의 당골제도와 세습무계의 활동

이경엽
목포대학교
교수

1. 세습무 연구의 현황

호남의 세습무에 대한 연구는 일인들의 무속조사로부터 시작되었다. 村山智順은 『朝鮮の巫覡』[1]에서 성무과정을 다루면서 여러 지역의 사례를 소개하고 있는데, 설문조사에 의한 자료 때문인지 자세하지는 않다. 赤松智城·秋葉隆은 『朝鮮巫俗の연구(下)』[2]에서 세습무의 가족생활이나 조직, 당골제도에 대해 소개하고 있다. 특히 신청 관련 자료 및 무당과 마을과의 관계 등에 대한 자료는 현재 조사하기 어려운 것이어서 자료적 가치가 있다.

한국인 학자에 의한 연구는 1960년대에 들어와서 이루어졌다. 특히 1968년에 이루어진 문화재관리국의 민속조사에서 본격화되었는데, 전남 나로도 당골 박신운, 거문도 김태삼, 진도 박선내 등의 무계와 굿 등이 조사되었다.[3]

---

1) 村山智順, 『朝鮮の巫覡』(朝鮮總督府, 1932).

2) 赤松智城·秋葉隆, 『朝鮮巫俗の研究』 下(朝鮮總督府, 1938).

3) 임석재·최길성, 「무속」, 『한국민속종합보고서』 전남편(문화재관리국, 1969).

그리고 전북 부안 줄포의 당골 박소녀와 성씨에 대한 조사가 있었고,[4] 전주의 당골 최문순, 전주의 성화춘, 순창의 김야무 등에 대해서도 조사가 이루어졌다.[5] 그리고 김태곤에 의해 무가 조사와 관련해 세습무 조사가 이루어지기도 했다.[6]

이런 현지조사를 바탕으로 무계 전승과 그 분화 변천 등에 대한 고찰도 이루어졌다.[7] 김태곤은 당골 무계가 부계 계승 체계를 갖고 있다고 하였으며, 최길성은 무녀의 역할을 중시하여 고부 전승형으로 분류하였다. 또한 세습무의 성립에 대해서, 김태곤은 무巫의 영적 카리스마를 통한 사회적 정착과 사제권의 세습 과정을 거쳐 당골 무계가 성립된 것으로 보았고, 최길성은 당골이 무당[shaman]보다 선재적先在的이며 동제나 가정신앙과도 일치하여 다른 무유형보다 한국적이라고 하였다. 이들의 논의는 일인 학자들의 보고서에서 '부계적 무직巫職 계승' 또는 '모계적 무직 계승' 등으로 언급되던 사항을 이론화한 것이고, 이후의 작업에서 보다 구체적으로 다뤄지지만[8] 쟁점이 포괄적으로 정리되지는 않았다.

그리고 이어지는 무속 조사·연구에서도 세습무에 대한 관심은 지속되었다. 이는 세습무 문제가 호남지역 무속 연구에서 가장 기본적이고 핵심적인 사항이라는 것과 관련이 있을 것이다. 장주근은 세습무 활동이 판소리 전승과 밀접한 상관이 있다는 점을 주목하고 거문도의 김씨 가계와 나로도 오씨 가계를 다루었다.[9] 또한 이두현은 당골무와 대장장이의 관련성에 대해 논하기도 했

---

4) 임석재, 『줄포무악』(문화재관리국, 1970).

5) 최길성, 「무속신앙」, 『한국민속종합보고서』 전북편(문화재관리국, 1980).

6) 김태곤, 『한국무가집』 1(원광대 민속학연구소, 1971).

7) 김태곤, 「한국무계의 분화변천 – 강신영감무계와 세습사제무계의 분화 원인을 중심으로 –」, 『한국민속학』 1호(민속학회, 1969); 최길성, 「무계전승고」, 『한국민속학』 1호(민속학회, 1969).

8) 최길성, 『한국무속의 연구』(아세아문화사, 1978); 「호남지역의 당골제도」, 『전라도 썻김굿』(열화당, 1985); 김태곤, 『한국무속연구』(집문당, 1981); 「전남의 무속」, 『전남의 문화와 예술』(전라남도, 1986).

9) 장주근, 「단골과 광대」, 『한국의 향토신앙』(을유문화사, 1975); 「호남의 세습무와 판소리」, 『전남의 문화와 예술』(전라남도, 1986).

다.[10] 당골 생활사에 대해서는, 진도 당골의 생활과 무계를 소개한 박주언의 작업이 두드러진다.[11] 그는 채씨자매(채자네, 채문굴, 채정례), 이완순, 김화용 등의 사례를 소개하고, 진도의 대표적 무계인 채씨 무계, 박씨 무계 등에 대해 자세히 다루고 있다. 그리고 이경엽은 신안 장산도의 이씨 무계, 진씨무계, 순천의 김씨 무계, 이씨 무계, 화순 능주의 조씨 무계 등을 조사하고 세습무계의 특징을 개괄하였으며,[12] 김성식은 기존 자료와 현지조사를 토대로 전북 군산의 김봉순, 비안도 윤말례, 정읍 전금순 등에 대해 정리하였다.[13]

이처럼 호남의 세습무는 지속적인 관심의 대상이었다. 그렇지만 세습무를 천시하는 사회적 분위기 때문에 깊이 있는 조사가 어렵고, 더욱이 세습무 전승이 급격히 약화되고 있는 추세여서 앞으로 기존 자료를 새롭게 대신할 조사가 이루어질 수 있을지 장담하기 어렵다. 호남의 세습무는 노령화되고 있고 숫자도 급감하고 있다. 전북의 경우, 현재 남아 있는 세습무가 2~3가家 정도인 것으로 알려져 있고, 전남의 경우는 25~30집 이상이 남아 있는 것으로 추정되지만 정확한 현황이 파악되어 있지 않다. 이런 상황은 조사를 어렵게 하지만 한편으로 조사·연구의 시급성과 당위성을 말해주기도 한다.

호남의 세습무에 대한 연구는 이른 시기부터 이루어진 편이나, 쟁점에 대한 정리나 분석이 없이 신분 및 제도적 특이성 등에 대한 개론적인 언급이 반복된 경향이 있다. 일정 수준 이상의 조사가 이루어지기 어렵고 새로운 자료의 확보가 쉽지 않다는 현실과 상관있지만, 연구의 진전을 위해서는 새로운 점검과 반성이 필요하다고 할 수 있다. 이 글에서는 기존 논의를 포함해 쟁점에 대한 몇 가지 분석을 해보고, 더불어 세습무의 사회적 기반과 굿의 진

10) 이두현, 「단골무와 治匠」, 『한국무속과 연희』(서울대출판부, 1996).
11) 박주언·정종수, 「단골의 생활과 무계」, 『진도무속의 현지조사』(국립민속박물관, 1988); 「진도의 무속」(1)~(15), 『예향진도』 5호~22호(진도문화원, 1985~1991).
12) 이경엽, 「장산도의 무속」, 『남도민속연구』 3(남도민속학회, 1995); 「무속신앙」, 『전라남도지』 19권(전라남도, 1995); 「무와 무의식」, 『화순군의 민속과 축제』(남도민속학회, 1998); 『씻김굿무가』(박이정, 2000); 「전라도굿」, 『한국의 굿』(민속원, 2002).
13) 『전북의 무가』(전라북도립국악원, 2000).

정성, 변화된 무속환경과의 대비, 세습무계와 민속예술 전승의 상관성 등에 대해 살펴보려고 한다.

2. 세습무와 접쟁이

　일반적으로 세습무는 강신무와 대응되는 관점에서 논의된다. 무당의 성무成巫 과정을 기준으로 삼아 흔히 세습무와 강신무로 가르고 그 분포 지역도 중부 이남의 세습무권과 이북의 강신무권으로 나누는데, 호남의 당골은 동해안·경남 남해안의 무당 및 제주도 심방과 함께 세습무권의 전형적인 특징이 나타나는 것으로 설명된다.[14]

　세습무들은 대개 부부가 짝을 이루거나 가족·친족들이 모여 굿을 하는데, 남무男巫와 여무女巫는 각각 호칭이 다르고 역할도 차이가 있다. 남무는 흔히 '고인鼓人'이라고 부르고, 여무는 '당골'[15) 또는 '당골네'라고 부른다. 당골이란 말은 세습무에 대한 일반 명칭으로도 사용되는데, 주로 그들을 낮춰 부르는 의미로 사용돼온 경향이 있다. 고인은 무악巫樂을 맡고, 또한 굿에 필요한 소도구를 만든다. 또한 이들 중에서 가창이나 기악이 뛰어난 사람은 소리꾼이나 연주자가 되기도 했으며, 기예가 뛰어난 사람은 땅재주나 줄타기를 익혀 광대로 업을 삼기도 했다. 그리고 당골네는 무가와 춤 등을 익혀 굿을 직접 집전하는 사제자 역할을 한다. 굿의 대부분의 절차를 당골이 진행하는 만큼 그 역할이나 비중이 매우 크다고 할 수 있다.

　호남의 무속은 이러한 세습무가 주류를 이루고 있다. 이들은 강신 체험이나 무병 등과 상관없이 가계에 따라 무당 신분이 계승되고 학습을 통해 기예

---

14) 세 지역 세습무는 비슷하면서도 차이점을 보인다. 특히 제주도의 심방은 영적 요소를 지니고 있다는 점에서 구별된다. 김태곤, 「한국 무계의 분화변천」, 『무속신앙』(교문사), 343~344쪽 참고.
15) 서울 경기에서는 신도를 지칭하지만 호남지역에서는 세습무를 지칭한다. 이 지역에서는 '단골'보다는 '당골'이라고 발음하는 경우가 많기 때문에 그대로 따르기로 한다.

를 익혀 무업을 잇게 된다.16) 세습무는 세습에 의해서 인위적으로 무당이 되기 때문에 영력과 관련 없는 의례를 집행한다. 세습무는 신을 모시는 신단이 없고 강신 체험과 무관한 굿을 하지만, 강신무는 강신 체험과 신을 봉안한 신단 그리고 신의 영력에 의해 진행되는 제의의 일원화를 보인다.17) 또한 굿을 하는 구체적인 방법에서도 차이를 보인다. 강신무가 영력 과시와 신들림을 중시하는 것에 비해, 세습무는 제의적 행위나 춤, 노래 등을 통해 신을 즐겁게 하고 신에게 인간의 소원을 빌어 준다. 그리고 굿거리에 따라 무복을 갈아 입지 않고, 곡예나 묘기 같은 특별한 시각적 볼거리가 제공되지 않으며, 신의 입장에게 내리는 공수도 없다. 대신 세습무는 음악성 높은 무가나 풍부한 사설, 제의적 행위, 춤 등을 통해 의례를 집행한다. 이런 까닭에 세습무권에서는 작두타기 같은 신기한 묘기를 보이거나 공수를 주는 굿을 볼 만하다고 여기지 않는다. 그보다는 목이 좋아 소리를 잘하고 덕담의 내용이 풍부하며 멋들어진 춤을 추는 무를 훌륭한 무당이라고 여기고 그 굿도 재미있는 굿이라고 간주한다.

호남에서는 이러한 세습무가 정통무로 인정받아 왔다. 하지만 세습무만이 유일한 존재가 아니다. 호남지역에는 세습무와 다른 유형으로 강신무 계열의 점쟁이도 있다. 이외에 독경쟁이도 있고, 일반인들 중에서 물림게질18)이나 주장맥이19)를 하는 경우도 있다. 세습무의 위상은 이들과의 관계 속에서 살펴 볼 수 있다. 그런데 이들 중에서 점쟁이가 전문적인 종사자이고 나머지는 일반인이므로 당골과 점쟁이의 대비가 필요하다.

호남지역 점쟁이들은 신과의 교류를 드러내는 종교적인 장치를 설치하는

---

16) 한편 강신무 가족 중에 무당이 거듭 배출되는 경우가 있고, 어떤 경우 조상의 '내림'에 의해 무당이 되었음을 강조하기도 한다. 하지만 이것을 사제권의 세습으로 볼 수는 없고 세습무와 굳이 견준다면 '영적 세습'의 한 현상으로 보는 게 적절할 것 같다.

17) 김태곤, 앞의 책(1981), 401쪽.

18) 객귀가 붙어 병이 생겼을 때 '물림게질' 또는 '객귀물림'을 한다. 주언(呪言)을 하고 식칼로 위협하고 던지는 방식으로 객귀를 물린다.

19) 상가 등에 갔다가 '주장'을 맞아 아픈 환자에게 행하는 주술적 치료.

데, 집 앞에 신대를 세워놓고, 집 안에는 신단을 설치하고서 무업을 한다. 이들은 대개 '점쟁이'라고 불리며 흔히 남무는 법사라고 하고, 여무는 보살이라고 호칭한다. 그런데 이들은 '점쟁이'라는 이름에서 보듯이 본래 굿을 집전하는 존재가 아니기 때문에 정통 사제무라고 할 수는 없다. 전통적으로 이들은 문복問卜이나 문점問占, 독경讀經과 같은 일들을 담당했고 본격적인 굿은 하지 않았다. 호남지역에서 강신무는 본래 점을 치는 것이 주 임무였고 굿은 세습무가 전담했던 것이다. 주민들도 당골과 점쟁이의 역할 구분을 인지하고 그에 따른 주문을 한다.

이러한 세습무와 점쟁이는 서로 적대자이자 상보자의 관계를 형성해왔다. 당골은 당골대로, 신이 내려 점상을 받는 점쟁이는 또 그들대로 긍지를 가졌고, 따라서 나름대로의 입지를 마련하기 위해 보이지 않는 대결을 보여 왔다. 현재는 세습무의 수가 워낙 줄어들었고, 또한 그 조직력이 약화되어 영역 구분이 의미 없게 되었지만, 세습무가 우세하던 과거에는 점쟁이는 점을 치는 일이나 간단한 비손밖에는 하지 못했다.

한편 당골과 점쟁이의 역할에 대한 분명한 구분이 있지만 경우에 따라서는 상보적인 관계를 형성하기도 했다. 만약 어떤 사람에게 신이 내려 신병을 앓게 되면 그에게 필요한 내림굿은 대개 세습무가 해준다. 내림굿은 입무의례入巫儀禮에 해당하는데, 당골이 종교적으로 우위에 있는 입장에서 점쟁이의 입문을 돕게 되는 것이다. 점쟁이의 경우도 역시 당골을 돕는데, 예를 들어 점을 치러 온 사람에게 굿을 하도록 종용을 해서 당골의 굿이 이루어지도록 하며, 때로는 점쟁이가 특정 당골을 지정하기도 한다.

과거에는 당골들의 활동이 주류를 이루었으나 최근에는 점쟁이들이 굿을 배워 하는 경우가 많다. 세습무가 점차 줄어든 데 따른 공백을 점쟁이들이 메꾸어 굿을 하는 경우가 많아지고 있고, 수요자들도 강신무의 신들림이나 공수 등을 선호하는 경향을 보이고 있다. 점쟁이의 굿은 일정한 정형성을 갖기보다, 굿 도중에 망자나 조상신의 혼을 받아 공수하는 과정이 중요시된다. 때문에 세습무굿의 진중함이나 의례성, 예술성 등은 보이지 않고, 촉급한 장단에 의한 엑스타시와 신들림 등이 특징적으로 나타난다. 그리고 진도 송순단 무녀처럼 점쟁이가 세습무굿을 학습해서 활동하는 경우도 있으나, 대개는 비슷하게 모방하는 경우에 그치고 촉급한 장단에 의한 신들림이 강조되는 현상을 보인다.

3. 세습무계와 당골판

호남의 당골은 사제권의 세습을 통해 무업을 전승하고 일정한 활동 구역을 토대로 굿을 해왔다. 사제권의 세습과 당골판이라는 제도적 장치를 통해 무업을 전승해온 것이다. 이런 점에서 세습무계와 당골판은 무속 전승의 중요한 두 축이라고 할 수 있다.

1) 세습무계와 통혼권

전통적으로 세습무는 천민의 대명사일 정도로 천시의 경향이 심했다. 얼마 전까지만 해도 일반인과 신분상으로 다른 존재라고 여겨 일상적으로 하대를 받았다. 이는 봉건시대 신분 체계의 잔존일 것인데 그것이 근래까지도 지속되어 무계 출신들은 '당골'이라는 이름으로 특정화되어 일반인보다 사회적 지위가 낮은 것으로 간주되었다. 그리고 그 당사자뿐만 아니라 자식 대에까지 적용되어 소위 '당골네 자식'으로 하대받았다. 이 같은 관념은 지금까지도 남아 있을 만큼 뿌리 깊은 것이다.

세습무를 하대하던 관행은 무계끼리의 통혼을 낳았다. 일반인이 당골과 혼인하는 것을 꺼려했기 때문에 같은 계통의 사람들끼리 통혼이 이루어졌던 것이다.[20] 현재 활동 중인 세습무들은 대개 이런 식의 통혼을 했던 것으로 파악된다.[21] 그런데 사회적 하대 때문만이 아니라 같은 계통, 곧 '동관同關' 끼리 혼인하는 것이 무업 승계에 유리하기 때문에 세습무계 간의 통혼이 이루어졌다고 볼 수 있다. 짜임새 있는 굿의 체계나 악기 연주, 사설 등의 학습은 일반인이 쉽게 따라하기 어려운 것이므로 기예를 갖춘 '예술가' 집안의 후예가 계승하는 것이 자연스러웠던 것이다. 세습무계는 이러한 혼인을 통해 재생산되어 왔다고 할 수 있다.

이렇듯 혼인은 무의 신분, 무업의 가계 전승을 가능하게 하는 중요한 요인으로 작용해왔다. 세습무 집안끼리 혼인하여 여자는 굿을 배우고, 남자는 굿음악을 반주하는 악사로서의 기예를 닦았다. 이렇게 해서 무녀(당골)와 악사(고인)라는 독립된 사제자 집단의 재생산이 이루어지고 무계 계승이 이루어졌던 것이다.

당골의 무계 계승은 아버지에서 아들로, 그리고 시어머니에서 며느리로 이어지게 된다. 그런데 견해에 따라 그 계승 원리는 다르게 설명되고 있다. 무권巫權의 상속을 강조하는가 또는 사제권의 승계를 강조하는가에 따라 크게 두 가지 이견을 보여준다.

김태곤은 무권의 계승이 남자 편에 있다는 점을 강조하였다. 당골은 당골판이 있어야 활동할 수 있는데, 그 권한이 부계를 따라 아들에게 인계되어 순환 계승되고 있으므로 부계계승 체계에 따라 승계되는 것이라고 하였다. 강신무처럼 관할 구역이 따로 없는 경우에는 결혼을 통한 권한의 상속이 전제되지 않지만, 당골은 무 권한 계승자와 부부가 되어야 그 권한을 확보할 수 있기 때문에 여자 편에서 본다면 결혼이 그것을 얻을 수 있는 전제 조건이 된다고 하였다. 당골판을 포함한 일체의 권한이 부계를 따라 상속되고, 여자

---

20) 이 때문에 신분적으로 특수한 당골 사회를 이루게 되었다. 이들은 집단 내에서만 사용하는 은어를 통해 의사소통을 하는 경우가 많은데, 신분적 특수성에서 비롯된 것이라고 할 수 있다. 당골은어는 신체·복식에 관한 것, 음식·짐승에 관한 것, 무압·악기에 관한 것, 인칭에 관한 것 등이 있다. 이경엽, 앞의 책(2000), 38~41쪽.

21) 그렇지만 젊은 세대에서는 비무계와의 통혼이 늘어나고 있고, 근래에는 그 체제 자체가 무의미하게 되었다[조정규, 「진도 단골의 공간구조에 관한 연구」(전남대 석사논문, 1992), 44쪽 참고].

는 그 권한의 상속자인 남자와 결혼함으로써 무 권한을 대행하는 형식을 갖게 된다는 것이다. 이런 점에서 당골의 무계 계승은 철저히 부계계승 체계라고 하였다.[22]

이에 비해, 赤松智城·秋葉隆은 당골의 비중과 역할을 주목하였다. 赤松과 秋葉은, 무부의 무악 반주가 굿에서 보조적인 행위이지만 무녀의 행위는 본질적인 지위를 갖는다고 하고 무직巫職 계승의 모권적 경향을 설명하였다. 그렇지만 무계 자체는 부계적 계승이고, 무녀의 기능이 '종교적 모계' 또는 의제적 모계擬制的 母系를 보인다고 하였다.[23] 최길성 역시 비슷한 견해를 보인다. 그는 서울지역 강신무가 모녀전승[신딸전승]인 것에 비해 호남 당골은 고부전승형姑婦傳承型이라고 보았다. 시집살이를 통해 며느리가 시어머니의 무업을 계승한다는 것이다. 그런데 그 역시 결혼에 의한 세습이 전제된다고 보아 무계는 부계전승형이라고 하였다.[24]

이들 논의는 서로 다르지만 강조점에 따른 차이이므로 큰 쟁점이 되지는 않는다. 부계 계승을 전제로 한다는 점에서 같고, 다만 무녀의 직능에 대한 논의에서 입장차를 보인다고 할 수 있다. 그런데 부계로 이어지는 무업의 권한과 굿을 집전하는 사제권을 구별해야 하므로 당골의 무계 전승을 부계라고 말하는 것은 논란이 될 수 있다. 특히 호남 무속의 핵심이 무녀의 직능에 있다는 점을 소홀히 할 수 없다. 이런 점을 고려하여 당골 무계의 전승 원리를 정리할 필요가 있다. 곧, 여자가 혼인을 하여 부계출계집단父系出系集團의 일원이 되는 것이 계기가 되어 당골의 직업을 갖게 된다는 점과 당골이 시어머니의 무업을 계승한다는 점을 종합하여 당골의 계승방식을 부가계내 고부계승 父家系內 姑婦繼承이라고 하는 것이 적절할 것 같다.

한편 세습무계의 전승 문제는 역사적으로 볼 때 다른 방식을 생각해 볼 수

---

22) 김태곤, 앞의 글(1986), 502~507쪽.
23) 赤松智城·秋葉隆, 심우성 역, 『조선무속의 연구』(동문선, 1991), 260~266쪽.
24) 최길성, 「무계전승고」, 『무속신앙』(교문사, 1989), 134~135쪽.

있다. 부계나 고부 관계로 이어지는 승계 방식은 조선후기 이후에 성립되었을 것으로 보인다. 부계 중심의 질서가 정착되기 이전에는 이와는 다른 계승 방식이 있었을 가능성이 있다. 조선 중·후기를 거치면서 부계 중심의 가족제도가 구축되었고 그 이전에는 남자가 처가에 들어가 사는 남귀여가혼男歸女家婚이 일반적이었으므로, 무계의 계승 방식도 이와 관련 있었을 것으로 보인다.

몇몇 사례를 보아도 이런 추정이 가능하다. 신안 장산도 이씨 무계의 경우 비무계인 8대조가 흑산도의 당골 집안에 들어가 살면서부터 무계가 성립되었다고 하고, 안좌도 진씨 무계도 조부가 당골 처녀집에 들어가 살면서 무계가 성립되었다고 한다.[25] 또한 순천 김씨 무계도 비슷한데, 비무계의 남자가 당골가의 처녀집에 들어가 살면서 무업을 하게 되었다고 한다.[26] 이것을 보면 여자집을 중심으로 무계가 이어져 왔던 모습을 볼 수 있고, 여자 집안의 비중이 지금보다 상당히 컸던 것으로 짐작된다. 참고로 동해안의 세습무계인 김석출(1922~)가의 경우 조부 김천득이 본래 무계 출신이 아닌데 영일의 세습무녀 이옥분과 결혼하여 굿을 하게 되면서부터 무계가 성립되었다고 한다.[27] 호남의 사례가 아니지만 같은 세습무계라는 점에서 참고가 된다.

또한 전북 선유도의 당집 '오룡묘'을 지키는 세습무녀를 '당오매'라고 하는데, 마지막 당오매였던 최오목니는 어머니 정씨에게 그 지위를 물려받아 무업을 했다고 한다.[28] 이는 친정어머니로부터 사제권을 승계받아 전승하고 있는 사례라고 할 수 있다. 한편 이와 관련된 기록으로 무업에 대한 직접적인 기록은 아니나, 조선시대 악공을 선발하는 기록에 '무녀巫女의 자질'을 언급하는 대목이 자주 나오는데[29] '무부巫夫의 자질'이라고 하는 것과 다른 의미를 지닌 표현일 것으로 짐작된다. 자료가 충분치 않아 일반화하기는 어렵지

---

25) 이경엽, 앞의 글(1995), 104~109쪽.
26) 이경엽, 앞의 책(2000), 30쪽.
27) 최길성, 『한국무속지』 1(아세아문화사, 1992), 142쪽.
28) 서흥관, 「고군산군도의 굿」, 『남민』(지양사, 1985), 72~74쪽.
29) 『세종실록』 11년 3월 22일(무진) 참고.

만 부계 계승과는 다른 양상인 것은 분명하다.

그리고 무녀의 학습 과정에서 친정어머니나 이모 등 모계에서 수업을 받았다는 사례가 상당수 발견되는데, 모계적 계승의 흔적일 가능성도 있다. 진도의 박선내 무녀의 경우 10세 때부터 친정어머니로부터 무가 공부를 했다고 하며, 고창의 배성녀 무녀도 12세부터 모친에게 무가를 배웠다고 한다. 무속 조사의 초기 단계에서 파악된 이들 무녀들의 사례는 무계 계승의 역사적 변천의 한 양상과 관련된 것으로 여겨진다. 무계 계승 방식의 역사적 변천에 대한 논의가 더 필요하다고 하겠다.

여하튼 세습무계는 통혼에 의해 성립되고 유지되었다. 그리고 이는 무계마다 약간씩 다른 전통을 유지하게 하는 기반이 되었던 것으로 보인다. 호남의 경우 무가권이 분명히 나누어지지 않을 만큼 지역적으로 다양성을 지니고 있는 것으로 평가되는데 이 때문에 세분화된 하위 무가권의 구획이 필요하다는 논의가 있었다.[30] 그리고 이와 관련하여 당골판을 그 배경으로 거론하기도 했다.[31] 그런데 호남지역 무가의 다양성은 당골판보다는 세습무계와 관련된 것으로 보는 것이 옳을 듯하다. 일정한 통혼권을 바탕으로 당골의 재생산이 이루어지고 그로 인한 친족 관계 속에서 무가 학습과 전승이 이루어지는 까닭에 무계별로 굿의 전통이 유지되는 것이라고 할 수 있다. 이에 비해 당골판은 마을 또는 몇 개의 마을이라는 미시적 단위이고 그 단위가 무가 전승에 직접적으로 작용하지 않기 때문에 분포권과 관련되지 않는다.

세습무계의 통혼은 일정한 권역 안에서 이루어졌다. 예를 들어 전남 신안 지역 세습무의 통혼권은 신안군 내의 다른 섬들과 진도, 해남, 영암 등지이다. 신안에서 활동했거나 하고 있는 세습무 그리고 인근 진도 세습무들의 통혼 사례를 통해 그것을 알 수 있다. 그리고 진도지역 세습무들도 진도 내와 신안, 해남, 영암 간의 통혼이 주를 이루는 것으로 나타난다.[32] 더불어 이들이

---

30) 이경엽, 『무가문학연구』(박이정, 1998), 108~109쪽.
31) 홍태한, 「무가의 전승 주체」(한국민속학회 동계학술대회, 2002. 2).

거주지를 옮길 때 위의 친인척 연고를 찾아 이동하는데, 거주지 이동 역시 통혼권의 범위와 깊은 관련이 있는 것으로 여겨진다. 이런 통혼권의 범위는 일반인들의 그것보다 넓다고 할 수 있다. 이는 무계의 통혼이 특정한 계기와 조건이 작용하여 이루어지는 까닭에 일반인들보다 넓은 권역을 이루는 것이라고 할 수 있다.

이와 같은 통혼권은 굿의 전승 환경을 조성하고 유지하는 기본 조건이 되었을 것이다. 굿 전통의 동질성이 유지되면서 전승될 수 있는 토대가 되었던 것이다. 이렇게 볼 때 같은 통혼권에 속하는 신안·진도·해남·영암은 동일 무속권이라고 할 수 있을 것이다.

같은 세습무라 할지라도 권역을 벗어난 먼 지역과의 통혼은 사례를 보기 힘들다. 통혼권으로 본다면, 담양·화순·옥과, 그리고 곡성·순창이 권역을 이루고, 동남부 쪽으로는 순천·보성·광양, 그리고 여수·고흥이 권역을 이루고 있음을 보게 된다. 이들 지역은 약간씩 넘나들기도 하지만 대개 이들 지역끼리 통혼 사례가 많이 발견된다. 이렇게 보아, 소위 시나위권이라고 부르는 세습무권 또는 호남 무속권 안에서도 이런 식으로 하위의 무속권이 존재했던 것으로 추정된다. 그리고 이런 무속권 내에서 근친성이 강한 굿 전통이 교류되고 유지되어 왔던 것으로 여겨진다.

2) 당골판과 세습무의 활동

당골판은 일정 구역에서 특정 당골만이 무의巫儀를 할 수 있다는 무당들의 내규內規다. 이 내규는 철저하게 지켜졌는데, 만약 이러한 규율을 어기는 사람은 당골 집단으로부터 호된 벌칙을 받았다고 한다. 그리고 당골판의 특징 중

---

32) 특히 진도와 신안 간의 통혼이 상당히 빈번하게 이루어진 것으로 보인다. 예를 들어 진도군 임회면 한씨 가계를 보면 신안 흑산도와 통혼이 세 차례나 발견된다(이종철 외, 『진도무속현지조사』, 156쪽 참고).

의 하나는 이권과 관련되어 매매나 전세가 가능하다는 것이다. 과거에는 마을마다 당골이 있어서 자기가 맡고 있는 지역에 대해서는 종교적 특권을 가지고 있었기 때문에, 그 특권과 더불어 무의 생계와 관련된 무권을 재산화하여 매매를 하였던 것이다.

당골판 단위는 대개 마을이라는 지연집단이거나 동일 성씨 단위로 이루어진다. 그런데 후자의 경우 진도와 같은 몇몇 지역에서 발견될 뿐 사례가 많지 않다. 세습무는 당골판이 없을 경우 활동이 불가능했으므로 부모로부터 물려받거나 구입하고 임대하는 방법으로 당골판을 확보하였다. 규모는, 대개 5~6개 마을에서 10여 개 이상, 호수도 보통 500호 내외에서 1500호 내외까지 다양했다.

당골판은 호남지역 무속의 특징적인 제도라고 할 수 있다. 그런데 과거에는 다른 세습무권에도 이런 제도가 있었을 가능성도 있다. 동해안별신굿 보유자 김석출에 의하면 부산지역에도 1960년경까지 구역제區域制가 있어 '단골집 동냥'을 다녔다고 한다.[33] 그리고 경기도 재인청 문서에는 '다른 무당의 단가檀家'에서 굿하는 것을 금하는 규정이 있는데,[34] 이로 보아 당골판에서와 비슷한 규제가 있었던 것으로 보인다. 이와 같은 당골판 관행은 호남지역에서 구체적으로 확인된다.

당골판과 관련해서 당골은 자기가 맡고 있는 지역의 신도들에게서 전곡錢穀을 받게 된다. 이는 평소 간단한 무의를 무보수로 해주기 때문에 그에 대한 보수를 한꺼번에 해주는 것이라고 할 수 있다. 이를 '양동'[35] 또는 '받거지', '도부' 등으로 부르는데 여름이면 보리, 가을이면 나락을 받았다. 당골은 가마니를 들고 집집을 방문하여 '양동'을 하고, 고마운 뜻에서 떡을 해서 두세 개씩 돌리기도 했다. 각 가정 단위로 주는 전곡은 어떤 강제성을 띠는 것도

33) 김태곤, 앞의 책, 112~113쪽.
34) 赤松智城·秋葉隆, 앞의 책, 284쪽.
35) 동냥의 어순을 뒤집은 당골 은어다.

아니며, 그 양이 애초부터 결정되어 있는 것도 아니다. 공여자의 사정에 따라서 부담을 하는 것이 통례였다.

이런 경제적 공여 댓가로 당골은 수시로 종교적 의례를 베풀어 주었다.

> 댕기기를 문턱 닳도록 댕겼어. 애기 막 나서 가제, 갓난이 때 가제, 이레마다 가제, 또 생일에 가제 또 자식 여운다고 가제. 밥 먹고 똥쌀 시간이 없이 댕겼어.[36]

위의 표현과 같이 당골의 의례는 일상적으로 이루어졌다. 정월이면 도신이나 안택굿을 해주고, 산고가 들었을 때는 삼신제왕풀이를 해주고, 자녀의 결혼이 있을 때에는 살맥이와 같은 의례들을 제공하였다. '양동'은 이런 의례에 대한 대가라고 할 수 있다. 즉, 당골의 의례적 봉사와 신도들의 경제적 부양이 상보적 관계 속에서 이루어졌던 것이다.

한편 당골판이 당골과 주민과의 개별적 관계의 총합이라고도 할 수 있으나 어떤 경우는 마을과 직접적인 관련을 맺기도 했다. 곧 마을 단위의 일을 수행하기 위한 '마을 당골'의 역할을 담당하기도 했던 것이다. 그 동안에는 주민들과의 개별 관계에서 이루어지는 관행만이 논의되었으나 공동체 차원의 관계 역시 주목해야 한다. 이런 사례는 일인들의 보고서에서도 확인된다.

> 전남 해남군 옥천면의 경우, 무(巫)가 개별적으로 단골집을 정한다기보다 마을민이 재앙을 없애고 복을 부를 필요가 있을 때 단골무당을 두는 풍습이 있는 곳이었다. 무는 자기 소속 마을 이외에서는 무사를 행하지 못한다. ······ 그 생활비는 당연히 단골집이 공동으로 지급하고 봄가을에 농산물을 준다. 그 외에 무가(巫家)의 개축·수선의 경우도 단골집 공동 부담으로 하므로, 이러한

---

36) 2001.11.23. 신안군 비금면 한산리 현지조사. 안복단, 유점자 무녀와 대담.

경우 마을에서는 그 단골무당은 집집의 단골무당일 뿐만 아니라 마을의 단골 무당이라야만 한다.[37)

이와 같은 경우 당골은 마을의 신당에서 제사를 지내는데, 이 무당을 '당주무堂主巫', '도무녀都巫女', '대동단골大洞丹骨' 등으로 칭한다고 한다. 이는 각주 28의 선유도 '당오매'의 경우와 비슷한 설명이기도 하다. 이와 유사한 다른 경우로 남원 송동면 세전리에서는 마을 소유 전답의 경작권을 당골에게 주고 상여소리나 마을의 크고 작은 행사를 맡겼다고 하는데,[38) 마을 공동체의 전속 당골과 관련된 사례라는 점에서 비슷하다고 할 수 있다.

이처럼 당골들은 일정한 구역을 전담하는 당골판을 갖고 활동을 했는데, 이들은 개인 단위의 씻김굿뿐만 아니라 공동체 단위의 축제나 놀이, 세시 행사 등에서도 일정한 역할을 하였다. 지금까지 호남지역 굿은 대개 씻김굿 위주로만 소개되고, 또 공동체굿의 전승이 약화되면서 전모를 파악하기 어렵게 돼버렸지만 당골들이 공동체 행사에서 중요한 역할을 담당했던 것은 분명하다. 화순 능주에서는 세습무들이 신청神廳을 조직하여 활동하면서 '학당산'에서의 고을굿과 고을의 각종 행사에서 삼현육각을 연주했다. 또한 곡성 옥과의 성황당은 1950~1960년대 무렵까지도 존속하였는데, 성황당의 관리와 제의를 세습무인 한씨 일가가 맡았다고 한다. 순천에서는 세습무들이 정월 보름과 추석 명절의 액막이(마당밟이)에서 풍물패를 이끌고, 봄철의 화전놀이에서 무악舞樂을 연주하고, 시장 활성화를 위한 씨름대회에서 축제 행사를 주도했다고 한다.[39) 그리고 진도 신청농악과 영광우도농악 등에도 이런 흔적이 남아 있다.

또한 마을굿에서 세습무의 역할이 매우 컸다. 신안 흑산도나 우이도, 여수

37) 赤松智城·秋葉隆, 앞의 책, 307쪽.
38) 2001년 9월 5일 전북 남원시 송동면 세전리 현지조사. 제보자 : 김진곤(남, 65).
39) 이경엽, 앞의 책(2000), 24쪽.

개도, 전북 위도, 선유도 등에서는 세습무에 의해 정월달의 마을굿과 무당굿 놀이가 이루어졌다. 그리고 선유도와 신안 도초도 등지에서는 풍어를 비는 별신굿이 성대하게 벌어지기도 했다. 지금은 위도와 여수 개도 등지에서만 볼 수 있지만 얼마 전까지만 해도 세습무에 의한 마을굿이 다양하게 전승되었음을 알 수 있다.

이와 같이 당골판은 세습무 활동의 근간이 되었으며, 당골은 이 당골판 안에서 주민들과 개별적 관계를 맺고 있었을 뿐만 아니라 공동체의 종교적·예능적 행사를 주관하였음을 알 수 있다. 주민들의 개인적 의례와 마을 차원의 공동체적 의례를 수행하는 전속 사제자로서 활동했던 것이다.

4. 세습무의 사회적 기반과 굿의 진정성

세습무에 대한 사회적 인정과 통용화 된 당골 제도는 세습무 활동의 중요한 토대가 되었다. 당골 제도는 신분적 구속이지만 한편으로 사제자로서 당위성을 부여하는 장치였다. 또한 당골판은 세습무의 활동 공간이 되었으므로 그것을 토대로 당골과 주민들이 긴밀한 관계를 형성할 수 있었다. 주민들의 생활 속에서 이루어지는 당골굿의 직접성은 굿이 살아 있도록 하는 중요한 전승 배경이었다. 당골판이 세습무의 물적 기반으로 그치는 것이 아니라 굿 전승의 실질적인 토대였다고 할 수 있다.

당골이 주민들의 생활 속에서 수시로 의례를 수행하는 직접성은 굿다운 굿이 전승될 수 있도록 하는 배경이었다. 당골은 굿 의뢰자의 삶의 국면을 소상히 파악하고 있으므로 그에 걸맞는 의례를 수행할 수 있었다. 격식화된 굿을 하는 것이 아니라 굿이 필요한 절실한 상황에 맞는 굿을 연행하는 것이다. 또한 굿판에 참여한 주민들도 평소에 당골의 굿을 보아왔기 때문에 굿 진행에 공감하면서 굿의 정서를 공유하고 수용한다. 당골 제도가 굿의 활발한 전승을 가능하게 하는 토대로 작용해왔다고 할 수 있다.

세습무의 사회적 기반과 굿의 현장은 대개 일치한다. 굿이 이루어지는 공간은 당골판 안이고, 굿판에 오는 사람들은 당골판의 주민이므로 굿의 연행과 수용이 직접적으로 연결되어 있다. 세습무 활동의 사회적 기반은 따로 존재하는 어떤 것이 아니라 주민들의 문화적 전통이기도 하므로 굿은 그 현장을 그대로 담기 마련이다. 때문에 굿은 마을 공동체의 문화적 전통과 맥락 속에서 연행된다.

이는 마을굿의 경우 훨씬 두드러지지만 씻김굿과 같은 개인 굿의 경우라도 마찬가지다. 장례의 문화적 질서는 공동체의 유대 속에서 체계적으로 마련되고 수행된다. 음식을 장만하고 밤샘을 하고 운상을 하는 모든 일들을 이웃 주민들이 도와서 한다. 지금도 신안, 진도 등지에서는 마을의 상두계, 부녀회, 청년회 조직과 '밥품앗이'와 같은 관행이 작동하여 마을 전체의 행사로 장례를 치르고 있다. 또한 주민들이 상가에 모여 상주를 위로하기 위해 노래하고 춤을 추며 노는 '밤달애'와 같은 축제적 전통이 있다. 이처럼 상가의 장례는 공동 노동과 공동 놀이의 공동체적 유대 속에서 이루어진다.

굿은 이런 토대 위에서 보다 활기차게 전승되고 연행된다. 예를 들어 신안 비금·도초 등지에서는 당골판의 관행이 사라졌지만 굿은 옛당골판의 주인에게 의뢰하게 된다. 그런 까닭에 당골은 주민들과의 유대 관계 속에서 굿판의 정서를 주도해간다. 주민들은 굿의 진행에 적극적으로 개입하고 참여한다. 주민들이 굿판에 앉아 굿을 지켜보며 죽음을 슬퍼하고 또 춤을 추는 분위기는 굿판의 활력으로 작용한다. 당골의 굿 진행이 일방적인 공연이 아니라 청중들이 앉아 있는 굿판의 상황을 담아내는 굿이 되도록 하는 것이다.[40]

이런 까닭에 상가의 굿판 분위기는 냉랭하지 않고 활기차기까지 하다. 신안 도초의 곽머리 씻김굿[41]에서, 망자의 넋을 올리고 관을 씻기는 과정이 가

---

40) 이경엽, 「굿의 전승 환경과 연행 현장」, 『도서문화』 19집(목포대 도서문화연구소, 2001), 343쪽.
41) 2000년 10월 9일~10일 신안군 도초면 신교 곽머리 씻김굿(무녀 : 유점자, 함종엽, 안복단).

족들이 오열하는 가운데 진행되었지만, 전체적으로 놀이적 양상을 보였던 것은 이와 관련된 것이라고 할 수 있다. 천도에 대한 종교적 믿음과 공동체적 유대가 작용하기 때문에 굿판이 활력을 보이는 것이라고 할 수 있다. 가족만이 아니라 친족, 이웃들이 공동체를 이루어 장례를 준비하고 놀이를 펼치는 공간이기에 서로의 유대를 확인하고, 더불어 죽음으로부터 비롯된 상실과 슬픔을 극복하는 계기를 만들 수 있는 것이다. 망자의 아들들이 굿에 뒤이어 이뤄진 놀이판에서 주민들에게 술대접을 하고 친구들과 어울려 북을 치고 노래하며 노는 것을 볼 수 있는데, 굿이 지닌 현장적 정서의 지향을 보여주는 것이라고 할 수 있다.[42]

이와 같이 굿은 연행 현장의 맥락과 상황 속에서 존재한다. 죽은 이를 천도한다는 고정적인 의미를 반복하는 것이 아니라 상황을 담아 역동적으로 연행된다. 또한 공연하듯이 일방적으로 전달되는 것이 아니라 주민들의 참여 속에서 존재하며, 굿판의 질서와 상황 속에서 재생산되고 수용된다. 굿의 본질은 관행적인 의미 생산에 있지 않다. 굿은 수요자의 개별적이고 다양한 기대와 요구를 반영하기 마련이다. 정해진 절차를 그대로 재현하거나 무대에 올려 감상용으로 공연하는 것을 두고 살아 있는 굿이라고 할 수 없다. 굿의 진정성은 굿의 사회적 기반과 밀접한 관련이 있는 것이다. 이런 점에서 당골 활동의 사회적 기반이 튼실할수록 굿의 현장성은 커진다고 할 수 있다.

당골 굿판의 신명이나 진정성은 근래 달라진 무속환경과 대비해보면 쉽게 드러난다. 요즘 들어 당골 제도가 와해되고 당골판이 유명무실하게 되었다. 마을의 전속 사제라는 개념이 사라졌고, 주민들과의 관계도 상보적 관계에 따른 종교적 의무감 없이 의례를 제공하는 개별적 관계로 바뀌고 있다. 때문에 굿에 대한 비용 문제가 주된 거래 내용이 되어 버렸다. 이러한 변화는 필연적으로 굿의 격식화를 낳고 있다. 당골들의 활동이 지속되고 있는 지역은

---

42) 이경엽, 앞의 논문, 340~344쪽.

정도가 덜하지만, 그 경우라도 주민들과의 관계에서 간접화 현상이 나타나고 있다. 관계 중심에서 의례 중심으로 비중이 옮겨지게 되면 굿이 격식화되고 그만큼 굿판의 활력이 줄어들게 된다.

이와 같은 현상은 당골 제도가 완전히 사라진 대도시 굿당에서 흔히 발견된다. 광주시와 그 인근에는 대여섯 개의 굿당이 있는데 주로 강신무 계열의 점쟁이들이 굿을 하고 있다. 가끔 세습무굿도 이루어지지만 점쟁이들과 더불어 하기 때문에 그들의 공수나 신들림이 강조되는 현상이 나타난다. 영적 요소를 선호하는 최근의 굿 수요와 맞물려 촉급한 장단에 따른 엑스타시가 부각되고 세습무굿의 진중함이나 음악적 비중, 연희적 측면은 소홀히 취급된다. 이런 굿당의 굿판에는 청중 없이 굿 의뢰 당사자만 참여하고 활력 없는 비의적秘儀的 굿 진행이 일반화되고 있다. 많은 경우 조사자의 참여를 꺼려하고, 대부분 자신들의 모습을 촬영하지 못하게 한다. 때문에 굿판 특유의 활력과 신명이 없이 신들림과 공수가 많고, 수요자가 전통 방식을 요구할 경우라도 비의적인 상황 때문에 격식화된 의례 진행으로 일관하는 것이 보통이다.

이것을 통해 볼 때 굿 전승의 전통적인 토대 약화와 의례의 형식화가 상관성이 있다는 것을 알 수 있다. 공동체적 유대가 살아있는 굿판과 대도시 굿당의 분위기는 판이하다. 그리고 무대 공연용 굿이나 문화재 발표 등에서 연행되는 굿은 박제화된 절차를 반복하는 것을 보여준다. 이것으로 볼 때 세습무굿의 진정성은 세습무의 사회적 기반 위에서 존속되어 왔음을 잘 알 수 있다.

5. 세습무계와 민속예술 전승의 상관성

세습무계는 무속의 전승 주체이지만 더불어 민속예술의 전승 주체이기도 하다. 또한 단순히 민속예술 담당자들을 배출한 것이 아니라 거듭 재생산하는 구조를 갖추고 넘나드는 관계에 있기도 했으므로 세습무계와 민속예술 전승은 밀접한 상관성이 있다.

　세습무계 출신으로 민속예술에 종사하는 이들을 흔히 '창우집단唱優集團'이라 하며, 기능에 따라 광대·재인·무동·고인 등으로 달리 나누어 부른다. 또한 광대도 판소리를 부르는 소리광대 외에, 줄광대, 어릿광대, 고사광대, 선증애꾼 등이 있었다.[43] 이들 창우집단은 세습무계의 무부들이다. 일제 이후로 무계 출신 여류 명창·명인들이 대거 진출하지만 그 이전까지는 무부들이 주도적인 역할을 하였다. 이들은 신청, 재인청, 장악청 등의 조직을 통해 관청에서 악공과 광대의 역할을 하며, 사적으로는 무업을 지속하였다.[44]

　창우집단은 중앙 및 지방 관아의 각종 행사에 동원되어 악공이나 광대의 역할을 하였다. 한편 지금까지 이들의 동원 방식에 대해서는 특별한 논의가 없었는데, 악공들은 행사가 있을 때 즉흥적으로 동원된 것이 아니라 군역 수행과 관련해 동원되었으며, 대부분 삼남(전라도, 경상도, 충청도)의 무계 출신에서 선발했던 것으로 보인다. 『여지도서輿地圖書』 군액軍額 항을 보면 악공, 악공보, 악생, 악생보, 내취, 내취부, 취고수, 세악수 등이 나오는데, 이들 중 악공과 악생(良人 중에서 선발), 내취는 궁중의 장악원 소속이 되며, 취고수, 세악수는 지방의 교방청 또는 재인청 소속으로 활동했다. 그리고 보保는 지방을 떠나 서울에서 생활하는 악공, 악생 등의 생계유지를 위해 세금을 내는 역할을 했다. 한편 경기 이북 즉, 평안도나 함경도 등에서는 악공들을 장악원으로 선발해 가지는 않았다. 그것은 함경도처럼 국경 수비가 강조되거나, 평안도처럼 사신 접대 등으로 지방 수요가 많기 때문에 중앙으로 보낼 여유가 없었던 데서 비롯된 것으로 보인다. 특히 평안도의 교방청은 중앙 못지않은 규모를 자랑했는데, 이는 인원의 자체 수급 방식과 관련이 있다.

　세습무계 무부들의 활동은 특히 각 지역에 자리 잡고 있던 신청을 통해 이루어졌다. 신청(재인청)은 전국적으로 있었고, 내부적인 조직을 갖추고 각종 예

---

43) 이보형, 「창우집단의 광대소리 연구」, 『한국전통음악논구』(고려대 민족문화연구소, 1990), 84쪽.
44) 손태도, 『광대집단의 가창문화 연구』(서울대 박사학위논문, 2001), 74쪽.

능 활동에 종사하였다.

> 이종만의 말에 의하면 재인청은 …… 경기·충청·전라 삼도의 각군에 존재하는데, 각 도에 都廳이 있고, 그 장을 大房이라 칭한다. 대방 아래 도산주 2명이 있고, 좌도도산주·우도도산주로 칭하며, 한 도를 좌우로 나눈 곳을 관할하는 형식을 취하고 있다. …… 계원은 단골집 즉 세습무가만으로 한정되어 있고 오로지 무악을 반주하는 화랑, 거꾸로 서서 줄넘기 등의 곡예를 연주하며 동시에 무악을 반주하는 재인, 가무를 하는 예인도 있고, 무악을 하는 광대가 포함되어 있다.[45)]

이런 신청은 각 군·현에 설치되어 있었는데, 장흥신청의 경우 대동계大同 契라 칭하는 100여 명의 무부 계원이 있었고, 나주신청은 70여 명의 무부가 참여하는 조직이었다고 한다.[46)] 신청 소속의 무부들은 관아의 각종 행사에 동원되어 삼현육각을 연주하거나, 판소리, 줄타기 등의 판놀음을 했다.

창우집단의 예능 종목은 판소리, 줄타기, 기악(가야금, 대금, 피리 등), 장대타기 등으로 다양했다. 세습무계를 조사해보면 가계도 안에 판소리 명창, 줄타기, 대금 명인 포함되어 있는 것을 쉽게 볼 수 있다.

특히 판소리 명창과 세습무계의 관련 문제는 일찍부터 주목을 받았다. 정노식이 『조선창극사』에서 "과거 명창 중 수명의 비가비를 제외한 나머지 광대는 모두 재인·무인 계급에 한하여만 출생했다."고 한 것과 같이, 시나위권 세습무계의 창우들에 의해 판소리가 전승되었다. 세습무계에서 소리꾼이 배출되는 구조와 관련해 세습무들이 전하는 말에 의하면, "목이 좋고 재능이 뛰어난 경우는 판소리 광대가 되고, 목이 안 좋으면 북을 치는 고수나 줄타기 재인이 되고, 그마저 할 수 없으면 굿판의 심부름꾼이 된다."라고 한다. 세습

---

45) 赤松智城·秋葉隆, 앞의 책, 283~284쪽.
46) 위의 책, 274·278쪽.

무계가 판소리를 포함한 민속예술 전반의 못자리 역할을 했음을 알 수 있다.

세습무계와 판소리는 직접적인 관련성을 갖고 있다. 명창들치고 무계가 아닌 경우가 드물 정도로 상식화되어 있지만 사례를 통해 살펴볼 필요가 있다. 전북 순천의 명창 장판개(1885~1937)의 경우를 통해 세습무계와 판소리가 밀접한 연관 속에서 전승되는 관계였음을 확인할 수 있다. 그의 조부, 부친은 모두 소리꾼이었다고 하며 더불어 그의 가계는 무계이기도 했다. 그는 곡성 겸면에서 살다가 순창군 금과면 연화리의 당골판을 사서 들어와 살았다고 하며, 당골판은 그의 부인이 관리하며 굿을 했고 그는 인근 옥과 권번의 소리 선생으로 활동했다고 한다. 그의 부인은 연화리의 당골판을 관리하면서 굿을 했고, 큰굿이 열려 악사가 필요하면 인근 당골판의 고인鼓人들을 초청해 굿을 했다고 한다.[47] 장판개의 사례는 무계가 판소리꾼을 배출하는 배경이었고 더불어 당대까지도 긴밀하게 공존하는 관계였음을 보여준다.

또한 가야금 산조와 대금 산조를 창시했다고 하는 김창조와 박종기는 각각 영암과 진도의 세습무계 출신이다. 이외에 줄타기와 대금 등의 예를 더 들면 영암·광주 등지에서 활동했던 세습무 박재성(1935~2001)의 증조부인 박상발은 고종 19년에 '가선대부嘉善大夫 겸兼 오위장五衛將'이란 벼슬을 받았는데, 줄타기, 대금 연주, 장대타기(솟대타기) 등을 잘했다고 하며, 외국 사신맞이에서 대나무 장대 위에 올라 앉아 대금을 불었던 공으로 교지를 받았다고 한다.[48] 또한 전북 위도의 염덕만(1872~1934)은 줄타기를 특히 잘 하여 참봉 벼슬을 받았다고 한다.[49]

이같은 예는 호남의 세습무계에서 어렵지 않게 찾을 수 있다. 화순 능주의 세습무인 조도화의 가계를 예로 보기로 한다.[50]

47) 2002년 7월 15일 현지조사. 제보자 : 최기학(남, 80).
48) 손태도, 앞의 논문(2001), 59쪽.
49) 최길성, 앞의 책(1992), 67~68쪽.
50) 이경엽, 「무와 무의식」, 『화순군의 민속과 축제』, 152쪽.

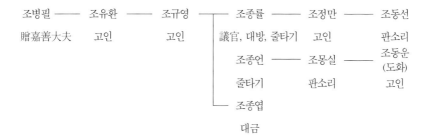

조병필 ── 조유환 ── 조규영 ┬ 조종률 ── 조정만 ── 조동선
贈嘉善大夫   고인   고인   │ 議官, 대방, 줄타기 고인   판소리
                              │ 조종언 ── 조몽실 ── 조동운
                              │ 줄타기   판소리   (도화)
                              │   고인
                              └ 조종엽
                                대금

능주 조씨가계에서는 많은 예능인들이 배출되었다. 조도화가 소장하고 있는 '창녕조씨세계世系'에 의하면, 5대조인 조병필이 가선대부嘉善大夫에 추증된 것으로 나오는데, 그 직이 명인 명창에게 주어지던 벼슬과 관련된 것으로 여겨진다. 그리고 조씨의 조부 조종률은 능주신청의 대방직을 지내고 줄타기 명인으로서 의관議官이라는 벼슬까지 제수 받았다고 한다. 또한 작은 할아버지인 조종언과 조종엽은 각각 줄타기와 대금 명인이었고, 숙부 조몽실과 형 조동선은 유명한 판소리 명창이었다.

무계는 무계끼리 혼인하고 그 관계의 재생산 위에서 무업을 이어가는데, 이런 통혼 관계는 또한 민속예술의 전승계보라고 할 만큼 둘은 밀접한 상관성이 있다. 능주 세습무 조도화는 명창 공창식의 사위이기도 한데, 그의 가계는 사돈, 겹사돈 등의 관계에 의해 판소리 전승계보를 형성하고 있다.

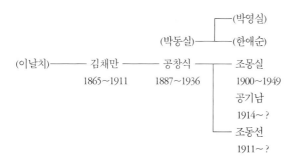

                                    ┌ (박영실)
                      (박동실)──────┤
                                    └ (한애순)
(이날치) ──── 김채만 ── 공창식 ─┬─ 조몽실
             1865~1911 1887~1936 │ 1900~1949
                                  │ 공기남
                                  │ 1914~ ?
                                  └─ 조동선
                                     1911~ ?

위의 계보는 서편제 판소리의 한 계보이지만 세습무계이기도 하다는 점에

서 주목할 만하다. 이날치는 담양 출신으로 박유전의 법통을 물려받은 서편제 명창이다. 그의 소리는 능주의 김채만에게 이어지고, 김채만의 소리는 담양의 박동실과 능주의 공창식이 계승하게 된다. 그리고 그 소리는 능주의 조몽실, 공기남, 조동선이 물려받게 된다.

이러한 전승 계보는 서편제의 중요 계보라는 점에서 관심을 모은다. 이 계보 소리꾼들이 특장으로 부르는 바탕은 심청가인데 서편제 심청가가 바로 이 계보를 중심으로 전승되었다. 그런데 이 계보는 무계의 통혼권과 밀접한 관련이 있는 것으로 보인다. 참고로 박동실의 동생 박영실은 공창식의 딸과 결혼을 해서 사돈 관계가 된다. 그리고 공기남은 아버지 공창식뿐만 아니라 사돈인 박동실에게 소리를 배우는데, 사상이 서로 통했던지 나중에 함께 월북을 하였다. 또한 창극 단체를 꾸려 다닐 때에도 이들은 같은 단체에서 활동하기도 했다. 이것을 보면 박동실 등을 포함한 위의 계보가 모두 무계로 연결되어 있음을 알 수 있다. 그리고 현재 이 계보의 심청가는 광주의 한애순 명창에 의해 전승되고 있는데, 한애순의 가계와 박동실의 가계는 통혼으로 연결되어 있기도 하다. 이렇게 볼 때 판소리의 전승계보가 세습무계의 연장선상에 놓여 있었던 것이 아닌가 추정된다.

그리고 판소리 명창들의 사승 및 교유 관계에서 보이는 친족 관계는 곧 세습무계를 의미한다. 세습무계가 민속예술의 전승에서 중요한 맥락이 될 정도로 그 역할이 컸음을 알 수 있다. 물론 무계가 판소리 계보의 유일한 자질로 지속되지는 않는다. 판소리는 무계를 기반으로 하되 다양한 상황과 요소에 의해 확장을 거듭해왔다. 그러므로 무계만으로 판소리 계보를 제한하는 것은 곤란하다. 그렇지만 세습무계가 판소리 전승의 중요한 배경이자 맥락이라는 점은 분명하다고 할 수 있을 것이다.

이상에서 본 대로 호남의 창우집단은 판소리, 줄타기, 기악 등의 예인들을 배출하였을 뿐만 아니라, 민속예술 전승에서 절대적인 역할을 담당하였다. 특히 통혼 관계에 의해 예인들이 재생산되는 구조와 그에 따른 전승계보의 형성과정은 세습무계와 민속예술이 각별한 상관성이 있다는 것을 잘 보여준다.

한편 창우집단의 활동은 지역적 특성을 담고 있는데, 이 점 역시 민속예술의 전승 문제와 관련이 있다. 창우집단이 담당한 민속예술 종목은 지역적인 차이를 보여준다. 경상도 통영오광대는 통영 수군의 무계 출신 악공들에 의해 연행되었으며,[51] 경남 함안의 경우에서도 무부들에 의해 탈놀이가 이루어졌다.[52] 또한 동해안 세습무계에서도 비슷한 사례가 발견되는데, 동해안 별신굿으로 유명한 김석출의 사촌 김선출은 광대를 꾸며 탈춤을 잘 놀았다고 한다.[53] 그리고 양주별산대놀이와 송파산대놀에서도 무부들이 놀이꾼, 가면제작자, 반주 악사로 참여했다고 한다.[54] 이와 같이 영남이나 경기 등지의 창우집단에서는 특히 가면극 쪽에서 비중 있는 활동을 했던 것으로 보인다. 이는 호남의 창우집단이 판소리, 광대소리, 줄타기, 기악(대금, 가야금, 피리, 풍물굿) 등의 영역에서 활동한 것과 다른 면모라고 할 수 있다. 창우집단이 지역의 문화적 전통에 토대를 두고 있다는 점은 민속예술의 생성과 전승에서 그들의 역할과 비중이 각별하다는 것을 말해준다.

6. 결론

지금까지 호남지역의 당골제도와 세습무의 활동에 대해 살펴보았다. 먼저, 세습무 연구의 현황을 알아보고, 세습무와 점쟁이, 세습무계와 당골판, 세습무의 사회적 기반과 굿의 진정성, 세습무계와 민속예술 전승의 상관성 등에 대해 고찰하였다. 결론 삼아 요약하기로 한다.

호남에서는 전통적으로 세습무가 정통무로 인정받아 왔다. 하지만 세습무

---

51) 이두현, 『한국의 가면극』(일지사, 1979), 246쪽.
52) 손태도, 앞의 논문(2001), 71쪽.
53) 최길성, 앞의 책, 142쪽.
54) 전경욱, 『한국가면극 그 역사와 원리』(열화당, 1998), 211쪽.

이외에 점쟁이가 있고, 그밖에 일반인 중에서 독경이나 주장맥이를 하는 경우도 있으므로 이들과의 관계 속에서 세습무의 위상이 찾아진다. 특히 점쟁이와는 서로 적대자이자 상보자의 관계를 맺고 활동했음이 특징이다. 하지만 최근에는 세습무가 점차 줄어든 데 따른 공백을 점쟁이들이 메꾸어 굿을 하는 경우가 있고, 수요자들도 강신무의 신들림이나 공수 등을 선호하는 경향을 보이고 있어 위상에 변화가 있다.

호남의 당골은 사제권의 세습을 통해, 그리고 일정한 활동 구역을 토대로 굿을 해왔다. 사제권의 세습과 당골판 제도는 무속 전승의 중요한 두 축이라고 할 수 있다. 세습무계는 동일 신분끼리의 통혼을 통해 성립되었으며 그것은 무의 신분, 무업의 가계 전승을 가능하게 하는 중요한 요인으로 작용해왔다. 무계 계승 방식과 관련해서는 그 동안 무권巫權의 상속 또는 사제권의 승계 문제를 달리 보면서 논쟁이 있었는데, 종합적으로 보아 부가계내 고부계 承父家系內 姑婦繼承으로 정리할 수 있다. 한편 부계를 중심으로 한 당골 전승은 조선후기 이후에 성립되었을 것이다. 현장론적으로 재구해 볼 때, 무녀 집안을 중심으로 전승되던 것이 후대에 이르러 부계 쪽의 전승이 강조되는 것으로 바뀌었다고 판단된다.

통혼권에 따라 유지되던 세습무계는 굿의 전승 환경을 조성하고 유지하는 기본 조건이 되었고, 이에 따라 굿 전통의 동질성을 공유하는 무속권이 형성된 것으로 보인다. 호남의 무속권 안에서도 이런 식으로 하위의 무속권이 존재했던 것으로 추정된다. 그리고 이런 무속권 내에서 근친성이 강한 굿 전통이 교류되고 유지되어 왔던 것으로 여겨진다.

당골판은 일정 구역에서 특정 당골만이 굿을 할 수 있다는 무당들의 내규다. 당골판은 당골들의 물적 기반이자 굿의 전승 기반이었다. 당골은 주민들과 개별적 관계를 맺고 있었을 뿐만 아니라 공동체 단위의 종교적·예능적 행사를 주관하는 전속 사제자로서 활동하였다. 그 동안에는 개별 관계에서 이루어지는 관행만이 논의되었으나 공동체 차원에서 이루어지는 '마을 당골'

로서의 역할을 주목할 필요가 있다.

당골에 대한 사회적 인정과 통용화 된 당골 제도는 세습무 활동의 중요한 토대가 되었다. 또한 당골이 주민들의 생활 속에서 수시로 의례를 수행하는 직접성은 굿다운 굿이 전승되게 하는 배경이었다. 세습무의 사회적 기반과 굿의 현장은 대개 일치하므로 굿은 마을 공동체의 문화적 전통과 맥락 속에서 연행되고 전승된다. 이는 마을굿의 경우 훨씬 두드러지지만 씻김굿과 같은 개인 굿의 경우라도 마찬가지다. 한편 최근 달라진 환경에 따라 세습무굿의 기반이 와해되고 있는데, 이에 따라 관계 중심에서 의례 중심으로 비중이 옮겨지게 되고, 굿이 격식화되고 그만큼 굿판의 활력이 줄어드는 것을 보게 된다. 이것으로 볼 때 세습무굿의 진정성은 그 사회적 기반 위에서 존속해 왔다고 할 수 있다.

세습무는 무속의 전승 주체이지만 더불어 민속예술의 전승 주체이기도 하다. 그리고 단순히 민속예술 담당자들을 배출한 것이 아니라 거듭 재생산하는 구조를 갖추고 넘나드는 관계에 있으므로 세습무계와 민속예술 전승은 밀접한 상관성이 있다. 창우집단이라고 부르는 세습무계 출신의 예능인들은 중앙 및 지방 관아의 각종 행사에 동원되어 악공이나 광대의 역할을 하였고, 민간의 다양한 예술을 전승하는 데서도 중요한 역할을 하였다.

호남의 세습무 가계에서 예능인들의 존재는 어렵지 않게 찾을 수 있다. 이들은 판소리, 줄타기, 기악 등의 분야에서 활동하면서 다양한 예능 활동을 하고 새로운 예술 형식을 생산하는 주도적 역할을 했다. 명인·명창이 배출되는 구조적인 환경으로 볼 때 세습무계는 판소리를 포함한 민속예술 전반의 전승에서 못자리 역할을 했다고 할 수 있다.

사례로 들어 분석한 화순의 조도화 가계는 통혼에 의해 인근 예능인들과 긴밀하게 연결되어 있고, 이것이 판소리의 전승계보와 관련이 있음을 보여준다. 이것으로 볼 때 판소리의 전승계보가 세습무계의 연장선상에 놓여 있었던 것이 아닌가 추정된다. 무계만으로 판소리 계보를 제한할 수 없지만 세습무계가 판소리 전승의 중요한 기반이자 맥락이라는 점은 분명하다고 할 수 있다. 통혼 관계에 의해 예인들이 재생산되는 구조와 그에 따른 전승계보의 형성 과정은 세습무계와 민속예술의 각별한 상관관계를 말해준다.

그리고 지역적으로 봤을 때 창우집단의 활동 분야에서 차이를 보이는데, 비시나위권에서는 가면극 관련 활동이 눈에 띄고, 시나위권에서는 판소리, 기악 등과 같은 민속음악 분야에서 두드러진 활동이 나타난다. 이것이 어떤 양상과 의미를 지니는지 살펴볼 필요가 있다. 앞으로의 과제로 삼고자 한다.

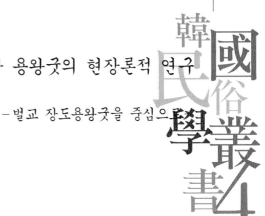

남해안 용왕굿의 현장론적 연구

-벌교 장도용왕굿을 중심으로

이경엽
목포대학교
교수

1. 연구 현황과 용왕굿 연구의 의의

굿은 텍스트가 고정적으로 존재하는 것이 아니므로 현장의 맥락 속에서 해석되어야 한다. 이런 관점에서 이 글에서는 2001년 1월 18일 연행된 장도용왕굿을 현장론적 방법으로 조사하고 그것에 기초하여 현장적 맥락과 연행원리를 파악하고자 한다.

지금까지 전라도 용왕굿 또는 풍어굿에 대한 연구가 거의 없었으므로 먼저 연구 현황을 점검할 필요가 있다. 이를 통해 용왕굿 연구의 의의가 드러나리라고 본다. 그 동안의 연구는 씻김굿에 관한 것이 주종을 이루었다. 씻김굿 중심의 연구는, 대표적인 굿에 대한 관심의 집중이라는 측면도 있지만 한편으로는 이외의 자료에 대한 무관심과 다양한 굿 전통의 실상을 포착하지 못한 문제를 낳기도 했다. 여기서는 이와 같은 문제의식을 분명히 하여 새로운 연구방향을 마련해보고자 한다.

전라도굿하면 대개 씻김굿을 먼저 떠올린다. 씻김굿은 전라도에서 '큰굿'

으로 간주되며, 규모나 체계, 예술성의 측면에서 전라도의 대표적인 굿으로 평가받아 왔다. 그래서 그 동안의 조사 연구가 대부분 씻김굿을 중심으로 이루어져 왔다. 문화재관리국에서 실시한 『한국민속종합보고서(전남편)』(1969) 이래로 대부분의 연구가 씻김굿을 핵심에 두고 다루어왔다. 이런 사정으로 인해 현재 축적된 대부분의 성과들은 씻김굿 관련 내용이 주종을 이룬다.

한편 그 동안 씻김굿에 대한 관심이 편향적이라고 할 만큼 지속되었지만 그 성과가 만족할 만한 수준은 아니다. 아직까지 전라도에서 활동하고 있는 당골들의 현황이 제대로 파악되어 있지 않을 정도로 종합적인 연구가 이루어지지 않았다. 그리고 보고서도 만족스럽지 못한데, 굿 보고서는 별로 없고 무가를 다룬 것이 대종을 이룬다.[1] 무가 보고서는 그 수가 적지 않지만 몇몇 지역을 제외하고는 대개 인공적인 상황에서 조사된 것들이라서 만족스럽지 않다.[2]

이런 관점에서 씻김굿에 대한 연구도 더 구체화되어야 하며, 다른 종류의 굿에 대해서도 관심이 확대될 필요가 있다. 둘 다 필요하고 소중한 작업이지만 특히 후자의 작업이 부진하므로 관심을 기울여야 한다. 그 동안의 작업 중에서 후자에 속하는 것들을 들어보면 그 필요성을 실감하게 된다. 관련 작업을 들어보기로 한다.

1) 대표적인 성과로는 한국정신문화연구원의 『한국구비문학대계』와 김태곤의 『한국무가집』을 들 수 있다. 전자에는 부안, 군산, 정읍, 고흥, 승주, 해남, 신안, 장성, 화순, 보성 등지의 자료가 수록되어 있고, 후자에는 광주, 순창, 목포, 해남, 고흥, 광양의 자료가 수록되어 있다. 전라도굿의 연구사는 이경엽의 「전라도굿」(『한국의 굿』, 민속원, 2002), 187~193쪽 참고.

2) 지역적으로 본다면 진도, 순천, 정읍 등의 보고서가 무당·무의식·무가·무악·복색 등에 대한 정보를 비교적 풍부하게 담고 있어 이용하는 데 편리하다. 이들 지역의 대표적인 성과로는, 이종철·조경만 외, 『진도무속현지조사』(국립민속박물관, 1988); 이경엽, 『씻김굿무가』(박이정, 2000); 전북대 박물관, 『정읍지역 민속예능』(1992) 등을 들 수 있다. 하지만 나머지 지역의 자료는 마땅한 자료가 없는 편이다.

	자료명	내용	지역	보고자	발표지
(가)	축원굿	1.맨드름 2.조상굿 3.제석굿 4.지신굿 5.칠성굿 6.축귀	순창	김태곤	한국무가집2(1971)
(나)	축원굿	1.안당 2.선석 3.성주굿 4.삼신굿 5.제석굿 6.군웅굿	목포	김태곤	한국무가집2(1971)
(다)	삼신굿 외	삼신굿, 근원손, 병축원굿	해남	김태곤	한국무가집2(1971)
(라)	삼설양굿	삼설양굿	순천	최덕원 외	순천대논문집2(1983)
(마)	용왕제	1.부정굿 2.세존굿 3.손님굿 4.용왕굿	신안	최덕원	다도해의 당제(1983)
(바)	대리원당제	1.원당제(성주굿, 산신굿, 손님굿, 지신굿, 서낭굿, 깃굿, 문지기굿) 2.용왕굿	부안	하효길	위도의 민속(1984)
(사)	서해안 풍어제	위도 대리 · 진리 · 식도리 풍어제	부안	하효길	중앙민속학3호(1991)

<표 1>에 나오는 자료들은 전라도굿의 다양성을 말해주는 소중한 성과물이다. 그렇지만 일부를 제외하고는 대개 인공적인 상황에서 채록된 무가 사설이며, 전후 상황에 대한 설명이나 현장적인 맥락이 드러나 있지 않아 자세한 내용을 확인하기 어렵게 되어 있다. (가)~(다)는 보기 드문 자료지만 현장 정보가 빠져 있고, (라) 역시 인공적 상황에서 재현한 자료다. (라)는 전라도 유일의 무극 자료를 최초로 보고했지만 자료의 성격에 대한 인식이 부족해 자료적 가치를 살리지 못하고 있다. (바)의 경우 현장 채록본이어서 무가 사설에 주민들이 관여한 말까지 채록되어 있지만 원당제의 현장이 충실하게 포착되어 있지는 않다. (사)는 위도 세 마을의 풍어제에 대해 절차, 제당, 신체 등에 대해 비교적 자세히 기록하고 있어 큰 도움이 된다. 한편 대부분의 자료들이 전승상황에 대한 정보를 담고 있지 않기 때문에 현재의 작업과 결시키기 어려운 점이 있다. 이런 사정은 현장에 충실한 굿 조사와 정리 작업의 중요성을 다시 확인시켜 준다.

위의 작업들 중에서 풍어굿 관련 자료는 특히 부족한 상황이다. 전라도의 풍어굿[용왕굿] 또는 갯제는 동해안 별신굿이나 서해안 대동굿에 해당하는 중

요한 자료이지만, 현재 전승되고 있는 곳이 별로 남아 있지 않고, 또 별 관심을 끌지 못하고 있다. 서남해의 풍어굿은 조기 어장으로 유명한 칠산어장이나 흑산도어장 등지에서 풍부하게 전승되었지만 (마), (바), (사) 이외에는 관련 자료가 거의 남아 있지 않다. 그리고 갯제는 이름 그대로 바다제사인데, 주민들의 당제와 연극적인 굿놀이, 무당굿놀이가 병행되어 연행되는 흥미로운 자료다. 이러한 갯제 자료로는 신안지역의 몇 사례가 소개되어 있다.[3] 그러나 후속 연구가 뒤따르지 못하고 있다. 기존 자료를 바탕으로 한 연구가 몇 있을 뿐, 앞선 보고서를 새롭게 대신하거나 보충할 작업이 이루어지지 못했다.

그리고 풍어굿의 전승과 관련해 '별신굿'이 있었음을 기억할 필요가 있다. 서남해 일대에서도 별신굿이라고 불리던 풍어굿이 전승되었던 것으로 보이지만 현재는 남아 있는 곳이 없다. 전북 위도 대리마을에서는 40여 년 전까지만 해도 3년마다 별신굿판이 크게 벌어졌는데, 이는 매년 벌어지는 원당제와 구분되는 큰 규모(3일간 연행)의 굿이었다고 한다.[4] 또한 전남 신안 도초도의 고란리에서도 3년에 한번씩 별신 또는 대배량이라고 부르는 마을굿을 성대하게 거행했는데 이 역시 매년 연행되는 당제(소배량)와 구분되는 큰굿이었다.[5]

이처럼 전라도의 용왕굿은 씻김굿 이외의 다양하고 풍부한 굿 전통을 담고 있는 의미 있는 자료다. 용왕굿 연구의 의의를 강조하는 이유도 여기에 있다. 용왕굿 자료를 새롭게 주목함으로써 씻김굿 일변도의 편향적 관심에서 소외돼 있던 굿 전승을 새롭게 해석해보고, 이와 관련된 전라도의 다양한 굿 전통의 실상을 온전히 이해하려고 하는 것이다.

---

3) 최덕원, 『다도해의 당제』(학문사, 1983).
4) 『전북의 무가』(전라북도립국악원, 2000), 86쪽.
5) 이경엽, 「도서지역의 민속연희와 남사당노래 연구」, 『한국민속학』 제33호(한국민속학회, 2001), 244~245쪽.

2. 굿의 현장과 굿의 현장론적 이해

굿은 다양한 모습으로 존재한다. 씻김굿만 해도 상가 마당에서 이루어지는 곽머리씻김굿, 물에 빠져 죽은 이를 위한 혼건지기굿, 미혼으로 죽은 이를 위한 저승혼사굿, 특정 날을 받아서 하는 날받이굿, 초분 본장 때의 씻김굿, 소상·대상씻김굿 등이 있다. 이들 굿은 각기 목적과 내용, 절차, 분위기가 다르므로 개별 상황을 체계적으로 포착하는 일이 중요하다.

그리고 씻김굿만 있는 것이 아니다. 아기의 출산과 관련된 제왕맞이, 치병을 위한 대신맥이·삼설양굿, 정초에 집안의 운세를 축원하는 도신, 새집을 지었을 때 하는 성주굿, 풍어를 축원하는 용왕굿[풍어굿], 섬마을에서 이루어지는 갯제 등도 전승되고 있다. 이들 굿은 개인 단위 또는 공동체 단위로 다양하게 이루어져 왔고, 전라도굿의 풍부한 전승을 말해주지만 연구가 그것을 못 따라 가고 있는 실정이다.

굿 연구는 굿이 존재하고 연행되는 개별적 현장에 기본적으로 충실해야 한다. 굿은 현장에서 다양한 모습으로 존재하는 까닭에 현장성의 맥락을 포착하는 일이 중요하다. 잘 써진 보고서의 중요성이 강조되는 것도 이 이유에서다. 굿 연구는 현장성 있는 자료를 매개로 할 때 일정한 성과를 거둘 수 있다. 이런 점에 비추어 굿 연구가 새로운 진전을 꾀하려면 현장에 충실한 조사 연구가 필요하다는 것을 알게 된다.[6]

굿은 현장에서 다양한 모습으로 존재한다. 연행 계기나 상황에 따라 굿은 각기 다른 모습을 띤다. 죽음 또는 우환이 있을 때 하는 씻김굿과 집을 새로 지어서 하는 성주굿의 분위기가 같을 수 없다. 또한 씻김굿에서도 상가에서 하는 곽머리 씻김굿과 날받이 씻김굿의 정서는 다르게 나타난다. 그러므로

---

6) 지금까지 굿의 현장론적 연구가 없었던 것은 아니다. 그러나 대부분 무가 사설의 작시원리나 그 연행 방식 등을 해명하는 데 그쳤다. 무가 중심의 연구에 머무른 까닭에 굿의 종합적인 양상을 다루지 못했다.

굿을 고정불변의 텍스트로 다루기보다 현장 속에서 역동적으로 생산되고 수용되는 민속으로 이해해야 한다. 굿은 관행적인 의미를 고정적으로 반복하는 것이 아니라 상황에 따라 현장에서 새롭게 재생산된다. 매번 비슷한 절차를 되풀이하는 것처럼 보이지만 표면적인 내용과 형식만을 전승하고 향유하는 것이 아니다. 굿은 감상용으로 공연되는 것이 아니며, 생활공간 속에서 연행되는 현행의 문화로 전승된다. 표면적으로 본다면 약간의 차이만 있는 것 같지만, 각각의 굿판에서 표출되고 소통되는 의미들은 무당이나 주민들에게 상황적 특수성을 띠고 있다. 그리고 굿이 그러한 상황적 특수성을 풍부하게 담아낼 때 살아 있는 굿으로 전승된다고 할 수 있다.7) 이와 같은 굿의 실상은 현장론적 연구의 중요성을 말해준다.

'현장론'에서 말하는 현장은 크게 두 가지다. 민속 현장이라 하면, 이야기판·소리판과 같은 연행현장이 있고, 민속 전승의 배경과 공간이 되는 전승현장이 있다. 연행현장이 민속의 연행 장소를 지칭한다면 전승현장은 민속이 전승되고 있는 지역 공동체의 공시적·통시적 환경 전체를 지칭하는 넓은 의미의 '현장'을 의미한다.8) 연행현장이 민속의 연행과 보다 직접적으로 연관된 미시적 공간을 의미한다면 전승현장은 마을 단위 이상의 거시적 공간을 뜻한다고 볼 수 있다.

굿의 경우로 본다면 연행현장은 굿판이라고 할 수 있고, 전승현장은 마을이나 당골판 또는 무속권 등을 지칭한다고 할 수 있다. 물론 그것만을 지칭하는 것이 아니고 또 둘이 별개로 작용하는 것도 아니다. 또한 공시적인 상황만이 아니라 통시적인 맥락을 고려해야 한다. 굿의 연행은 굿판에서 따로 독립되어 존재하지 않고 마을 공동체의 문화적 전통과 밀접한 관계를 맺고 있다. 이는 씻김굿과 같은 집안 단위의 굿에서도 나타나며 마을굿에서는 더욱 강화

---

7) 이경엽, 「연행 및 전승 맥락에서 본 씻김굿의 예술성과 연희성」(한국공연문화학회 하계학술대회, 2003.8.30).
8) 임재해, 「민속 연구의 현장론적 방법」, 『민속문화론』(문학과 지성사, 1986), 203쪽.

되어 나타난다. 그러므로 굿은 전승현장 속에서 생산되고 수용되며, 그 기반 속에서 살아 있는 문화로서 전승된다고 할 수 있다.

굿에 대한 현장론적 이해는 전승현장과 연행현장을 유기적 관계 속에서 통합하는 과정이라고 할 수 있다. 전라도굿을 예로 든다면, 세습무의 활동 기반이자 굿의 구체적 수용 공간인 당골판 그리고 굿을 가능하게 하는 주민들의 문화적 전통이 굿의 전승현장이다. 굿은 그 속에서 생산되고 연행된다. 굿 의뢰자, 청중, 주민들은 이렇게 이루어진 굿판에서 다양한 기대를 표출하며, 그 속에서 굿을 수용하는 것이다. 그러므로 굿 현장론은 굿의 연행 및 전승 맥락을 파악하고 더불어 굿의 현장적인 수용과 기능 등을 파악하는 연구가 되어야 할 것이다.[9]

어촌마을에서 전승되는 용왕굿은 그 현장의 상황과 목적을 충실하게 담고 있다. 그러므로 용왕굿을 개념적으로 접근하기보다는 현장론적으로 이해해야 한다. 용왕굿의 물적 기반과 주민들의 참여는 굿의 전개와 밀접한 관련이 있으므로 그 상관성을 주목할 필요가 있다. 또한 연행 상황과 현장적인 구성 원리 등을 통해 용왕굿의 전개 과정을 소상히 파악할 수 있을 것이다. 더불어 용왕굿 자체만을 분석하는 것이 아니라 다른 종류의 굿과 비교해 봄으로써 그 특징을 입체적으로 이해할 수 있을 것이다. 다른 굿과의 비교에서는, 특히 씻김굿에 전라도의 굿 전통이 갈무리되어 있으므로 그것과 비교해 봄으로써 용왕굿의 현장적인 특징과 연행원리를 파악할 수 있을 것으로 기대한다.

---

9) 이경엽, 「굿의 전승환경과 연행현장」, 『도서문화』 19(목포대 도서문화연구소, 2001), 324~325쪽.

3. 장도용왕굿의 연행상황과 현장적 구성

1) 용왕굿의 경제적 기반과 굿의 현장

장도는 순천만 가운데에 있는 섬이다. 순천만 안에는 장도, 해도, 여자도 등이 있는데, 특히 만의 중앙쯤에 위치한 장도는 지리적으로 중요시되는 곳이다. 순천만은 동쪽의 여수반도와 서쪽의 고흥반도에 둘러싸여 있고, 행정구역상으로 보면 보성군 벌교읍, 고흥군 남양면·과역면·점암면, 순천시 별량면·해룡면, 여수시 율촌면·소라면·화양면의 주민들이 이곳에서 어패류 채취와 고기잡이를 하며 살아간다. 이곳은 기름진 개펄이 발달해 있어 꼬막, 반지락, 낙지, 쭈꾸미 등이 특히 많이 생산되는 곳이다.

이번 굿은 순천만에서 어로작업을 하는 선민회船民會가 주최하였다.[10] 선민회는 순천만에서 고기잡이를 하는 벌교읍 장도리, 해도리, 장양리 일대의 소형 선박 선주들의 모임으로 1992년에 조직되었다. 순천만에서의 고기잡이는 대개 5톤~10톤 크기의 선박들에 의해 이루어지는데 선민회는 이들 선주들의 모임이다. 선민회에 가입한 회원들의 나이는 20대 중반에서 50대 중반까지 걸쳐 있지만 대부분은 30~40대가 주축을 이루고 있으며, 2001년 1월 현재 23명이 회원으로 가입해 있다. 선민회는 같은 해역에서 어로작업을 하는 어민들끼리의 단합을 목적으로 조직되었으나, 이번 용왕굿의 경우처럼 어로구역 안의 제반 문제를 해결하기 위한 활동도 하고 있다.

이번 용왕굿은 순천만 일대에서 빈발해온 인명사고에 대한 불안감을 해소하고 안전과 풍어를 축원하기 위해 마련되었다. 순천만은 수심이 깊지 않은 해역임에도 해상사고가 많은 편이어서 벌교 관내에서만도 최근 10년 이내에 10여명의 인명사고가 있었으며 3개월 전에도 사망자가 있었다. 용왕굿은 이

---

10) 선민회에 대해서는 박종식(선민회회장, 해도리, 41세), 김종원(장도리 신경, 43세) 등이 제보하였다. 2001년 1월 18일.

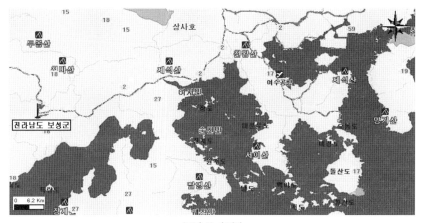

〈그림 1〉 순천만

와 같은 해난 사고로 죽은 영혼을 천도해주고 더불어 안전을 비는 목적으로
마련되었다. 풍어를 축원하는 일반적인 목적만이 아니라 영혼을 씻어주고 천
도하는 상황적 목적이 직접적으로 작용했다고 할 수 있다. 곧 정기적으로 반
복돼온 풍어제가 아니라 인명사고에 대한 종교적·문화적 대응의 필요성이
계기가 되어 굿을 하게 된 것이다.

용왕굿을 어촌계가 아닌 선민회에서 주도하게 된 것은 이 굿이 특정 마을
과 연관되어 있기보다 어로 구역 전반의 문제와 관련되어 있기 때문이다. 어
촌계의 관할 구역은 대개 마을의 공동어장에 국한되므로 마을 어촌계가 해역
단위의 문제를 총괄하기 어렵다. 선민회에서 용왕굿을 주최하게 된 것은 이
런 사정에서 비롯되었다. 굿의 필요성을 느끼지만 개인이나 마을 단위에서는
주관하기 어려운 까닭에 선민회에서 그 역할을 맡게 된 것이다. 선민회에서
는 각 마을의 어촌계에 협조를 요청하여 기금을 모으고 자체적으로 예산을
마련하여 굿을 준비하였다. 용왕굿 전체 예산은 900만원 가량 인데, 각 마을
어촌계에서 적극적으로 협조한 까닭에 어렵지 않게 기금을 모을 수 있었다고
한다. 용왕굿에 대한 기대가 주민들에게 상당히 컸음을 알 수 있다. 또한 선
민회 회원 중에는 반대하는 소수 의견도 있었으나 대체적으로 찬성하는 쪽이

었다고 한다. 선민회에서는 각 마을 어촌계와 주민들의 반응이 적극적으로 나타난 것을 반기고 있으며, 그것에 고무되어 용왕굿을 연례화하는 쪽으로 방향을 잡고 있다.[11)

이와 같은 방식은 전통사회의 그것과 약간 차이가 있다. 전통사회에서는 대개 마을 단위에서 공동체굿을 수행하였다. 마을마다 전승돼온 당산제가 대표적인 예라고 할 수 있다. 도서지역의 마을굿은 일반의 당산제와 용왕제가 결합되어 있는데, 이 경우도 마을 단위의 공동체굿이라는 점은 마찬가지다. 그런데 이번 용왕굿은 마을 단위와 상관없는 선주들의 모임에 의해 주도되고 있다는 점에서 기존의 방식과 차이가 있다. 이는 전통사회와 다르게 작용하고 있는 최근의 어로 환경에서 비롯되었다. 지역에 따라 다르지만 순천만의 경우, 어촌계에서 관할하는 마을 어장만이 아니라 어선을 이용한 양식어업과 연안어업이 활성화되어 있다. 이에 따라 마을 단위의 자족적 어로 활동에 그치지 않고 소형이지만 일정 정도의 자본력을 갖춘 어선들을 중심으로 어로구역을 확대하고 있는 것이 요즘의 추세라고 할 수 있다. 선민회는 이와 같은 어로환경의 변화 속에서 생성된 조직이며, 용왕굿도 이런 상황 속에서 열리게 된 것이라고 할 수 있다.[12)

한편 용왕굿의 경제적 기반이 전통적인 방식과 약간 다르지만, 굿에 대한 수요의 직접성은 마찬가지라고 할 수 있다. 외부 기관이나 단체로부터 예산을 지원 받아 수동적으로 움직이는 것이 아니라 자신들이 행사의 주체가 되어 굿을 하는 것은 전통적인 굿 수행방식과 다를 바 없다. 용왕굿의 경제적 기반은 선민회와 벌교읍의 각 마을 어촌계 그리고 어민들이라고 할 수 있다. 행사 주체가 확대되었지만 순천만에서 어로활동을 하는 어민들이 해역 내의

---

11) 이런 분위기에 힘입어 2002년도에도 용왕굿이 거행되었다. 그러나 2003년에는 벌어지지 않았는데, 굿의 전승 기반이 아직 확고하게 구축되지 않았음을 말해준다.

12) 이와 같이 최근 새롭게 형성된 조직에 의해 의례가 기획되거나 수행되는 것은 진도군 조도의 예에서도 볼 수 있다. 최근 '조도 낭장망협회'에서는 조도면 관내 해역에서 낭장망 어업을 하는 회원들이 풍어를 기원하기 위해 풍어굿을 기획하고 있다.

안전을 빌고 풍어를 축원하는 행사의 주체라는 것은 바뀌지 않았다. 이해를 달리하는 외부 세력의 개입 없이 어민들이 주체가 되어 용왕굿을 수행하고 있는 것이다.

수용자가 굿의 직접적인 기반이 되는 것은 굿판의 활력을 보장하는 조건이 기도 하다. 전통적인 굿 전승의 기반은 당골판 및 굿 수용자와 밀접한 관계가 있다. 이런 배경은 굿이 현장에서 살아 있게 하는 힘으로 작용해왔다. 굿의 경제적 기반이 굿 수용자의 수요로부터 비롯된 까닭에 굿의 진정성이 유지될 수 있었고, 당골은 굿판의 상황을 충실히 반영하여 굿을 연행했던 것이다.[13] 이번 용왕굿 역시 순천만에서 나오는 해산물이 물적 기반이며, 이를 생산하는 어민들이 주체가 되어 마련되었기 때문에 어민들의 참여가 두드러졌으며, 굿 속에 어민들의 기대와 요구가 대폭 수용되어 살아 있는 굿으로 연행되는 것을 볼 수 있었다. 이는 행정기관이나 외부 단체에서 비용을 부담하여 굿이 열렸을 때 굿이 공연화되거나 형식화되어 버리는 것과 비교되는 점이라고 할 수 있다.[14] 이런 점에서 볼 때, 주민들이 주체가 된 장도용왕굿의 경제적 기반은 굿이 현장의 맥락 속에서 활력 있게 연행되는 조건이 되었다고 할 수 있다.

2) 장도용왕굿의 연행현장적 구성

장도용왕굿은 장도 현지에서 굿청을 꾸미고 굿상을 차린 후 진행되었다. 먼저 시간대별로 진행 상황을 간추려 보면 다음과 같다.

---

13) 이경엽, 앞의 논문, 343~344쪽.
14) 최근 정치인들이 표를 의식하여 지역축제나 문화 행사에 참여하는 것을 많이 보게 된다. 장도용왕굿에서도 국회의원과 군의원들이 굿 도중에 와서 굿청에 술을 따르고 절을 하며 주민들을 만났지만, 주민들이 주체가 된 자리였던 까닭에 외부 사람들이 주인 행세를 하지는 못했다. 참고로 최근 열린 동해안의 한 별신굿에서는 경북도와 경주시, 수협 등이 예산을 지원한 까닭에 정치인들이 모여 개회식을 성대하게 하고, 선주나 어민들은 주인으로 나서지 못하는 것을 볼 수 있었다(2003년 6월 28일~30일 경북 경주시 감포별신굿 현지조사).

06 : 50	조사단 벌교 도착, 벌교 진석포구로 이동, 아침 식사 후 장도로 출발.
08 : 40	장도 도착, 굿상 진설.
10 : 21	선주들이 굿상 앞에 늘어서 헌작 후 재배.

10 : 21 에 이어:
굿거리 장단 연주(장구, 꽹과리-박운기, 쇄납, 아쟁, 대금-박영태, 징, 장구-하규남, 징-박경자, 정쇠-노정덕, 징-이은자)

10 : 36   <용왕문열기>
김명례 무녀가 악사들의 반주에 맞춰 춤을 추고, 악사들이 굿판을 돌면서 삼채, 갠지갱, 일채 등을 연주. 무녀가 용왕님께 비는 소리를 잠깐하고 다시 매구를 치고 끝냄.

10 : 50~11 : 03   <부정경, 산신경, 명당경>
남무 박운기가 왼손으로 장구를 연주하고 오른손으로 징을 연주하며 독경.

11 : 05~11 : 30   <안당> 축원(앉은 조달)
주무 : 김명례, 악사 : 꽹과리-박운기, 대금, 아쟁-박영태, 징-박경자, 장구-하규남, 정쇠-노정덕

11 : 31~11 : 45   <선부리> [진양(빌러를 갑시다)-동살풀이(앙와신아)-덕궁이(춤)]
주무 : 김명례, 악사 : 장구-박운기, 아쟁-박영태, 징 : 하규남, 이은자, 북 : 박선애

12 : 37~13 : 09   <부정물림> 각 배를 돌면서 쑥불을 피워 연기를 내면서 주워섬김 <그림 2>
주무 : 김명례

13 : 10~14 : 13   <제석굿>(<선부리>를 하고 <제석굿> 연행) <그림 3>
[진양(주야주야만년주야)-동살풀이(앙와신아제석이야)-엇모리(중타령)-지전춤-동살풀이(제석 모시는데)-진양(제석님이 오

시는구나)-성주풀이 들당산굿-날당산굿-노적-업-주잔풀
이-액막이]

주무 : 박경자, 악사 : 장구-하규남, 아쟁-박영태, 꽹과리-
박운기 외

14 : 32~14 : 50 주민들이 가요와 민요를 부르면서 놈.

"사공에 뱃노래~", "사랑은 아무나하나~", '백발가' 등

15 : 00~15 : 21 <넋올리기>

[진양(빌러를 갑시다)-덩덕궁이-넋올리기-천근소리-넋당석
들고 춤(덩덕궁이)]

주무 : 박경자, 악사 : 장구-하규남 외

16 : 50~17 : 15 <고풀이>

다섯 가지 색깔 천으로 고를 매어 고풀이를 했다. 주무가 무
가를 가창하고 조무들이 고를 푸는 방식으로 전개되었다(노
랑, 흰색-박순애, 초록 -이은자, 빨강, 파랑-노정덕).

주무 : 김명례, 악사 : 꽹과리-박운기, 장구-하규남, 대금-
박영태, 징 : 박경자

17 : 33~17 : 50 <길닦음>

[진양(시주를 헙시다)-덩덕궁이(나무아미타불)]

주무 : 김명례, 악사 : 장구-하규남 외

17 : 51~17 : 57 <거리굿>

사자상 앞에서 거리굿. 주무 : 김명례, 악사 : 장구-하규남 외

18 : 07~18 : 52 「오방굿」 배를 바다로 나가 배위에서 오방매구를 침.

풍물(자진모리-삼채-갠지갱-느진삼채)-축원(주무 : 김명
례), 제물을 던짐.

19 : 30~20 : 10 진석마을로 돌아와 선민회 사무실에서 「성주굿」을 연행. 용
왕굿과 별도로 진행되었음.

〈그림 2〉 장도 선창에 모인 어선들

용왕굿의 굿청은 장도리 신갱이마을 선착장에 마련되었다. 바다 쪽으로 돌출된 선착장 양안에는 선민회원들의 배가 줄지어 늘어서 있고, 각 배마다 오색기를 매달아서 굿의 분위기를 고조시켰다. 굿이 열리는 날 기온이 매우 낮아 얕은 바다 쪽에 두꺼운 얼음이 얼어 있어서 배를 타고 장도까지 이동할 때 얼음을 깨면서 운항할 정도였는데 이런 날씨에도 선민회원들은 자신들의 배를 장도에 집결하여 선착장 양안 가득 20여 척의 배들을 줄지어 정박해 놓았다(<그림 2>).

선착장 끄트머리에는 채일과 '두대바지(천막의 벽)'가 쳐진 굿청이 마련되었다. 굿청 옆에는 깃발을 매단 대나무 장대가 세워지고 용왕굿을 알리는 프랭카드가 걸려졌다. 굿청에는 여성 관객 25~30명이 앉아 무녀들의 굿을 지켜봤으며, 남성들은 그 뒤에 서서 굿을 보았다. 그리고 뒤쪽에는 큰 도람통 서너 개에 불을 피워 돼지고기를 썰어 굽기도 했다. 남성들과 젊은 여성들은 불 주변에서 얘기를 나누거나 음식을 장만하였다.

이와 같은 장면은 공동체 단위에서 수행되는 용왕굿의 현장 분위기를 잘 보여준다. 배들이 정박된 선창의 굿청과 어민들이 공동으로 준비하고 참여하는 잔치판같은 굿판의 분위기는 공동체굿의 활기를 그대로 담고 있다. 이는 외부의 지원이 아닌 스스로의 필요에 의해 굿이 연행된다는 사실과 관련이 있을 것이다.

굿청 안에는 바다 쪽을 향해 굿상이 차려지고 바닷바람을 피하기 위해 입구 쪽을 제외한 3면에 천막이 둘러 쳐졌다. 굿청 안 4면에는 청색, 녹색, 황색, 홍색 등 색색의 지등紙燈이 줄줄이 매달려 있고(<그림 3> 참조), 악사 쪽 벽에는 '十王'의 이름을 쓴 종이가 지등 사이에 순서대로 걸려 졌다. 시왕 장식은 시왕의 이름을 세로로 써서 좌에서 우로 "奉請第一秦廣大王"으로부터 열 번째인 "奉請第十殿轉輪大王"까지 순서대로 걸려 졌다.

이같은 굿청 장식은 전라도굿에서는 상당히 화려한 편에 속한다. 굿청 4면에 장식된 색색의 지등과 시왕의 이름을 매달아 놓은 장식은 전라도 다른 지역에서는 보기 힘들다. 화려한 지화와 탑, 용선 등으로 꾸며진 동해안·경남 남해안 별신굿에 비하면 특이할 것이 없는 초라한 장식이지만, 별다른 장식을 하지 않는 전라도 일반의 전통에서 본다면 장도용왕굿은 색다른 모습이라고 할 수 있다. 이것은 풍어굿이라는 상황과 관련된 것으로 볼 수 있지만 그것은 아니다. 순천을 비롯한 전라도 동남부 일대에서는 씻김굿을 할 때에도 비슷한 방식으로 굿청을 꾸민다. 그러므로 지역 나름의 특색으로 여겨진다.

장도용왕굿의 굿청 장식은 인접 지역인 경남 남해안과의 교섭 관계를 생각하게 해준다. 동해안이나 경남 남해안 등지에서는 별신굿이나 오구굿에서 지화로 굿청을 꾸미는 것이 특징이다. 장도 용왕굿은 장식 내용은 다르나 지화 장식을 사용한다는 점에서 이들 지역과 통하는 점이 있다. 전라도 동남부 지역이 이들 지역 굿과 영향을 주고 받은 결과 전라도 다른 지역과 차이가 생긴 것이 아닌가 추정해 볼 수 있다.

한편 장도용왕굿에서 보이는 굿청 장식이 다른 지역의 영향 때문이 아니라, 전라도굿 본래의 오랜 전통일 가능성도 있다. 순천, 보성 등지의 굿청 장식은 전라도굿의 역사적 전개과정을 보여주는 자료라고 할 수 있다. 이들 지역의 굿청 장식은 다른 곳보다 상대적으로 강한 제의적 전통의 존속과 관련 있는 것으로

〈그림 3〉 제석굿을 하고 있는 박경자 무녀 (오른쪽은 김명례 무녀)

판단된다. 전라도굿의 전승 과정을 보면 제의적 측면이 축소되면서 예능적 측면이 강조돼온 경향이 있는데, 순천, 보성, 고흥 등지에서 볼 수 있는 굿청 장식은 그러한 변화 과정을 재구성할 수 있게 해준다.

이와 관련해 전라도 다른 지역에서는 보기 힘든 무복이 이 지역에 남아 있다는 것을 참고할 필요가 있다. 동해안이나 남해안 세습무녀들이 입는 청색 쾌자는 무녀들의 기본 복색이라고 할 수 있다. 그런데 장도 용왕굿을 연행한 무녀들도 '신옷'이라고 하는 청색 쾌자를 입고 굿을 한다. 무녀 박경자(여, 70)는 어깨에서 소매까지 오색띠로 장식한 청색 쾌자(‘색옷’)를 입고 「제석굿」을 연행했다.(<그림 3> 참조) 이와 관련해 순천에서 활동해온 노무 이임순(1914~)도 자신의 무복을 보여주면서 전라도 세습무가 '본래부터 청색 쾌자를 입고 굿을 해왔다.'고 하여 무복의 존재를 실증하고 있다. 지금까지는 전라도 무녀들이 일반 한복만을 입을 뿐 따로 무복이 없는 것으로 알려져 있었으나 그렇게 단정할 수 없다. 참고로 1969년도에 조사한 보고서를 보면 "예전에는 무복으로 색복色服이라고 하는 쾌자와 남술띠가 있었으나 불살라 버렸다."[15]는 진도 노무 박선내의 증언이 기록되어 있는데, 여기서도 무복의 존재를 확인할 수 있다. 이것으로 볼 때 얼마 전까지도 호남의 세습무들도 남색 쾌자를 입었던 것으로 보이며 무복에 대한 관념이 점차 약화되면서 없어졌던 것으로 추정된다.[16] 이와 같은 무복과 경우와 마찬가지로 굿청 장식도 전라굿의 변이 과정을 설명해주는 단서라고 할 수 있을 것이다.

이상에서 본 장도굿의 굿청 차림과 무복 등은 보성, 순천, 고흥 등지의 무굿 전통의 지속성을 보여준다. 전남 동남부지역이 동일 무속권으로서 비슷한 부분들을 공유하고 있음을 볼 수 있고, 어떤 측면에서는 전라도굿의 옛모습을 재구해 볼 수 있는 요소들을 지니고 있음도 볼 수 있다.

장도용왕굿에 참여한 무당과 악사들은 모두 세습무계의 사람들이다. 명단

---

15) 문화재관리국, 『한국민속종합보고서』 전남편(1969), 208쪽.
16) 이경엽, 「순천씻김굿연구」, 『한국무속학』 제5집(2002), 161쪽.

을 들면 다음과 같다.

　무녀 (가)김명례(여, 61세) : 고흥군 남양면 망주리, (나)박경자(여, 70세) : 순천시 대룡동 대동, (다)이은자(여, 69세) : 보성군 벌교읍 진석리, (라)노정덕(여, 63세) : 보성군, (마)박선애(여, 39세) : 순천시
　악사 (바)박운기(남, 71세) : 고흥군 남양면 망주리, (사)하규남(남, 72세) : 보성면 벌교읍 진석리, (아)박영태(남, 53세) : 광주시 계림동

　굿에 참여한 무당들은 (라)를 제외하고는 모두 세습무계이다. (가)와 (바)는 부부이며 (마)는 이들의 딸이다. 그리고 (다)와 (사)도 부부다. (나)는 순천을 대표하는 무녀지만 남편 김순태가 작고한 이후 기량을 갖춘 고인이 없어 완성도 높은 굿을 하지 못하고 있다. (아)는 진도 조도 출신의 고인으로서 광주를 중심으로 활동하고 있다. 그는 아쟁과 대금 연주 등에서 특출한 기량을 지니고 있는데, 순천·보성 등지에 그 같은 기량을 지닌 고인이 없어 초청을 받아 굿에 합류하였다. 평소 교류가 없던 악사들이 초청되는 것은 이번 용왕굿처럼 큰 규모의 굿을 하게 될 때 간혹 볼 수 있다. 이는 기량을 갖춘 고인들이 재생산되지 못하고 있는 상황과 관련 있다.
　위의 무녀와 악사들이 함께 활동한 것은 얼마 전(15~20년 전)부터의 일이다. 본래는 지금과 같이 하지 않았다. 무계 내의 전승이 확고하고 당골판이 활성화되어 있을 때에는 혈연적으로 연관되어 있는 무당들끼리만 어울려 굿을 했지만, 지금은 무계를 넘어서서 같은 권역 내의 세습무들이 어울려 굿을 하고 있다. 달라진 무속환경에 따라 나타난 최근의 현상이라고 할 수 있다. 세습무계 끼리의 밀도 있는 활동이 와해되면서 나타난 무속권 단위의 산발적인 협조 양상이라고 할 수 있다. 세습무와 점쟁이(강신무)가 어울려 굿을 하거나, 점쟁이끼리만 굿을 하는 현상과 함께 최근 생겨난 방식이라고 할 수 있다.
　이들이 함께 활동한 것은 그리 오래되지 않았지만 순천, 고흥, 보성 등지가

본래부터 세습무계끼리 통혼을 하던 권역이므로 같은 무속권에 속한다고 할 수 있다. 기존 방식과 다르게 무당들이 결합하여 굿을 하지만 이질적인 부분이 많지 않으므로 그에 따른 갈등은 없는 것으로 보인다.

참고로 순천, 고흥, 보성 관내의 세습무들끼리는 애경사시 상호부조하고, 단체 관광을 하는 목적으로 계를 만들어 운영하고 있다. (아)를 제외한 사람들이 이 계의 구성원들이다. 이와 같은 세습무 조직은 무속환경이 급변하고 있는 상황 속에서 동질감을 공유하기 위해 구성된 것이라고 할 수 있다.

4. 다른 굿과의 비교와 장도용왕굿의 현장성

굿은 지역마다 각기 색다른 부분이 있고, 어떤 경우 동일 무속권 내에서도 무계나 무당에 따라 다른 모습의 굿을 전승하고 있다. 그러므로 비교 연구를 통해 보편성과 특수성을 추출해낼 수 있다. 지역과 굿의 종류라는 조건을 놓고 보면 다음과 같은 조합을 생각해 볼 수 있다.[17]

이 연구는 ㉯에 해당된다. 용왕굿은 공동체의 안녕과 풍어를 축원하기 위

***

17) 이외에 무계나 무당에 따른 비교도 가능하다. 예컨대 전라도 내의 세습무계 간의 비교, 전라도 세습무와 경상도 세습무의 비교, 전라도 세습무와 경기도 강신무의 비교 등이 가능하다.

한 굿으로서 일종의 재수굿에 속한다. 그리고 성주굿은 집안 단위의 안녕을 빌기 위한 재수굿이다. 이에 비해 씻김굿은 죽은 영혼을 위해 벌이는 사령굿으로서 궂은굿에 해당된다. 이렇듯 성격이 다른 굿과 대비를 하면 입체적인 이해가 가능할 것이다. 이중에서 특히 씻김굿과의 비교를 통해 보다 구체적인 논의를 할 수 있을 것이다. 씻김굿은 전라도지역의 대표적이고 큰굿으로서 체계적이고 짜임새 있는 구성이 돋보인다. 그러므로 씻김굿과의 비교를 통해 용왕굿다운 특징을 찾을 수 있을 것이다. 또한 용왕굿과 씻김굿의 성격이 다르지만 비슷한 굿거리들을 공유하고 있으므로 다르고 같은 점들을 대비함으로써 용왕굿의 연행원리를 파악할 수 있을 것이다. 그러므로 성주굿과도 비교를 하되 주로 씻김굿과 대비하려고 한다.

비교의 대상으로 삼은 자료는 순천씻김굿이다. 장도용왕굿과 순천씻김굿을 비교하는 일차적인 이유는 굿을 하는 무당들이 동일인이거나 밀접한 관련이 있기 때문이다. 박경자 무녀는 용왕굿과 씻김굿에 모두 관여해 있다. 그리고 연구자가 오랜 기간 동안 조사해온 무녀이므로 직접 조사한 자료를 갖고 비교할 수 있는 장점이 있다. 또는 장도용왕굿에서 주도적인 역할을 하고 있는 김명례 무녀는 순천에서 활동했던 김수정(작고) 무녀의 친 언니로서 같은 계통의 굿을 전승하고 있다. 그러므로 김수정의 씻김굿과 김명례의 용왕굿을 비교해보면 같은 지역에서 다른 종류의 굿이 어떻게 전승되고 있는지 알아볼 수 있다. 이와 같은 까닭에 순천씻김굿이 가장 적합한 비교 대상이라고 할 수 있다.[18]

〈표 2〉 용왕굿과 씻김굿의 비교

장도용왕굿(2001. 1)		순천씻김굿(1995.12)		순천씻김굿(1991. 1)	
절차(무당)	장소	절차(무당)	장소	절차(무당)	장소
용왕문열기(김명례)	굿청				
부정경, 산신경, 명당경 (박운기)	굿청				

18) 순천씻김굿 자료는, 이경엽, 앞의 책(2000), 105 · 179쪽 참고.

				혼맞이(박경자)	거리
				조왕경(김순태)	부엌
안당(김명례)	굿청	안당(김수정)	마루방	안당(박경자)	안방
선부리(김명례)	굿청	선부리(김수정)	마루방	선부리(박경자)	안방
부정물림(김명례)	배위				
제석굿(박경자)	굿청	제석굿(김수정)	마루방	제석굿(박경자)	안방
넋올리기(박경자)	굿청	넋올리기(박경자)	굿청	넋올리기(박경자)	안방
		오구굿(김수정)	굿청	오구굿(박경자)	안방
고풀이(김명례)	굿청	고풀이(박경자)	굿청	고풀이(김천심)	안방
		씻김(김수정)	굿청	씻김(박경자)	안방
길닦음(김명례)	굿청	길닦음(박경자)	굿청	길닦음(박경자)	안방
거리굿(김명례)	굿청 앞	거리굿(김양자)	대문간	거리굿(김천심)	대문간
오방굿(김명례)	배위				

<표 2>에서 보듯이 용왕굿은 씻김굿의 절차와 상당히 많이 겹쳐 있다. 용왕굿에 씻김굿 절차들이 들어 있는 이유는 이번 용왕굿의 상황적 목적과 상관 있는 것으로 보인다. 바다에서 사고사로 죽은 이를 천도하는 것이 이번 굿의 중요한 목적 중의 하나이므로 관련 내용들을 대폭 수용하고 있는 것이라고 할 수 있다. 이것을 통해 볼 때 이번 용왕굿이 현장적 상황성을 중요한 연행 원리로 삼아 연행되었음을 알 수 있다.

이는 다음의 풍어굿 및 성주굿과 비교를 해보면 더 분명히 드러난다.[19]

[순천성주굿] ① 부정치기 ② 조왕 ③ 안당 ④ 손굿 ⑤ 제석 ⑥ 거리굿

[순천풍어굿] ① 부정치기 ② 당산굿 ③ 용왕굿 ④ 도깨비굿 ⑤ 거리굿

---

19) 순천성주굿과 풍어굿은 순천의 노무 이임순과의 대담을 통해 파악한 내용이며[이경엽, 「순천의 민속문화」, 『순천시의 문화유적』 Ⅱ(순천대박물관, 2000), 535쪽], 신안 성주굿은 실제 연행현장에서 조사한 자료이다(2001.11.23 신안군 비금면 현지조사).

[신안성주굿] ①안당 ②초가망석 ③손굿 ④제석굿 ⑤고풀이 ⑥거리굿

성주굿과 풍어굿은 집안의 안녕을 빌고 풍어를 축원하는 굿답게 재수굿 관련 절차로 구성되어 있다. 장도용왕굿이 일반 재수굿이라면 위의 성주굿이나 풍어굿과 비슷한 절차로 이루어져 있을 것이다. 그런데 그렇지 않다. 장도용왕굿의 경우 부정치기, 안당, 초가망석, 제석굿으로만 되어 있지 않고, 넋올리기, 고풀이, 길닦음과 같은 씻김굿의 절차들을 담고 있다. 장도굿이 해난 사고로 죽은 이의 천도를 비는 목적이 부가된 풍어굿이라는 것과 관련된 구성이라고 할 수 있다. 이는 용왕굿의 굿청 장식에 시왕의 이름이 적힌 종이들이 장식된 것과도 관련 있다. 이것을 통해 볼 때 장도용왕굿이 상황성을 연행 원리로 삼아 현장적 상황에 걸맞는 구성을 취하고 있음을 알 수 있다. 곧, 특별하게 부가된 천도 목적의 상황성을 담기 위해 일반 용왕굿과 씻김굿의 절차를 결합하는 방식으로 장도용왕굿이 만들어져 연행되었다는 것이다.

이것을 더 구체적으로 살펴보기 위해 굿거리 차원의 비교를 해보기로 한다. 같은 굿거리일지라도 어떤 상황의, 어떤 목적의 굿인가에 따라 서로 다른 점이 발견된다. 그러므로 그것을 통해 용왕굿이 독자성을 추구하기 위해 어떤 부분들을 축소하거나 확대하고 있는가를 찾을 수 있다. 이 비교는 같은 당골의 굿거리를 대상으로 해야 논리적으로 설득력이 있다. 당골 (나)가 여기에 해당되므로 그가 연행한 <제석굿>[20]을 대상으로 비교해 보기로 한다.

같은 <제석굿>이지만 용왕굿의 경우 씻김굿과 다른 구성을 보여준다. 이것은 무당이 용왕굿을 현장적인 상황에 맞게 짜나가는 원리와 관련 있다. 용왕굿과 씻김굿의 대목 구성을 비교함으로써 굿을 짜나가는 원리를 파악할 수 있을 것이다. 상황적 즉흥성을 어떤 대목에서 주로 표출하는지를 찾아봄으로써 굿의 현장성을 명확하게 파악할 수 있다. 일반적으로 보면 창 대목보다는

---

20) 이경엽, 앞의 책, 120~134쪽.

말 대목에서 굿의 상황성을 적절하게 표출하고 있다. 창 대목에서도 즉흥적인 변개가 보이지만 말 대목에서 그것이 훨씬 확장되어 나타난다.

〈표 3〉 〈제석굿〉의 장면 비교

용왕굿 중 〈제석굿〉	씻김굿 중 〈제석굿〉
이매맞이(말, 굿을 하게 된 배경)	
제석풀이(풀이살)	제석풀이(풀이살)
오시는구나(진양)	오시는구나(진양)
성주고풀이(빠른굿거리)	성주고풀이(빠른굿거리) 천근말, 천근소리(중모리)
이매맞이(말) 중 노정기, 당산풀이(들당산, 날당산) 노적 담가주자	이매맞이(말) 중 노정기, 노적 담가주자
노적받기(중모리) 축원(말) 자진노적(덩덕궁이) 업 담그자(말)	노적받기(중모리) 축원(말) 자진노적(덩덕궁이) 업 담그자(말)
업 담그기(덩덕궁이) 액 막자(말)	업 담그기 액막자 (말)
주잔풀이(풀이살)	
액막이(풀이살) 액막이소리(덩덕궁이)	액막이(풀이살) 액막이소리(덩덕궁이)

같은 〈제석굿〉이지만 용왕굿에서는 이매맞이[21]가 확대되어 있고 씻김굿에서는 축소되어 있다. 말로 진행되는 이매맞이 부분의 확대는 용왕굿 상황에 맞게 축원 내용을 확장하기 위한 목적과 관련된 것으로 보인다.

(가) 무녀 : 어찌 가문을 모르고 정중을 모르고 동네를 모르고 끝을 모르고 왔겠오. 나가 한걸음에 쏙 들어와 놓고 본께. 이 장도리 신갱이 끝에 이 여그여 그 선창가에로 나왔어.

악사 : 예.

무녀 : 썩 와서 여그서 좌우를 둘러 본께 그나저나 장도리 모두 대촌양반들 부시목 저그 모도 저그 저그 개거리 신갱이 모두 양반들 서이너이 앉아 공론

---

21) 무녀가 말로 진행하는 부분이다. 대개 악사와 대화하듯이 주고 받으며 진행한다. 진도에서는 이를 '조달'이라고 하며, 앉아서 할 때에는 '앉은 조달'이라고 한다.

허는디 (악사 : 예)

"우리가 이렇게 장도리 삼서로 어쨌든지 젊은 사람들은 다 서울로 부산으로 돈 벌겄다고 가불꼬 나이 많은 늙은 사람들이 배를 타고 모도 바닥에가 묵고 산디. 예. 어쨌든지 몸도 건강하고 가는 질에 명을 주고 오는 질에 복을 받아서 우리가 나갈 적에 반짐 실고 오는 길에 온짐 실고 또 불고 또 생겨 묵고 남고 쓰고 남아야 헐 것인디. 아 재수없이 가다가 죽고 오다가 죽고 썰물에 죽고 날물에 죽고. 배가 불에 태와갖고 저그 공중에가 톡 떨어져 뻘밭에가 모도 죽고. 아 이러니 그래야 쓰겄는가. 근게 어째 우리 장도리 요왕굿이나 크게 한번 해 보세."

용왕굿 중 <제석굿>

(가)는 '성주고풀이' 뒤에 이어지는 이매맞이다. (가)에서는 당골이 관련되는 마을들을 일일이 거론하고 주민들이 용왕굿을 하게 된 상황을 설명하고 있다. 이어 정성들여 굿을 준비했다는 사실을 거론하고 이 굿을 통해 복을 받고 재수를 받을 수 있다는 축원을 길게 이어갔다. 이것은 씻김굿과 다른 상황을 배려한 사설의 확대라고 해석된다. 여러 마을이 적극적으로 참여하여 기금을 마련한 상황이므로 굿 수요자인 주민들의 기대치를 반영하여 이매맞이 부분을 확대시킨 것이라고 할 수 있다.

또한 용왕굿에서 특기할 만한 부분은 '당산풀이' 대목의 확대다. (나)는 당산할아버지와 관련된 내용의 일부이고, (다)는 당산할머니와 관련된 부분이다.

(나) 무녀 : 그러고. 이 중이 허우적거리고 오니라고 큰 굿허고, 징소리 장구소리 북소리 깡쇠소리 아쟁소리 피리소리 젓대소리 모도 나발소리 꼬박소리가 막 나기래 그냥. 오니라고 온디. 어디서 난디없는 구척 장승 한아버지가 니 활개 니 짓으로 철컥 벽락같은 소리를 질러서 깜짝 놀래갖고, 하늘을 보면 하늘가 붙고 땅을 보면 땅에가 딱 붙은 한아버지가 썩 나섬서 너 이놈아 너 어디

가냐고 그래. (악사 : 예) 근디 장도리 양반들이 신정이 끝에서 올해 큰 재수굿을 헌다고 (악사 : 예)모다 되야지 잡고 큰 잔치가 났다고 그래서 잔치에 가서 좀 얻어 묵고 갈라고 오요 근게. 요 이 놈아 니가 가서 니 배야지만 와욱 많이 퍼 묵고 가면 안된다. 그런게 내가 들어놓고 본게 요왕경이다 성주경이다 지신경이다 도령경에다 명당경에다가 모도 부정경에다 잘 읽고 잘 허더라마는 니가 나 시킨대로 가서 해야만 재수를 보제. 요놈아 니가 덮어놓고 가서 굿만 잘허고 염불만 잘허고 경문만 잘해갖고 굿덕 보냐고 그래. (악사 : 예)

(다) 무녀 : 하하. 마.(조무 : 박수 치며 환호) 얼마나 날당산을 잘 치고. 그나이나 우리 당산할머니 속곳 빨래 깨끗이 빨아 입고 가라고 우리 모두 여기 오신 모두 어른 어르신들이 노수를 많이 줘서 당산할머니 속곳 빨래 품삯을 많이 줬으니, 올해 여기 와서 나한테 돈준 양반들 올 한해 꼬막 미처 가서 캐도 못해 어떻게 많이씩 불어불어분지.(웃음) 그리고 이 놈의 꼬막이 어떻게 생겼는고니는 갖다 폴라고 놔두면 은빛으로 금빛으로 생겨갖고 다른 사람 꼬막 안 사간디 나한텐 돈준 양반들 꼬막은(조무, 관객들 웃음) 막 그냥 불티 나가득기 절로 나가불어 그냥. (조무, 관객들 웃음소리)상금 더 받고 응 근도 더 받고 그럴거인게. 그리고 저 바닥에 낙지 캐러 가고, (악사 : 예)쭈꾸미 캐러 가고, 가면 막 낙지란 놈이 꾸물꾸물 해갖고 절로 나와서 많이 불아준다는디.

용왕굿 중 <제석굿>

(나)와 (다)는 당산할아버지와 당산할머니를 등장시켜 그 신적인 능력을 소개하고 축원하는 대목이다. 당산풀이에서는 무녀가 중 역할을 하고 있고, 그 중과 당산신이 대립하는 것으로 설정되어 있다. 세습무가 신격을 대신하는 설정이라는 점에서 특이하며, 당산신의 외모나 능력이 비교적 구체적으로 그려져 있어 주목된다. 또한 중은 서사무가 제석풀이에 나오는 신격이기도 한데, 그 중이 당산신과 충돌하고 있고 당산신 우위의 대립이 그려져 있어 관심을 끈다.[22]

용왕굿에서는 이와 같은 당산풀이 대목이 씻김굿보다 강조되고 확장되어 있는데, 이는 용왕굿이 공동체굿으로 연행된다는 점과 관련이 있을 것이다. 당산풀이의 일반 기능은 씻김굿의 제석굿에서도 요구되는 바이지만, 공동체굿에서 주민들의 다양한 기대를 표출하기에 더 적합하므로 확대되어 있는 것이라고 할 수 있다.

(다)의 축원 내용을 보면, '캘 수 없을 정도로 꼬막이 많이 나오고', '꼬막색깔이 은빛 금빛을 띠어 불티나게 팔려가고', '낙지, 쭈꾸미를 캐러 가면 절로 많이 나오게' 되는 것 등이다. 이러한 축원은 순천만에서 어로 작업을 하는 어민들의 절대적인 바람이기도 하다. 굿 수용자들의 기대와 요구를 반영하여 당산풀이 대목이 확대되고 현실적인 축원이 구체화되어 있음을 보여준다. 또한 당골의 축원에 주민들이 박수를 치며 소리 내어 웃는 것을 볼 수 있는데, 굿의 연행이 당골의 일방적인 전달이 아니라 청중들과의 교감을 통해 이루어지고 있음을 보여준다. 이것은 굿의 연행과 수용이 현장 속에서 유기적이고 역동적으로 이루어지고 있음을 말해준다.

현장성을 반영하는 굿의 연행은 창 대목에서도 발견된다. 창 대목은 약간씩 가감이 있어 정밀한 비교가 있어야 하지만, 우선 눈에 띄는 부분은 '성주고풀이'에서 찾을 수 있다. 성주고풀이 대목은 씻김굿에서는 확대되어 있지만 용왕굿에서는 잠깐밖에 불리지 않았다. 씻김굿에서는 8절까지 불렸으나 용왕굿에서는 2절까지만 불렸다. 성주고풀이가 집안의 액과 우환을 막기 위한 무가라는 점을 감안해 본다면 용왕굿에서의 쓰임새는 그리 크다고 볼 수 없고, 그 때문에 축소된 것이라고 할 수 있다. 또한 천근말과 천근소리가 용왕굿에서 불려지지 않은 이유도 이와 비슷하다. 천근이란 망자를 천도하기 위한 굿거리에서 송신의 기능을 지닌 종지 대목이다. 이런 이유로 인해 씻김

---

22) 이 대목은 세습무가 간접적인 방식으로 신격을 드러낸다는 기존의 인식과 다른 부분이다. 중이 어떤 존재인지 충분히 해명되지 않았으므로 따로 다루어봐야 한다. 또한 거의 알려지지 않았던 당산할아버지·당산할머니에 대한 신화적 기술을 담고 있으므로 주목할 만하다. 이에 대해서는 따로 고찰하고자 한다.

굿에서는 쓰임새가 크지만 용왕굿에서는 생략된 것으로 보인다.

이와 같이 장도용왕굿은 현장적인 상황과 기능을 담아내기 위해 절차와 장면들을 조정해가면서 연행되었음을 알 수 있다. 씻김굿의 굿거리를 포함하고 있는 절차 구성은, 풍어라는 일반적 목적 외에 해난 사고로 죽은 이를 천도시키고자 하는 상황적 목적과 관련 있다. 또한 장면이 분화되어 있고 사설 부분인 이매맞이가 확대되어 있는 것은 주민들의 적극적 참여를 의식한 축원의 확장과 관련 있다. 그리고 당산풀이가 부각되어 있는 것은 용왕굿이 공동체굿이라는 것과 상관있고, 풍어와 관련된 축원을 확장하려는 연행 의도와 밀접한 관련이 있다. 그리고 사설 대목만이 아니라 창 대목에서 성주고풀이와 천근소리 등을 축소하고 생략하는 것 역시 현장성의 반영과 관련이 있다. 이와 같은 용왕굿의 연행 내용은 현장적인 상황성을 담기 위한 연행 원리에서 비롯되었다고 할 수 있다.

장도용왕굿에서 보이는 현장성은 전승현장과 연행현장의 유기적 결합 관계를 잘 보여주고 있다. 외부의 지원이 아닌 굿 수용자의 경제적 기반에서 소성된 굿판이므로 전체적인 굿의 구성과 전개가 주민들의 현실적·종교적 기대를 잘 반영하고 있다. 장도용왕굿은 순천만에서 어로 작업을 하는 어민들의 다양한 기대를 담고 있다. 이런 까닭에 당골의 굿이 굿 수용자와의 교감을 통해 전달되고 있는데, 이것은 곧 굿의 현장적인 기능과 수용 과정을 말해준다. 굿을 지지하는 전승현장의 물적 기반과 굿판의 활력이 긴밀하게 연결되어 현장성을 확보하고 있음을 알 수 있다.

장도용왕굿을 통해 굿의 연행원리와 현장성을 볼 수 있다. 굿은 상황적 기능을 현장에서 표출한다. 그러므로 고정적인 사설이나 절차를 반복하는 것이 아니라, 현장의 상황에 맞게 틀거리가 구성되며 그 속에서 현장적인 정서와 분위기를 담아낸다. 당골은 굿에서 관행적인 의미를 되풀이하는 것이 아니라 상황과 맥락에 맞게 굿을 짜가고 사설을 재생산해낸다. 그리고 그것이 현장의 맥락 속에서 수용되고 전달되는 것이다.

5. 결론

전라도 용왕굿은 다양하고 풍부한 굿 전통을 담고 있는 의미 있는 자료다. 그 동안의 연구가 씻김굿 일변도의 편향성을 보였다는 점에서 볼 때, 이번 연구를 통해 다양한 굿 전통의 실상을 파악하고 새로운 연구 방향을 모색하는 계기를 마련할 수 있게 되었다.

굿은 현장 속에서 다양한 모습으로 존재한다. 그러므로 개별 상황을 체계적으로 포착하는 일이 중요하다. 현장론적 연구는 굿의 전승현장과 연행현장을 유기적으로 통합하는 관점이다. 장도용왕굿의 경우 순천만에서 어로활동을 하는 어민들이 해역 내의 안전을 빌고 풍어를 축원하는 행사의 주체가 되어 있기 때문에 당골의 굿이 현장의 맥락과 긴밀하게 연결되어 연행되었다. 전승현장의 물적 기반과 굿판의 활력이 밀접한 연관을 맺고 있음을 보여준다. 굿판의 분위기와 굿청 장식 등은 천도굿의 목적이 부가된 공동체굿이라는 것과 관련이 있는데, 이러한 연행현장적 구성에도 굿의 현장성이 반영되어 있음을 볼 수 있다.

다른 굿과의 비교를 통해 장도용왕굿의 현장성을 구체적으로 파악할 수 있었다. 씻김굿의 굿거리를 포함하고 있는 절차 구성은, 풍어라는 일반적 목적 외에 해난 사고로 죽은 이를 천도시키고자 하는 상황적 목적과 관련 있다. 또한 사설 부분인 이매맞이가 확대되어 있는 것은 주민들의 적극적 참여를 의식한 축원의 확장과 관련 있으며, 당산풀이가 부각되어 있는 것은 용왕굿이 공동체굿이라는 것과 상관 있고 풍어와 관련된 축원을 확장하려는 연행 의도와 밀접한 관련이 있다. 그리고 사설 대목만이 아니라 창 대목에서 성주고풀이와 천근소리 등을 축소하고 생략하는 것 역시 현장성을 반영하는 굿의 연행이라고 할 수 있다. 이와 같은 용왕굿의 연행 내용은 현장적인 상황성을 담기 위한 연행 원리에서 비롯되었다고 할 수 있다.

장도용왕굿에서 보이는 현장성은 전승현장과 연행현장의 유기적 결합 관계를 잘 보여주고 있다. 외부의 지원이 아닌 굿 수용자의 경제적 기반에서 조성된 굿판이므로 전체적인 굿의 구성과 전개가 주민들의 현실적·종교적 기대를 잘 반영하고 있다. 당골의 굿이 굿 수용자와의 교감을 통해 이루어지는 것을 보게 되는데, 이것을 통해 굿의 현장적인 기능과 수용 과정을 볼 수 있다.

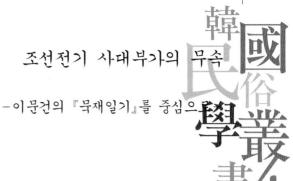

조선전기 사대부가의 무속

-이문건의 『묵재일기』를 중심으로

이복규
서경대학교
교수

1. 서론

필자는 최근에 조선전기의 사대부 이문건李文健(1494~1567)이 쓴 한문일기 『묵재일기默齋日記』에 나타난 출산·생육관련 민속의 양상에 대하여 한 차례 보고한 바 있다.[1] 그 후 『묵재일기』를 자세히 검토하는 과정에서 여타 민속에 대한 정보도 풍부하게 담겨 있다는 것을 확인할 수 있었다. 이 글에서는 그 가운데에서 무속의 양상에 대하여 소개하고자 한다.

종래에 이루어진 조선시대의 무속 관련 연구는 주로 『조선왕조실록』을 중심으로 이루어졌던 것이 사실이다. 하지만 『조선왕조실록』은 공적인 기록이기 때문에 당시 무속의 구체적인 면모를 살피는 데에는 여러 가지로 한계가 있게 마련이었다. 그 점을 보강하려 『동국세시기』, 『열양세시기』, 『경도잡지』

---

1) 이복규, 「묵재일기에 나타난 출산·생육관련 민속」, 『한국학의 존재와 당위』(서울 : 다운샘, 1997), 195~206쪽; 「조선전기의 출산·생육관련 민속」, 『한국민속학보』 8(서울 : 한국민속학회, 1997), 5~22쪽.

등의 개인 저술을 활용하기도 하지만 이들은 모두 조선후기에 이루어진 책들이라 조선전기의 실상을 아는 데는 일정한 아쉬움이 있다. 따라서 이런 갈증을 해소하는 데 『묵재일기』는 일정하게 기여하리라 기대한다. 조선전기의 개인적인 기록인 데다 아주 솔직하게 여러 가지 사항에 대하여 기술해 놓았기 때문이다.

미리 밝혀두거니와, 필자는 무속 전문연구자가 아니다. 따라서 자료 소개에 주안점을 두기로 하겠다. 다만 이들 자료를 통해서 확인되는 사항들에 대하여 간략하게 해설을 붙여 자료 앞에 제시하기로 하겠다.

2. 무속

1) 무당의 종류

『묵재일기』에 등장하는 무당은 여자 무당이 거의 대부분이다. '여무女巫' 또는 '무녀巫女'라 하여 여자 무당이 빈번하게 나오고, 딱 한 번 '격覡'이라 하여 남자무당이 등장하고 있다. 그냥 '무巫'라고 표기하여 성별이 모호한 경우도 있다. 여자 무당 가운데 추월이란 무녀가 가장 자주 등장하는데 6번, 50번 자료에서 보는 것처럼 병의 원인을 알아내는 신통력을 인정받고 있는 것으로 미루어 강신무임을 알 수 있다. 세습무는 강신체험이 없이 학습에 의해서 굿을 진행하는 기술만 익힌 무당이지만, 추월은 굿을 진행함은 물론 병의 원인도 알아내는 힘을 보유한 것으로 나타나 있기 때문이다. 그런데 55번 자료를보면 추월이가 투옥되자 그 전라도 어미를 불러다 대신 굿을 하게 하여, 추월은 세습무이자 강신무가 아니었던가 판단된다.

26번 자료에서는 무당의 이름이 밝혀져 있지 않으나 병이 언제쯤 나올 것인지 예언하고 있는 것으로 미루어 이 무당도 강신무로 여겨진다. 따라서 이문건의 집안에서 상대한 무당은 주로 강신무였음을 알 수 있다. 이문건 집안에서 무당을 부르는 이유가 병 퇴치 등 구체적이고 당면한 문제를 해결하고자 하는 필요성에서였음을 고려해 볼 때 이는 당연한 현상이 아니었던가한다. 일반적으로 영남지방에는 세습무가 지배적[2]이라고 알려져 있는데, 이 자료에서는 다른 양상을 보이고 있어 주목된다 하겠다.[3]

2) 굿의 동기

어떤 경우에 사대부가인 이문건 집안에서 무당을 불러다 굿을 하였던 것일까?

첫째, 가족의 병을 낫게 하기 위해서였다. 9, 14, 16번 자료를 그 예로 들수 있다. 가족이 병에 들어 잘 낫지 않을 때 무당을 불러다 굿을 함으로써 병을 퇴치하려 했던 것을 자주 발견할 수 있다. 이때의 굿은 치병을 목적으로하는 병굿[4]이었을 것이다.

둘째, 죽은 이를 위해서도 굿을 하였다. 10번과 11번 자료가 그 사례이다. 10번 자료는 이문건의 몸종인 방실이가 그 죽은 아내를 위해서 굿을 한 경우[5]이지만, 11번 자료는 죽은 딸을 위하여 이문건 집에서 지낸 것이다. 가족은 물론 죽은 종을 위해서도 굿을 하였음을 15번 자료는 보여주고 있다. 물론이 경우의 굿은 망인의 천도를 위한 진오기[6]였을 것인데, 이 망자천도 의례가 10번과 42번 자료에서 보듯 4·7일이나 49재일에 행해졌다는 점에서 민

---

2) 김태곤, 『한국무속연구』(서울 : 집문당, 1981), 422쪽.
3) 『묵재일기』의 배경지는 주로 경상도 성주(星州)이다. 구체적으로 밝히자면 1545년 9월 이후의 기사는 모두 이문건이 유배생활을 한 성주에서 일어난 일들이다. 부록에 제시하는 자료를 보면 알겠지만 본격적인 무속 관련 자료는 1546년부터 나온다.
4) 김태곤, 앞의 책(1981), 348쪽 참조.
5) 이 경우도 그 주인인 이문건 집에서 묵인해서 이루어진 것으로 보아야 하므로 사대부가의 무속 자료로 포함해서 다룬다.
6) 김태곤, 앞의 책(1981), 348쪽 참조.

간신앙과 불교의 습합 양상을 엿보게 하여 주목된다.

3) 굿의 현장

굿의 현장은 어땠을까? 관련 자료가 많지는 않으나 몇 가지 확인이 가능하다.
첫째, 도구로서 북(장구?)이 사용되었다. 5번 자료가 그 점을 말해 준다.

둘째, 분위기는 아주 시끄러웠다. 4번, 5번 자료에서 보는 것처럼 신에게
기도하는 소리, 신을 칭찬하는 소리, 북(장구?)치는 소리, 노랫소리 등으로 몹시
소란하였음을 알 수 있다. 오죽하면 8번 자료의 경우, 이문건은 숙복의 치병
을 위해 굿을 해보았지만 차도가 없자 중도에 그만두게 하였다. 아이를 안정
시키고자 해서였다. 굿할 때 나는 소음이 오히려 환자에게 해롭다고 판단한
것이다.

셋째, 굿에 쓴 제물로는 떡이 필수적이었음을 알 수 있다. 떡의 종류에 대
해서는 언급이 없는데 유일하게 7번 자료에서 '상화떡'이라 밝힌 경우가 한
건 있다. 상화떡이 여름떡이며 그 기사가 나오는 대목이 8월인 것으로 미루
어, 계절에 따라 적합한 떡을 사용하였던 것이 아닌가 판단한다.

넷째, 당시에도 굿은 구경거리의 하나였음을 알 수 있다. 47번 자료에서
숙희가 무당춤을 보러 굿판에 왔다고 되어 있어 그 점을 보여준다.

다섯째, 굿을 하는 과정에서 제삼자에게 신이 내려 공수하는 현상이 나타
나 있다. 55번 자료에서 그 흥미있는 현상을 볼 수 있다. 굿을 하던 날, 계집
종 억금이가 몸을 진동하며 공수하기를, "모골계가 날것이 아니니, 네게 죄가
있다. 장차 잡아서 돌아가겠다"라는 말을 하면서 누운 채 신음하고 일어나지
못하였다는 사건이 그것이다. 일반적으로 공수는 무당의 입을 빌어서 하는
것이 상례인데, 이 경우는 제삼자에게 나타나고 있어 특이하다. 억금이는 이
때부터 종이면서도 그 신기神氣를 인정받아 귀신에게 제사지내는 일도 했던
것을 알 수 있다. 56번 자료가 그 점을 보여준다.

여섯째, 종이를 매달아 굿을 하기도 하였다. 2번 자료가 그 점을 보여주는데, 이는 현재 충청도 지역에서 행해지는 설경說經의 풍습 즉 독경을 할 때 종이에다 경문經文을 부적처럼 적어 각 방위의 요소요소에 붙여 놓는 것과 상통하는 것으로 추정된다.[7]

4) 굿에 대한 태도

이문건은 굿에 대하여 이중적인 태도를 지니고 있었던 것으로 보인다. 부정적인 태도와 긍정적인 태도를 둘 다 공유하고 있기 때문이다.

부정적인 태도는 3번 자료에서 잘 드러난다. 주인집에서 굿판을 벌이려 하자 허락하지도 않고 무녀를 불러다 책망하기까지 한다. 또한 이문건은 굿의 현장에는 철저하게 참석하지 않는데 이것 역시 굿에 대하여 일정한 거리감을 가지고 있었음을 알려준다. 42, 43번 자료가 그 점을 증거한다. 물론 현장에 참여하지 않은 것은 불신해서라기보다는 양반 사대부로서의 지체를 유지하기 위해서여였다고 보아야 할 것이다.

하지만 이문건은 분명히 굿의 효용성, 무당의 신통력을 인정하고 믿었던 것이 분명하다. 부인의 굿 유치 행위를 묵인하는 것은 물론 자신이 적극적으로 나서서 필요할 때마다 무당을 불러 점도 치고 굿을 하도록 시키고 있기 때문이다. 2, 6번 자료가 그 한 사례이다. 특히 50번 자료는 이문건이 민간신앙을 상당히 의식하면서 믿고 있었음을 보여준다. 손자 숙길이가 아프자, 그 원인을 나름대로 추정하는 과정에서, 숙길이가 아이들을 따라 성황당에서 놀던 날 심장이 뛰고 다리가 떨렸던 일을 떠올리고 혹시 그 때문이 아닌가 무녀에게 물어보고 있기 때문이다. 46번 자료를 보면, 이문건의 문의를 받은 무당은 다음날로 성황당에 닭밥(닭요리?)을 지어 바침으로써 아이의 병을 낫게 하고

---

7) 최운식, 『홍성의 무속과 점복』(홍성 : 홍성문화원, 1997), 40쪽 참조.

자 시도하고 있는데, 전후 문맥으로 보아 이 역시 이문건이 시킨 일이었음이 틀림없다. 이처럼 이문건은 속으로는 무속신앙에 의존하면서도 겉으로는 거리를 유지하는 것처럼 행동하는 등 이중적인 태도였음을 알 수 있다.

3. 결론

이상 매우 개괄적으로 『묵재일기』를 중심으로 조선전기 사대부 집안 무속신앙의 이모저모에 대하여 기술하였다. 조선전기 사대부가에서도 인간의 능력으로는 알 수 없거나 해결할 수 없는 문제가 발생하였을 때, 무속신앙을 활용하였음을 확인할 수 있었다.

하지만 머리말에서도 밝힌 것처럼 이 글은 자료 제시에 주안점을 둔 것이지 본격적인 분석에는 이르지 못하였다. 필자의 역량으로 감당할 수 없는 영역이기 때문이다. 다만 이를 토대로 앞으로 이 방면 전공자들이 좀더 싱세한 국면을 밝히고 그 의미를 해석해 나가리라 기대한다. 필자는 앞으로 점복이나 독경을 비롯하여 관혼상제와 해몽이나 예조豫兆 등 여타 민속의 양상에 대해서도 기회가 닿는 대로 소개할 생각이다.

국사편찬위원회에서 『묵재일기』의 석문본(탈초본 : 초서를 정자로 바꾼 것)을 발간할 예정으로 있는바, 그렇게 되면 한층 더 조선전기 민속의 실상에 대한 접근이 용이해지리라 전망한다. 아무쪼록 이 글이 조선전기 무속신앙을 이해하는 데 도움이 되고 이 방면 연구의 활성화에 기여하기를 바라면서 글을 맺는다.

■ 참고자료

〈『묵재일기』소재 무속 관련기사〉

이하의 자료는 『묵재일기』에서 보이는 무속 관련기사를 연월일 순서로 제
시한 것임.

(1) 1537년 5월 16일
• 무당 산운이 와서 판결사에게 보낼 편지를 요청하기에 써주었다.
  [山雲來 請簡判決事前 書給]

(2) 1546년 7월 29일
• 계집종 삼월이의 딸아이가 이질을 앓아 밥을 못 먹는다고 한다.
  [月小女痢 不食食云]
• 계집종 억금이가 무녀에게 찾아가 물어보니, '종이를 공중에 매달아 기
  도해야 한다'라고 했다기에 종이를 찾아서 주었다.
  [今尋巫女問之 以紙懸空禱之云 索紙乃給]

(3) 1546년 10월 2일
• 배순의 집(이문건이 유배가서 처음 기거하던 집 : 필자 주)에 머물렀다
  [裵純家]
• 주인집에서 내청에서 굿판을 벌이려고 하기에 허락하지 않고 무녀를 꾸
  짖었다.
  [主家欲設巫事于內廳 不許 叱巫女]

(4) 1551년 4월 4일
• 일찌감치 아랫집에 내려가 아내의 병세를 살펴보고, 황혼녘에 다시 올라

조선전기 사대부가의 무속   269

와서 잤다.

[早下見妻病 昏復上宿]

• 약은 천금루노탕을 가지고 주로 치료하였는데, 오후부터 비로소 복용하고, 황혼녘에는 다시 웅담 물에 간 것 한 종지쯤을 권하였다.

[藥則以千金漏蘆湯主治 自午始服 昏復勸服熊膽硏水一終子許]

• 중 보명이 와서 보고, 황혼녘에도 보았다. 웅담으로 내종內腫을 치료하는 일에 대하여 말을 하기에, 다시 아내가 있는 아랫집으로 내려가 웅담을 물에다 섞어 한 종지를 권하여 복용하게 하고 돌아왔다. 중은 외방에서 잤다.

[普明來見 昏乃見之 因言熊膽治內腫事 復下寓家 以膽和水 勸服
一終子而還 僧宿外房]

• 무녀로 하여금 기도하고 신을 칭찬하도록 하였으니, 김자수의 점괘에 이런 내용이 있었기 때문이다.

[令巫女禱解嘖神 因金自粹占詞有此也]

(5) 1551년 7월 1일

• 앞집의 귀비가 굿을 벌였는데, 쌍 북 소리가 매우 시끄러웠다.

[前家貴非 作巫事 雙鼓極聒]

(6) 1551년 7월 29일

• 아내가 이곳에 머물렀다.

[妻氏留此]

• 무녀 추월이를 불러다 손녀 숙복의 병난 원인을 규명하게 하였다.

[招巫女秋月 使究明淑福病]

(7) 1551년 8월 3일

• 내려가서 아내와 아이들을 보니, 숙복이가 비록 피곤해 하긴 해도, 여전

히 말소리를 내기도 하고 젖과 죽을 마시기도 하였다. 손자 숙길이가 눈물을 흘리고 목이 쉬도록 기침소리를 내었는데, 어제쯤부터 조금 그치는 것 같다.

[下見妻孥 淑福雖因]

• 아내가 상화떡을 갖추었는데, 내일 굿을 하려고 하는 것이라 한다.

[家人具霜花 明日欲爲神事云]

(8) 1551년 8월 4일

• 아내가 굿을 하였다.

[家人作神事]

• 일찌감치 내려가 아내와 아이들을 보니, 숙복이는 그냥 곤고하게 누워있었다.

[早下見妻孥 淑福一樣困臥]

• 저물녘에 병을 앓고 있는 숙복이가 윗니로 밥을 씹고, 아랫입술로는 음식물을 들이지 못하는 것이었다. 젖을 주니 젖꼭지만 깨물고 먹지 못하였다. 열이 있는 것 같다고 하여 수박을 주었다. 굿을 중지하라고 일러 안정을 취하도록 하였다.

[暮病兒淑福 以上齒收嚼 下脣不納食物 與以乳則囓乳頭而不飮 似熱云云 敎與西瓜 于嗦停巫事 使得安靜焉]

(9) 1551년 9월 24일

• 숙길이의 적리赤痢가 아주 잦아, 얼굴이 수척해지고 황백색이 되었다. 항문이 막히고 뭔가가 내려 쌓여(?), 붉은 고깃덩이 같은 것이 가끔 보였다. 똥을 눌 때마다 우니 불쌍하고 불쌍하다.

[吉孫赤痢甚數 瘦且黃白 肛門滯下赤肉選見 每下必啼 可怜可怜]

• 무당을 불러다 고사를 지냈으니, 숙길이를 위한 것이다.

[招巫告事 爲吉兒爲之也]
- 점치는 곳에다 물어보니, 숙길이의 어미가 금년에 액운이 들어있다고 하였다. 그래서 남쪽에 있는 집으로 나가서 따로 거처하게 하였다.
[問卜處 吉兒母氏今年有厄云 故令出南舍異處]

(10) 1551년 10월 6일
- 숙길이의 증세가 어제와 같다고 한다.
[吉兒証如昨云]
- 죽은 계집종 춘비의 4·7일이라며 그 남편 방실이가 위하여 굿을 하였다.
[故婢春非四七日云 其夫方實爲巫事]
- 설사 병을 위하여 또 굿을 했는데 김자수의 말을 따른 것이다.
[注之病亦爲神事 從自粹言也]

(11) 1551년 10월 15일
- 아이의 병이 낫지 않고 낯빛도 좋지 않으니 가련하고 가련하다. 숙희도 때때로 설사하며 복통을 앓는다.
[兒証差不盡 色極不和 可怜可怜 淑禧亦時時腹痛泄]
- 죽은 딸아이를 위해 후원에서 굿을 하였다.
[爲亡女兒作巫事于後家庭]
- 귀손이를 시켜 안봉사에 올라가 택일 여부를 묻게 했다. 저녁에 돌아와서 말하기를, 22일이 좋다더라고 한다.
[令貴孫上安峯 探問擇日與否 夕還曰 卄二日似吉云云]

(12) 1551년 11월 24일
- 머무는 집에서 굿을 하였다.
[于家作巫事]

- 아내가 편지를 보냈는데 그 안에 이르기를, 잠을 못 이루고 밥도 먹을 수 없고, 하루에 한 끼를 먹거나 말거나 하며, 늘 피곤기와 상기증이 있다고 하였다. 병세를 관찰해 본즉 순조롭지 못한 상태에 이르러 길조가 아닌 걸로 점쳐지니 어쩌면 좋단 말인가.

  [家人遺書問內言 不能寢云 又言不能食 一日或一食或不食 常有困倦 上氣之証云云 觀勢至爲不順 可卜非吉兆也奈何]

(13) 1552년 1월 23일
- 무녀 초월이가 와서 설사약을 구하기에 영보단 두 개를 주었다.

  [巫女稍月來 求注藥 與嶺寶丹二介]

(14) 1552년 1월 29일
- 내려가서 아이들을 보니, 숙길이가 편하지 못하고 설사가 멎지 않고 대변을 대여섯 번이나 누었다. 며느리가 무녀를 불러다 아이의 병을 구하도록 하였다.

  [下見兒輩 吉兒不平 泄不化 屎五六度 子婦招巫女 救兒病]

(15) 1552년 8월 23일
- 김자수가 들러 보았다. 행차할 날을 물으니 초엿새 외에는 좋은 날이 없는데 27일도 무방하다고 하였다.

  [金自粹歷見 問行次日 則初六日外 無好日 卄七日亦平平]
- 죽은 종의 이렛날이라고 돌금이가 무당을 불러다 제사하였다.

  [亡奴七日云 㖙今招巫以祀之]

(16) 1552년 12월 10일
- 일찌감치 내려가 아내를 본즉 피곤하여 일어나지 못하겠다고 하였다. 참

쌀죽에 생강을 섞은 것 약간을 권하자 먹기에 돌아왔다.

[早下見夫人 則倦怠不得起云云 勸食羹元米和生姜者少許 食之還之]

• 여안이 돌아와서 만났는데, 김자수의 답변인즉 15일에 굿을 하는 것이 좋겠으며, 아내의 병은 위태로운 상태에 이른 것은 아니라는 것이었다.

[呂安還來見 自粹答則十五日神祀爲可 內室病不至危殆云云]

(17) 1552년 12월 14일

• 아내가 이진탕에 전과 마찬가지 성분을 넣은 것을 복용하였는데 오전에는 기운이 편하였으나 대변보기가 어려웠다. 조반에 좁쌀밥 몇 수저를 조금 맛볼 뿐이었다. 오후에는 번열증이 나고 피곤해하여 아주 불편하였다. 음식을 전혀 먹지 못하였다.

[夫人服二陳湯加入如前者 午前氣平可坐 大便秘艱 朝小嘗粟飯數 匕 午飮水而已 午後煩且倦甚不平 食飮全未云]

• 떡을 만들고 반찬을 갖추었으니, 내일 굿을 할 것이리고 힌다.

[造餅備饌貝 明日爲神祀云]

(18) 1552년 12월 15일

• 아내가 이진탕을 복용하였는데 상태는 어제와 같았다.

[夫人服二陳湯 氣候如昨]

• 아내가 있는 아랫집에서 굿을 하였다.

[作巫祀于下家]

(19) 1553년 1월 6일

• 이원의 집에서 굿을 하였는데 매우 시끄러웠다.

[李垣家爲巫事 甚擾聒]

(20) 1553년 5월 8일

- 아내가 이곳에 머물렀다. 밤에 약을 먹지 않더니 열이 다시 뻗치었다. 마셨지만 크게 변비기가 있었다.

  [妻氏留此 夜不服藥 熱復熾引 飮大便祕]

- 며느리의 부증浮症이 밤에 더하여 갤 것 같지 않았다.

  [子婦乳腫 夜來加痛 似不得消云]

- 아내가 삼소음을 복용하고 땀을 내었다. 그리고는 무녀를 불러다 기도하게 하였다.

  [妻氏服蔘蘇飮出汗 又招巫女祈禱]

- 김자수가 와서 만났기에 며느리의 증세에 대하여 점을 쳐본즉 6월절이 들어오면 반드시 차도가 있으리라고 하였다.

  [金自粹來見 使占子婦証 則六月節入 必差云云]

(21) 1553년 7월 22일

- 아내가 손녀 숙희의 병 때문에 아침밥을 먹고 가서 간호하였다.

  [妻氏因淑禧疾 朝食去看護]

- 아침에 들으니 숙희가 편하지 못하다고 하여 고꾸라지듯 내려가 본즉 눈이 감기고 숨이 막히어 오른쪽 수족은 못 쓰고 왼편 수족은 움직이는 것 같았다. 얼굴과 코를 긁어보기도 하고 가슴 위를 두드려 보기도 하였다. 맥박이 급박한데 인사불성이었다. 급히 용소합 세 알을 소변에 타서 수저로 부어넣으니 삼키었다. 이윽고 소리를 내었는데, 오른쪽 눈은 감기어 여전히 알아보지를 못하였다. 즉시 죽엽탕에 청심원을 타서 데워가지고는 숟가락으로 쏟아넣으며 부르면서 삼키도록 한즉 내 말을 아는 듯 우는 것이었다.

  [朝聞淑禧不平 顚倒下見 則目合氣窒 右手足不擧 左手足則搖動 或搔面鼻 或扣胸上 脉度煩亂 不知人事 急用龍蘇合三 丸和于少便 以

匙灌下 能咽下矣. 頃然出聲 目則右竄 猶不知事 卽煎竹葉湯 和淸
心元一丸 以匕摘灌 呼令咽下 則似知吾言 而悲啼矣]

- 무녀 추월이를 불러다가 허공에 밥을 뿌리며 아이의 병을 구하게 하였다.
  [招巫女秋月 飯虛空 救兒疾]

(22) 1554년 1월 12일
- 수탉이 반복해서 새벽에 울기에 무녀를 불러다 물으니 기쁜 일이 있을
  징조라고 하였다.
  [牝雞復晨鳴 招女巫問之 喜兆也云云]

(23) 1554년 9월 18일
- 무녀를 불러다 밥을 차려놓고 아이의 눈병이 속히 낫는 일로 기도하게
  하였다.
  「招巫女 設飯 禱兒目疾速差事]

(24) 1554년 12월 17일
- 아랫집에서 떡을 만들었는데 내일 굿을 하기 위해서라고 한다.
  [下家造餠 明日爲巫事云]

(25) 1554년 12월 18일
- 아랫집에서 굿을 하였지만 내려가 보지를 않았다.
  [下家 作巫事 不下見之]

(26) 1555년 6월 15일
- 병자가 새벽에 약을 거절하고 밤에 발작하였다고 한다. 아침에 피곤해

쓰러졌는데도 죽과 약을 먹지 않았다. 오정에 다시 경련을 하였고, 눈에 얹은 것을 알지 못하였다. 죽을 몇 차례 입에다 넣어 주었다. 저녁에 간질을 일으키는 것이 아주 급하니 살아날 방도가 없는 것 같다. 억지로 강활산에 죽력을 가미하고 안신환 탄 것을 가지고 눈의 틈을 타서 부어 넣었으나 병세가 아주 심하다. 자빠지고 덜덜 떨기를 그치지 않아, 그 어미와 아내가 서러워하면서 가지 않아 하는 수 없이 종들을 불러 북쪽 집의 방으로 자리를 옮겼는데, 나쁜 증세가 더해서, 틈으로 약을 넣었더니 저물 무렵쯤에 조금 그쳤다. 종들을 시켜 아내를 간호하게 하고, 가서 보고는 바로 돌아와 중당에서 함께 거처하면서 가슴아파하였다.

[病人曉亦拒藥 夜瀕發作云 朝困倒 不受粥藥 午復攣引 戴目者不知 數用粥飮納口 夕發癇參急 似無生道 强用羌活散加竹瀝和安神丸 乘隙灌之 病勢惡甚 顚沛振戰不休 母妻嗜慟不去 不得已呼如人 扶度移出北家房 惡勢猶盛 從隙灌藥 抵暮稍止 令婢奴看護妻氏 往見 卽還 共處中堂 傷怛]

- 숙길이를 옮겨서 윗집 대청에서 자게 했다. 노성이도 윗방에서 잤다.
[移送淑吉 使宿上舍竹廳 老成亦宿上房]
- 맹인 마당이 와서 친척이 갇히게 된 데 대하여 변호해 주기를 청하기에, 병자의 상태에 대하여 점을 치게 하였더니, 원과를 맺어 큰일을 당하는 데에는 이르지 않을 것이라고 하였다.
[盲人馬堂來 請族人見囚告解之云云 使占病人 則結猿課 不至於大故云云].
- 무녀가 또 왔기에, 물었더니, 17일이면 차도가 있으리라고 했다.
[巫女亦來 問之 十七日向差云云]

(27) 1555년 6월 17일
- 내려가서 병자를 보니 곤히 누워있는 것이 잠자는 것과 같았다. 아내가 가

서 곁에 있을 때 다시 숟가락으로 죽을 떠서 입에 넣어주고, 오정에 또 약을 넣어주었는데, 약으로는 강활산에 죽력과 안신환을 넣은 것이었다.

[下見病人 困臥似腫矣 妻氏往見在傍時 復匕粥納于口 午復灌藥 藥用 羌活散調竹瀝安神丸用之]

- 아내와 아이들이 무녀를 불렀으니 다시 굿을 하여서 망극한 고민을 풀어보려는 것이었다.

[妻孥招巫女 復爲神事 以紓罔極之悶]

(28) 1555년 7월 1일

- 손자 숙길이가 아주 수척해서 차마 볼 수 없을 정도였다. 아침에 백목산 한 홉을 먹게 하였고 저녁에는 밥 몇 숟가락을 먹었다. 오정에 매우 곤해졌는데 무녀가 말하기를, 신神을 먹여야 한다고 하여, 계집종을 시켜 밥을 지어서 기도하게 하였다.

[吉孫瘦削 不忍見 朝勸白木散一合 晚喫飯數匕 午甚困 巫女言有 求食神云 令婢炊飯祈之]

(29) 1555년 9월 6일

- 일찌감치 내려가서 아내의 병과 맥박수를 살펴보니, 온몸이 찌르듯이 아프다고 한다. 허리도 매우 아프고 머리도 오른쪽이 아프고, 미음과 죽 먹은 것도 다 체해서 내려가지 않았다. 오정에 무녀 추월이를 시켜서 기도하게 했더니, 열흘 후면 가히 괜찮아질 것이라고 한다. 증세가 풍기와 열기가 많기 때문에 방풍통성산을 합해 달였다. 저물녘에 그 달인 것의 반을 복용하게 하고 청심원 반 알을 씹게 하였다.

[煎之早下見妻病脉數 遍身如刺甚痛 腰亦痛極 頭右偏痛 飮粥糜 皆滯不下 午令女巫秋月祈禱 則旬後可平云云. 證多風熱 故乃合防 風通聖散煎之 令暮服其半嚼淸心元半丸]

(30) 1555년 10월 1일
- 무녀 추월이 와서 호두와 감을 바쳤다.
  [巫女秋月來 供胡桃柿]

(31) 1555년 윤11월 12일
- 아내가 아침에 아랫집에 내려가서 굿 준비하는 일을 감독하였다.
  [妻氏朝下下家 看辦神事之事]

(32) 1555년 윤11월 14일
- 굿을 하였는데, 추월이 와서 했으며 아침에 와서 저녁에 갔다.
  [作巫事 秋月來做 朝到夜去]

(33) 1556년 3월 13일
- 아내가 무녀를 불러다 귀신에게 기도하였는데 아들(온 : 필자 주)의 병세를
  완화하고자 해서였다. 이는 맹인 막동의 말을 따른 것이라고 한다.
  [妻招巫女 禱鬼 請緩子病 因莫同盲言爲之云]

(34) 1556년 3월 22일
- 아들의 증세가 여전하였다. 연달아 통성산을 주었다.
  [子證如前 連與通聖散]
- 종손이가 무녀 추월이를 보고 질책하며 묻기를, "어째서 죽은 어머니가
  꾸짖는 일로 승지댁 서방님을 살리려 하느냐?"라 하였다고 무녀가 와서
  말해 주었다.
  [終孫見秋月巫女 責問 佝以亡母侵嘖事 救命於承旨宅書房耶云云
  巫女來言之]

(35) 1556년 3월 25일
- 종손의 동생들이 모두 추월의 집에 갔다. 붙잡아 와서 전날 질책한 일에 대하여 얘기해 보라고 하였더니, 저들이 저지른 일이 아니고 모두 무녀가 지어낸 말이라고 하였다.
  [終孫同生等 皆往秋月家 捉來 欲發明前日責叱 非其所爲也 皆巫女造言也云云]
- 병든 아들이 밤에 열 때문에 괴로워하였다. 새벽에 자주 상기되었고, 아침에 혼미하여 식사를 하지 못하다가 오후에야 조금 먹었다.
  [病子夜熱悶 曉來數數厥逆 朝昏迷不食食 午後始少食]

(36) 1556년 7월 2일
- 아내가 떡을 만들었는데 내일 굿을 하기 위한 것이라고 한다.
  [家人造餠 明日爲神事云]

(37) 1556년 8월 20일
- 아내가 사물탕을 복용하였다. 무녀를 시켜서 병귀신인 수에 제지내게 하였다. 수 귀신은 집안을 주재한다고 한다.
  [妻服四物湯 令巫女祭病祟 祟是家主云]

(38) 1556년 11월 7일
- 무당 추월이 와서 종이와 생베를 달라고 하여 둘 다 주었다. 의붓아들의 치상을 위해서라고 한다.
  [秋月巫來 乞紙地及生布 皆與之 爲義子治喪云]

(39) 1556년 12월 18일
- 떡을 만들었다. 내일 굿을 하기 위해서라고 한다.

[造餠 明日爲神事云]

(40) 1557년 1월 25일
- 당에 머무르면서 아이를 돌보았다. 아이의 복통이 다시 시작되었다. 설사를 하는데 하얀 즙같이 반복해서 자주하여 비둘기 꽁무니 같았다. 기운이 동하고 통증이 있고, 기침도 아주 급하게 나와 밥을 먹지 못하였다. 한기가 들기도 하고 열이 나기도 하여 고르지 못하였다.
  [留堂 護兒 兒腹痛復作 痢下 復數下白汁 當鳩尾 動氣且痛 咳亦急發 不能食食 或寒或熱 不調]
- 숙길이를 위해서 무당을 불러다 복을 빌게 하였다.
  [爲吉兒 招巫 祈福]

(41) 1557년 8월 13일
- 아랫집에서 굿을 하였다. 아내를 위한 것이라고 하는데 추월이가 와서 하였다.
  [下家 作巫事 爲內堂云云 秋月來事]
- 야제를 지내는데, 무녀가 박대균의 집에 요청하기를 그 집에 범접하는 일을 금지하라고 하였다. 화원에 사는 무녀가 와서 잤다.
  [野祭 巫女請于朴大鈞家 止接 花園人來宿]

(42) 1557년 8월 14일
- 죽은 아들의 49제날이었다. 아랫집 남쪽 뜰에서 야제를 지냈다. 화원에서 온 무녀가 굿을 하였다. 위 아래 대청에서 모두들 곡하였다. 나는 당에 있었지만 귀가 조용하지 못하였다.
  [亡子七七日 作野祭于下家南庭 花園巫女來事 上下廳皆號哭 吾雖在堂 耳不得靜焉]

- 연손·망내·말질손·겁손 및 이웃사람들이 와서 굿을 구경하였다. 김세소의 부인 박씨도 떡과 술을 보내었고, 송 별감이 쌀을 보내었으며, 김시우는 쌀과 감 등을 보내었다.
  [連孫·亡乃·末叱孫·劫孫及鄰里人等 來見巫事 金世紹妻朴氏亦送餠·酒 宋別監送米 金時遇送米·柿等物]
- 화원에서 온 무녀가 밤이 깊어지자 가만히 박대균의 집으로 돌아갔기에 사람과 말을 보내 호송하게 하였다. 그 남편이 엿보다가 붙잡기 때문에 도망치는 것이라 한다.
  [花原巫女 夜深潛還大鈞家 給人馬護送 其夫伺捉 故遁去云云]

(43) 1557년 9월 23일
- 가천의 무녀 막근이 고령사람의 집에 붙잡혀 있다고 하면서, 사람들이 고령 원에게 보낼 편지를 써달라고 요청하였다. 해명하는 글을 써서 주었다.
  [伽川巫女莫斤 見執於高靈人家云 人來求高靈了簡 解之書與之]

(44) 1557년 12월 20일
- 앞 동네 사람 일종이 밤에 죽고, 그 옆집에서는 굿을 하여, 노랫소리와 곡소리가 교차하였다.
  [前村人一終 夜死 其傍家作巫事 歌哭交]

(45) 1558년 4월 10일 제물
- 저녁에 닭이 둥지에 올라가서 울었다. 다시 곤두박칠쳐 내려와서는 죽었다. 어제는 흰 암탉도 죽었다고 한다.
  [暮 鷄登巢而鳴 復下顚行而斃云云 作日白雌鷄亦死云云]

(46) 1558년 4월 13일
• 맹인 막동에게 닭이 죽은 일에 대하여 물으니 신이 음식을 요구한다고
  하기에 즉시 술을 보냈다.
  [問鷄怪于莫同盲處 神求食 可告事云云 卽造酒]

(47) 1558년 11월 10일
• 내려가서 보고 함께 조반을 들었다. 아내는 속이 거북해서 오래 누워 있
  었다.
  [下見共朝食 妻氏困脾 長臥]
• 숙희가 무당춤을 보러 올라왔다가 오후에 돌아갔다.
  [淑喜欲觀巫舞上來 午後還下]

(48) 1558년 11월 25일
• 아랫집에서 굿을 하였다
  [下家爲巫事]

(49) 1559년 4월 21일
• 당에 머무르면서 아이를 돌보았다. 아이의 병이 여태 차도가 없어 밥을
  먹지 못한다. 사군자탕에 시호 가미한 것을 달였으나 밤에 미처 먹이지
  못하였다.
  [宿堂 護兒 兒疾尙下差歇 不能食 復煎四君子湯加柴胡者 夜不及
  與服]
• 아내가 무녀 추월이를 불러다 아이의 병을 구하게 시켰다.
  [妻氏招巫女秋月 令救兒病]

(50) 1561년 4월 5일

• 당에 머무르면서 손자를 돌보았다. 손자가 아침에 약을 복용하였으나 기
가 불안하였다.

[宿堂 護孫 孫朝服藥物 其氣不安]

• 자공으로 하여금 무녀 추월이한테 가서, 숙길이의 병이 무슨 연유에서냐
고 물은즉, 내일 와서 기도하겠다고 한다. 지난 12월 뭇아이가 깃발과
장대를 가지고 성황당에 내려갔을 적에, 그 곁에 서서보고 있었는데, 갑
자기 심장이 뛰고 다리가 떨리며 곤비해져, 집에 돌아와 누워 쉬다가 일
어난 일이 있는바, 이 때문이 아닌가 의심하여 무당에게 물었던 것이다.

[令子公 往問女巫秋月 以淑吉不平有何緣 則明日當進禱云云 盖
因十二月輩兒持旗竿 下城隍之時 立見其旁 忽然心動股戰而困 還
家臥休而起 故疑有是故 而問之]

(51) 1561년 4월 6일

• 당에 머무르면서 아이를 돌보았다. 아이가 어제와 같이 약물을 복용하였다.
[宿堂護兒 兒服藥物如昨]

• 무녀 추월이가 와서 닭밥으로 성황당에 기도하였다. 손자의 위독한 사태
를 해소하려는 것이었다.

[巫女秋月來 以鷄飯 祈禱於城隍堂 欲解孫兒有証彌留者也]

(52) 1561년 5월 17일

• 마을 사람이 박수무당 훤훤이에 대해 묻기에, 내가 다시 불러다가 쌀 되
를 주고, 술을 먹이고 종손자 현배 등의 일에 대하여 물어 보았다. 말하
는 것이 신통치 못하였다.

[里人問覡喧喧 吾復召之 給米升 飲以酒 問玄培等事 所言似不靈]

(53) 1561년 7월 13일

• 당에 머무르면서 아이를 돌보았다. 아이가 길경지곡탕을 복용하였는데,
  복통을 치료하기 위해서였다.
  [宿堂護兒 兒服吉更枳殼湯 治復疼藥也]

• 무녀 추월이를 불러다 역신을 제사하여 보내게 하였다.
  [招巫女秋月 祀送疫神]

• 굿 때문에 내려가 보지 못하고 당에 머물렀다.
  [以巫事 不下見 留堂]

(54) 1561년 7월 29일

• 윤개의 아들 연송이가 천연두 증세가 사라졌다고, 무당을 불러 역신을
  보내준 데에 대하여 사례하였다.
  [閏介子連松 痘幾瘳 謝召巫送神]

(55) 1561년 10월 9일

• 아랫집에서 굿을 하였다. 추월이가 갇혀 있으므로 전라도의 그 어미를
  불러다가 하였다고 한다.
  [下家爲巫事 秋月見囚 乃招全羅道母爲之云]

• 계집종 억금이가 몸을 진동하며 공수를 하였다. "모골계가 날것이 아니
  니, 네게 죄가 있다. 장차 잡아서 돌아가겠다"라고 하면서 누운 채 신음
  하고 일어나지 않았다.
  [婢億今振身作神語 曰毛骨雞不腥 是汝有罪將執歸云云 臥呻不起]

(56) 1562년 1월 28일 억금이의 무당 노릇

• 아내가 일찌감치 변소에 갔는데 상한이 들어 가래를 뱉었다. 들어와 누
  워서는 식사를 못하였다. 춥다고 떨며 열이 나, 옷을 벗고 자리에 앉아

괴롭게 신음하다가 다시 가래를 뱉었다. 스스로 말하기를, "애정이의 혼령이 와서 학대하기 때문에 이렇다. 눈으로 애정이를 보니 바로 마주 앉아 있다."라고 하였다. 소시호를 물에 달이고 용소 세 알을 섞어서 주어 복용하게 하였다. 또 계집종 억금이로 하여금 밥과 술을 준비하여 기도하게 한즉, 마치 귀신이 내려오는 모양 같고, 머리를 흔들며 손을 휘저으면서 시끄럽게 떠들기를 그치지 않는 것이었다. 싫었다.

[妻氏早出厠 傷寒吐痰 入臥不食食 振寒發熱 解衣坐席苦吟 復吐痰 自言愛丁之魂來虐 故如是 目見之 則對坐云云 以小柴胡煎水調龍蘇三丸 與服之. 又令婢億今 備飯酒禱之 則若鬼降之上 搖頭揮手 譁言不止 可厭也]

(57) 1562년 1월 29일

• 아내의 열기가 내리지 않았다. 밥을 먹지 않고 누워서 신음을 하였다. 다시 소시호탕을 달여서 일찌감치 조금 복용하게 하였는데 대변을 두 번 누었고 되지 않았다고 한다. 아마도 냉약을 너무 많이 쓰면 안되나 보다.
  [妻氏熱候不解 不食臥吟 復煎小柴胡湯 早服此藥少許 大便二度不祕云 疑不可過用冷藥]

• 무녀에게 물으니, 다시 적섬과 과미를 가지고 수 귀신에게 빌라고 하였다.
  [問於巫女 復以赤衫·裏米祈於祟鬼]

(58) 1562년 2월 1일

• 아내가 땀을 흘리며 몸이 피곤하였다. 냉약은 먹지 않고 다만 미음만 마셨다. 노비의 죽음 때문에 경악해 상심해서 더욱 몸이 불편하였다.
  [妻氏汗流 身困 不服冷藥物 只飮元糜 又因奴化 驚傷 加不平]

• 무녀가 왔는데, 사람의 죽음은 구명할 수 없는 것이라며 돌아갔다.
  [巫女來 以人死不得爲救命 還去]

(59) 1562년 2월 4일

- 아내가 밤새도록 괴롭게 신음하였다. 여러 차례 약을 들이고, 맥박이 일 정하지 않았으며, 정신도 혼란해 말하는 것이 망녕스럽고 잡박하여 제대 로 판단할 수 없다. 망극하고 망극하다.
  [妻氏徹夜苦吟 數度進藥 脉度錯亂 自曉精神昏亂 言亦妄雜 可決 不淑 罔極罔極]

- 무녀 추월이가 나타나서, 지금은 몸이 건재하다고 하였다. 계집종을 시켜 서 액을 묻고 또 고사를 지내야 하는지에 대해 묻자, 내일 고사를 지내는 것이 병고와 흉조를 물러가게 하는 데 좋겠다고 하였다. 밥을 보내었다.
  [巫女秋月來現 今則身健云云 令婢問厄 且問告事爲否 則明日可爲 病 苦而不凶云 飯送之]

- 맹인 여씨에게도 굿에 대해 물으니, 내일 하는 것이 무방하다고 한다.
  [呂盲處 亦問神事 則明日無妨云]

- 자공을 시켜서 권동의 집 앞에 사는 늙은 맹인을 찾아가, 병자의 길흉에 대하여 묻게 한즉, 10일이면 차도가 있을 것이라고 하였다. 쌀 두되를 주고서 물은 것이다.
  [令子公 往問權同家前老盲 卜病人吉凶 則十日可差云 給二升米而 問之]

(60) 1562년 2월 5일

- 아내의 증세가 그저께와 비교한즉 살아날 희망이 있는 듯하였다. 어젯밤 에 두 번 인건수를 마셨고 일찌감치 기장쌀죽 조금을 맛보게 하였다. 열 기가 어제보다 약간 덜하여졌다고 한다.
  [妻証比昨昨 則似有生道 去夜兩服人乾水 早勸嘗稷米粥少許 熱候 比昨稍減云]

- 추월이가 와서 고사 지냈다. 맨처음에는 집안 뜰에서 하고, 나중에는 남

정자에 올라가서 수 귀신에게 제사지냈다.

[秋月來爲告事 先爲於家庭 後上南亭 祀崇鬼]

(61) 1562년 3월 10일

• 아침에 내려가서 보고 함께 식사하였다. 아내의 기력이 조금 회복되었다. 바둑을 두고 당에 돌아와 쉬었다.

[朝下見 共食食 妻氏炁力稍復 拾碁 還堂 休之]

• 아랫집에서 굿에 쓸 떡을 만들었다.

[下家 造巫事餠]

(62) 1562년 3월 11일

• 아내의 기력이 조금 좋아졌다. 굿하는 것을 보아야 하므로 금기하여 소식을 하였다.

[妻氏氣力稍平 看作巫事 以忌素食]

(63) 1562년 4월 17일 말의 병을 위하여

• 강순조가 와서 말을 보고는, 말의 기운이 소생할 듯하니, 소생하면 침으로 치료하라고 한다.

[姜順朝來見馬 而言馬氣似甦 甦復則灸治云云]

• 무당을 불러오게 하여 말의 병을 위해 기도하게 하였다.

[招巫來 令禱馬病]

(64) 1562년 4월 26일

• 손녀 숙희가 패독산을 복용하였는데 저녁 무렵에 설사를 하였다고 한다.

[禧服敗毒散 向夕注下云]

• 무녀를 불러다가 집을 주재하는 귀신에게 제사지내게 하였다. 아울러 아

기의 병을 위해서도 기도하게 하였다.

[招巫女 令祀主家鬼物 兼禱阿只之病]

(65) 1562년 9월 14일 대신代神

- 아내의 기침이 그치지 않고 숙희의 열도 대단하다. 식사를 못하고 누우
  려고만 할 뿐 밥도 약도 먹지 않았다.

  [妻氏咳嗽不已 禧阿熱困 不能食食 只思臥 不飲藥飲水]

- 무녀 추월이를 불러다가 대신에게 제사지내게 하였다. 아기의 병을 구하
  기 위해서였다.

  [招巫女秋月 令祀代神 救阿只不平]

(66) 1562년 10월 22일

- 굿에 쓸 떡을 만들었다.

  [造神祀餠]

(67) 1562년 10월 23일 야심하도록

- 아랫집에서 추월이를 불러다 굿을 하였는데 야심하도록 그치지 않았다.

  [下家 召秋月 作巫祀 夜深不已]

(68) 1563년 2월 4일

- 굿을 하였다.

  [爲巫事]

(69) 1563년 7월 19일

- 어제 무녀가 와서 필이의 병을 위해 기도하였다. 나는 아랫집에서 피하
  여 있었다.

[昨日 巫女來禱必伊病 吾避于下家]

(70) 1563년 10월 19일
- 아랫집에서 토담집을 고쳤다.
  [下家改造土宇]
- 아랫집에서 굿에 쓸 떡을 만들었다.
  [下家造神事餅]

(71) 1563년 10월 20일
- 아랫집에서 굿을 하였다.
  [下家爲神祀].
- 정섭이 와서 당의 방에서 잤는데 무당의 소리를 피해온 것이다.
  [鄭涉來宿堂房 以避巫聒]

(72) 1564년 4월 5일
- 아랫집에서 굿을 하였다.
  [下家 爲巫事]

(73) 1564년 10월 14일
- 굿을 하였다.
  [作巫事]

(74) 1565년 3월 10일
- 굿을 하였다.
  [爲巫事]

(75) 1565년 11월 2일
- 아랫집에서 굿을 하였다.
  [下家爲巫事]

(76) 1566년 10월 17일
- 아랫집에서 굿을 하였다.
  [下家爲巫事]

(77) 1566년 11월 5일
- 고령의 여자 맹인 무당이 따라왔기에 일을 물었다.
  [高靈女盲巫率來 問事]

(78) 1566년 11월 9일
- 무녀 추월이 왔기에 아내의 천식병을 위해 제사하게 하였다.
  [巫女秋月來 禳夫人喘病]

(79) 1566년 12월 2일
- 삼칠일이라 야제를 지내었다.
  [三七日 爲野祭]

구렁이업 신앙의 성격과 형성 기원(1)

-칠성맞이제 및 칠성본풀이와의 상관성을 중심으로-

이수자
중앙대학교
겸임교수

1. 서론

우리 민간에는 집안의 재물의 운수를 관장하는 어떤 신적인 존재가 있어 그 출몰 여부에 따라 가내의 흥망이 좌우된다고 믿고, 이들을 신적 대상물로 삼아 은밀하게 모시면서 집안의 부富를 기원하는 신앙이 있다. 학계에서는 이러한 신앙 형태를 업 신앙이라 하고 있는데,[1] 이것은 민간에서 이러한 성격을 가진 신들을 가리켜 흔히 업이라고 하고 있기 때문이다.[2] 업이라는 말이 어떻게 하여 형성된 것인지는 알 수 없지만,[3] 이것은 분명히 불교에서 말하

---

1) 업신앙에 대한 언급이 나타나고 있는 자료로는 다음과 같은 것들이 있다.
　이능화 저, 이재곤 역주, 『조선무속고』(서울 : 백록출판사, 1976), 181쪽; 고대민족문화연구소 편, 『한국민속대관』3(1982), 109쪽; 김태곤, 『한국민간신앙연구』(서울 : 집문당,1983), 19~20쪽; 김명자, 「업신고(1)」, 『두산김택규박사 화갑기념 문화인류학 논총』(1989).
2) 김명자, 앞의 논문(1989) 참조. 업은 다른 말로는 업왕신 업왕·업위·업위신·지키미 등으로도 말해지고 있다 한다.
3) 한국정신문화연구원, 『한국민족문화대백과사전』(1991), 15·92쪽. (최길성 글, 업俰)를 참조하면, 업이라는 말이 순수한 우리말인지, 아니면 한자어 '업(業)'에서 온 것인지 혹은 몽고지방의 '오보'라는 경계신, 또는 일본의 우부스나(産土)라는 부락신, 오키나와의 '이비'라는 부락신을 의미하는

293

는 이른바 몸과 입의 뜻으로 짓는 선악의 소행所行을 뜻하는 업이라는 말과는
의미가 다르다. 우리나라에서 재물신으로 상정되는 업은 흔히 구렁이, 족제
비, 두꺼비 등으로 나타나는데, 간혹은 우연히 집안에 들어온 아기를 업이라
하여 키우기도 한다. 그런데 이상과 같은 여러 종류의 업 중에서 가장 대표적
인 것은 구렁이, 혹은 뱀이라 할 수 있다.4) 이러한 사실을 통해서 우리는 우
리민족이 오랜 동안 구렁이를 부신으로 인식해 왔었던 것이 아닌가 추측해
볼 수 있다.

　구렁이를 재물신으로 생각하고 그것을 따로 뒤뜰에 모셔 위하는 신앙 형태
는, 특히 일부 지역을 중심으로 하는 것이기는 하나, 제주도에서는 얼마 전까
지만 해도 강하게 유지되어 왔다.5) 그리고 제주도에서는 뱀을 부신富神으로
상정하고 행해지는 굿이 현재도 진행되고 있다. 육지 쪽의 경우 현재 이와 같
은 신앙은 그 흔적이 희미하지만, 구렁이를 업 또는 터주신으로 관념했었다
는 것은 구전口傳되는 이야기 자료들을 통해 주위에서 쉽게 접할 수 있다. 지
금도 노인들은 '어떤 집에서 집을 지키던 구렁이가 집을 나가자 그 집안이 망
하기 시작했다'는 이야기를 많이 하고 있는데, 사실 이런 이야기들은 뱀을 업
신, 또는 터주신으로 상정하고 형성된 것이라 할 수 있다.

　구렁이를 업신, 또는 재신, 부신으로 관념했던 구렁이업 신앙은 뱀을 어떤
신성한 존재로 인식하고 그것을 바탕으로 형성된 신앙이라고 할 수 있다. 그
런데 이런 신앙형태가 거의 전국에 걸쳐 공통적으로 존재하고 있다는 사실은
이와 같은 신앙을 형성한 어떤 뿌리가 존재했었다는 것을 시사한다. 그러나

말과 어떤 관련이 있는지 알 수 없다 하였다.

4) 김태곤, 앞의 책(1983), 26쪽; 김명자, 앞의 논문(1989); 한국정신문화연구원간, 『한국민족문화대백
　과사전』 3(1991), 463쪽(구렁이條, 서대석글). 『한국민족문화대백과사전』 15, 92쪽(업條, 최길성글)
　참조.
　필자도 집안의 부를 지켜주는 업인 구렁이에 관한 이야기를 어린시절부터 많이 들어 왔다. 따라서
　업은 구렁이가 원래적 대상물이 아니었나 생각한다.
5) 제주도의 이러한 사신(蛇神)신앙에 관해서는 다음과 같은 연구논문들이 있다.
　김영덕, 「제주도의 사신신앙에 관한 연구」(연세대학교 교육대학원 석사논문, 1982); 문무병, 「제주
　도 사신신앙 연구」, 『제주도 언어민속논총』(서울 : 제주문화, 1992).

294　　『총서』 ④ 무속신앙

이러한 신앙 형태의 기원이나 본질적 성격에 대해서는 아직 본격적으로 연구된 적이 없다. 본고는 우리 민간신앙의 한 형태로 존속해 왔던 이러한 신앙유형에 관심을 가지고, 이것의 본질적 성격 및 기원적 문제를 밝혀 보고자 시도되는 것이다. 업신앙이란 특히 집안의 재물을 관장하는 신이 있다는 믿음을 기반으로 하고 있는 것인데, 이러한 신앙형태는 어떻게 하여 형성된 것일까? 그리고 여러 대상물 중 특히 구렁이가 대표적인 것으로 나타나고 있는 까닭이나 의미는 무엇인가? 와 같은 것을 여기에서 해명해 보고자 한다. 본고에서는 구렁이 또는 뱀을 업으로 생각하는 이러한 신앙형태를 편의상 '구렁이업 신앙'이라 하면서 논지를 전개하기로 하겠다. 구렁이는 뱀과에 속하는 파충류의 하나로 구북구계舊北歐系에 속하며 만주, 중국 북부, 시베리아 등에 분포한다고 하는데, 보통 뱀보다 훨씬 크다고 한다.[6] 여기에서는 구렁이를 하나의 뱀으로 보고 구렁이와 뱀이라는 단어를 같은 차원에서 사용하기로 한다.

본고는 일단 우리민족이 가진 바 구렁이를 업으로 인식했던 신앙의 기원을 고찰해 보고자 시도되는 것이다. 그러나 또 한편은 제주도 무속제의 중 큰굿내의 제의체계 및 신화 내용이 육지 쪽의 문화현상과 얼마나 밀접한 상관성을 맺고 있는가를 고찰하기 위한 목적도 있다. 제주도의 큰굿 및 여기에 나오는 일부 신화는 우리민족의 고대적 제의였다고 할 수 있는 열두거리 큰굿과 여기에서 구송되던 신화가 섬지방인 제주도에 남아 있는 것으로 볼 수 있다. 따라서 이것은 매우 오랜 고문화적 성격을 갖고 있는 것이라 할 수 있는데,[7] 제주도 큰굿과 이들 신화의 위상을 이렇게 본다면 여기에 나오는 내용들은 분명히 육지 쪽의 문화적 현상과 밀접한 상관성을 갖고 있을 것임이 분명한 것이다. 따라서 앞으로는 이들의 상관성이 연구될 필요가 있다. 이런 작업은 제주도에 남아 있는 큰굿의 위상을 앞서와 같이 규정하고자 하는데 보다 도

---

6) 한국정신문화연구원, 『한국민족문화대백과사전』 3(1991), 462쪽 참조.
7) 이수자, 『제주도 무속과 신화 연구』(이대 박사학위논문, 1989); 『제주도 무속을 통해서 본 큰굿 열두거리의 구조적 원형과 신화』(서울 : 집문당, 2004).

움이 되기 때문이다.

제주도의 큰굿 속에는 '칠성신'이라 불리는 뱀신에 대한 제의가 있다. 그런 데 이 신의 직능이 바로 육지 쪽에 나오는바 구렁이업 신앙에 나오는 업신의 기능과 일치한다. 이런 점을 주목하면 이 둘 사이에는 상호 밀접한 상관성이 있을 가능성이 있다. 따라서 다음에는 제주도에 무속에 남아 있는 칠성신, 즉 뱀신에 대한 제의를 소개하면서 우리나라 구렁이업 신앙의 형성문제를 고찰 해 보기로 한다.

2. 무속제의 <칠성맞이제>의 내용

제주도 무속제의 속에서, 특히 큰굿과 같은 제의 속에서 뱀을 신격화하여 대상신으로 삼아 행하는 제의는 현재 '각도비념'이라는 이름 아래에서 행해 지고 있다.[8] 여기에 나오는 뱀신은 칠성신이라 불리고 있는데, 이 신의 기능 이 바로 육지 쪽에 있는 구렁이업 신앙에 나오는 업신의 직능과 일치하고 있 다. 각도비념이란 집안의 각각의 여러 곳을 지키는 신에게 비는 제의라는 뜻 이다. 신화 내용을 참조하면 이것은 칠성신이라 불리는 여덟 마리의 뱀신[蛇 神], 즉, 한 마리의 어미신과 일곱 마리의 자식 뱀이 집안의 여러 곳을 지키면 서 그것의 부를 지켜주고 있기 때문에 나타난 이름이다.[9] 각도비념이라는 제 의의 명칭은 신들이 여러 장소에 있다는 공간성만을 중시하여 정해진 것이어 서, 이 제의의 성격이 분명하게 잘 드러나지 않는다. 제의의 명칭 속에 대상 신의 명칭이나 직능이 포함되어 있을 때, 그 제의는 성격이 보다 잘 드러날 수 있다. 이런 점을 중시하여 본고에서는 '각도비념'을 편의상 <칠성맞이

---

8) 현용준, 『제주도무속자료사전』(서울 : 신구문화사, 1980), 419~431쪽 참조
9) 제주도 무속언어에서 '도'는 신을 뜻한다. 비념이란 '빈다, 빌다'의 뜻이다. 이렇게 보면, 각도비념이 란 각각의 장소를 지키는 신에게 기원한다는 의미를 지니고 있다.

제>라 하면서 논지를 진행하기로 하겠다.

현행되는 각도비념은 공선가선, 날과 국섬김, 집안연유닦음, 본풀이(칠성본풀이 신화) 구송, 비념, 주잔 넘김, 산받아 본부사룀의 순으로 진행되고 있다.[10] '공선가선'이란 신의 강림을 비는 것이다. '날과 국섬김' 이란 굿이 행해지고 있는 시간과 공간을 설명하는 것인데, 이것은 신들이 굿하는 장소에 오실 수 있도록 시공간을 설명해 주고 있는 것이다. '집안연유닦음'은 굿을 하는 이유를 설명하는 것이다. 굿을 왜 하는지를 신들이 알아야만 신들은 우리들 인간의 소원을 들어 줄 수 있기에 이러한 의식은 어느 굿에서나 나타난다. 이어서는 본풀이, 즉 제의를 받는 신의 근본 내력을 설명하는 신화를 구송한다. '비념'은 인간이 소원하는 내용을 신에게 알리면서 기원하는 것이고, '주잔넘김'은 술잔을 넘긴다는 뜻의 말인데, 주신主神들을 대접한 이후 하위 잡신들을 대접하고자 술잔을 그들에게 넘기는 것이라 한다.[11] '산받아 분부사룀'은 신들이 인간의 소원을 잘 들어 줄 것인지 아닌지 하는 것을 무구巫具를 통해 점을 치고 그 결과를 우리 인간에게 알려 주는 것이다. 이 모든 절차가 끝나면, 굿은 다른 신을 제의하는 굿거리로 넘어간다.

여기에서는 앞서의 여러 의식 중 본풀이, 즉 뱀신에 대한 신화인 '칠성본풀이'와 '비념'의 내용만을 자세히 살펴보기로 한다. 이것은 이 부분만을 통해서도 제향을 받는 사신蛇神의 성격이나 기능, 직능 등을 구체적으로 잘 알 수 있기 때문이다. 그런데 이들의 내용을 살펴보기 전에 먼저 '젯ᄃᆞ리앉혀살려옴'의 내용도 소개해 보도록 하겠다. 이 부분도 칠성신의 성격을 이해하는 데 도움을 주기 때문이다.

---

10) 그런데 연구해 보면 사실은 [칠성맞이제]와 관련하여 이 굿에서는 놀이적 성격을 가진 '칠성새남'이 함께 행해졌던 것으로 볼 수 있다(칠성새남의 내용 및 성격은 『제주도무속자료사전』, 490~499·900쪽 참조). 칠성새남은 죽은 뱀을 다시 살려내는 놀이로서 이것은 칠성신이 풍농신, 부신이기에 영원히 살기를 바라는 마음에서 행하는 의식이라 할 수 있다.
11) 현용준, 앞의 책(1980), 896쪽. 사항해설 참조.

1) 젯ㄷ리앉혀살려옴에서 언급되고 있는 칠성신의 내용

제주도의 큰굿은 다양한 종류의 신들을 모시고 행하는 제의인 만큼 제차도 여러 가지이고, 시간도 꽤나 오래 걸린다. 큰굿에서는 그 시작 부분에 굿에서 모셔지는 수많은 신들을 함께 굿하는 제청祭廳에 불러 모시는 초감제란 의식을 거행하는데, '젯ㄷ리앉혀살려옴'은 이 가운데에 행해지는 것이다. 이것은 하늘에 있는 수많은 신들을 제청으로 불러 모신 후 위계位階 순서에 따라 신들을 자리에 차례로 앉히는 내용으로 이루어져 있다. 이 때 '○○ 신은 ~에 앉으시라'고 말하고 있기 때문에 여기에는 제의에서 모셔지는 수많은 신들의 직능과 명칭이 모두 나타난다. 따라서 우리는 이 부분을 통해서 큰굿에서 모셔지는 신들의 종류의 그 직능을 잘 알 수가 있게 되는데,『제주도무속자료사전』자료를 중심으로 하여12) 이 부분에 나타난 칠성신의 종류와 직능을 적어보면 다음과 같다.

어느 신전 하옵거든 집안 안 들어사민 연양상고팡 좌정 ᄒᆞ든 강남목골 미양산 고장남밧 질친남밭서 솟아나던, 아방국 장나라 장설룡 어멍국 송나라 송설룡 일곱아기 단마실충 거느리며 어멍국 제왕칠성 대독 소독 검은독 노린독 대두지 소두지 동창궤 서창궤 남창궤 북창궤 초지하여 관광셍이청 섭지기 말지기 뒈지기 홉지기 거느리어, 열두시만국 ᄌᆞ손에 먹을 오곡 풍년 시켜주저 지국성 하전ᄒᆞᆸ서. 뒤으로 뒷할마님 억대부군 칠성도 살려옵서 (후략)…

이것은 어머니인 제왕칠성을 중심으로, 그가 집안의 연양상고팡(광)에 좌정한다는 것과 강남목골 미양산 고장남밭 질친남밭에서 태어났다는 것, 그리고 아버지는 장나라 장설룡이고 어머니는 송나라 송설룡이며 일곱 아기를 거느

---

12) 현용준, 앞의 책, 70쪽 이하『제주도무속자료사전』을 편의상『사전』이라 칭하기로 한다.

리고 있다는 것을 말하고 있는 것이다. 그리고 또 이 여신은 곡식을 보관하고 있는 많은 독과 두지, 궤, 창고 등을 차지하고 있으며, 곡식의 수량을 재는 도구와 관련된 홉지기, 되지기, 말지기, 섬지기 등을 거느리고 있다는 것이다. 그러기에 열두시만국(의미 미상이나 우리가 살고 있는 지상의 어떤 장소나 구역, 또는 나라 등을 의미하는 것이 아가 함)의 자손들이 먹고 살 수 있도록 오곡을 풍년시켜 주시도록 하강하기를 기원하고 있다. 그리고 이어서는 뒤(후원)에 있는 칠성도 오시기를 기원하는데, 그는 특별히 억대부군신이라 불린다.

이상의 내용을 참조하면 칠성신은 일곱 명의 자식을 거느리고 있는 어머니신인 뱀신이 중심이라 할 수 있는데, 이 여신은 오곡풍년을 시켜주는 신이기에 곡물을 보관하는 독, 두지, 궤, 창고 등에 머물고 있다는 것과 그러기에 이신은 곡물을 재는 기구인 홉, 되, 말, 섬 등을 거느리고 있다는 것이다. 그리고 칠성신 중에는 또 하나 중요한 신이 있는데, 그는 뒤뜰에 머물고 있는 신으로 특별히 그는 억대부군 칠성으로 불린다는 것이다.

2) <칠성본풀이>의 내용

칠성본풀이는 칠성신, 즉 뱀신에 대한 신화다. 이 신화는 여러 자료에 소개되어 있는데, 대표적인 자료로는 『朝鮮巫俗の 硏究』, 『남국의 무가』, 『韓國の 民間信仰』(자료편), 『제주도무속자료사전』 등에 실려 있는 것이라 할 수 있다.[13] 이 신화에 대해서는 『사전』의 내용을 중심으로 하고 필요한 경우에는 이외의 자료도 참조·보충하여 필자가 이미 학위 논문에서 내용을 정리한 바 있으므로, 여기에서는 이 내용을 옮겨 적어 보기로 한다.[14]

---

13) 赤松智城·秋葉隆, 『朝鮮巫俗の 硏究』(서울 : 조선총독부, 1937); 장주근, 『韓國の 民間信仰』(일본 : 금화사, 1976); 진성기, 『남국의 무가』(제주민속문화총서, 1968); 현용준, 앞의 책(1980)
14) 拙稿, 『제주도 무속과 신화 연구』(이대박사학위 논문, 1989), 52~55쪽 참조.

① 장나라 장설용과 송나라 송씨부인이 나이 먹어도 아기가 없어 걱정을 한다.

② 동개남은중절 대사가 권재삼문을 받고 문점을 해주었는데, 칠성단을 마련해 놓고 칠성불공을 드리면 부자가 되고 자손도 번성할 것이라고 하여[15] 부부가 이 말을 듣고 후원에 칠성단을 마련하고 정성을 다하여 제를 지낸다(칠성단에는 제상·병풍·초석·밥·숟갈·찻물·떡… 등을 각각 일곱 개씩 놓는다).

③ 하늘의 여섯 대장군이 내려와 응감하고 각각 명과 복, 생불 등등 복될 것을 주고 간다. 나머지 한 성군(『남국의 무가』 자료에는 넷째 성군)이 늦게 와 보니 이미 다른 사람이 모두 복을 다 준 후여서 할 수 없이 떡 두 개를 가져와 부부의 눈을 장님으로 만들어 버린다.

④ 장님이 된 부부는 칠성제 드린 것을 원망하는데, 나라에 변란이 일어나 죽을 뻔한 고비를 장님 덕분에 화를 피하고 살아난다. 넷째 성군이 다시 푸른 명주 석 자로 부부의 눈을 뜨게 하니 부부는 칠성제를 드린 덕에 살아난 것임을 알고 다시 정성껏 칠성제를 드린다. 덕분에 유태하여 딸아이를 낳는다.

⑤ 딸아이가 일곱 살이 되었을 때 부부가 서울로 벼슬을 살러 가게 되어 여종에게 아이를 부탁하고 떠난다.

⑥ 여종이 물 길러 나간 사이 잠에서 깨어난 딸아이가 여종을 찾으러 밖으로 나갔다가 길을 잃고 홀로 남는다.[16]

⑦ 지나가던 중들 중 셋째 중이 딸아이에게 잉태를 시키고 장설룡 집의 말팡돌 아래 묻어 둔다.

⑧ 장설룡 부부가 벼슬을 그만두고 집에 돌아와 아이를 찾다가 권재받으러

---

15) 이 내용은 『제주도무속자료사전』 및 『한국의 민간신앙』에는 없고, 『조선무속의 연구』 및 『남국의 무가』에만 있다. 전자의 두 책에는 부부가 동개남은중절에 원불수룩(아기 낳기를 기원하는 제의)을 드리고 딸을 얻는 내용으로 되어 있고, 후자의 두 책에는 ②와 같이 되어 있는 것이다. 그런데 후자의 내용은 뱀신이 왜 칠성신으로 불리우게 되었는가를 알게 해준다. 이런 점에서 보면 이 부분이 신화의 원래적인 내용이 아니었나 생각해 볼 수 있다.

16) 『조선무속의 연구』에는 부모가 떠날 때 아이가 가마의 강에 붙어 몰래 따라가다가 미영산 송에굴에 홀로 남게 되었다고 되어 있다.

온 중의 소행으로 딸에게 변고가 일어난 줄을 알고는 중을 내쫓는다.

⑨ 부부가 딸을 보니 일곱 아기를 배고 있었으므로 차마 여덟 생명을 죽일 수가 없어서 무쇠(석)곽을 만들어 딸을 그 속에 앉히고 야광주를 물려 바다에 띄워 보낸다.[17]

⑩ 무쇠석곽이 ~ 등을 거쳐 제주 와당(바다)의 함덕에 닿자 일곱 잠수(해녀)가 서로 그것을 가지려고 싸운다. 지나가던 남자가 무쇠곽을 열고 보니 뱀 여덟 마리가 들어 있으므로 징그럽다 하고 내던진다. 그 후로 일곱 잠수와 이 남자는 병이 나서 사경을 헤매게 된다.

⑪ 문복을 하니 남의 나라에서 온 신을 박대한 죄라 하여 '칠성새남'을 벌이는데, 그 후부터 신병(身病)이 낫고 먹을 것과 입을 것이 저절로 생겨 천하거부가 된다. 이후부터 사람들이 칠성단을 마련해 놓고 위하니 함덕 마을이 부촌이 된다.

⑫ 칠성신이 함덕 마을을 떠나 도성안으로 들어온다. 송씨녀가 보고 집안으로 모셔가니 집이 일시에 거부가 된다. 뱀들을 보고 더럽다고 침을 뱉은 관원은 입병이 나는데 문복을 하고 전새남을 하니 병이 낫는다.

⑬ 어머니 뱀과 일곱 칠성은 각기 서로 다른 장소에 좌정하여 살아가는데, 그 장소는 다음과 같다(어머니뱀 : 광속의 독과 두지독, 큰딸아기 : 추수못의 추수할망, 셋딸아기 : 이방・형방차지, 셋째딸아기 : 옥차지,옥지기, 넷째딸아기 : 과원할망, 다섯째아기 : 창고지기, 여섯째아기 : 광청못의 광청할망, 일곱째아기 : 집뒤 후원의 귤나무 아래 주젱이 밑 기와 속).

3) 비념의 내용

비념이란 제향을 받는 신에게 우리 인간이 무엇을 원하고 있는가를 알리

---

17) 신화 내용에서 야광주를 물리고 내쫓는 것은 『조선의 무속』 자료에만 나와 있다. 그런데 다른 자료들의 <비념>내용을 보면 칠성신이 모두 야광주(야감주)를 갖고 있는 것으로 상정되어 있다. 따라서 이 내용은 원래 있었던 것이 아닌가 한다.

고, 그것이 잘 이루어지게 해달라고 간단하게 비는 것이다. 이때 소망하는 내용은 반드시 대상신이 가진 직능과 상관이 있는 것을 빌게 되므로, 여기에는 대체로 제의를 받는 대상신이 가진 직능이나 기능이 분명하게 나타나게 된다. 『제주도무속자료사전』에 나오는 비념의 일부분을 적어 보면 다음과 같다.

칠성님 난산국을 신풀었사옵기 안칠성님에서 보리농사 フ을추곡 시만국을 만발시경 이간주당 대독 소독 검은 독 대두지 소두지 섬으로 말로 뒈로 홉으로 열두시만국을 신나숩고 칠성님 마불림 나시지말앙 꿩사농 매사농 중이사농 상ᄆ를 중ᄆ를 하ᄆ를 웨도리 네도리 상가지 중가지 울성장안 울담네담 나아상 눈에 펜식하게 말곡 뒤으로 뒷칠성님이랑 유기제물 허튼 금전 신나수와 팔모야광주를 신나숩고 이간주당 천하거부 시켜줍서.
섬지기 말지기 뒈지기 홉지기 관광셍이청 거느령 삼진초정월 나민 신과세 문안 해 넘는 철갈이로 상을 바쩝네다. 칠성님에서 동서으로 오는 굿인 액년 막아줍고 놈의 나라에서 들어오는 굿인 신벵덜 흐게 말앙 칠성님 좌정훈날 딜로 좌정허영 ᄌ손에 제수 신ᄉ망을 나수와 줍서.

이것은 칠성님의 근본을 풀었다 하고(앞에서 신화를 구송하였다는 뜻), 안칠성님은 농사를 풍농지게 하여 독과 두지가 가득 차게 해주십사고 하면서, 밖으로 나다녀 남의 눈에 띄지 않도록 하기를 빌고, 또 뒤의 뒷칠성님에게는 이 집안을 천하거부로 만들어 달라고 기원하고 있다. 후반부의 내용은 이 제의가 신년 초의 문안 과세로 행했던 철갈이 제의이기 때문에 이와 같은 내용으로 나타난 것인데, 상을 바치면서 다시 칠성신에게 집안의 액년을 막아 주고 집안이 재수있게 해달라고 비는 것이다.
이상에서는 칠성신이 가진 직능과 칠성맞이제의 성격을 추출해 보고자 그 내용을 알 수 있게 하는 자료들을 소개해 보았다. 다음에는 이러한 내용들을 근거로 칠성신의 직능이나 기능이 무엇인가를 고찰하면서, 칠성맞이제의 성격을 검토해 보기로 하겠다.

3. 칠성신의 직능과 <칠성맞이제>의 성격

1) 칠성신의 직능

'칠성본풀이'의 내용을 중시하면 칠성신이란 한 마리의 어미 뱀과 일곱의 자식 뱀을 지칭하는 것이다. 이들이 칠성신으로 불리게 된 것은, 하늘에 있는 북두칠성이 어미 뱀의 출생에 관여하고 있기 때문이거나 아니면 어미 뱀이 낳은 자식의 숫자가 일곱인 것과 상관이 있을 가능성이 있는데, 보다 중시할 수 있는 것은 전자의 경우이다. 어미 뱀인 제왕칠성은 그의 부모가 집 뒤의 후원에 칠성단을 만들어 놓고, 칠성신에게 기원한 덕으로 이 세상에 출생한다. 신화를 창조한 집단은 하늘의 북두칠성과 뱀을 상호 관련이 있는 것으로 연결시켜 놓았는데, 이것은 곧 뱀을 신성한 존재로 만들기 위해 이처럼 설정했던 것이라 할 수 있다. 까닭에 북두칠성을 신성하게 생각해 왔던 것은 칠성본풀이와 같은 신화가 창조되기 이전에도 존재해 왔을 가능성이 있다.

칠성신인 뱀은 자신을 정성껏 모시는 사람들에게는 부를 일으켜 주고 학대하는 이들에게는 병을 가져다준다. 따라서 이 신의 직능은 인간에게 병病을 일으키는 것이거나 아니면 부富를 가져다주는 것이라 할 수 있는데, 전자의 경우는 인간에게 부정적인 요소로 작용하는 것이고, 후자는 긍정적인 것이다. 따라서 이 신이 가진 바, 반대되는 이 두 가지의 성격 중 우리는 어느 것을 더 중시해야 할 것인지 문제가 될 수 있는데, 이것은 다음과 같이 이해할 수 있다. 뱀신은 부신富神으로 설정된 것이다. 그러나 이 신의 신체가 뱀이기 때문에 사람들은 그것을 징그러움, 또는 공포감 때문에 기피할 수도 있다. 때문에 이것을 피하고 꺼리면 병이 든다고 설정하여 사람들로 하여금 이것을 위하지 않을 수 없도록 했던 것이다.

　칠성신은 집안에 부를 가져다주는 신이다. 그래서 제의의 대상이 된 것이다. 이러한 사실은 '젯ᄃ리앉혀살려옴'이나 '비념'의 내용을 통해서도 분명하게 확인할 수 있다. 젯ᄃ리앉혀살려옴을 보면 여러 칠성신 중 가장 중시되고 있는 것은 어미뱀인 제왕칠성신이다. 그런데 이 신은 바로 오곡을 풍농 시켜 주는 신으로 나와 있다. '열두시만국 자손에 먹을 오곡 풍년 시켜 주저…'라는 부분에는 이것이 분명하게 표현되어 있는 것이다. 이렇게 보면 칠성신은 바로 풍농신으로 관념되었기에 제의에서 제향을 받고 있음을 알 수 있다. 이 신이 연양상고팡(광)에 좌정하는 것으로 나오고, 또 독과 두지와 궤들을 차지하고 있는 것으로 설정된 것은, 바로 가을이 되어 오곡을 수확하면 곡물을 저장하는 곳이 광속의 독이나 두지, 또는 궤와 같은 곳이기 때문에 이렇게 나타난 것이다. 이러한 내용도 역시 어미뱀인 칠성신이 풍농신이라는 것을 분명하게 알려 주는 자료라 할 수 있다. 그런데 젯ᄃ리앉혀살려옴에는 어미뱀인 제왕칠성 이외에 뒤쪽 후원에 있는 막내인 일곱째 칠성신도 강조되고 있다. 이 신은 집 뒤 후원의 귤나무 아래 주쟁이밑 기와 속에 좌정하면서 집안을 지켜 주고, 집안을 억대의 부자로 만들어 주는 기능을 갖고 있다. 비념의 내용에도 어미뱀인 칠성신은 그 직능이 오곡을 풍농시켜 주는 풍농신으로 나타난다. 그리고 역시 여기에서도 집 뒤 후원에 머무는 막내인 칠성신이 강조되고 있는데, 이 신은 집안을 천하의 거부로 만들어 주는 신이라 한다.

　이상과 같은 사실을 종합해 보면, 칠성신은 바로 집안을 부자로 만들어 주는 신들이라고 할 수 있다. 어머니 뱀인 제왕칠성은 풍농신적 성격이 강하고, 막내인 칠성신은 집안의 부를 불러일으키고, 그것을 지켜주는 억대부군칠성으로 설정되어 있다. 그런데 칠성본풀이 신화에서는 어미뱀인 칠성신이 단지 부신적 성격만 나타날 뿐 풍농신적 성격은 전혀 나타나지 않는다. 그렇다면 부신과 풍농신 중 어느 것을 칠성신의 원래적인 신직으로 볼 것인가가 문제가 될 수 있다. 그런데 후술하겠지만 이 제의는 원래 농경(기원)신에 대한 제의인 <세경맞이제>에 이어서 행해졌었던 것이다. 때문에 이것은 원래 풍농신적 성격을 가진 신이었을 가능성이 크다고 본다. 농경(기원)신에 대한 제의를 행하고 이어서 풍농신에 대해 제의를 행하면서 농사의 풍농을 기원했을 가능성이 크기 때문이다. 이런 점에서 본다면, 이 신의 직능이 오곡의 풍농신으로 나타난 젯드리앉혀살려옴이나 비념의 내용은 본래의 내용을 비교적 잘 간직하고 있다고 볼 수 있고, 반면에 본풀이는 그 내용에 어느 정도 변이가 나타났다고 볼 수 있다. 원래는 풍농신이었던 제왕칠성신이 후에는 그냥 부신富神으로 나타나게 된 것은, 이 신화의 형성이나 변모가 농경사회를 바탕으로 이루어졌기 때문일 것이다. 농경사회에서는 부의 근원이 곧 풍농에 있기 때문에 풍농신은 자연스럽게 그냥 부신으로 바뀔 가능성이 있는 것이다.

2) 칠성맞이제의 성격

칠성신의 기능이나 직능을 앞서와 같이 정리할 수 있다면, 칠성신에 대한 제의인 '각도비념', 즉 칠성맞이제는 원래 풍농신인 뱀신을 맞이하여 제의를 베풀면서 오곡의 풍년을 기원하고, 나아가서는 집안이 천하거부가 될 수 있기를 소망했던 제의였다고 할 수 있다. 그런데 칠성본풀이의 내용을 좀더 자세하게 살펴보면, 칠성맞이제는 단순히 어떤 한 개인 집안의 부만을 위해서 행해졌던 것은 아닌 것 같다. 이것은 여러 칠성신들이 좌정하고 있는 장소가 매우 독특하게 나타나고 있기 때문에 추정해 볼 수 있는 것인데, 이들의 거주처는 다음과 같다. 여러 칠성신 중 가장 대표적이고 상징적인 존재는 바로 어미뱀인 제왕칠성신인데, 이 신이 좌정하고 있는 곳은 집안의 창고나 광이다. 일곱째인 억대부군칠성이 머무는 곳도 집 뒤 후원 쪽이다. 따라서 이 두 신만을 중시하면, 칠성신은 한 개인의 집하고만 관련이 있는 것 같다. 그러나 칠성본풀이에 나오는바 나머지 칠성신이 좌정하고 있는 곳은 단순히 어떤 한 개인의 집으로만 나오는 것이 아니다. 『사전』 자료에는 큰딸아기는 추수못,

셋딸아기(둘째딸)는 이방 혹은 형방을 차지하고 있고, 셋째딸아기는 옥을, 넷째 딸아기는 과원(과수원), 다섯째 아기는 창고, 여섯째 아기는 광청, 그리고 일곱 째아기는 집 뒤의 후원에 좌정하고 있는 것으로 되어 있다. 여기에 나오는 이 방이나 형방, 또는 옥, 광청(관청?), 못 등을 중시하면, 이들이 있는 곳은 동헌 과 같은 관부官府가 있는 곳이거나 또는 이런 건물의 주변에 있는 못, 과원 등으로 볼 수 있다.[18]

이러한 사실은 칠성본풀이의 형성이 이러한 광범위한 행정 구역, 곧 동헌 이나 관청, 또는 성과 같은 국가적 제도적 차원의 건물과 그것이 관할하고 있 는 넓은 지역을 설정하고 있는 바탕 위에서 형성되었다는 것을 뜻하며, 또 더 나아가서는 칠성맞이제를 포함한 큰굿이 이러한 광범위한 지역을 하나의 단 위로 하여 형성되고 행해졌었다는 것을 시사하고 있다. 우리는 이것을 통해 큰굿이라는 무속제의가 애초부터 한 개인집의 복락을 위해 형성되거나 창조 된 것이 아니라 더 넓은 지역을 전제로 하여, 그 구역 안에 사는 일정한 공동 체적 집단 모두의 안전과 복락을 기원하기 위해 만들어진 것, 즉 국가적 차원 의 제의를 위해 형성되었고 또 행해졌던 것이 아니었던가 하는 것을 짐작해 볼 수 있다.

칠성맞이제는 뱀을 신격화하여 풍농신 또는 부신으로 상정하고, 이러한 신 들에게 제의하면서 우리 인간들의 농사가 풍농을 거두고, 이를 바탕으로 부 를 이루면서 안정을 누리고 편히 잘 살 수 있기를 기원했던 제의였다고 할 수 있다. 따라서 이것은 우리 인간이 현실 삶에서 풍농을 거두고, 그것으로 인해 풍요롭고도 부귀한 삶을 살아갈 수 있기를 기원하는 마음에서 이루어졌

---

18) 다른 자료에 나타난 내용을 함께 살펴보면 다음과 같다.
『朝鮮巫俗の 研究』, 어멍 : 전답부군, 1녀 : 동원할망, 2녀 : 관청할망, 3녀 : 마방, 4녀 : 궁가, 5녀 : 사 령, 6녀 : 기생, 7녀 : 과원.
『남국의 무가』, 184쪽. (남제주군 표선면 이무생 구연본), 1녀 : 동안(동헌), 2녀 : 환상창고, 3녀 : 칠 성꼴에 염색할망, 4녀 : 사령방.
『남국의 무가』, 193쪽. (남제주군 안덕면 고창학 구연본), 어멍 : 안방, 1녀 : 동창문, 2녀 : 서창문, 3 녀 : 북창문, 4녀 : 남창문, 5녀 : 쇠돈과원할망, 6녀 : 직세장통할망, 7녀 : 서귀관청할망.

다고 볼 수 있다. 부에 대한 욕구는 모든 인간의 원초적 본능이다. 우리민족은 이와 같은 욕구를 뱀을 신격화하여 여기에 의존함으로써 이것을 이루려하였다. 칠성신은 원래 오곡의 풍농을 담당하면서 집안, 또는 기타 지역을 부유하게 만들어 준다고 믿었었던 신이었지만, 이것은 나중에 집안을 지켜주는 부신적 성격만 강조되어 남게 되었다. 그래서 이 제의는 오늘날은 집안의 풍요와 번성을 기원하기 위해서 행해지고 있다. 풍농신과 부신적 기능이 서로 넘나들 수 있는 것은 농경사회에서는 부의 근원이 곧 풍농과 관련 있기 때문일 것이다. 근대 이전까지만 해도 우리들 현실 삶의 기반은 전적으로 농경에 있었다. 이런 사회에서는 부의 원천이 곧 풍농과 직결되는 것이다. 이런 입장에서 보면, 풍농신이었던 신이 부신의 성격을 가진 신으로 바뀌어 남게 된 것은 어쩌면 지극히 자연스러운 일이라고 할 수 있다.

4. <칠성맞이제>의 문화사적 위상

이상에서는 제주도의 큰굿 속에서 제향 되고 있는 신들 중의 하나인 칠성신과 이 신을 맞이하여 행하는 칠성맞이제의 제의적 성격을 살펴보았다. 칠성신의 신체는 뱀인데, 이 신은 풍농신 또는 부신적 기능을 가진 신이었고, 칠성맞이제는 이런 기능을 가진 신에게 제의하면서 현실 삶에서 풍농을 거두어 풍요롭게 잘살 수 있기를 기원하던 제의였다. 그런데 여기에서 중요한 것은 바로 이 신이 뱀, 즉 구렁이이면서 부신적 기능을 갖고 있다는 것이다. 이것은 바로 오랜 세월 동안 육지 쪽에 존 속해왔던 구렁이업 신앙과 일치하는 그 무엇이 있다. 앞에서 언급한 것처럼 육지 쪽의 구렁이업 신앙은 구렁이를 집안의 부를 지켜주는 재물신으로 관념하고 그것을 신처럼 모시는 것이었다. 여기에서 우리는 이 둘 사이에 어떤 공통점이 있다는 것을 알 수 있는데, 우선을 뱀을 바라보는 인식이 다함께 긍정적이라는 것이고, 둘째는 뱀의 신적 기능이 둘 다 부신으로 나타나 있다는 것이다. 이런 점에서 우리는 이 두 신 앙의 뿌리가 원래 같은 것이 아니었을까 추측해 볼 수 있게 되는데, 이런 점을 중시하면 일단 칠성신이 제의되는 칠성맞이제가 우리문화사에서 어떤 위 상을 차지하고 있는가를 살펴 볼 필요가 있다. 따라서 다음에는 칠성맞이제 의 문화사적 위상을 살펴보기로 하겠다.

칠성신의 직능을 풍농신으로 본다면, 칠성맞이제는 뱀인 칠성신에게 제의 를 행하면 실제로 풍농이 오고, 이를 통해 부를 이룰 수 있다고 믿는 가운데 창조되고 형성되었던 제의라 할 수 있다. 그런데 뱀이 가진 바의 풍농, 또는 부와 관련된 능력을 실제로 인정할 수 있었던 시대에 이것이 형성되었다고 본다면, 이러한 제의의 형성 시기는 꽤 오랠 것이고, 이로 미루어 보면 이 신 화 및 제의도 역시 오래된 고문화일 가능성이 있다는 것은 누구나 쉽게 짐작 할 수 있을 것이다. 그런데 연구해 보면 실제로도 이 제의는 아주 고형의 문 화물일 가능성이 있다.

칠성맞이제는 현재 열두거리 큰굿 속에서 다른 여타의 제의들과 함께 행해 지고 있거나, 아니면 일 년간의 집안의 행운을 빌기 위하여 행하는 '철갈이' 또는 '벨롱겡이'라는 굿에서 문전신, 조왕신, 오방토신에 대한 제의와 함께 행해지고 있다.[19] 따라서 칠성맞이제의 문화사적 위상을 살피고자 한다면, 이 제의 하나만을 따로 독립하여 살피기보다는 제주도에서 행해지고 있는 큰 굿 전체와 관련하여 그 위상을 고찰할 필요가 있다.

현재 제주도에서 행해지고 있는 큰굿과 여기에 나오는 신화들은 아주 오랜 고문화적인 성격을 갖고 있는 것으로 볼 수 있다.[20] 굿을 이루는 원리에 따 라 현행되고 있는 제주도의 큰굿을 구조적으로 재구성해 보면, 그 원래적 모 습은 열두 개의 각기 다른 직능을 가진 신에게 제의하는 것으로 이루어져 있 다. 이른바 열두거리로 구성되어 있는 것이다. 칠성본풀이가 구송되는 제의는

19) 『사전』 500・898쪽 참조.
20) 졸고, 앞의 글(1989).

지금은 31개의 제차 중 25번째 제차로, '각도비념'이라는 제의 속에서 행해지고 있다. 그러나 이것은 원래 큰굿 열두거리 제의 중에서는 아홉 번째 제의로 행해졌던 것으로 생각되는 것이다. 큰굿 열두거리의 순차적 구조는 다음과 같이 이루어져 있었던 것으로 생각된다.

① 초감제 : 우주창조에 관여했던 신들의 업적을 기리는 동시에 무속제의에서 모셔지는 모든 신들을 제의하는 장소로 맞이하는 종합적인 신맞이제

② 불도제 : 인간을 탄생시키고 양육하는 불도신(생불신)에 대한 제의

③ 초공제 : 무조신巫祖神인 초공신에 대한 제의

④ 이공제 : 인간의 생명을 조정할 수 있는 꽃들이 피어 있는 '서천꽃밭'에서 생명꽃을 관장하는 이공신에 관한 제의

⑤ 삼공제 : 인간 한 평생의 행·불행과 운명을 담당하는 신인 삼공신에 대한 제의

⑥ 시왕제 : 저승에 있는 시왕 및 죽은 인간을 저승까지 데리고 가는 신인 저승차사 강님신에 대한 제의

⑦ 명감제 : 인간의 죽을 액을 막는 법을 마련해 준 장수신長壽神인 명감신[멩감신]에 대한 제의

⑧ 세경제 : 농경기원신인 세경신에 대한 제의

⑨ 칠성제 : 풍농신인 칠성신(뱀)에 대한 제의

⑩ 성주제 : 집안을 지켜주는 성주신들, 즉 문전신과 조왕신, 측간신에 대한 제의

⑪ 본향제 : 마을 수호신에 대한 제의

⑫ 일월조상제 : 한 집단의 수호신이나 조상신에 대한 제의

이러한 큰굿 열두거리 제의는 우주창조에 대한 관심에 이어(1) 인간삶의 존재론적 차원인 생사에 관한 관심(2~7), 먹을 것[食]에 대한 관심(8~9), 주거공

간에 대한 관심(10~11), 혈통에 대한 관심(12)을 바탕으로 구성되어 있는 것이라 볼 수 있다. 뱀신인 칠성신을 맞이하여 행하는 칠성맞이제는 이러한 구조 속에서 우리가 먹고 살 식량에 대한 관심을 바탕으로, 농경 및 그것의 풍농을 가져오기 위해 행해지던 제의였다. 이것은 우리가 현실 삶에서 먹을 식량이 넉넉하여 풍족하게 잘 살 수 있기를 기원하면서 마련되었다고 할 수 있는 것이다.

제주도의 큰굿 내에 나오는 신화는 내용상 많은 고태성古態性을 간직하고 있다. 그리고 여기에 나오는 신화 내용들은 육지 쪽의 무속 제의에 그 내용이 남아 있거나 아니면 전설·민담 등으로 변해 이야기 속에 잔존하고 있다. 따라서 앞서와 같은 여러 가지 상황을 감안하면, 현행되고 있는 제주도의 큰굿은 우리민족 고유의 고대적 제의였던 큰굿이 섬지방인 제주도에 잔존하고 있는 것으로 볼 수 있는 것이다. 이것은 물론 제주도의 지리적·인문적 환경 때문에 가능할 수 있었던 것인데, 제주도의 큰굿이 원형에 가깝다고 하는 것은 물론 제주도의 큰굿과 신화가 원형 그대로 남아 있다는 뜻은 아니다. 이것은 오랜 세월 구비 전승되는 동안 많은 변모를 거쳐 현재는 큰굿이 31개의 제차로 이루어져 있기도 하고, 신화 내용에도 제주도적인 내용이나 양상이 반영되어 있기도 한 것이다. 그러나 육지 쪽의 무속에 비하면 이것은 아직도 본래적인 모습을 많이 간직하고 있다고 할 수 있고, 여기에 나오는 신화들은 매우 오랜 것으로서 우리 민족의 고대적 제의인 무속제의와 관련하여 형성되었던 신화의 모습을 간직하고 있다고 볼 수 있는 것이다.

제주도의 큰굿이 고대에 우리 민족이 창안한 열두거리 큰굿이 비교적 원래적 모습에 가깝게 섬지방인 제주도에 남아 있는 것이라고 한다면, 앞서와 같은 열두거리 큰굿은 고대에는 원래 육지 쪽에서도 행해졌을 가능성이 있다. 육지 쪽의 무속제의 속에는 제주도 큰굿 내의 제의와 같은 성격을 가진 의례들이 많다. 또 육지 쪽의 신화 및 전설·민담 속에는 제주도 큰굿 내의 신화들에 나오는 내용과 동일한 것들이 많이 남아 전승되고 있는데, 제의에서 구송되었던 신화들은 이후 전설, 민담, 소설 등으로 바뀐다는 학설을 상기하면,

이러한 현상은 육지 쪽에서도 옛날 그 언제인가에는 앞서 언급한 열두거리 큰굿과 같이 것이 행해졌었고, 여기에서는 현재 제주도 큰굿 내에서 구송되고 있는 신화와 같은 것들이 구송되었었다는 것을 시사한다. 그런데 이렇게 보면, 뱀을 풍농신 또는 부신으로 관념하면서 이 신을 제의했던 칠성맞이제 같은 것도 예전에 육지 쪽에서 행해졌을 가능성이 있는 것이다.

5. 구렁이업 신앙의 형성 기원

구렁이업 신앙은 뱀을 집안의 부를 지켜주는 신으로 인식하고 있는 신앙이다. 현재 육지 쪽의 무속의례에서는 이와 같은 신앙의 흔적을 찾는 일이 쉽지 않다. 그러나 구전되는 이야기들을 보면, 이와 같은 신앙은 전국에 걸쳐 존재하고 있었다는 것을 쉽게 알 수 있다. 그렇다면 이와 같은 신앙은 어떻게 하여 형성된 것일까? 다음에는 이러한 점을 중시하여 구렁이업 신앙의 형성과 그 기원 문제를 고찰해 보기로 하겠다.

육지 쪽의 구렁이업 신앙에 나타나는 뱀이 가진 직능은 부신이었다. 그런데 제주도 큰굿 내의 칠성신인 뱀신이 가진 기능도 역시 부신으로 나타나고 있다. 둘 사이에는 신체가 뱀이라는 동질성과 그들의 신적 기능이 부와 관련되어 있다는 공통성이 있다. 그러므로 이 두 신앙 형태는 상호 긴밀한 상관성이 있다고 보아야 하는데, 그러기에 이들은 아마도 그 연원이 같다고 해야 할 것이다.

제주도에 남아 있는 큰굿이 원래는 열두 거리로 이루어져 있었던 것으로, 제주도가 가진 바의 인문·지리적 환경에 기인하여 여기에 남아 있게 된 고형의 문화물이라고 본다면, 이와 같은 열두거리 큰굿은 원래 고대에서는 육지 쪽에서도 행해졌을 가능성이 있다. 그런데 이렇게 본다면, 뱀신을 풍농신, 또는 부신으로 인식하고 행해졌던 칠성맞이제 역시 육지 쪽의 큰굿과 같은 무속제의 속에서 행해졌었다고 볼 수 있다. 사람들은 이를 통해 뱀을 풍농신, 또는 부신으로 믿게 되었다고 할 수 있는데, 사람들은 여기에서 더 나아가 뱀을 집안의 부를 지켜주는 신이라고까지 믿게 되었던 것이다.

고대에 행해졌던 제의는 그 민족의 문화를 형성하는 동인이 된다. 신화 내용 및 제의와 관련되었던 내용들은 민간신앙을 형성하기 마련이고, 제의 속에서 불렀던 신화는 나중에 이야기로 변하여 전설, 민담, 소설 등을 이루는 소재적 원천이 되기도 한다. 뱀을 풍농신으로 관념하고 행해졌던 제의가 큰굿 열두거리 중 하나의 제차로 존재했었다고 한다면, 이를 바탕으로 하여 구렁이를 부신으로 인식하는 신앙은 얼마든지 형성될 수 있다. 때문에 본고에서는 육지 쪽에 존재하고 있는 구렁이업 신앙은, 고대에 우리나라에 뱀을 풍농신으로 관념하고 행해졌던 무속제의가 존재했었기에 이를 바탕으로 하여 형성된 것이라 본다. 특히 이러한 제의는 큰굿 열두거리 제의 중 아홉 번째 거리에서 행해졌었다고 보며, 이것은 한편으로는 구렁이업 신앙을 형성하고, 다른 한 편으로는 구렁이업 신앙과 관련된 수많은 설화나 속담 등을 만들어냈을 가능성이 있다.

구렁이업 신앙은 우연히 생겨나서 전국적으로 뿌리를 내리게 된 것이 아니다. 원인을 제공했던 어떤 동력이 있어 생겨났고, 이를 바탕으로 이러한 신앙은 우리 문화에 깊이 뿌리를 드리우게 된 것이다. 육지의 경우, '칠성풀이'라는 신화 명칭은 무속에 남아 있게 되었지만[21] 뱀을 풍농신으로 삼고 행하는 제의는 열두거리 큰굿 속에서 사라져 갔다. 그러나 고대에 행해졌었던바 뱀을 풍농신, 또는 부신으로 삼고 행해졌었던 제의는 뱀을 신성한 존재, 또는

---

21) 서대석, 「칠성풀이의 연구」, 『진단학보』 65(진단학회, 1988). 이 논문을 참조하면, 호남지역에 <칠성풀이>라는 신화가 있다. 그러나 이 신화는 뱀에 관한 것도 아니고, 내용도 제주도의 칠성본풀이와는 전혀 다르다. 다만 이름만이 같을 뿐이다. 칠성풀이는 전처소생의 일곱 아들이 후처인 계모의 모해를 받아 죽게 되었으나, 마침내 그녀의 악행이 드러나서 위기를 모면하고 살아나 나중에 하늘의 칠성신이 된다는 줄거리로 되어 있다. 나중에 칠성신이 되기에 신화 이름이 칠성풀이가 되었다. 칠성풀이와 비슷한 줄거리의 이야기가 제주도에서는 문전본풀이라는 신화로 구전되고, 관북지방에서는 살풀이, 관서지방에서는 성신굿으로 전한다.

부신이라고 생각하는 민간신앙을 형성하게 하여 이러한 신앙은 현재까지도 남아 있다.

구렁이업 신앙은 오랜 세월 지속되어 오면서 이와 관련된 속담이나 설화를 형성하는 데 영향을 미치기도 했다. 언제 나갔는지 모르게 슬그머니 나간 것을 지칭할 때 '업구렁이 나가듯 한다'라 하는데,[22] 이런 속담의 형성도 바로 이와 같은 신앙을 기반으로 하고 있는 것이다. 옛날이야기들은 생활 속에서 형성되는 것이기에 현실 삶의 양상을 그대로 반영하고 있기 마련이다. 우리가 옛날이야기를 통해 우리민족의 삶의 형태나 신앙형태, 제도적 양상 등을 고찰할 수 있는 것도 바로 이러한 요인에 근거한다. 우리 설화 속에는 구렁이업 신앙을 담고 있는 이야기들이 아주 많은데, 이 중 몇 가지를 들어보면 다음과 같은 것이 있다.

a) 꿈에 업구렁이가 집안을 나가는 것을 보았는데, 이후부터 집안이 망하기 시작했다.[23]

b) 가난한 사람이 이웃집으로부터 피를 한말 꾸어 왔는데 그곳에 구렁이가 들어 있어 업이라 생각하고 위하여 모셔 부자가 되었다.[24]

c) 이웃에 사는 여종이 구렁이가 목에 감기는 것을 보고도 놀라지 않는 것을 본 가난한 진사양반이 신분상의 차이에도 불구하고 그녀를 며느리로 맞이하여 부자가 되었다.[25]

d) 가난한 집의 며느리가 이웃집에서 곡물을 빌어 와 산에서 구렁이를 잡아 그것에 넣은 후, 이웃집의 업이 온 것처럼 꾸며 이것을 그 집의 논문서와 바꾸어 부자가 되었다.[26]

---

22) 송재선 엮음, 『우리말속담큰사전』(서울 : 서문당, 1983), 671쪽 참조.

23) 『한국구비문학대계』 6-7, 455쪽. 전라남도 신안군 신의면, 박방주, 남, 55 제보. '구렁이업'

24) 瀬川拓南・松谷みよ子, 「ふしぎな福へひ」, 『朝鮮の民話』 上(日本 : 해成社文庫3082, 1980), 55面.

25) 『한국구비문학대계』 6-4, 416쪽, 전남 승주군 주암면, 조동윤, 남, 65 제보. '구렁이업'

26) ① 『한국구비문학대계』 7-13, 279쪽, '가짜 구렁이업으로 치산한 며느리'(김분선, 여, 76, 제보). 이 이야기는 형제지간에 벌어지는 이야기로서 이렇게 하여 나중에 부자가 된 동생집 며느리가 다시

구렁이가 집안의 부를 지켜주는 업이었고, 이들의 출몰에 따라 집안의 흥망이 좌우되었다는 내용을 담고 있는 설화들은 이 외에도 많지만, 이상의 자료만을 통해서도 구렁이업 신앙이 육지 쪽에 있었다는 것을 충분히 알 수 있을 것이다. 그런데 구렁이업 내용을 담고 있는 이상의 설화에는 구렁이가 있는 곳이 주로 고방, 또는 곡물 속으로 나타나 있다. 제주도 큰굿 속의 칠성맞이제에 나오는 제왕칠성, 즉 어미뱀인 칠성신이 있는 곳도 고방, 또는 독과 두지 같은 곳으로서 이곳은 특히 곡물과 관계가 있는 곳이었다. 두 곳의 자료에 모두 구렁이가 있는 곳이 고방, 또는 곡물 속으로 나오는 것은 칠성맞이제에 있어 칠성신의 직능이 원래 풍농신이었기 때문일 것이며, 이것은 곡물의 풍흉과 직결되어 있어 집안에서도 곡물이 보관되어 있는 고방, 혹은 곡물이 있는 곳에 이러한 신이 좌정하고 있는 것으로 나타나게 되었을 가능성이 있다. 그리고 전통사회에서는 곡물의 풍흉이 곧 부와 직결되어 있기에 이들은 부신으로도 관념되기에 이른 것이다.

이상에서는 우리 민간에 전승되고 있는 구렁이업 신앙의 형성 문제를 고찰해 보았다. 이것은 고대에 뱀을 풍농신으로 관념하고 행해졌던 큰굿과 같은 무속제의가 있어 이를 바탕으로 형성되었을 가능성이 있다. 현재 제주도의 무속에 남아 있는 칠성신에 대한 제의는 바로 이러한 고대적 제의의 잔존물로 볼 수 있다. 제주도에 남아 있는 바, 뱀을 부신으로 믿는 사신蛇神신앙도 어쩌면 이러한 무속제의를 토대로 형성된 문화일 가능성이 있다. 따라서 이것은 아주 오래된 우리 민족의 고문화가 바로 제주도에 남아 있는 것일 수도 있는 것이다. 제주도의 사신 신앙은 흔히 남방문화적인 것으로 이해되어져 왔다.[27] 그러나 칠성신에 대한 제의를 무속제의, 그 중에서도 특히 우리 민족

논문서를 주인인 형에게 돌려준다는 것으로 끝맺고 있다. ②『한국구비문학대계』 7-13, 628쪽, '가짜 구렁이업으로 치산한 며느리'(정기조, 남, 75,구술).

27) 진성기, 「뱀신앙과 제주도민」, 『무속학』(제주 : 제주민속연구소, 2005), 242~243쪽에서는 한경면 고산리 본향당신인 뱀이 대나무상자에 담겨 바다로부터 들어왔다는 것을 근거로, 이것을 뱀이 대나무가 무성하게 자라는 남양 열대 지방으로부터 건너왔다고 보고 또한 이를 근거로 제주도 문화가 북방계보다는 남방계의 요소가 더 영향을 주었다 하고 있다.

의 고대적 제의였다고 생각되는 열두거리 큰굿과 같은 무속제의와 상관지어 본다면, 이러한 학설은 재고할 필요가 있지 않을까 한다. 열두거리 큰굿이 창조되었거나 제의되었던 것은 우리 영토의 남쪽이기보다는 북쪽지방 어디일 수 있기 때문이다.

구렁이를 풍농신 또는 부신, 재신財神으로 생각하게 된 것이 언제부터인지는 알 수 없다. 이러한 문제는 아마도 열두 거리 큰굿이 언제부터 행해졌었는지, 그리고 그것이 형성된 지역이 어느 곳인지를 알 수 있을 때 자연히 해명될 수 있을 것이다. 여기에 대해서는 앞으로 연구하여 발표해 보도록 하겠다. 현재 칠성신앙이나 구렁이업 신앙 같은 것은 급격하게 사라져가고 있다. 원인은 아마도 과학 및 인지의 발달로 인해 구렁이나 뱀 같은 것이 결코 한 가정의 부를 좌우하는 신이 될 수 없다는 것을 알게 된 데 있을 것이다.

6. 구렁이업 신앙의 인식 기저

우리민족은 고대에 뱀을 풍농신, 부신으로 상정하고 이것을 제의의 대상으로 삼았다. 칠성맞이제가 우리민족의 고대적 제의였다고 생각되는 열두거리 큰굿 속의 한 제차로 자리매김하고 있다는 것을 중시하고, 또 육지 쪽에 구렁이업 신앙이 존재하고 있다는 것을 중시하면, 앞서와 같이 추정을 한다 해서 잘못은 아닐 것이다. 그렇다면 어떻게 하여 우리민족은 뱀을 풍농신으로 관념하게 되었던 것일까? 다음에는 이 문제를 검토해 보기로 하겠다.

뱀은 전 세계의 신화 속에 다양한 형태로 존재하고 있다.[28] 이것은 전 세계의 많은 민족이 의식, 혹은 무의식적으로 뱀을 매우 특별한 동물로 관념하면서 신앙의 대상물로 인식하였다는 것을 뜻한다. 우리민족이 뱀을 풍농신으

---

28) 멜시아 엘리아데 저, 이은봉 역, 『종교형태론』(서울 : 형성출판사, 1982), 184~194쪽 참조.

로 생각한 것 역시 이러한 범주 속에 속한다 할 수 있다. 그런데 이러한 인식은 뱀을 긍정적으로 바라볼 때 나타날 수 있는 현상이다. 그렇지만 우리 문화에 있어 모든 분야에 걸쳐 뱀이 이처럼 긍정적으로 나타나 있는 것은 아니다. 부정적으로 그려지고 있는 뱀 설화도 상당히 많다. 또 제주도의 무속제의에 나오는 내용에도 뱀이 부정적인 것으로 그려진 부분이 있다. 예를 들면 저승의 지옥 중에 흑사黑蛇지옥이 있다는 것이나, 이승에 살 때 악한 일을 많이 한 사람은 흑구렁이나 청구렁이가 되어 다시 이승에 태어난다고 하는 내용도[29] 전부 뱀을 부정적으로 보기에 나타날 수 있는 것이다. 이렇게 보면 우리 민족은 뱀에 대한 인식을 다각적인 차원에서 바라보았음을 알 수 있다.

풍농신으로서 뱀을 인식한 것은 긍정적인 차원에서 뱀을 본 것이다. 그렇다면 풍농신인 뱀은 어떤 모습을 한 것으로 나타나 있을까? 『사전』, 『朝鮮巫俗の 硏究』, 『남국의 무가』 등 여러 자료를 종합해 보면, 칠성신은 다음과 같은 특징을 갖고 있는 것으로 나타나 있다. 칠성신은 그의 부모가 집 뒤 후원에 칠성단을 마련해 놓고 기원한 덕에 태어난다. 즉 이 신은 하늘에 있는 칠성신의 가호를 받고 있는 존재인 것이다. 이 신은 또 야광주(야강주) 또는 생금주를 갖고 있다고 상정되어 있고, 저승적패지를 먹어 불사不死하게 되었다고도 한다. 그리고 색깔은 백색으로 되어 있다.[30]

뱀을 칠성신으로 부르게 된 것은 어미뱀의 출생에 하늘의 북두칠성이 관여하고 있기 때문일 것이다. 어미인 칠성신이 자식을 일곱 낳기 때문에 칠성신으로 불리게 된 것으로도 볼 수 있으나, 이 일곱 숫자도 기실은 하늘의 북두칠성 숫자와 상관이 있었으리라 생각된다. 주인공이 되는 가장 중요한 뱀신의 출생에 하늘의 칠성신이 관여하고 있고, 또 자식의 수도 일곱을 낳게 하여 하늘의 칠성과 뱀이 상호 연계성을 갖도록 한 것은 뱀의 신성성을 돕기 위한

---

29) 현용준, 앞의 책(1980), 220 · 223쪽 참조.
30) 이러한 내용에 대해서는 이수자, 앞의 논문(1989), 152~157쪽에서 이미 정리했으므로 여기에서는 이 내용을 간단히 요약한다.

장치라고 할 수 있다. 풍농신인 뱀과 하늘의 칠성신이 서로 상동성[homology]을 갖도록 한 것은 그 모양의 상사성 때문인지 아니면 다른 이유가 있는지 그것은 알 수 없다. 그러나 뱀을 칠성신과 결부지음으로써 뱀을 신성한 존재가 되게 한 것은, 이전부터 있어온 하늘의 칠성신에 대한 신성성을 바탕으로 이루어졌다고 볼 수 있다.

야광주 또는 생금주를 가졌다는 것은 자료에 따라 나타나는 것도 있고 그렇지 않은 것도 있어서, 여기에 대해 확실한 것을 논하기는 어렵다. 그러나 풍농신이 이런 구슬을 갖고 있는 것으로 나타난 자료도 많은 만큼 이것을 완전히 무시해 버릴 수도 없는 형편이다. 그런데 이런 구슬은 제왕칠성의 아버지가 마련해 주는 것으로 나타난다. 야광주로 보면, 이것은 밤에 빛남으로써 어두움을 밝혀주는 기능을 가진 것이 되고, 생금주로 보면 이것은 생금으로 만든 구슬이란 뜻이다. 칠성신이 야광주나 생금주를 갖고 있는 존재라 한다면, 이것 역시 칠성신을 신성하게 만들기 위해 나타난 요소라고 볼 수 있다. 칠성신이 갖고 있는 것을 야광주로 보던 또는 생금주로 보던, 이것은 바로 칠성본풀이 같은 신화가 이런 기능을 가진 구슬이 중시될 수 있었던 시대에 형성된 신화라는 것을 시사한다. 야광주는 밤에 빛나는 구슬로서 이것은 주위의 어둠을 밝힐 수 있는 기능을 갖고 있다. 이런 점에서 이러한 신화의 생성은 밤의 어둠을 밝힐 수 있는 수단이 크게 발전하지 못했던 시기와 관련이 있을 것이다. 생금주를 주시해서 본다면, 이것은 금이라는 광물이 제련을 통해서라기보다는 생금 자체로 많이 발견되던 시기와 관련 있을 것이다. 제주도 큰굿 내의 신화 중 삼공본풀이라는 신화에도 주인공 신이 금을 얻는 것은 바로 생금과 관련이 있다. 칠성신이 가진 것이 만약 생금주라 한다면, 이러한 요소는 바로 이러한 신화 내용과 접맥되고 있어 흥미롭다.

뱀은 생태상, 그리고 성격상 신성성을 가질만한 여러 요건을 두루 갖추고 있다. 알로의 탄생, 수차에 걸친 허물벗기, 동면, 물과의 상관성, 다산성, 남성적 상징 등등. 달동물[Lunaanimal]적 속성을 갖고 있기도 하는 뱀은 그래서 많은 종교나 또는 신화체계에서 다양한 모습으로 나타나고 있는데, 뱀이 가지는 다양한 심볼리즘에서 가장 핵심적인 것은 풍요와 재생, 그리고 불사의 능력이라 할 수 있다.[31) 뱀을 풍농신, 부신으로 바라보고 있는 우리민족의 사고역시 여기에서 벗어나지 않는다. 뱀을 풍농신으로 관념했고 또한 저승적패지를 가져 영원히 죽지 않는다고 본 것은 바로 세계 여러 민족이 본 뱀에 대한인식의 범주, 즉 풍요와 재생 및 불사라는 그것과 궤를 같이 하고 있는 것이다. 이것은 우리 민족도 뱀이 갖고 있는 여러 생태적 요인을 중시하고, 이를통해 뱀을 성스러운 존재로 관념했다는 것을 시사한다. 그러나 한편 현실적으로 뱀은 무섭고도 위험하여 공포의 대상이 될 수도 있다. 그래서 일부는 부정적 측면으로 그려지기도 했는데, 이것이 바로 저승과 관련하여 나타나는뱀의 모습이라고 할 수 있다.

긍정적 측면의 뱀과 부정적 측면의 뱀은 색깔로 구별하였던 것 같다. 흰 색계통의 색깔을 가진 뱀은 풍요의 신으로 관념되었고, 반면에 청색이나 흑색을 가진 뱀은 부정적인 뱀으로 인식되었다.[32) 흰 빛이 성聖의 색깔로 관념되었음이 분명한데, 이것은 우리 문화 전반에 나타나는바 우리민족이 백색을신성하게 생각했던 것과 같은 맥락이라 할 수 있다.

뱀을 불사의 존재, 또는 풍농신으로 인식했던 우리민족의 사고는 풍요 및불사의 측면과 관련해서 뱀을 인식하고 있었다는 점에서 세계 보편적인 인식과 궤를 같이 한다고 볼 수 있다. 이것은 곧 우리 민족 역시 신화적 원초적사고를 세계인들과 함께 하고 있었다는 것을 시사한다. 그런데 우리 민족은뱀이 가지고 있는 이러한 상징성 외에 여기에 색깔을 더하고, 칠성신과 상동성을 갖고 있는 것으로 인식하는 한편 특별한 구슬을 갖고 있다고 상정하였다. 이것은 바로 우리 민족문화만의 특수한 변별적 사항이라 할 수 있다. 따

---

31) 멜시아 엘리아데, 앞의 책(1982), 189쪽.
32) 『東國與地勝覽』에 나오는 바 '尙陰祀……若見灰色蛇卽以爲遮歸之神禁不殺' 이러한 부분을 보면,
제주도의 차귀섬에서 모셔지는 뱀신은 그 색이 회색이었다. 회색은 거의 백색에 가까운 것이다.

라서 이러한 내용을 통해 우리 민족, 혹은 우리 문화의 변별성은 (흰)색깔을 통한 구별, 하늘에 있는 북두칠성 관념 강조, 특별한 기능을 가진 구슬이 있다고 보는 것 등에 있다고 볼 수 있다. 그런데 육지 쪽에 나타나는 구렁이업 신앙에는 이와 같은 요소들을 찾아볼 수 없다. 이것은 오랜 세월 전승되어 오면서 이들 요소는 다 사라지고 다만 뱀이 부신, 또는 재물신이라고 하는 기능적 요소만 살아남았기 때문이라 할 수 있다.

7. 결론

우리 민간신앙에는 구렁이를 부신, 또는 재물신으로 관념하는 신앙이 있다. 본고는 이것을 편의상 '구렁이업 신앙'이라 하면서, 우리 민간에 이와 같은 신앙이 나타나게 된 형성기원을 고찰해 보고자 시도된 것이다. 앞에서 논의한 내용을 요약하여 결론을 대신하면 다음과 같다.

구렁이업 신앙은 뱀이 신적 대상이고, 그 직능이 부와 관련 있다는 특징이 있다. 따라서 이 신앙의 기원적 문제를 고찰하고자 하면, 먼저 부신적 직능을 가진 뱀이 나타나는 현상을 주목해야 한다. 2장에서는 이러한 점을 고려하여 제주도의 무속제의 중 '각도비념'의 내용을 살펴보았다. 각도비념은 칠성신이라 부르는 부신적 직능을 가진 뱀에 대한 제의이다. 편의상 이 제의를 '칠성맞이제'라 칭하고, 칠성신의 직능을 알 수 있도록 신화와 젯ㄷ리앉혀살려옴, 그리고 비념의 내용을 소개하였다.

3장에서는 앞서 소개한 자료들을 중심으로 칠성신의 직능을 고찰하였다. 칠성신이란 오곡의 풍농을 담당하는 풍농신이었다. 나중에 이 신이 부신으로 전이된 것은 농경사회에는 풍농이 곧 부의 원천이 되기 때문이다. 칠성맞이제는 풍농신에 대한 제의를 행하면서 부를 누리고 잘 살 수 있기를 기원했던 제의라고 할 수 있다.

4장에서는 제주도의 칠성맞이제가 우리문화사에서 차지하는 위상을 살펴보았다. 칠성맞이제는 큰굿 열두거리 중 아홉 번째로 존재하던 것이다. 여덟 번째는 농경기원신에 대한 제의가 있었다. 이렇게 보면, 이 두 제의는 농경을 중심으로 풍년을 기원하면서 먹고 사는 문제가 잘 해결될 수 있기를 빌었던 제의라고 할 수 있다. 제주도의 큰굿은 매우 고형의 문화물로서, 우리 민족의 고대적 제의라 할 수 있는 큰굿이 여기에 남아 있는 것이라 할 수 있다. 따라서 이렇게 보면, 고대에는 육지 쪽에서도 칠성맞이제 같은 것이 행해졌었다고 볼 수 있다.

5장에서는 구렁이업 신앙의 형성기원을 살펴보았다. 고대에 칠성맞이제 같은 것이 육지 쪽에서도 행해졌을 가능성이 있다고 보면, 구렁이업 신앙은 바로 이런 제의를 바탕으로 형성되었다고 볼 수 있다. 고대의 제의는 문화를 형성하는 동인이 되는데, 우리의 구렁이업 신앙도 바로 이런 경우에 해당하는 것이다. 풍농과 부에 대한 욕망이 구렁이를 풍농신, 혹은 부신으로 믿게 했다고 볼 수 있다.

6장은 뱀이 풍농신, 혹은 부신으로 상정될 수 있었던 인식의 기저를 살펴보았다. 뱀은 생태상 신성시 될만한 많은 요소를 간직하고 있다. 뱀이 가지는 다양한 심볼리즘에서 가장 핵심적인 것은 풍요와 재생, 그리고 불사의 능력이라 할 수 있는데, 뱀을 풍농신으로 관념했던 우리민족 역시 이와 궤를 같이 하고 있다. 구렁이업 신앙이 언제부터 시작되었는가 하는 것은 열두거리 큰굿과 같은 무속제의가 언제 형성되었는지 하는 것과 맞물려 있다. 여기에 대해서는 별도로 연구하여 발표해 보기로 하겠다.

차사본풀이 유형 무가의 구조와 의미

최원오
서울대학교
강사

1. 서론

인간에게 죽음이란 필연적으로 찾아오는 것일 수밖에 없다. 그러기에 지구 상에 여러 종교에서 죽음을 이야기하지 않는 경우는 드물다. 우리의 무속에 있어서도 마찬가지이다. 삶이 있으면 죽음이 있듯이 삶과 죽음은 동전의 양 면과 같은 것이며, 그러기에 우리는 살기 위해서 죽음을 나름대로 이해하고 이야기하는 것이다. 여기서 삶을 관장하는 신을 생산신이라 한다면, 죽음을 관장하는 신은 저승신이라고 할 수 있다.

그런데 한국의 무속신화를 살펴보면 제석신, 성조신, 조상신에 대한 제차祭 次가 더 보편적으로 존재하고 있음을 알 수 있다. 이러한 신들에 대한 제차가 보편적으로 존재하는 이유는 이들 신이 인간의 명命과 복福에 밀접히 관여하 고 있다고 생각하기 때문이다.

그러나 이들 신에 못지않게 자주 나타나고 있는 신이 저승신이다. 그럼에 도 저승신에 대한 제차가 위의 신들에 비해 뚜렷이 나타나고 있지는 않다. 그 이유는 저승신이 인간에게 현실적인 이익을 가져다주는 신이 아니기 때문이다. 인간에게 이익을 가져다주는가 주지 않는가에 따라 인간의 신에 대한 인식은 달라지기 마련인 것이다. 이것은 저승신을 다른 신격神格들과 동일하게 다룰 수 없다는 말이 된다. 즉 저승신의 신격이 명확하지 않기에 신격으로서의 성질을 따질 수가 없는 것이다.

이에 본고에서는 신격의 문제는 잠시 접어두고 저승신화로 묶을 수 있는 몇 개의 무가를 구조적으로 분석 검토하고 그 의미를 분석하고자 한다. 이 때 무가는 설화와 마찬가지로 공시적이자 통시적인 것으로 본다. 이 검토를 통해서 저승신화의 유형이 어떻게 전승되고 있는가 하는 전승판도 및 전승원리, 변모의 방향과 지역적인 관계 등을 밝혀낼 수 있을 것으로 기대된다. 아울러 이러한 검토를 토대로 한국의 저승 및 저승신관의 특징을 추출하고자 한다.

그런데 이상의 문제를 검토하기 위해 전제해야 할 것이 있다.

첫째, 인간의 생각은 수시로 바뀌기 때문에 무가에도 이러한 생각의 편차가 드러나고 있다고 보아야 한다.

둘째, 지역에 따라서 저승에 대한 인식은 달리 나타날 수 있다고 본다.

셋째, '죽어서 저승간다'고 했을 때의 저승은 이승에 상대되는 개념이기에, 이것은 공간 개념이 비교적 확실하게 인지되었을 때에 나타난 것이라고 보아야 한다는 것 등이다.

한편 본고에서 '<차사본풀이>유형'이라고 한 것은 인간의 죽음과 관련하여 저승을 다녀오거나, 죽음을 모면하기 위해 저승신에게 치성致誠을 드리는 무가를 합하여 하나의 유형으로 묶은 것이다.[1] '<차사본풀이>유형'으로 묶어 본고에서 검토할 무가 자료는 <천지왕본풀이>, <차사본풀이>, <바리공주>, <장자풀이>, <짐가제굿>, <황천혼시>, <맹감본풀이> 등이다.

---

1) 유형 연구가 설화 연구에서만 가능하다고 할 수는 없다. 무가의 연구에 있어서도 방법론의 개발이라는 점에서 설화에서의 유형연구를 적용할 필요가 있다.

2. 본론

1) <차사본풀이> 유형 무가의 구조분석

(1) 개별분석을 통한 접근

개별 분석을 통해서는 각 무가에 보이는 인간과 신(저승신)과의 관계를 중점적으로 파악하여 저승신화로서의 성격을 파악하고자 한다.

먼저 <천지왕본풀이>를 보기로 한다. <천지왕본풀이>는 제주도 지역에서만 전승되는 무가로 천지왕이 이승에 사는 극악무도한 사마장자를 징치하러 왔다가 징치하지 못하고 백주할멈의 딸아기와 배필을 맺어 대별왕과 소별왕을 낳는데, 소별왕이 나중에 이승을 차지하여 사마장자를 징치했다는 내용이다. 여기서 사마장자는 <장자풀이>에서의 사마장자처럼 조상을 모시지 않으며, 아주 악독한 방법으로 재산을 모은 자로 묘사[2])되어 있다. 이러한 사마장자를 징치하기 위해 천지왕이 내려오는 것은 저승사자가 이승에 악독한 자나 수명이 다 된 자를 잡아가는 것과 같다. 이러한 점은 이 무가를 저승신화로 보게 한다.

이것은 대별왕과 소별왕이 이승을 차지하기 위해 꽃피우기 내기를 하는 것을 보아도 알 수 있다. 꽃을 피우는 것은 생명을 관장할 수 있음을 뜻한다. 때문에 소별왕이 술수를 써서 이승을 다스리고 사마장자를 징치하기는 했지만, 생명의 관장 능력은 저승을 차지하게 된 대별왕에게 있기에 저승은 잘 다스려지고 이승은 잘못 다스려지게 된다. 또한 다수의 무가에서 꽃감관이 되어 꽃을 기르다가 잘못 기르게 되면 이승으로 유배되는 내용이 나오는데, 이것 또한 저승과 꽃피우기 및 생명과의 관계를 잘 나타내 주는 것이다.

---

2) 그 부분을 들면 다음과 같다. "수명장제가 없는 인간덜 대미 꿔주렝 흥민 백모살 허꺼 주고 없는 인간덜 소미 꾸레 오라시민 흑모살 허꺼 주고 없는 인간덜 쏠 꾸레 오라시민 큰 말로 받아당 족은 말로 풀앙 부제뒈니" 玄容駿 著, 『濟州島巫俗資料事典』(新丘文化社, 1980), 36쪽 인용.

한편 이 무가에서 이승의 사마장자를 잡아가는 천지왕이 하늘에서 내려온다는 것이 주목된다. 여타의 무가를 보면, 모두 저승이란 곳이 설정되어 있고, 그 곳은 수평선 너머의 세계이거나 지하에 있는 세계이다. 그런데 고대의 장제에 죽은 시체에 새의 깃을 장식했다거나,[3] 건국신화에서 신의 죽음을 하늘로 승천한 것으로 묘사한 것을 고려하면, <천지왕본풀이>는 바로 하늘을 인간이 죽으면 돌아가는 곳으로 설정하고 있는 신화인 것이다. 이로 보아 <천지왕본풀이>는 저승신화 중에서도 이른 시기의 저승신화라고 할 수 있다.

아울러 이 무가에서 주목되는 점 중의 하나가 대별왕과 소별왕이 이승과 저승을 차지하기 전에 부친을 찾아가는 여행, 이른바 이계여행을 한다는 점인데, 이 이계여행에서 둘은 시험을 받게 되고 이승과 저승을 다스릴 수 있는 능력을 획득하게 된다. 그리고 그 능력을 발휘하여 소별왕은 천지왕이 징치하지 못한 사마장자를 징치하게 되는 것이다.

다음으로 <차사본풀이>를 보자. <차사본풀이>는 제주도 지역에서만 전승되는 무가로 함흥에서 전승되는 <짐가제굿>과 내용상 유사성을 보인다.[4] <차사본풀이>는 과양생에게 죽은 세 정승의 아들이 과양생의 세 아들로 다시 태어나 과거에 급제했다가 급사하자, 과양생이 김치원님에게 소지를 올린다. 이에 원님이 강임도령에게 명하여 염라대왕을 잡아오게 하여 이 사건을 해결하고, 강임은 저승의 차사로 데려간다는 내용이다.

여기서 과양생의 세 아들의 죽음을 해결하기 위해 저승으로 떠나는 강임의 묘사는, 망자를 저승으로 떠나보내는 과정과 동일하게 묘사되어 있다. 이것은

---

3) 『三國志』「魏志」「東夷傳」「弁辰」. "以大鳥羽送死 其意欲使者飛揚." 중국 소수민족의 하나인 西藏이나 西川에서는 사람이 죽으면 그 시체의 뼈를 산산조각을 내어 참파와 뒤섞어 땅에 뿌려 매가 먹게 하는데, 다 먹어야 길하다고 생각한다. 이것을 鳥葬 또는 天葬이라고도 하는데, 새의 비상력이 하늘과 관련되고 있음을 볼 수 있다. 夏之乾, 『中國少數民族的喪葬』(中國華僑出版公司, 1991), 14面.

4) 徐大錫, 「敍事巫歌硏究 -說話·小說과의 관계를 중심으로-」(서울대학교대학원 석사논문, 1968), 41~45쪽; 최원오, 「鬼神說話가 서사무가와 판소리에 수용된 양상 연구」, 『국문학연구』 제114집(서울대 국문학연구회, 1993) 80~86쪽.

염라대왕을 잡으러 저승으로 떠나는 강임의 모습과 망자가 저승으로 가는 과정이 동일하게 진행되고 있는 데서 알 수 있다. 이 중 후자에 중점을 두고 보았을 때, 이 무가는 사람이 죽으면 장사를 지내면서 행해지는 여러 가지 법의 기원을 설명하고 있는 무가라고 할 수 있다. 그러나 이 무가는 과양생의 세 아들의 죽음과 관련하여 강임이 저승으로 떠나고 있고, 결국에는 염라대왕을 잡아와서 사건을 해결하고 있기에 전자의 입장에서 보아야 한다. 이렇게 보았을 때, 강임은 이승에서의 억울한 죽음을 저승의 염라대왕의 신력을 빌어 해결하고 삼형제를 살려내는 데 있어서 중요한 역할을 한 인물이라고 할 수 있다. 이것은 다시 말하면, <차사본풀이>를 강임을 주인공으로 한 저승신화의 면모가 잘 나타나고 있는 무가로 이해하게 하는 점인 것이다.

한편 <차사본풀이>는 함흥에서 전승되는 <짐가제굿>과 그 내용상 유사하다고 본다. 즉 정승의 세 아들이 진가장에 의해 살해되고, 다시 진가장의 세 아들로 환생했다가 과거에 급제한 뒤 갑자기 죽게 되는 과정이 유사하다. 그러나 귀신을 잡아오는 인물이 손님 중에서도 가장 못난 손님으로 되어 있고, 그는 사건을 해결하기 위해 이계여행도 하지 않는다. 다만 다리 밑에 있다가 저승의 차사를 불러와 사건을 해결한다. 그리고 무가의 제목에서도 드러나듯이 강조되는 인물이 다르다. 즉 <차사본풀이>는 차사 강임의 영웅적 행위를 강조하고 있는 데 반해, <짐가제굿>에서는 악인인 짐가제가 강조되고 있다. 이것은 무엇을 의미하는가? 아마도 짐가제로 인해서 저승 차사를 위하는 굿법이 마련되었다는 것을 설명하려는 데에 중점을 두었기 때문으로 본다. 그리고 <짐가제굿>에는 세 아들이 다시 살아나는 내용이 없고, 다만 죄는 3대를 통해서 내린다는 내용이 보인다. 이것은 악독한 행위를 한 자는 반드시 벌을 받기 마련이고, 그것은 피할 수 없다는 사고를 나타낸 것이라고 할 수 있다.

위에서 살펴보았듯이, <차사본풀이>나 <짐가제굿>은 모두 이승에서 해결하지 못하는 일을 저승신의 힘을 빌어 해결하고 있다는 점에서 동일한데, 이와 동일한 맥락에서 살펴볼 수 있는 무가가 바로 <바리공주>이다. 바리공주는 딸이라는 이유로 낳자마자 버려졌지만, 부모의 병을 치료하기 위해 저승에서 약수를 길러와 이미 죽은 부모를 살리고 망자를 저승으로 천도하는 신이 된다는 내용이다. 이 때 부모의 병을 치료할 약수는 이승에서는 구할 수 없는 것이다. 따라서 이승에서 해결하지 못하는 일을 저승신의 힘을 빌어 해결했다는 점에서 이 세 무가는 동일한 구조를 보이고 있는 것이다.

<바리공주>에서 주목할 만 한 점은 죽을 사람을 살리기 위해 바리공주가 저승을 여행한다는 점이다. 저승 여행에서 그녀는 저승신인 무장수를 섬기고 아들까지 낳아준 뒤 함께 이승으로 돌아와 죽은 부모를 살린다. 부모가 죽을 병이 든 것은 하늘이 내려준 아이를 버렸다는, 즉 금기를 깨뜨렸기에 당연하다. 그런데 바리공주의 지극한 정성, 즉 저승신을 3년 동안 지극히 섬기면서 치성을 드렸던 결과로 부모는 다시 살아나게 된다. 이로 볼 때, <바리공주>에는 이계여행과 저승신에게 치성을 드리는 점이 잘 드러나고 있는 저승신화라고 하겠다.

다음으로 호남 지역에서 전승되고 있는 <장자풀이>를 보자. <장자풀이>의 내용은 비교적 간단하다. 조상을 섬기지 않고 정당하지 않은 방법으로 재산을 증식한 사마장자란 이가 살았는데, 어느 날 한 꿈을 얻는다. 며느리가 죽을 꿈이라고 해몽하고서 봉사에게 문복할 것을 청한다. 봉사가 저승사자를 위하면 살 방도가 있을 것이라고 하여, 다리를 놓고 그 곳에 굿상을 차려 놓는다. 사마장자를 잡으러 오던 저승사자가 음식을 받아먹고 사마장자 대신 사마장자가 타고 다니던 말을 끌고 가서 사마장자는 죽을 위기에서 벗어난다. 이본에 따라서는 말 대신 그 옆에 사는 우마장자를 잡아갔다는 것도 있으나, 곧 사실이 밝혀져 저승사자들이 오히려 문초를 받게 되는 것이 대부분이다. 또 말이 잡혀간 이본에서는 말이 저승에서 염라왕에게 자꾸 소지를 올리니 사마장자가 정신이 어지럽게 된다. 그러자 문복을 하여 말썻김굿을 하자 곧 낫게 되는 것으로 끝이 나 있다.

이 무가에서는 죽을 운명에 처한 이가 저승사자를 위하여 그 운명으로부터 벗어났다는 것이 특징이다. 그리고 이 무가도 <짐가제굿>과 마찬가지로 악인인 '장자'가 그 무가명으로 나타나고 있는데, 이것은 장자가 저승사자를 섬기는 법을 마련했다는 것과 관련된다고 본다.

오늘날 이제
정월이라 상달에
신수맥이 허넌 것도
장자님이 마련히 놓고
갈산지옥 홍수맥이로 장자님이 마련허고
요왕제 액맥이도 장자님이 마련허고
달으 윤진 마련허여
산신제야 서낭제야 유왕제야 시끔굿에
장자풀이를 허면 액운을 막어
一年 열두달 三百六十日
죄액을 거두어……5)

<장자풀이>에서처럼 저승사자에게 치성하여 죽을 운명으로부터 벗어나는 무가로 제주도와 함흥에서 전승되는 <사만이본풀이>와 <황천혼시>가 있다. 이 무가들을 묶어 '백년해골형 무가'로 지칭6)하기도 한다. 이는 두 무가의 내용이 모두, 백년해골을 위한 어떤 사람(삼형제, 사만이)이 백년해골의 지시로 죽을 운명으로부터 벗어났기에 붙여진 것이다. 그런데 백년해골이 지시한 것은 <장자풀이>에서 봉사 점장이가 장자에게 지시한 것과 동일하다. 다만 <장자풀이>에서는 선조를 잘 모시지 않던 장자가 죽게 되어서야 저승사자에게 치성을 드렸고, '백년해골형 무가'에서는 처음부터 백골과 같은 신을

5) 任晳宰, 『苗浦巫樂』(無形文化財指定報告 제79호, 1970), 518쪽 인용.
6) 서대석, 앞의 논문(1968), 56~60쪽.

잘 섬겼다는 데서 차이가 있을 뿐이다.

이상으로 <차사본풀이> 유형의 무가를 저승신화의 측면에서 각각 살펴보았다. 그 결과 이승의 사람이 저승을 여행하고 나서 이승에서 생긴 사건을 해결하는 유형과, 죽을 운명에 처한 사람이 이승에서 굿을 하고 저승사자를 맞이하여 죽을 운명을 넘기는 내용의 유형이 있음을 알 수 있다. 이를 각각 '이계여행형異界旅行型'과 '치성차사형致誠差使型'으로 부르기로 한다. 다음 장에서는 이 두 하위유형으로 대별하여 저승신화의 구조를 분석해 보기로 하겠다.

(2) 종합분석을 통한 접근

저승신화는 크게 두 가지 하위유형으로 나뉘어 질 수 있음을 위에서 논하였다. 여기서는 그 두 하위유형의 구조를 분석하기로 하는데, 그 변모 경향을 중심으로 논의하기로 하겠다.

먼저 '이계여행형'을 보기로 하자. 이 유형에 속하는 무가는 <천지왕본풀이>, <차사본풀이>, <바리공주>이다. 이 유형에 속하는 무가들의 공통점은 이계여행을 통해서 이승에서의 일을 해결한다는 점이다. 그런데 앞서 지적했지만 이계를 어디로 설정하고 있는가 하는 데 있어서는 차이가 있다. <차사본풀이>와 <바리공주>에서는 이계가 수평선 너머의 공간으로 설정되어 있는 반면, <천지왕본풀이>에서는 수직선상의 공간인 천상으로 설정되어 있다. 그리고 이러한 공간의 인식은 <차사본풀이>와 <바리공주>에서도 차이가 있다. 즉 <바리공주>에서는 이계가 보통 '서천서역국'으로 설정되어 그곳이 저승이란 인상을 명확히 주지 못한다. 이에 비해 <차사본풀이>에서는 처음부터 명확히 저승으로 제시되어 나타나고 있다.

그렇다면 이러한 공간 인식의 차이와 그 변모의 방향은 어떠한가를 더 따져보기로 하자.

<천지왕본풀이>에서는 천상에 있는 천지왕이 지상에 있는 사마장자를 징치한다는 점에서 천상이 곧 죽으면 돌아가는 곳이라고 할 수 있다. 그리고

지상에 있는 사마장자를 징치하기 위해 신성혼神聖婚의 결과 태어난 소별왕이 천지왕이 있는 천상을 여행하고 일정한 시험을 거친 다음 지상에 내려와 사마장자를 징치한다. 이러한 과정은 인세의 질서를 바로잡는 과정에 다름 아니다. 다른 이본에는 천지왕이 바로 사마장자를 다스려 다시는 악행을 저지르지 않고, 선조에게 제사를 잘 지내게 되는 것으로도 나타나고 있다. 그러나 천지왕이 사마장자를 징치하거나 소별왕이 징치하거나간에 여기에는 인세의 질서를 바로잡는다는 생각이 표현되어 있다.

<바리공주>에서는 저승이 수평선 너머에 있는데, 어떻게 보면 이승 내에 있는 어느 곳처럼 나타나고 있다. 산모퉁이를 돌아서 물을 건너가서 닿는 곳이 바로 저승인 것이다. 이것은 공간이 확실하게 인지되지 않은 사고에서 나타난 것이라고 본다. 즉 <천지왕본풀이>에서처럼 인간의 사후 공간이 천상이 아니라 <바리공주>에서는 이승의 어디쯤으로 나타나고 있는데, 이것은 천신 숭배가 더 이상 지속되지 못했기 때문에 나타난 것이라고 본다. 때문에 저승을 여행하는 바리공주의 신성성 또한 많이 약화되어 나타나고 있다. 즉 소별왕이 신성혼의 결과 난 자라면, 바리공주는 태몽을 통해 보통 아이가 아님을 말해 주는 것으로 축소되어 있다. 그리고 바리공주가 저승신인 무장수를 만나 정성을 바치는 것이 지극히 인간적으로 묘사되어 있다. 남편을 돌보고 자식을 낳는 것은 일상사의 반영에 다름 아닌 것이다.

한편 <차사본풀이>에서는 저승 공간이 확실하게 제시되어 있다. 공간이 확실하게 제시되어 있다는 것은 공간에 대한 사고가 상당히 진전된 이후라야 가능하다. 종교상에 나타난 공간을 보더라도 고등종교인 불교나 기독교에서 확실하게 나타난다. 여기서 비교적 원시 무속 형태를 간직하고 있는 만족의 무가를 참조할 필요가 있다. 만족滿族의 샤만교에서는 선조 샤만이 죽으면 장백산長白山에 돌아가서 수련을 한다고 생각한다. 그런데 장백산의 각각의 봉우리는 층위가 있어 몇째 층으로 각각 불리운다.

어떤 원인이며,

누구네 집의 일이기에,

이 때에 신을 청하는가?

백산을 따라 거주하시는,

아이신부라하신입니다.

저 풍수 좋은 산언덕 위,

우뚝 솟은 하늘 끝의 산봉우리 위,

제 9층 산봉우리 금빛 누각에,

제 3층 구름이 잔뜩 낀 꼭대기의 누각 안에,

하늘하늘 지상으로 내려오십니다.7)

만족 무가에서의 사후 공간은 일상의 공간 내에 있는 곳이면서 쉽게 접근
할 수 없는 곳이다. 또한 만족은 장백산을 숭배하기에 자신들이 죽으면 그 곳
으로 간다고 생각한다.

이상을 고려해 보았을 때, <차사본풀이>에서의 저승 공간은 무속 본연의
공간이 아니라고 하겠다. 그러면 어떤 종교의 영향으로 저승 공간이 설정되
었는가? 이것은 불교의 영향이라 할 수 있다.8) 따라서 <차사본풀이>에서도
<바리공주>에서처럼 저승이 수평 너머의 공간으로 설정되어 있는 것은 무
속 본연의 모습에 가깝지만, 그것이 불교에서 보이는 저승으로 채색되어 있
다는 점에서 보다 후대의 무가라고 할 수 있다.

또한 <차사본풀이>에서 강임은 소별왕이나 바리공주와 동등한 차원의
인물이 아니다. 신성성은 이미 보이지 않으며, 저승에서 염라왕을 잡아 오라
는 원님의 명에 전전긍긍하는 모습을 보일 뿐이다. 그리고 저승에 가서 염라

---

7) 宋和平 譯注, 『滿族薩滿神歌譯注』(社會科學文獻出版社, 1993), 226面. 아이신부라하엔두리(愛心瓦
   禿 布勒合恩杜立 : 火煉金神).
8) 張籌根 著, 『韓國の民間信仰(論考篇)』(金花舍, 昭和 49년), 330~338面에서 불교와의 관련을 다루었
   다. 여기서는 <차사본풀이>의 형성에 불교의 경전인 <地藏菩薩本願經>이 영향을 끼쳤다고 했다.

왕과 마주쳤을 때, 그는 육체적인 힘으로 맞선다. 신에 대한 공경은 그 어디에서도 찾아볼 수 없다. 이것은 이승에서나 통하는 논리이지 저승에서 통하는 논리가 아니다. 이처럼 저승을 여행하는 인물을 보더라도 <차사본풀이>는 이 유형의 가장 후대적인 모습을 보여주는 자료라고 하겠다.

이상에서 논한 이 유형의 자료를 통시성이 드러나도록 나타내면 다음과 같다.

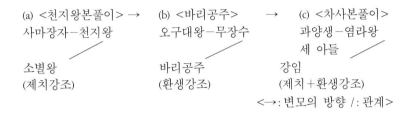

위의 표에 기대어 볼 때, 이 유형은 (a)→(b)→(c)로의 변모를 보여주며, / 표로 나타낸 관계에 있어서도 부자, 부부, 상하 관계를 차례대로 보여준다.

다음은 '치성차사형'을 보기로 하자. 이 유형에 속하는 무가로는 '백년해골형' 무가, <장자풀이>, <짐가제굿>이다. 이 유형에 속하는 무가들의 공통점은 해골이나 저승차사를 위한 사람이 치성의 결과 죽음의 위기를 벗어난다는 점이다. 그런데 이 무가 유형도 신을 모시는 것에 따라 변모를 보여주고 있는 것으로 판단된다. 모시는 대상신의 성격과 모시게 되는 경위를 살펴 그 변모상을 고찰해 보기로 한다.

먼저 '백년해골형' 무가로 칭하는 <황천혼시>와 <사만이본풀이>를 보면, 주인공에 있어서만 차이가 있지 백골에게 치성을 드려서 부유하게 되고, 백골로 인해 죽을 위기를 벗어난다는 점에서는 같다. 여기서 백골을 위한다는 것은 무엇을 뜻하는가? 백골은 사람이 죽은 후에 남기는 뼈 중에서 머리 부분으로, 흔히 조상신의 성격을 갖는다. 즉 해골은 이승과 저승을 모두 경험한 것이기에 생자生者에게는 위대한 조상신격으로 숭배된다. 또 후대의 유교에서 보이는 조상 숭배가 위패로 기호화 된 것에 비추어 볼 때, 해골 숭배는 상당히 시원적인 조상 숭배의 형식임을 알 수 있다. 이러한 해골 숭배가 후에 점차 인형이나 토우 등으로 변모했다고 볼 수 있는 것이다.[9] 이것은 다음에 인용하는 무가의 내용에서도 유추해 낼 수 있다.

> 한절半만치갈아올나가니
> 白骨님靑骨님나소아
> 우리三兄弟업서면
> 아부님이나어무님이나이모양되겟소
> 三兄弟속적삼버서
> 白骨을모셔가지고들어와서
> 房門압헤성벽(성백?)하고
> 아침이면아침조석
> 점심이면점심조석
> 진약이면진약조석
> 그러니,기물이불ㅅ질이러나소아[10]

백골을 조상신으로 모시는 이러한 풍습은 북방 및 산간지대에서 성행했던 것으로 보인다. 제주도의 <사만이본풀이>를 보면, 사만이가 산에 사냥을 하러 다니다가 백골을 주워가지고 와서 몰래 집안에다 모셔두는 것으로 되어 있다. 장주근이 백골을 수렵신으로 본 것도 백골숭배와 산악지대와의 관계를 고려한 결과라고 할 수 있다.[11]

한편 북방 지역에서의 백골숭배는 거란契丹과 장족藏族에서 두드러지게 나

---

9) 이는 고구려에서 유화와 주몽신의 신상을 만들어 굴속에 안치해 놓고 모신 경우를 생각하면 쉽게 이해할 수 있다.
10) 孫晋泰, 『朝鮮神歌遺篇』(鄕土硏究社, 昭和 5년), 29~30쪽 인용.
11) 張籌根 著, 앞의 책(昭和 49년), 350面 참조.

타나고 있다. 거란의 시조 기원에 관한 신화에, 한 영주가 나타났는데 그는 인간이 아니라 해골이었다. 그것은 처마 밑의 동그랗고 자그마한 집에 모직으로 감싸여 놓여 있었기에 어느 누구도 그 정체를 알 수가 없었다. 영내에 특별한 일이 생기면 사람들은 해골에게 흰 말과 회색 소를 희생하여 바쳤다. 그러면 백골이 인간으로 화하여 지시를 내려 난국을 타개했다. 일이 수습되면 백골을 다시 모직으로 싸서 작은 방에 넣어 두었다.[12] 장족인들도 해골을 숭상하여 사람의 두개골로 만든 가면이 가장 영험하다고 믿는다. 이들에게 해골을 숭상하는 것은 가장 큰 행복의 표시이다. 그래서 해골을 숭상하는 이들의 종교인 본교苯教와 인도의 불교가 결합되었을 때에도 해골 문양이 금강탈에 남게 되는 기이한 탈을 만들게 되었다.[13]

이상을 통해 볼 때 해골은 조상신의 성격을 띠며, 북방이나 산간지역에서 숭앙되는 것임을 알 수 있다. 그리고 해골을 숭앙하는 자나 집단이 어려운 일에 처했을 때, 난국의 타개책을 해골이 제시하고 그대로 행하여 위기를 모면하는 것이 <황천혼시>나 <사만이본풀이>에도 잘 나타나고 있다. 이처럼 '백년해골형'무가에는 상당히 원시적인 모습이 들어 있을 뿐만 아니라, 해골을 숭앙하면 위기를 모면할 수 있다는 사고가 상당히 경건하게 드러나고 있다.

이에 비해 <장자풀이>에서는 사마장자가 조왕, 성조, 조상신을 모시지 않은 탓에 죽게 되는데, 이 중에서 조왕과 성조는 가정신 중에서 가장 중요한 지위를 차지한다. 중요한 지위를 차지한다는 것은 인간의 명과 복에 상당히 긴밀하게 관여하고 있다는 것을 뜻한다.

그런데 이러한 신들에 대해서는 해골신앙에 비해 그 모시는 범위가 가정 단위로 축소되어 있다는 점에서, 또 조상신은 해골이라는 형체가 동반되지 않은 관념적 신이라는 점에서 '백년해골형'무가에 보이는 조상신(해골)에 비

---

12) 滿洲事情案內所 編, 『滿洲の傳說と民謠』(光德 5년), 8面 참조. <木葉山이야기>
13) <中國戱曲志·四川卷> 編輯部·綿陽市文化局 編, 『巴蜀面具藝術』(成都出版社, 1992), 51~54面에 불교와 苯教가 결합하여 만들어 낸 탈들의 사진이 있다.

해 후대적인 면모가 들어 있다고 볼 수 있다. 또한 이들 신이 사마장자에게 제사를 받지 못하자 염라왕에게 등장을 가서 하소연을 하니 염라왕은 세 명의 차사를 보내 사마장자를 잡아오게 하는데, 조왕이나 성조신, 조상신이 직접 사마장자를 징치하지 못하고 염라왕에게 등장을 가는 것은 이들 신격의 위력보다 저승신의 위력이 더 큰 것임을 나타내고 있는 것으로 볼 수 있다. 이것은 이미 숭앙의 대상이 바뀌어 나타난 것이라 할 수 있다.

그러나 저승신은 인간에게 복과 명을 주는 신이 아니기에 숭앙의 대상이 될 수 없다. 때문에 실제로는 저승의 차사를 위한 것 같지만 이 계기를 통해서 조왕, 성조신, 조상신이 제사를 받게 되는 것으로 볼 수 있을 것이다.

요컨대 <장자풀이>에는 조왕, 성조, 조상신의 위력이 약화되어 있고, 그것이 저승신의 위력을 빌어 강화되는 것으로 되어 있다. 이것에 사마장자가 죽음의 위기를 벗어난다는 이야기가 겹쳐져 있다. 그리고 저승의 차사에게 치성을 드린다는 것은 '백년해골형' 무가와 같지만 그 치성을 하게 되는 계기가 선조신의 지시가 아닌 점장이의 점술에 따른 것이라는 점에서 변모가 확인된다.

마지막으로 <짐가제굿>을 보자. 이 무가에서는 짐가제가 자신의 아들 세 명이 갑자기 급사한 데 대해 노하여 유가연遊街宴에 온 손님들 중에서 가장 못나고 못난 이에게 귀신을 잡아오라고 한다. 이에 그 못난 손님이 부인의 지시로 다리 밑에서 음식을 차려 놓고 있다가 차사를 데려온다.

그런데 차사가 와서 행한 일이 주목을 요한다. 차사는 제 명에 죽지 못한 세 아들을 살리는 것이 아니라 죄를 가려 짐가제만을 제치할 뿐이다. 이것은 이렇게 이해된다. 위기에 처한 사람이 짐가제가 아니라 짐가제의 명을 얼떨결에 받은 못난 손님이기에, 못난 손님이 위기를 벗어나면 그뿐이다. 그리고 이 유형에서 공통적으로 드러나고 있는 조상신에 대한 숭앙이 이 무가에서는 보이지 않고, 오직 차사에 대한 숭앙이 나타나고 있을 뿐이다. 따라서 <짐가제굿>은 이 유형의 무가 중에서 가장 후대적 변모를 보이는 자료라고 할 수 있다.

이상에서 논의한 '치성차사형' 무가를 간단한 표로 예시하면 다음과 같다.

(a) '백년해골형' 무가 →   (b) <장자풀이>   →   (c) <짐가제굿>

　해골 – 차사   조왕, 성조, 조상신 – 차사   짐가제 – 차사

　　↖↗   ↖↗   ↖↗
　삼형제,   사마장자   못난 손님,
　사만이   손사령

※ →: 변모의 방향, 치성의 방향: ↗↖(일차적) ↗↘(이차적)

　위의 표에 기대면, '치성차사형' 무가는 (a) → (b) → (c)로 갈수록 조상신에 대한 숭앙의 정도가 약해지고 대신 저승차사에 대한 숭앙의 정도가 뚜렷해짐을 알 수 있다. 이것은 '이계여행형' 무가에서와 마찬가지로 무巫·불佛의 습합 정도에 따른 변모라고 할 수 있겠다.

　다음은 이 두 유형과 두 유형이 전승되는 지역과의 관계를 따져보기로 하자.

　북부지역에서 전승되는 무가로는 <짐가제굿>과 '백년해골형' 무가인 <황천혼시>가 있다. 이 두 무가가 '치성차사형' 무가인 것을 감안해 볼 때, 북부지역에서는 '이계여행'무가가 전승되지 않음을 알 수 있다.

　그런데 '이계여행형' 무가인 <바리공주>가 이 지역에 전승되고 있는 것은 어떻게 이해할 것인가 하는 문제가 있다. 전국에서 전승되는 <바리공주> 각 편에 대해 분석을 한 서대석의 연구[14]를 보면, 북부지역에서 전승되는 <바리공주>에는 골계적인 면이 상당히 뒤섞여 있어 무속신화로서의 성질을 따져보았을 때, 신화적 성격이 희박하다고 한다. 이것은 무엇을 뜻하는가? 아마도 이 지역에서는 이계여행을 통해서 부모를 살리는 <바리공주>의 내용이 신성한 것으로 인식되지 않았다는 뜻일 것이다. 신성한 내용으로 인식되었다면 그처럼 무가를 골계화하지 않았을 것이다. 따라서 북부지역에서의 본래의 저승신화는 '치성차사형'이라고 볼 수 있고, 이 신화에는 신(조상신)을 숭앙함으로써 현세의 위기를 모면하려 한다는 점이 특징적으로 드러나고 있다고 본다.

---

14) 서대석, 「바리공주연구」, 『한국무가의 연구』(문학사상사, 1980), 199~254쪽.

중부지역에서 전승되는 무가는 '이계여행형'인 <바리공주>이다. 선행 연구[15])에 의하면, <바리공주>의 신화적 성격이 가장 잘 보존되어 있는 곳이 바로 서울과 경기를 중심으로 한 중부지역이다. 이것은 이 지역에서 <바리공주>를 신성한 성격을 띤 저승신화로 받아들이고 있다는 것을 나타낸다. 따라서 <바리공주>는 다른 지역보다도 이 지역에서 원래부터 전승되던 무가였다고 본다. 그리고 이 신화에 기대어 볼 때, 이 지역에서는 신에게 치성하기보다는 직접 저승에라도 다녀와 이승의 위기를 극복하려는 정성을 강조하고 있음을 볼 수 있다.

남부지역에서 전승되는 무가는 <장자풀이>이다. <장자풀이>는 '치성차사형' 무가로, 이 무가에는 신을 숭앙하여 이승에 위기를 모면하려는 사고가 반영되어 있다. 그러나 앞서 보았듯이 북부지역에 비해 좀더 약화되어 나타나고 있다. 한편 이 지역에서도 <바리공주>가 전승되고 있기에 북부지역에서와 같은 문제가 제기된다. 그런데 북부지역에서처럼 골계화된 것이 아니라 그 내용이 상당히 축약되어 전승된다는 점이다. 그리고 이 지역의 대표적 무라고 할 수 있는 세습무들 사이에서는 <바리공주>가 불려지지 않는다. 이런 점들을 고려해 볼 때 <바리공주>는 이 지역 본래의 것이 아니라고 하겠다.

제주도 지역에서 전승되는 무가는 '이계여행형' 무가인 <천지왕본풀이>, <차사본풀이>가 있고, '치성차사형' 무가로 <사만이본풀이>가 있다. 그리고 이 지역에서는 두 유형의 가장 원시적인 모습을 갖춘 무가가 전승되고 있다는 점이 주목된다. 때문에 <천지왕본풀이>나 <차사본풀이>에서 보이는 신의 위력을 빌어 인세의 질서를 바로 잡으려는 것이나, <사만이본풀이>에서 보이는 신에 대한 숭앙에서 볼 수 있듯이 신의 위력과 신에 대한 숭앙이 가장 잘 조화되어 나타나고 있는 곳이 바로 제주도 지역이라고 할 수 있다.

이상에서 전승되는 무가와 지역과의 관계를 살펴, 북부지역에서는 '치성차

---

15) 서대석, 위의 논문, 199~254쪽.

사형'의 무가, 중부지역에서는 '이계여행형' 무가, 남부지역에서는 '치성차사형' 무가, 제주도 지역에서는 이 두 유형의 무가가 모두 전승되고 있음을 보았다. 그러면 이것들을 종합하여 간단히 표로 제시하고, 이 두 유형의 무가들이 전승되고 있는 원리를 따져 보기로 하겠다.

북부지역	①'백년해골형'(황천혼시) ②<짐가제굿>
중부지역	③<바리공주>
남부지역	④<장자풀이>
제주도지역	⑤<천지왕본풀이> ⑥<차사본풀이> ⑦'백년해골형' 사만이본풀이

각 유형의 변모 방향과 전승되는 지역, 곧 전승 판도의 원리를 위의 표에 기대어 설명해 보면 홍미로운 사실을 확인할 수 있다. 먼저 '치성차사형' 무가를 보면, ①→④→②로 변모되고 있으며, 중간 단계에 있는 ④는 남부지역에 있다. 그리고 가장 원시적인 형태를 보존하고 있는 ①과 가장 변모를 심하게 보이고 있는 ②가 한 지역에 공존하고 있음을 알 수 있다. 이것은 '이계여행형' 무가에서도 마찬가지이다. 즉 ⑤→③→⑥으로 변모되고 있고, 중간 단계에 있는 ③은 중부지역에 있다. 그리고 가장 원시적인 형태를 보여주고 있는 무가와 가장 변모를 심하게 나타내고 있는 무가가 제주도 지역에서 함께 전승되고 있다. 이로써 볼 때, 우리는 북부지역과 제주도 지역에는 가장 고형과 가장 변모가 심한 형이 함께 전승된다는 사실을 알 수 있다.

한편 위의 표에서 다음과 같은 사실도 확인할 수 있다. '치성차사형' 무가가 주로 북부지역에서 전승되고 있으며, '이계여행형' 무가는 ⑦을 잠시 제쳐두고 생각하면 주로 제주도 지역에서 전승되고 있다는 것이다. 그런데 이것보다 더 중요한 것이 각 유형의 중간 단계의 변모를 보여주는 무가가 중·남부지역에서 전승되고 있다는 점이다. 이것은 중·남부지역이 두 유형의 고형이 전승되는 지역의 사이에 있다는 점과 변모의 중간 단계를 보여주는 무가가 전승되고 있다는 점에서, 중·남부지역은 바로 일종의 완충지대적인 성격을 나타내주는 곳이라고 하겠다.

이상으로 <차사본풀이> 유형의 무가를 '이계여행형' 무가와 '치성차사형' 무가로 나누어 분석하여 보았다. 다음 장에서는 이를 토대로 두 유형 무가의 의미를 분석해 보도록 하겠다.

2) <차사본풀이> 유형 무가의 의미 분석

먼저 '이계여행형' 무가를 보자. <천지왕본풀이>에서는 천지왕이 이승에 사마장자를 징치하러 오는데, 이것은 신이 이승을 다스린다는 생각의 반영이라고 할 수 있다. 즉 이승은 신에 의해서만 질서가 잡힐 수 있다는 생각의 반영이다. 그리고 대별왕과 소별왕이 이승차지를 위해서 내기를 하는 것도 이런 생각의 표현이라고 할 수 있는 것이다. 또 이승을 다스리기 위해서는 이계인 천상에 가서 일정한 시험을 거쳐야 그 능력을 획득할 수 있음을 보이고 있다. 이계여행을 통하지 않고서도 이승을 다스릴 수 있다면 굳이 대별왕, 소별왕 형제가 천상으로의 여행을 하지 않았을 것이다.

<바리공주>에서는 바리공주의 부모가 불치의 병에 걸리는데, 이 병은 딸만을 둔 국왕에게 있어서는 치명적이다. 자신이 죽으면 나라를 물려줄 수가 없기 때문이다. 그러므로 표면적으로는 국왕 개인의 문제이지만 이면적으로는 국가의 문제인 것이다. 이러한 문제를 바리공주가 저승에서 약수를 길러와 해결하고 있다.[16] 또한 이 무가에는 바리공주의 무장수에 대한 섬김이 잘 나타나고 있는데, 이것은 '치성차사형' 무가에서 죽을 위기를 벗어나기 위해 정성을 다해 사자상을 바치는 것에 비견할 만하다.

---

16) 최원오, 앞의 논문(1993), 62~69쪽.

위의 두 무가에서 보이는 이승의 질서잡기나 국가의 질서잡기는 <차사본풀이>에서도 변모되어 나타나고 있다. 과양생의 소지를 해결하기 위해 김치원님이 강임을 저승으로 보내 염라왕을 잡아오게 한 것은 한 고을에서 생긴 미해결 문제를 해결하기 위해서이다. 즉 이 무가에는 이승에서 해결하지 못한 일을 저승왕의 힘을 빌어 해결하여 한 고을의 질서를 바로잡는 과정이 표현되어 있는 것이다. 그러나 <천지왕본풀이>나 <바리공주>와 다른 것은 저승을 다녀온 자가 이승에 일을 해결하는 것이 아니라 그가 데리고 온 염라왕이 해결한다는 점이다.

이상에서 알 수 있듯이 '이계여행형' 무가는 저승에 다녀온 한 사람이 이승에 일을 해결하거나 해결하는 데 결정적인 조력을 해서 이승의 질서를 바로잡았다는 의미를 내포하고 있다. 그리고 그 바로잡는 대상이 이승, 국가, 고을로 범위가 점차 축소되어 있음을 알 수 있다. 또 저승신의 힘에 상당히 의지하고 있다는 점에서 이 유형의 무가는 인간중심보다는 신 중심의 사고를 나타내고 있음을 볼 수 있다.

다음으로 '치성차사형' 무가를 보자. 먼저 '백년해골형' 무가를 보면, 조상신으로 볼 수 있는 해골을 위했더니 부유하게 되고 죽을 위기로부터도 벗어났다는 점이 강조되고 있다. 이는 신을 잘 모시면 복도 받게 되고 명도 늘일 수 있다는 지극히 현실적인 사고가 반영된 것이라 할 수 있다. 즉 이를 뒤집어 생각해 보면, 신을 모시지 않으면 복과 명을 받을 수 없다는 사고에 다름 아니다. <장자풀이>를 보면 이 점이 확실하게 드러나고 있다. 사마장자가 처음에는 조왕, 성조, 조상신을 섬기지 않았기에 죽을 위기에 처하지만, 나중에 문복을 하고 원인을 알고서는 신을 섬겨 죽을 위기를 벗어나고 있기 때문이다.

한편, <장자풀이>에는 사마장자대신 잘못도 없는 다른 장자를 잡아 저승으로 데려가고, 저승에서 잘못이 없음이 확인되면 다시 이승으로 되돌려 보내는 내용이 보이는데, 이것은 '이계여행형' 무가의 흔적을 보이는 것이라고 할 수 있다. 다만 다녀온 자가 특별한 능력을 획득했다거나 어떤 목적을 가지고 저승을 간 것이 아니라는 차이가 있다. 또한 저승차사가 잡으러 오자 사자 상을 차려 그 죽을 위기를 벗어났다는 것은, 조금 더 변모되면 속임수를 써서 저승차사를 따돌리는 것으로 바뀔 수도 있다.[17] 즉 <차사본풀이>의 끝부분에 사족처럼 붙은, 즉 동방삭이 저승차사를 따돌려 삼천 년이나 저승에 잡혀 가지 않고 이승에 살았다는 내용으로 변모될 가능성을 내포하고 있다는 점에서도 <장자풀이>는 '이계여행형' 무가의 흔적을 가지고 있는 것이다.

'백년해골형' 무가나 <장자풀이>에서처럼 <짐가제굿>에서도 현실적인 목적에서 저승신을 위하는 모습이 보인다. 그러나 그것이 사마장자의 경우와 같은 것은 아니다. 못난 손님이 얼떨결에 받은 명령을 해결하기 위해 저승신에게 치성을 드렸기 때문이다. 그 결과 못난 손님은 목숨을 건지게 되고, 짐가제는 저승신에 의해 징치된다. 따라서 이 무가에서는 저승신에 대한 숭앙과 저승신에 의한 징치가 함께 강조되고 있음을 볼 수 있다.

이상에서 알 수 있듯이 '치성차사형' 무가에는 저승신을 위함으로써 위기를 벗어나려 하는 지극히 현실적인 의미가 내포되어 있다. 그리고 '백년해골

---

17) 몽고의 민담 중에는, 빠라건창이라는 사람이 자기를 잡으러 온 저승차사를 따돌리는 이야기가 있어 인간과 저승차사와의 관계를 살피는데 참고가 된다. 주채혁 옮겨 엮음, 『몽고민담』(정음사, 1984), 391~399쪽.
이 이야기를 요약하여 소개하면 다음과 같다.
빠라건창이 염라대왕에게 노여움을 사서, 염라대왕이 우두귀와 마면귀의 두 귀신을 시켜 빠라건창을 잡아오게 했다. 그런데 빠라건창은 슬기로울 뿐만 아니라 또 미래를 예견하는 능력이 있어서 자기를 잡으러 올 것을 미리 알고 차조 몇 섬을 일어 놓았다. 그리고는 우두귀와 마면귀가 오자 길 가다가 먹을 건조식품을 만드는 중이니 차조 가는 것을 도와 달라고 한다. 이에 빠라건창은 두 귀를 연자방아에 메운 뒤 천천히 간다며 사정없이 채찍을 후려친다. 마침내 두 귀는 아픔을 참지 못하고 그대로 돌아가 염라대왕에게 고통을 호소한다. 염라대왕이 또 대머리귀신을 보내어 빠라건창을 잡아오게 하니, 빠라건창이 머리카락을 심어준다며 대머리귀신의 머리를 송곳으로 찌르자, 대머리귀신은 아픔을 참지 못하고 돌아간다. 또 붉은 눈 장님귀신을 보내니, 눈을 뜨이게 해 준다며 주석물을 장님귀신의 눈 위에 들어 부어 아프게 하자, 붉은 눈 장님귀신도 돌아간다. 또 뚫고 꿰메는 귀신을 보내니, 돼지 오줌보에 귀신을 넣어 혼내준다. 마지막으로 원숭이귀신을 보내니, 바위에 아교를 발라 두었다가 그 곳에 귀신을 앉게 해서 엉덩이가 바위에 달라 붙게 한다. 이에 염라대왕이 직접 빠라건창을 잡으러 온다. 이것을 미리 안 빠라건창은 깡마른 늙은 소를 굶겼다가 예쁘게 장식하여 염라대왕에게 만리우(萬里牛)라고 속인다. 염라대왕이 자신이 타고 온 천리마와 바꾸어 타자고 하자, 빠라건창은 옷과 행장 일체를 바꾸어야 응낙하겠다고 한다. 이렇게 해서 염라대왕이 만리우를 타고 오는 동안, 빠라건창은 천리마를 타고 미리 염라대왕의 궁전에 도착하였다가 갖은 고생 끝에 도착한 염라대왕을 여러 귀신들로 하여금 원수를 갚게 해서 묵사발을 만들어 버린다.

형' 무가에서 <장자풀이>, <짐가제굿>으로 진행될수록 그 숭앙이 의도적으로 행해지고 있다. 따라서 이 유형의 무가에는 신 중심의 논리보다는 인간중심의 논리가 많이 반영되어 있다고 하겠다.

한편, 전승 지역과 위에서의 논의를 함께 관련시켜 보면, '치성차사형' 무가가 주로 전승되는 북부지역에서는 명이나 복을 얻기 위한 현실적 목적에서 신을 위하고 있음을 볼 수 있다. 이것은 신을 위함으로써 인간이 편하자는 사고, 즉 인간중심의 논리에서 비롯된 것이다. 때문에 이 지역은 현실적인 이해에 따라 신에 대한 치성이 달라질 수 있는 곳이라고 본다.

이에 비해 '이계여행형' 무가가 주로 전승되는 제주도 지역에서는 북부지역과는 반대의 현상이 보인다. 즉 신이 이승에 관여하여 질서를 바로잡는다는 사고가 비교적 뚜렷하게 나타나고 있어 신 중심의 논리가 발견되기 때문이다. 때문에 이 지역은 신의 위력이 얼마나 광대한가에 따라 신에 대한 평가가 달라질 수 있는 곳이라고 하겠다.

마지막으로 중·남부지역은 위에서도 보았듯이 <바리공주>와 <장자풀이>에는 두 유형 무가의 성질을 공유하는 면이 보인다. 이것은 이들 지역이 저승신화 전승의 완충지대적 역할을 하기 때문이라고 본다. 때문에 이들 지역에는 인간과 신의 거리가 매우 밀접하고, 그에 따라 대등한 관계를 형성하여 자유로운 거래를 주고받을 수 있다는 사고가 반영되어 나타나고 있다고 본다.

3) 한국의 저승 및 저승신관의 특징

이상에서의 논의를 중심으로 한국의 저승이나 저승신에 관련된 무가에서 추출할 수 있는 특징을 몇 가지 지적하여 보기로 한다.

첫째, 생자生者와 망자亡者를 위하는 이중적인 사고가 나타나고 있다는 점이다. 특히 <장자풀이> 유형의 무가에서 보듯이 장자가 자신의 죽음을 모면하기 위해 저승사자에게 치성을 드리는 데 이것은 저승사자를 위하는 것이라기보다는 자신이 살려는 데 그 목적이 있는 것이다. 그리고 지금의 장례풍속에서 사자상을 차려 놓는데, 이것도 망자가 이승을 떠돌지 않고 저승으로 편히 가라는 뜻에서 저승사자에게 바치는 것이다. 그러나 사자상에는 대체로 다 떨어진 짚신이나 좋지 않은 음식들, 예컨대 장과 같은 짠 음식을 차려 놓는데, 그것은 망자를 위한 마음에서 그렇게 차려 놓는 것으로 해석할 수 있다. 왜냐 하면 다 떨어진 짚신이나 짠 음식을 받아먹은 저승사자가 제대로 걷지 못하거나 목이 말라 망자를 데리고 저승을 빨리 갈 수 없을 것이기 때문이다. 즉 여기에는 이 틈에 망자도 쉴 수 있고 물도 먹을 수 있을 것이라는 생각이 반영되어 있는 것이다.

둘째, 저승이나 저승신이 모두 현실세계를 반영하고 있다는 점이다. 저승도 이승처럼 왕이 있고 신하가 있는 위계사회이며, 저승사자도 뇌물을 먹고 엉뚱한 사람을 잡아가는 모습을 보인다. 이러한 것은, 저승을 아주 딴 세계로 인식하는 것과는 달리 익숙한 세계로 표현하고 있다는 점에 주목해 보면, 의도적인 것으로 이해할 수 있다. 저승이나 저승신 또는 죽음이 두려운 것이기는 하지만, 그 곳이 전혀 딴 세상은 아니고 현세와 아주 비슷한 곳이라는 마음을 가짐으로써 우리는 위안을 갖을 수 있는 것이다.

셋째, 이승에서의 어려움을 저승신의 위력을 빌어 해결하려는 사고가 나타나고 있다는 점이다. 이것은 <차사본풀이> 유형에서 두드러지게 나타나고 있는데, 이승에서의 억울한 일을 해결하기 위해 염라대왕을 데려오는 것은 저승신의 능력을 믿는 데서 나온 소산이다. 또 <바리공주> 유형에서 바리공주가 이계여행을 하는 것 자체도 신의 도움을 빌어 이승에서의 문제를 해결하려는 소산에서 나온 행위인 것이다. 이것은 만족의 무속신화인 <니샨샤만>에서 보이는 사고와는 다르다는 점에서 한국만의 특성을 보이는 것이라고 할 수 있다. 즉 니샨은 자신의 힘으로 저승에 가서 이승에서의 문제를 해결하는 반면, 바리공주나 강임은 자신의 힘보다는 저승신의 능력에 의지해 이승에서의 문제를 해결하고 있는 것이다.

넷째, 저승은 질서가 잡힌 곳이고, 이승은 혼란스러운 곳이라는 사고가 나타나고 있다는 점이다. <천지왕본풀이> 유형에서 보듯이, 대별왕과 소별왕이 이승 차지를 위해서 서로 다투는데, 간계를 쓴 소별왕이 이승을 다스렸기 때문에 이승이 질서가 잡히지 않고 혼란스러워졌다는 것이다. 이것은 만족의 신화와 비교해 보면, 명확하게 드러난다. 즉 천신인 아브카언두리의 제자 나딴워이후리와 저승신인 예루리가 서로 싸우는 신화[18]를 보면, 저승신인 예루리가 이승을 계속해서 파괴하고 나딴워이후리는 파괴된 이승을 계속해서 원상으로 되돌려 놓는다. 여기에서 우리는 천신인 나딴워이후리가 이승의 질서를 바로잡는 역할을 하는 신이고, 저승신인 예루리는 이승의 질서를 흩뜨리는 역할을 하고 있음을 볼 수 있다. 우리의 신화에서는 질서를 잡는 신이 저승을 관장하는 데 비해, 만족의 신화에서는 질서를 흩뜨리는 신이 저승을 관장하는 차이를 보이고 있는 것이다.

3. 결론

이상으로 우리의 저승신화인 '<차사본풀이> 유형'의 무가를 구조적으로 분석하고 그 의미를 검토하여 보았다. 그리고 이를 통해 한국의 저승 및 저승신관도 아울러 검토하여 보았다. 그 결과를 정리하면 다음과 같다.

우리의 저승신화는 '이계여행형' 무가와 '치성차사형' 무가로 하위분류될

---

18) 박연옥 편, 『중국의 소수민족설화』(학민사, 1994), 30~31쪽에는 다음과 같은 만족의 신화가 소개되어 있는데, 이 이야기를 정리하면 다음과 같다.
언두리정투에 의해 죽은 예루리가 갈 곳이 없어 헤매다가 지옥인 8층 지하국으로 변했다. 예루리는 지상국의 사람들이 안온한 생활을 누리고 있는 것을 보고 흉계를 생각해 내고는, 지상국에 여러 가지 전염병을 살포하였다. 지상국의 사람들이 하소연을 하자, 천신 아브카언두리는 나딴워이후리를 시켜 전염병이 퍼지지 않도록 하였다. 이에 예루리는 더욱 지독한 계책을 생각해 내고는, 지상국에 일곱 가지 독초를 심어 놓았다. 나딴워이후리는 예루리가 심어 놓은 독초를 찾아 맞을 보다가 마지막 한가지 독초를 찾지 못하고 죽었다. 나딴워이후리가 찾아내지 못한 그 독초는 오늘날까지도 인류를 해치고 있다고 한다.

수 있었다. '치성차사형' 무가에는 '백년해골형' 무가, <장자풀이>, <짐가제굿>이 있는데 저승신을 위하여 자신의 위기를 모면한다는 내용이 공통적으로 들어 있다. 그리고 이들 무가는 공시적으로 존재하는 것들이지만 사고의 편차를 보여주기에 통시적 배열이 가능한데, '백년해골형' 무가, <장자풀이>, <짐가제굿> 순으로 그 변모가 심화되고 있음을 알 수 있었다. 이 유형의 무가는 주로 북부지역에서 전승되고 있으며, 인간의 이해 여하에 따라 신을 이용하는 인간중심적인 논리가 반영되어 있다. 때문에 현실적인 이해에 따라 신에 대한 치성이 달라질 수 있는 곳이란 해석이 가능하다.

'이계여행형' 무가에는 <천지왕본풀이>, <바리공주>, <차사본풀이>가 있는데 이승의 한 인물이 저승을 여행하고, 그 여행에서 인세를 바로잡을 수 있는 능력을 획득하거나 조력해 준다는 내용이 공통적으로 들어 있다. 그리고 이 유형의 무가들도 '치성차사형' 무가들처럼 통시적 변모를 보여주는데, <천지왕본풀이>, <바리공주>, <차사본풀이> 순으로 그 변모가 심화되고 있음을 알 수 있다. 이 유형의 무가는 주로 제주도 지역에서 전승되고 있으며, 신이 이 세상의 질서를 바로잡을 수 있다는 신중심의 논리가 반영되어 있다. 때문에 이 지역에서는 신의 위력 여하에 따라 신에 대한 공경이 달라질 수 있다는 해석이 가능하다.

한편 이들 유형 무가의 전승판도를 보면, 가장 고형과 가장 변모가 심한 형이 한 지역에서 전승되고 있어, 어떤 유형의 무가가 어떤 지역에서 전승되고 있을 때 그 지역에는 가장 고형과 가장 변모가 심한 형이 함께 전승된다는 사실을 알 수 있다. 그리고 두 유형의 주로 전승되는 지역의 사이에 끼인 중·남부지역에서는 <바리공주>와 <장자풀이>에 두 유형의 성격이 모두 보이고 있어, 이들 지역이 저승신화 전승의 완충지대적인 성격을 갖는 곳임을 알 수 있다. 때문에 이들 지역의 무가에는 신과 인간의 관계가 비교적 대등하고, 그에 따라 자유로운 거래관계를 형성할 수 있다는 사고가 반영되어 있다고 본다.

마지막으로 이상의 논의를 통해 저승 및 저승신관의 특징을 지적하여 보았다. 그것을 정리하여 보면 첫째, 생자生者와 망자亡者를 위하는 이중적二重的인 사고가 나타나고 있다. 둘째, 저승이나 저승신이 모두 현실세계를 반영하고 있다. 셋째, 이승에서의 어려움을 저승신의 위력을 빌어 해결하려는 사고가 나타나고 있다. 넷째, 저승은 질서가 잡힌 곳이고, 이승은 혼란스러운 곳이라는 사고가 나타나고 있다는 점이다.

　이상의 본고의 논의는 문헌설화나 고소설 등에 저승 및 저승신이 어떻게 나타나고 있는가, 그리고 이를 통해 추출할 수 있는 한국인의 의식구조 내지 세계관(생사관, 내세관 등)은 어떠한가를 밝혀내기 위한 예비적인 검토에 불과하다. 물론 이 검토 과정에서 같은 동북아지역이면서 상당한 친연성을 보이는 민족인 만족滿族 등과의 비교 검토도 있어야 할 것으로 본다. 그래야 한국인의 의식을 보다 더 뚜렷하게 추출해 낼 수 있을 것이다.

무가의 전승 주체

홍태한
중앙대학교
대우교수

1. 서론

이 글은 무가의 전승 주체를 탐구하는 글이다. 전승 주체라고 말하면 다양한 여러 주체들이 떠오를 것 같지만, 실상은 그렇지가 않다. 주지하다시피 무가라는 것이 무당이라는 특정 계층 중심으로 전승되어 온 구비문학의 한 갈래이기 때문이다. 보통 사람들이 굿판에서 무가를 들으면서 전승의 과정에 참여는 하고 있지만, 실상 이것은 수동적인 참여에 불과하다. 누구나 전승 주체가 될 수 있는 이야기와 달리 무가는 무당이라는 '사제'중심으로 전승되고 있으며, 판소리처럼 쉽게 공연이 가능한 갈래는 아니어서 그 전승에 상당한 제약이 따르고 있다.

한 마디로 말하면 무가의 전승 주체는 굿의 담당층인 무당이다. 굿이 있어야 무가가 구송될 수 있고, 굿을 주재하는 것은 무당만이 가능하기 때문에 당연히 무가의 전승 주체는 무당이 될 수밖에 없다. 이야기나 민요의 전승 주체가 다양한 층위를 가지는 데 비하여 무가의 전승 주체는 훨씬 간단하다. 이렇게 무가의 전승 주체가 간단하다면 굳이 무가의 전승 주체에 대해 논할 필요는 없어 보인다. 그냥 무당이 무가를 전승하는 데 중요한 역할을 한다고 지적하면 될 터이기 때문이다.

그러나 그럼에도 불구하고 무가의 전승 주체를 논의한다는 것은 여기에 몇 가지 다양한 측면이 있을 수 있기 때문이다. 첫째는 무가의 전승 주체가 무당이 아닐 수도 있다는 의미이다. 이것은 2002년 지금 현재 굿판이 다양한 변화 양상을 보인다는 뜻으로, 굿판의 주도권이 예전처럼 철저하게 무당 중심은 아닐 수도 있다는 의미를 말한다. 두 번째는 첫째와 같은 맥락으로 무가 전승의 과정에 무당이 아닌 일반 사람들의 역할이 더 커졌다는 의미이기도 하다. 한 마디로 굿이라는 것이 과거의 굿과 다른 양상을 보이고 있어서 이런 논의가 가능하다는 뜻이다. 이것을 다르게 말한다면, 전승 주체라는 것이 좁은 의미가 아니라 상당히 넓은 의미로 사용될 수도 있음을 의미한다. 이야기라는 것이 화자 혼자만으로 전승되는 것이 아니라 청자의 능동적인 역할이 있을 때 왕성한 생명력을 가질 수 있다는 것과 같은 맥락으로, 굿판에서도 무당과 함께 제가집 또는 청중의 역할이 그만큼 중요한 역할을 한다는 의미이기도 하다. 굿이 가지고 있는 신성성이 그만큼 약화되면서, 예술성 내지는 오락성이 더 크게 부각되었다는 뜻이기도 하다.

이런 점들을 염두에 두고 무가의 전승 주체는 다음과 같은 방식으로 논의될 것이다. 먼저 현재 각 지역에 어떤 굿들이 전승되고 있는지를 고찰하면서 굿판에 일어난 변화양상을 몇 가지 지적하기로 한다. 이러한 변화 양상은 무가의 직접적인 전승 주체인 무당의 변화와도 맥을 같이 한다. 다음으로 한국 무당의 유형에 대한 간략한 고찰과 함께 무당에 존재하는 유파에 대해 언급한다. 판소리에 몇몇 유파가 있어서 판소리 전승에 상당한 변화상을 초래한 것처럼 무당 또는 무당이 구송하는 서사무가에도 동일 지역에도 몇 유파가 있음이 확인된다면 이는 무가 전승 주체의 성격을 규명하는 데 도움이 되리라 여겨진다. 그 다음으로는 무가 전승의 몇 가지 방법을 고찰하는데, 특히 현대적인 전승 방법을 지적하면서 그것이 무가 전승 주체에 어떤 영향을 주었는지를 따지면서 아울러 무가의 전승에 일반사람들과 무속을 연구하는 학자들이 어떤 영향을 주었는가를 제시하여 무가 전승 주체의 다양한 여러 측면을 밝히기로 하겠다.

그동안 한국 무가는 상당한 자료의 집적이 있었고 연구성과도 상당히 깊이 있는 논의들이 이루어져 있다. 특정 지역의 무가 사설을 모두 채록하고 주석작업을 한 성과도 있으며,[1] 특정 굿 내지는 특정 서사무가에 대한 깊이 있는 연구성과도 이루어진 바 있다.[2] 이 글은 이러한 연구성과를 바탕으로 이루어진다.

2. 한국 굿의 지역적 전개 양상과 전승 주체의 변화

1) 한국 굿의 지역적 전개 양상

한국에는 많은 종류의 굿이 존재한다. 지금은 이름만 남은 굿도 있지만, 오구굿, 내림굿, 도당굿, 별신굿, 배연신굿 등은 아직도 왕성한 전승력을 보인다. 여기에서는 각 지역별로 전승되고 있는 굿에 대해 개략적으로 살펴보고 어떠한 변화가 일어나고 있는지를 정리하기로 한다.[3]

(1) 함경도 지역

현재 함경도 지역의 굿에 대해서는 조사 보고된 자료 이상의 사정을 상세하게 알 수 없다. 남북이 분단된 지 반세기를 넘어섰기 때문에, 그리고 사회

---

1) 박경신이 주석한 동해안 별신굿 무가집이 대표적인 성과이다. 박경신은 일차적으로 5권을 간행한 이후 다시 12권으로 충실한 주석작업을 간행하여 전범을 보인 바 있다.
2) 전남 지역 무가를 연구한 이경엽의 연구, 창세무가를 연구한 박종성의 연구 성과가 대표적이다. 이경엽, 『무가 문학연구』(박이정, 1998); 박종성, 『한국창세서사시 연구』(태학사, 1999) 참조.
3) 하효길·양종승·홍태한·이경엽 외, 『한국의 굿』(민속원, 2002) 참조.

주의 국가인 북한의 실상을 감안하면 전통적인 굿이 사라졌을 가능성도 있다. 따라서 현재 조사된 함경도 굿은 분단 이후 월남한 무당들을 대상으로 이루어진 자료인 셈이다.

함경도는 앉은굿이 많은 지역으로 특별한 거리에만 춤이 있는 것으로 알려져 있다.[4] 다른 지역과 비교할 때 유별나게 서사무가가 많은 지역이 함경도 지역이다. 창세무가를 비롯하여 도랑선비와 청청각시, 궁상이, 치원대 양산복, 짐가재굿 등의 무가가 왕성하게 전승되는 지역이다. 이러한 양상은 제주도 지역과 상통하는 점이 있으며, 제주도와 함경도가 중심부에서 거리가 먼 주변부임을 고려하면 우리 무속신화의 원형일 가능성이 상당이 있다.

이러한 함경도 지역의 대표적인 굿은 망묵굿이다. 망무기굿, 또는 새남굿이라고 불려지는 이 굿은 모두 스물두 거리로 되어 있어 3일간 밤낮으로 연속하여 진행했다고 한다.[5] 1982년에 세상을 떠난 지금섭 만신이 망묵굿의 대가로 알려져 있으나 지금은 전승이 거의 단절된 것으로 나타나 있다.

이러한 함경도의 굿 사정을 감안할 때 무가는 전승이 거의 단절되었다고 보아야 할 것이다. 여기에서 무가 전승의 가장 중요한 주체가 무당이라는 것이 다시 한 번 확인됨과 동시에 무가는 무당 혼자만의 힘으로 전승되는 것은 아님도 확인된다.

(2) 평안도 지역

평안도의 사정도 함경도와 유사하다. 월남한 무당들을 대상으로 조사가 이루어질 수밖에 없어서 현재 조사된 것이 실제 북한 지역에 남아 있는지 확인할 방법은 없다. 현재 알려진 평안도 지역의 굿에는 수왕굿, 당굿, 요왕굿, 재수굿 등이 있으며 이들 무가들은 모두 임석재 선생과 장주근 선생에 의해 관서지방무가로 엮어진 바 있다. 평안도의 굿 중 가장 널리 알려진 굿은 다리굿

---

4) 김정녀, 「굿춤의 지역적 양상」, 『한국의 굿8-함경도 망묵굿』(열화당, 1985), 96쪽.
5) 망묵굿에 대한 고찰은 임석재, 「이승과 저승을 잇는 신화의 세계」, 앞의 책, 참조.

이다. 죽은 이를 저승으로 천도하기 위하여 행하는 이 굿은 평안도의 가장 대표적인 굿으로 '다리'라는 상징성으로 인해 한국인들이 가지고 있는 죽음관을 확인할 수 있다. 다리굿은 모두 14거리로 되어 있으며 이틀 또는 사흘 이상 행하는 굿이다.[6] 망자가 무녀를 통해 생전의 한을 푸는 '기밀'이 특히 중요하게 여겨지는 다리굿은 이승과 저승을 잇기도 하고 단절시키기도 하는 다리를 통해 한국인 의식의 한 층위를 보여준다.

평안도 지역의 무가도 그 전승에 상당한 위협이 가해지고 있다. 좀 더 시간이 흐른다면 평안도 지역의 무가도 기록된 사설만이 남을 가능성이 많다.

(3) 황해도 지역

황해도 굿은 북한 지역의 굿 중 가장 많이 알려져 있으며 전승환경도 양호하다. 서해안 별신굿이라 할만한 배연신굿이 지금도 왕성하게 전승되고 있으며[7] 만구대택굿, 소놀이굿, 퇴송굿, 내림굿, 지노귀굿 등은 유용한 자료로 남아 있다. 배연신굿으로 무형문화재가 된 김금화 만신은 자신의 무가를 묶어 책으로 간행하기도 했으며,[8] 배연신굿은 몇 차례에 걸쳐 조사 보고된 바 있다.

황해도는 강신무가 우세한 지역으로 쇠걸립[9]으로 무당이 된 만신들은 상당히 엄격한 수련을 통해 하나의 독립된 만신으로 성장한다. 이들은 거울과 칼, 방울 같은 귀물들을 매우 유용하게 사용하며 자신의 영적인 능력을 잘 드러낸다. 다른 지역과 비교할 때 황해도 지역의 무가에서는 서사무가가 발견되지 않는다. 전국적인 분포를 보이는 <바리공주>나 <당금애기>의 경우도 황해도 지역은 없다. 서사무가가 왜 황해도 지역에만 전승되고 있지 않은지는 앞으로 규명되어야 할 문제라고 본다.

---

6) 황루시, 「재체험을 통한 죽음에의 이해」, 『한국의 굿5 - 평안도 다리굿』(열화당, 1985).
7) 국립국악원에서 배연신굿 무가를 채보, 채록한 책자를 CD와 함께 간행하여 유용한 자료가 되었다 (국립국악원 2001년 간행).
8) 김금화, 『김금화의 무가집』(문음사, 1995).
9) 이두현, 「내림무당의 쇠걸립」, 『한국무속과 연희』(서울대학교출판부, 1996).

황해도 지역은 다행히 무형문화재로 지정된 무녀가 있어 그 전승이 아직 활발하다. 또한 황해도에서 월남한 사람들을 중심으로 풍어제가 해마다 거행되고 있어[10] 아직 전승 환경이 양호한 편이어서 아직은 전승에 큰 어려움은 없어 보인다.

(4) 서울 지역

서울굿은 가장 엄숙하고 장중하다. 궁궐이 있는 중심부에서 발달한 지역이어서 서사무가의 구송에 있어서도 원칙과 엄정함을 지키려고 애를 쓴다. 궁궐을 중심으로 무속이 전승된 것이 분명한 만큼 이에 비례해서 일반인들이 중심이 되어 전승된 무속도 있는 것으로 보인다.

그런데 서울굿이라는 명칭은 행정구역상의 서울만을 가리키는 것이 아니라 서울 경기 인천지역까지 포괄하는 명칭으로 사용된다. 이러한 개념으로 볼 때 서울굿의 상당히 유동적이다. 북한 지역에서 내려온 무당들의 영향을 받아들이기도 하고, 충청도 지역에서 올라온 법사들까지 가세하는 모습을 보여준다. 또한 한국의 중심부로서 도시화가 가장 많이 이루어진 지역임에도 불구하고 마을굿이 상당 수 남아 있어 주목할 만한 지역이기도 하다.[11]

이러한 서울 지역의 무가는 많은 변화상을 보인다. 1960년대에 채록된 자료와 현재 조사된 자료를 비교할 때 축소와 생략이 빈번하게 이루어지고 있음을 알 수 있다. 전승은 왕성한 반면에 세부적인 변화와 다양성은 오히려 줄어든 셈이다.

(5) 경기 남부 지역

경기 남부 지역을 따로 독립시킨 것은 이 지역에 도당굿이 있기 때문이다. 도당굿은 본래 산이, 고인, 화랭이 등으로 불리는 세습무가의 남자굿꾼이 주

---

10) 인천의 화수부두, 소래포구, 김포의 대명리 포구에서 해마다 풍어굿이 열린다.
11) 박흥주, 『서울의 마을굿』(서문당, 2001) 참조.

재하는 굿으로 강신무가 우세한 중부 지역에서 상당히 특이한 지역이다.[12)
다행히 경기도당굿이 중요무형문화재로 지정되어 있어서 앞으로 전승이 가능
하게 되어 있지만, 굿판의 향유층이 일반 사람들과 점차 거리가 생기고 있는
도당굿이 원래의 생명력을 회복할 수 있을지 의문이다.

이 지역의 무가는 아직 생명력을 유지하고 있다. 그러나 무형문화재로 지정
된 도당굿이 존재함에 따라 무가 사설의 다양성이 사라지고 있음도 확인된다.

(6) 충청도 지역

충청도는 법사가 있는 지역으로 앉은굿이 오래 전부터 발달해 왔다. 무신
도를 대신해 설경을 걸고 굿을 하는 법사는 북 장단에 맞추어 경을 읽는 것이
일반적인 양상으로 충청도인의 점잖은 기질과 상통하는 점이 있다. 이들이
읽는 경을 따로 '무경'이라고 칭한다.[13) 이들은 비록 경을 읽고 있지만 상당
히 많은 굿을 할 수 있어서 안택굿, 고사굿, 삼신굿, 용왕굿, 병굿, 신명굿, 넋
굿 등을 진행할 수 있다. 부여 지역의 단잡이굿은 그 연극적인 구조로 인해
많은 사람들의 관심을 받기도 했으며, 이 지역의 가장 대표적인 굿으로 자리
잡아 있다.

특히 충청도 지역에서는 굿을 '거리'라는 명칭으로 부르기보다 '석'이라는
명칭을 사용한다. 그래서 조왕석, 성조석과 같은 명칭이 사용된다. 비록 무경
으로 존재하고 있지만 이 지역에는 <바리공주>와 같은 서사무가가 존재하
고 있다. 무복은 앉은굿을 양반굿이라 하여 한복에 두루마기를 입고 갓을 쓰
는 것이 일반적이었다.

충청도 지역은 무가와 함께 소중한 자산인 무경이 전승되는 지역이었다.
그러나 전승환경의 변화와 함께 무경은 점차 사라지고 있으며 아울러 서울
지역 무속이 강하게 침투되고 있어 무가 사설에서도 상당한 변화상이 보인다.

---

12) 하주성, 『경기도의 굿』(경기문화재단, 1999).
13) 김영진, 『충청도 무가』(형설출판사, 1982)에 무경이 실려 있어 유용하게 활용된다.

(7) 전라도 지역

전라도 지역은 단골이라고 불리는 세습무가 우세한 지역이다. 이들은 단골판이라는 독자적인 영역을 가지고 있었으나 현재는 그 흔적만이 남아 있을 뿐이다.

전라도 지역 굿의 대표적인 것은 씻김굿이다. 망자의 넋을 씻겨 극락왕생을 기원하는 씻김굿은 곽머리 씻김굿, 소상대상 씻김굿, 날받이 씻김굿 등 그 종류가 다양하다. 이와 함께 음력 정월에 집안의 안녕과 운세를 빌기 위해 하는 도신, 집을 새로 짓거나 이사를 했을 때 가장 큰 가신인 성주의 신체를 봉안하면서 행하는 성주굿, 아기를 갖지 못하는 경우나 아기가 아플 때 하는 제왕맞이굿, 망자의 사망일이 좋지 않은 경우, 사망일에 맺힌 액을 풀어주는 사자맥이, 아픈 환자가 있는 경우 치병을 목적으로 하는 삼설양굿 등도 전라도 지역의 대표적인 굿이다. 씻김굿에서 넋을 올리고 고를 푼 후 넋을 씻겨 저승으로 보내는 일련의 과정은 연극적인 요소가 짙다. 또한 도서 지방에서는 개인적 차원의 유왕굿(용왕굿)과 마을 공동체 단위의 시숫배 띄우기가 함께 진행되고 있어 주목할 만하다.[14]

전라도 지역은 서사무가가 있지만 전국적인 분포 양상을 보이는 <바리공주>나 <당금애기>는 약화되어 있고 반면에 <장자풀이>, <칠성풀이>가 왕성한 전승을 보이고 있다. 전라도 지역의 무가는 상당한 자료 축적과 함께 아직도 기본적인 전승 양상은 보인다. 하지만 세습무의 쇠퇴와 함께 전래되어 오던 서사무가와 서정적인 노래들이 사라지고 있다.

(8) 남해안 지역

남해안 지역의 대표적인 굿에 세습무가 주관하는 별신굿이 있다. 거제도와 통영을 중심으로 인근의 여러 도서에서 행해진 별신굿은 각 마을마다 일정한

---

14) 김성식, 『전북의 무가』(전라북도립국악원, 2000) 참조.

주기를 정해 놓고 거행하는 마을굿이다. 현재에는 별신굿을 주재할 수 있는 무당이나 악사가 많이 사라져서 몇 년 마다 한 번 씩 별신굿을 거행하는 형편이라고 한다. 남해안 지역에는 뱃굿, 넋건지기굿, 가정굿 등이 있으나 이들은 모두 강신무가 주관하고 있어서 그 정형성이 의심된다.

남해안 별신굿의 담당층은 세습무로 이들은 부계 세습을 원칙으로 한다. 특히 무당보다도 악기를 연주하는 잽이가 훨씬 중요하게 평가받고 있어서, 일급 무당을 만드는 것도 이들 잽이 손에 달려있다.

남해안 별신굿도 무가 전승은 아직은 이루어지고 있다. 그러나 무형문화재로 지정된 사람이 무당이 아니라 악사라는 점에서 전승 환경이 매우 악화되고 있으며 강신무가 끼어들어 전승에 참여하고 있음에서 무가 전승이 위태해짐을 느낀다.

(9) 동해안 지역

동해안 지역은 화랭이라고 불리는 세습무가 우세한 지역이다. 강신무가 없는 것은 아니지만 강신무들도 세습무와 협력하여 굿을 진행하는 관계를 가지고 있다. 이들이 행하는 굿들 중 대표적인 굿에는 별신굿과 오구굿이 있다. 특히 별신굿은 마을 주민들이 모두 참가하는 굿으로 그 의례성과 축제성으로 인해 일찍이 주목을 받은 바 있으며, 별신굿에서 행해지는 맹인놀이, 원님놀이, 탈굿 등은 그것이 가지고 있는 연극적인 요소로 인해 무극巫劇이라 불려지며 많은 연구성과를 낳은 바 있다.[15]

별신굿에 참여하는 무당은 세습무로 모두 혈연관계로 맺어져 있다. 울진군 삼율리에서 거행된 별신굿에는 모두 13명의 무당이 참가하였는데 이들은 모두 당주무당 김장길을 중심으로 혈연관계를 가지고 있다.[16] 당주무당이 별신굿의 모든 것을 주관하는데 연행과 관련된 모든 것을 마을과 협의하여 결정

---

15) 이균옥, 『동해안 지역 무극연구』(박이정, 1997); 『동해안별신굿』(박이정, 1998).
16) 위의 책(1998), 7쪽.

하기도 하며, 굿거리 종류와 연행에 필요한 무당과의 연락과 소집 등 제반사항을 결정한다.

이들은 무가 연행에 있어서도 예능적인 기질이 농후하여 다른 지역고 비교할 때 사설이 가장 풍부하고, 말과 노래를 반복하는 등 청중을 사로잡는 면이 있다. 특히 다른 지역에서는 전승되지 않는 <심청굿 무가>를 연행하고 있어서 주목할만하며, <바리공주>, <당금애기>, <손님굿무가> 등의 서사무가도 서사단락을 비교할 때 다른 지역보다 내용전개가 풍부하다[17]. 가장 왕성하게 무가 전승이 이루어지고 있는 지역이다. 이는 굿판의 담당층인 무당 집단의 존재와 함께 그러한 환경을 만들어주는 무속 향유층으로 지역과 굿판에 참가하는 사람들이 존재하고 있기 때문에 가능한 것이다.

(10) 제주도 지역

제주도의 무당을 심방이라 한다. 심방은 다시 심방, 삼승할망으로 구분되는데 심방은 굿을 주관하는 무당을, 삼승할망은 조산원의 역할과 소규모 의례인 비념을 주관하는 무당을 말한다. 또한 모든 굿을 주관하는 큰심방, 쉬운 부분이나 작은 굿을 할 수 있으며 악기를 연주하는 소미, 굿을 할 때 심부름 하는 제비로 나누기도 한다. 이들은 사제로서 존재하기도 하며, 점을 쳐서 사람들의 미래에 대한 불안을 없애주며, 신의 말씀을 인간에게 전달하여 병을 고치기도 하는 등 다양한 기능을 수행한다.[18]

제주도의 심방이 주관하는 굿을 보통 '큰굿'이라 한다. 다른 지역에 비해 제주의 굿은 정형성에 있어서 매우 엄격하여 함부로 굿 절차를 바꿀 수 없다. 지금도 큰굿을 하면 '두 이레 열나흘 굿'이라 하여 14일 동안 계속 굿을 진행한다. 또 심방이 자신의 집에서 하는 굿은 신굿이라고 하여 굿중의 굿으로 여긴다. 신굿은 제주도 심방이라면 반드시 해야 하는 성무의례成巫儀禮로서 신

---

17) 홍태한, 「손님굿 무가 연구」, 『한국민속학보』 10(한국민속학회, 1999).
18) 문무병, 『제주도 무속신화』(칠머리당굿보존회, 1998), 56쪽.

굿을 하지 않으면 심방으로 인정하지 않아 심방청이나 무격 단체에 등록을
할 수 없었다.[19]

특히 제주도는 본풀이라고 불리는 서사무가가 다양하게 전승되는 지역이
다. 큰굿에서 전승되는 무조신본풀이 말고도 각 마을에서 모시는 마을당신의
유래를 설명한 신당본풀이, 세민황제본풀이와 같은 특수본풀이 등이 전승되
고 있어서 한국 신화의 원류라 할만하다.[20] 제주도의 무가 전승도 무조신본
풀이 중심으로 점차 축소되는 경향을 보인다. 이는 제주도의 마을당들이 사
라지고 있음과 관련이 있다.

2) 한국 굿에 나타난 변화양상

위에서 살펴본 각 지역 굿들을 대상으로 할 때 한국 굿에 나타난 양상은
다음 몇 가지로 정리된다.

첫째, 중요 무형문화재로 지정된 굿에 대한 관심이 높다는 뜻이다. 이때에
관심이 높다는 것은 무형문화재로 지정된 굿이 그 지역의 대표적인 굿처럼
여겨져서 그 굿이 상당한 세력권을 형성한다는 의미를 우선 가진다. 대표적
인 예가 충남 태안군 황도리에서 거행되는 풍어제이다. 1983년 김금화 만신
이 소개되기 전까지만 해도 이 지역은 독자적으로 무녀가 굿을 진행했다. 그
러나 지금은 김금화 만신이 풍어제를 진행하고 있으며, 이러다 보니 황도리
와 인근한 서산시 부석면 창리 영신당에서도 김금화 만신을 당주로 모시려고
했으나 날짜가 같아 가지 못하는 경우까지 발생하고 있다. 황도 봉기풍어제
에도 상당한 변화가 일어나 2002년에 행해진 봉기풍어제는 정월 초사흘날에
제의가 시작되는 것이 지금까지의 예였지만 초이튿날부터 제의를 시작했는데
이 또한 무형문화재로 지정된 김금화 만신이 있었기 때문에 가능한 것으로

19) 현용준, 「제주도 신굿의 구성과 의미」, 『한국의 굿12 - 제주도 신굿』(열화당, 1989)
20) 이들 본풀이들은 모두 다음 책에 실려 있다. 진성기, 『제주도무가 본풀이 사전』(민속원, 1991).

여겨진다. 무형문화재에 대한 관심은 많은 무당들에게까지 확산되어 문화재로 지정되기 위해 상당히 애를 쓰는 경우가 나타나고 있으며, 구체적으로 자신들의 제의 절차와 무가 사설을 의식적으로 다듬는 경우도 보인다. 이러한 것은 굿의 변화상일 뿐 아니라 무가 사설의 변화 동인이 될 수도 있다.

둘째, 마을굿의 쇠퇴와 함께 개인굿이 늘어나고 있다. 이러한 것은 한국의 공동체 사회가 흔들리고 있는 사회 전반의 현상과도 맞물리는 것으로, 두 가지 양상으로 정리된다. 하나는 현재 남아 있는 마을굿에서 무당보다도 마을 사람들이 영향력을 더 많이 가지게 되었다는 뜻이다. 2002년에 거행된 전북 부안군 위도면 대리 원당제와 용왕굿(띠뱃굿)에서도 무당보다 마을 사람들이 더 큰 영향력을 행사하여 굿의 진행을 주관하고 모든 절차를 앞장서서 이끄는 이는 무당이 아니라 보존회 회장이었다. 다른 하나는 개인굿에서도 무당이 굿을 부탁한 재가집의 의도에 맞추어 굿을 진행한다는 것이다. 장편 서사무가 <바리공주>를 구송하던 무당이, 재가집이 지루해하는 눈치를 보이면 그에 맞추어서 구송 시간을 줄이거나 몇 몇 단락을 숫제 빼버리는 서울 지역의 저간의 사정이 이를 증명한다.[21] 한 마디로 마을굿의 쇠퇴와 함께 개인굿의 증가는 무가 전승에서 무당의 영향력이 그만큼 약화되었다는 뜻이다.

셋째, 세습무의 쇠퇴와 강신무의 영역 확장이다. 세습무가 쇠퇴하는 것은 호남지역과 남해안 지역의 일반적인 양상으로 전래되던 단골판은 더 이상 존속하지 않는다. 혈연관계를 바탕으로 풍부한 예능적인 소질을 보이는 동해안 지역을 제외하고는 더 이상 세습무가 살아남을 가능성은 많지가 않다. 앞에서 언급한 위도 원당굿(띠배굿)도 원래 세습무가 주로 진행하는 굿이었다. 그러나 조금례 무녀와 안길녀 무녀 이후 적당한 세습무를 발견하지 못하자 마을에서는 강신무를 데려다가 마을에서 무업을 가르쳐 사제로 이용하는 경우로까지 변화하게 되었다. 2002년에 원당굿을 거행한 무녀는 서울에서 무업을

---

21) 동일한 <바리공주> 무가를 구송하지만 굿판의 분위기에 따라 구송 시간이 30분에서 1시간 정도의 차이를 보인다.

하고 있는 강신무 양옥기였다. 마을사람들은 이렇게 해서라도 자신들이 지정받은 따배굿을 지켜야 한다는 생각을 강하게 가지고 있었다. 남해안 별신굿도 같은 양상을 보여 백정자와 같은 강신무가 지금 중요한 역할을 맡아 하고 있다. 충청도도 동일한 양상을 보인다. 김영진이 1982년에 조사한 자료에 의하면 전체 무당 2030명 중 강신무가 1871명, 세습무가 65명, 학습무가 94명이라고 하는데 이러한 충청도 지역 무속의 실태를 잘 알려준다.[22]

넷째, 셋째와 같은 양상으로 서울굿이 전국적으로 영향력을 점점 크게 가지고 있다. 위도의 경우에도 양옥기 무녀는 모든 무가 구송 가락을 서울 제석굿 무가 가락으로 구송했을 뿐 아니라, 세습무에게서는 보기 힘든 껑충껑충 뛰는 춤사위를 보이기도 했다. 그러나 이날 굿판에 참가한 마을사람들은 여기에 대해 별다른 이의를 제기하지 않았을 뿐 아니라, 조사를 하던 많은 사진작가와 연구자들도 별다른 이의 없이 촬영에 열중하고 있었는데, 시간이 흐른다면 이것이 위도의 전형적인 굿이 될 가능성이 있는 셈이다. 충청도 지역에서도 법사가 앉아서 굿을 하기보다는 서서 굿을 하는 양상까지 보이고 있을 뿐 아니라. 심지어는 법사가 서울 강신무와 연합하여 굿을 진행하는 경우도 있다.[23]

이러한 여러 변화들은 무가 전승에도 상당한 변화를 미친다. 장편 서사무가가 점차 사라지고 있으며, 분명히 서사무가를 구송해야 할 거리에 일반무가가 짧게 구송하는 경우도 있다. 호남지역에서 볼 수 있는 여러 노래들이 사라지게 되어 우리 문화의 중요한 자산들이 소실되고 있다. 이것은 무가 전승의 주체로 무당이 모든 영향력을 가지고 있는 시기는 아니라는 뜻이다. 일방적으로 무당이 모든 굿을 주재하고 굿판에 참가한 사람들이 수동적인 모습을 보이던 데에서 벗어나 적극적으로 무가 전승에 개입하고 있다는 뜻이다. 자

---

22) 김영진, 앞의 책(1982), 21쪽.
23) 2000년에 거행된 부천시 중동 조마루도당굿의 경우를 본다. 서울 지역의 강신무가 작두를 타는 등 자신의 영력을 보인 이 굿은 설경이 걸려 있을 뿐 아니라 충청도의 법사가 한 거리를 맡아서 굿을 하기도 했다.

신들이 무당을 선정하고 무가를 학습시키는 데에서 무가 전승의 주체가 다양해지고 있음이 확인된다.

3. 무당의 유형, 유파와 전승 주체의 변화

한국의 무당은 크게 강신무와 세습무로 대별된다. 이들은 모두 입무 과정에 따른 구분이다. 강신무는 신병을 앓고 신굿을 받아서 비로소 사제로서 역할을 수행할 수 있으며, 세습무는 혈통관계로 무업을 계승해가는 무당을 의미한다. 강신무가 한강 이북에 주로 분포해 있고, 세습무가 주로 한강 이남에 분포해 있어서 한국 무속 계통에 대한 상당한 논쟁이 벌어지기도 한 것이 강신무와 세습무이다.

강신무는 강신 체험을 통해 무당이 된 자로서 춤과 노래로 굿을 주관할 수 있고 영력에 의해 점을 칠 수도 있다. 이들은 몸주신을 모시는 자로서 구체적인 신관이 있고 신당에 무신도를 걸어 놓고 신을 모시는 것이 일반적이다. 이들의 굿은 타악기 중심의 요란한 악기 반주에 맞추어 무당이 동적으로 힘찬 동작으로 뛰면서 춤을 추어 진행하며, 각각의 거리에 따라 무복을 갈아입으며 진행한다. 작두타기, 사실세우기 등으로 자신들의 영력을 유감없이 보여주며 신도들과 무당 사이에 확실한 우월성을 가지고 있다. 이러한 강신무들은 대개 무당, 박수로 호칭되며 지역에 따라 만신으로 호칭되기도 한다. 강신무 중 특히 사아령을 받아서 굿을 주재하지 못하고 점만을 치는 강신무를 따로 명두라고 부르기도 한다.[24]

이에 비해 세습무는 혈통에 의해 사제권을 세습해 간다. 일정한 구역이 있어서 구역에는 간섭할 수 없는 것이 불문율로 되어 있으며, 호남 지역에서는

---

24) 김태곤 선생은 한국의 무당 유형을 구별하며 명두형을 따로 독립한 하나의 유형으로 보고 있다. 김태곤, 『한국무속연구』(집문당, 1980), 146쪽.

이를 단골판이라고 한다. 강신체험이 없이 굿을 진행하므로 구체적인 신관이 정립되어 있지 않으며, 굿을 진행하는 동안 무복을 갈아입는 모습을 거의 보이지 않는다. 또한 타악기 이외에 관현악기까지 동원되어 굿을 진행하며, 강신무의 굿과는 달리 예술성이 강한 노래가 구송되는 굿을 진행한다. 강신무의 굿에 비해 세습무의 굿이 훨씬 예술적인 느낌을 주며 진도씻김굿, 남해안 별신굿 등은 중요무형문화재로 지정되어 있기도 하다. 이들을 호남지역에서는 단골로, 경기도 수원, 오산 지역에서는 화랭이로 지칭하며 제주 지역에서는 심방이라고 부른다. 이 중 심방은 비록 세습무지만 영력을 중시하며 신에 대한 인식이 확고하여 구체적인 신관이 정립되어 있지만, 혈통에 의해 사제권이 세습되기 때문에 여기에서는 세습무에 포함시킨 것이다.

이러한 두 유형과 조금 구별되는 무당의 유형으로 법사가 있다. 충청도 일원에 분포한 이 법사는 일종의 학습무라고 할 수 있다. 강신무나 세습무처럼 서서 굿을 하기보다는 앉아서 북 장단에 맞추어 경을 읽어 나가는 것이 일반적 모습이다. 또한 이들은 무신도를 대신 해서 설경을 설치하여 굿을 한다.

이러한 무당의 유형에 따라 무가의 전승 양상도 상당히 달라진다. 서사무가의 하나인 <손님굿>무가를 살펴본다. <손님굿>무가는 다음과 같은 네 유형이 있으며, 각각의 유형이 전승되는 지역은 다음과 같다.

유형1-특별한 줄거리가 없는 손님굿 무가-군산, 신안 지역

유형2-손님네가 조선국으로 나온다.-진도 지역

유형3-1. 손님네가 강남국에서 조선국으로 나옴

　　　2. 손님네가 강을 건너는 과정에 사공과 다툼이 있음

　　　3. 각지를 다니며 정성덕을 베풂

　　　　-해남, 고창, 서울, 안성, 오산 지역

유형4-1. 손님네가 강남국에서 조선국으로 나옴

　　　2. 손님네가 강을 건너는 과정에 사공과 다툼이 있음

3. 손님네를 후대하는 인물인 노구할머니를 만남

4. 노구할머니 부탁으로 장자네 아들에게 복을 주기로 함

5. 장자가 거절하고 손님네를 박대함

6. 손님네가 장자의 아들에게 어머니로 변신하여 접근 병을 줌

7. 장자가 거짓으로 뉘우침

8. 손님네가 장자 아들 병을 낫게 하자 장자가 약속을 어김

9. 마침내 손님네가 장자의 아들을 죽임

10. 장자의 집은 패가하고 노구할머니는 안락한 삶을 삼

　　　－동해안 지역, 통영 지역

　손님네가 강남국에서 조선국으로 나온다는 동일한 내용을 가진 무가가 이렇게 지역에 따라 다른데, 그것은 무당의 유형과 통하는 점이 있다. 즉 무가 전승의 주체는 무당이면서 그 무당이 어떤 유형에 속하는가에 따라 편차를 가진 무가를 보여주는 것이다.

　그런데 동일 유형의 무당의 경우에도 무가 전승에 차이를 보인다. 전라도 지역의 <바리공주>와 <당금애기>를 보면 근접 지역이면서도 많은 차이를 보인다. <바리공주>를 서사단락의 전개 양상에 따라 무가권으로 나누었을 때 동해안 지역이나 서울, 충청도 지역이 하나의 무가권으로 묶이는 데 비하여 전라도 지역은 7개의 무가권으로 묶인다. 이는 전라도 지역에 존재했던 단골판의 영향 때문이라고 보여진다. 강신무권인 서울 충청도 지역은 무당이 비교적 넓은 지역에서 무업을 행할 수 있었지만, 단골판이 존재한 전라도 지역에서 무당이 무업을 행할 수 있는 영역은 제한적이다. 이런 결과로 무가 사설에 상당한 변화상이 생겼다. 그리고 이것은 강신무의 경우도 동일하다.

　서울 지역은 강신무가 주로 분포하는 지역이다. 이들의 대표적인 굿에 오구굿이 있는데, 새남굿, 진오기굿 등의 다양한 명칭을 가지고 있다. 이러한 오구굿이 지금은 굿거리가 모두 지역에 관계없이 동일한 양상을 보이고 있지

만 과거에 조사된 자료를 보면 그렇지가 않다. 세부적인 굿거리에서 상당한 차이가 발견되며, 구송되는 무가 사설도 많은 편차가 있다.[25]

이는 무당들이 거주하는 장소에 따라 서로 다른 굿거리가 전승되고 있을 가능성을 암시하는 것으로 서로 다른 계통의 오구굿이 존재했을 가능성이 있다. 무당들의 거주지가 달랐다는 것은 그들의 전승환경이 달랐다는 의미로 볼 수 있다. 용산구와 마포구에 거주하고 있는 무당과 궁궐과 밀접한 관련이 있는 무당이 전승하는 오구굿의 굿거리가 다르다. 마포와 용산 쪽이 주로 상업이 발달했던 지역임을 감안하면 평민층과 밀접한 관련을 가진 무당이었을 가능성이 있고 궁궐과 밀접한 관련을 가진 무당은 상층계층과 관련되었을 가능성이 많다. 이러한 이들의 전승 환경이 오구굿에 영향을 주어서 서로 다른 오구굿을 형성했을 가능성이 있다.

어쩌면 무당들 사이에도 유파가 있었을 가능성을 조심스럽게 제기할 수 있다. 무당들 사이의 유파에 대한 언급은 아니지만, 대표적인 서사무가인 <바리공주>에는 유파가 있었다는 주장이 있다. <바리공주>에는 여러 유파가 존재하고 있는데 현재까지 알려진 것은 선희궁제, 구파발제, 노들제, 각심말제, 되됨이제 등이다. 이 중 궁궐에서 불려지던 <바리공주>는 선희궁제이다. 여기에서 제의 이름을 선희궁이라고 부르는 것에 주목할 필요가 있다. 구파발제, 노들제, 각심말제, 되됨이제가 모두 무당들이 집단으로 거주하며 무속 일을 가르치고 배우던 지역임을 감안하면 선희궁 또한 무당들의 생활과 밀접한 관련을 가진 지역이었을 것이다.

그렇다면 서사무가 <바리공주>에 유파가 있었다는 것은 무당들 사이에도 유파가 있었을 가능성을 암시한다. 왜냐하면 지금도 전국의 <바리공주>를 조사해 보면 그들의 전승환경에 따라 서로 다른 <바리공주>가 전승되고 있기 때문이다. 따라서 <바리공주>의 유파는 무당들의 유파를 가리킨다 보

---

25) 홍태한, 「서울 오구굿의 두 계통」, 『한국민속학』 31(민속학회, 1999).

아도 무방하다. 더욱이 <바리공주>의 유파를 가리키는 말이 모두 서울의 지명임을 고려하면 이들이 거주하는 지역에 따라 무당들 스스로가 어떤 유파 행세를 했을 가능성이 있는 것이다.

이 두 지역은 무가 구송 방식에서도 차이를 보인다. 용산, 마포 지역의 무당이 구송한 무가는 분량이 짧을뿐더러 무당 혼자서 일방적으로 구송하는 형식을 취하고 있다. 그러나 궁궐과 관련이 있는 무당이 구송하는 무가는 만수받이와 다양한 삽입가요가 첨가되어 화려한 양상을 보인다. 특히 만수받이가 사용됨으로써 굿판에 참가한 청중들의 흥미를 고양할 수 있으며, 다양한 타령의 수용으로 굿판의 분위기를 다양하게 변화한다. 이것은 앞에서 지적한대로 일반 평민들을 중심으로 전승되어 온 오구굿과 궁궐이라는 상층계층을 중심으로 전승되어 온 오구굿이 별도로 존재했기 때문이다. 아무래도 상층계층의 공감을 얻기 위해서는 단순히 무당 혼자서 일방적으로 구송하기 보다는 다양한 무가 구송 방식이 필요했기 때문이다.

무가의 내용을 보아도 차이가 발견된다. <뒷전거리>를 예로 들어본다. 내용의 동일성이 발견되는 두 편의 뒷전은 모두 동티를 예방하기 위해 여러 잡신들을 부르는 내용들이다. 그런데 궁궐과 관련이 있는 무당이 구송한 <뒷전>이 마포, 용산 지역의 <뒷전>에 비해 훨씬 더 상세한 사설을 보여주고 있으며, 특히 '~시'라는 존칭어가 사용되고 있다. 무당의 입장에서는 여러 걸립신들을 풀어 먹여야 하는 것은 같지만 일반 평민 굿에 불러들인 여러 신과 상류층을 대상으로 불러들인 여러 신들의 격은 다르고 그래서 궁궐 중심의 <뒷전>에는 존칭이 사용된 것이다.[26]

이에 따라 무가 전승의 주체는 무당의 유형에 따라, 그가 속한 단골판 또는

---

26) 여기에서 김유감이 편찬한 무가집의 성격에 대해서 언급할 필요가 있다. 서울새남굿 신가집에는 정작 김유감이 구송한 무가보다도 다른 무당들이 구송한 무가가 훨씬 다양하다. 따라서 지금까지 논의에서 다룬 무가 사설이 실제 굿판에서도 이렇게 구송되는지는 확인해보아야 할 문제이다. 이것은 서울새남굿이 무형문화재로 지정된 것의 정당성을 확인해 주는 자료가 될 수도 있지만 현장성이 떨어진다는 단점이 될 수도 있다. 그러나 무가 사설의 정통성을 강조하여 무형문화재로서의 권위를 인정받을 수 있다는 점에서 긍정적으로 보아야 할 것이다.

유파에 따라 많은 영향을 받음이 밝혀졌다. 앞에서 말한 것처럼 무가 전승의 주체는 분명 무당이지만, 무당이라는 이처럼 다양한 여러 층위를 가진 무당이라는 것이다.

4. 무가 전승 방법의 다양성과 전승 주체의 변화

이러한 무가 전승은 철저하게 현장을 통해 이루어진다. 새롭게 무당이 된 이들은 굿판을 상당한 기간 동안 따라다니며 구전을 통하여 무가를 배워나갔다. 그들은 굿판에서 춤동작, 악기 연주, 상차리기, 무복 개기, 무가 암송 등의 다양한 교육을 받았다. 특히 장편 서사무가의 경우에는 이러한 전승을 용이하게 하기 위해 다양한 관용구가 존재하고 있음이 밝혀져 있다.

이러한 무가 습득이 쉽게 이루어지는 것은 아니다. 스승 무당(적절한 용어는 아니지만)은 제자 무당의 정성을 보고 무가를 가르쳐 준다. 한꺼번에 많은 것을 가르쳐줄 수 있음에도 불구하고 한 소절 씩, 한 소절 씩 가르친다. 그러므로 완전한 무가를 습득하기 위해서 제자무당이 기울이는 정성은 남다르다. 스승무당의 경우에도 무가 사설을 가르치는 것이 그렇게 용이한 일은 아니었다. 그도 또한 기억의 혼란이 올 수 있었고, 모든 부분을 망각할 수도 있는 것이다.

이런 필요성에 따라 등장하게 된 것이 문서라고 불리는 필사본 무가들이다. 현재 전국 각지에서 다양한 필사본 무가들이 발견된다. 특히 장편 서사무가의 경우가 많다. 이러한 필사본 무가들이 존재함에 따라 무가 전승의 주체는 좀더 확장될 수 있다. 일대일의 교육에서 벗어나 일대다수의 교육이 이루어질 수 있고, 단기간에 모든 무가 습득이 이루어질 수 있다. 문서를 주느냐 마느냐에 따라 무당의 맥이 자리잡혀가게 되고, 무가 전승에서도 누구의 문서를 배웠는가 하는 것이 영험한 무당 판별의 중요한 잣대가 되는 것이다.

이러한 필사본 무가의 존재와 그것이 가지고 있는 편리성은 좀 더 발전된 전승 방법을 창출한다. 무당들의 관계가 인간적인 관계가 아닌 수익 타산을 따지는 이해관계로 변질되면서부터이다. 과거의 자연스러운 전승 방법은 조금씩 사라지고 있으며, 현대의 이기적인 전승방법이 등장하게 된다. 특히 주목할 전승 방법은 강의에 의한 전승방법이다.

성남 지역 거주 무당 장성만에 의하여 다음과 같은 전승과정을 확인할 수 있었다. 장성만은 우선 무당 중에서 무가 사설을 배우려고 하는 무당들을 몇 명 모은다. 이들은 장성만과 신적인 관계가 전혀 없는 사람으로서 모두 무가 사설을 배우려고 모여든 사람이다. 이들로부터 일정액의 수강료를 받는다. 그리고 자신의 굿당에서 무가 사설을 일정 기간 가르친다. 처음에는 장성만씨가 불러주는 무가 사설을 배웠으나 현대 문명의 이기인 녹음기가 사용된다. 녹음된 무가 사설을 반복해서 들으면서 무당들은 자신이 모르고 있던 무가 사설을 배워 나간다.

여기에서 좀 더 발전된 것이 무가 사설의 통신 강의이다. 굿당에서 무가 사설을 배울 수 없는 사람에게 장성만씨는 통신 강좌를 실시했다고 한다. 녹음된 테이프를 일정액의 수수료를 받고서 보내주는 것이다. 그리고 녹음 테이프를 받은 사람은 개인적으로 배우는데, 어렵거나 막히는 부분이 있으면 수시로 전화나 서신을 통하여 질의하여 배워 나가는 것이다. 이러한 것은 무가 사설 전승의 상업적인 측면이 가해진다는 의미이다. 이제 더 이상 무가는 사승관계로 전승되는 것이 아니라 아무런 관계도 없는 사람으로부터도 무가 사설을 배울 수 있게 변모된 것이다. 그러나 이러한 방법이 반드시 부정적인 것만은 아니다. 현대에 맞게 변용된 이러한 방법은 쉽게 많은 사람들에게 무가를 전수시킬 수 있는 효용성을 가지고 있다. 또한 변화하는 현대의 가치관이나 인간관계가 반영되어 있어서 자연스러운 추세로 보는 것이 적당할 듯하다.

여기에서 더 한층 나아간 것이 자신이 알고 있는 무가 사설을 판매하여 이윤을 취하는 것이다. 장성만 씨는 자신이 알고 있는 <바리공주>를 녹음하여 테이프를 복제한 후 이를 판매했다. 무가 사설 녹음테이프와 함께 자신이 알고 있는 굿의 차례, 굿 상 차리는 법, 굿 준비하는 법 등을 담고 있는 책이 팔리는데 상당량이 팔린 것으로 집계되어 있다.[27] 여기에 출판사의 상업성이 끼어든다. 인세를 받으며 책을 출판하는 것이 아니라 원고료만 받고서 자신의 원고를 넘겨 버린다. 그때부터의 판매 수입은 모두 출판사가 가지는 것이다. 이에 따라 더 많은 사람들이 부담 없이 무가 사설을 접하여 배울 수가 있다. 많은 수의 무당들이 이러한 과정을 통하여 무가를 배워 실제 굿판에서 구송하는 것이다.

이러한 방법에 따라 무가 전승의 주체는 빠르게 늘어날 수 있다. 별다른 노력 없이 무당은 쉽게 무가 사설을 배울 수 있으며 어느 정도의 능력만 갖추면 굿판을 주재할 수 있다. 반면에 무가 사설의 다양성은 점차 줄어든다. 서로 다른 지역에 거주하는 무당이 구송하는 무가 사설이 내용적인 면에서 큰 차이를 보이지 않을 수 있다. 앞에서 언급한 것처럼 서울굿이 전국적으로 영향력을 확대해 가는 것처럼 무가 사설도 점차 하나로 통일될 가능성이 있는 것이다.

이것만이 무가 전승 방법의 다양성은 아니다. 지금까지 거론된 것이 주로 무당을 중심으로 한 것인 반면 무당이 아닌 일반 사람들이 무가 전승에 영향을 미치는 경우도 있다. 앞에서 언급한 것처럼 서사무가 구송을 재가집이 꺼리는 바람에 무가 구송을 점차 하지 않아 망각하는 경우가 여기에 속한다. 위도의 사람들이 자신들에게 적합한 무녀를 수소문 해 골라 와서 여러 가지 무업을 가르치고 무가를 가르치는 것도 무가 전승 방법에 나타난 또 하나의 모습이다.[28]

무속을 조사하는 연구자들도 무가 전승에 중요한 역할을 한다. 위도의 경우 조금례 무녀 사후 적합한 무녀를 구하지 못하다가 최근에 와서 다섯 번째로 무녀를 구했다. 이때 마을사람들이 무녀에게 무가를 가르치기 위해 제공한 것이 1984년 하효길 선생에 의해 이루어진 위도 대리 당제 조사보고서에

---

27) 『무속고』 1, 2라는 책을 간행했는데 5만 여권 이상 팔렸다고 한다.
28) 이와 동일한 맥락에서 김헌선은 경기도당굿을 대상으로 마을의 특성에 따라, 연행자의 선택에 따라, 관중에 참여에 따라 변형양상이 일어날 수 있음을 지적한 바 있다. 이 또한 무가 전승에서 일어나는 변화 양상이라 할만하다. 김헌선, 『경기도 도당굿 무가의 현지연구』(집문당, 1995), 6장 참조.

실린 무가자료였다. 위도와 어떤 지역적인 연고도 가지지 못한 무녀는 보고서에 실린 무가를 그대로 암송했고, 그것을 실제 굿판에서 구송했다. 조사보고서를 펼쳐 놓고 무녀의 구송 무가를 들은 결과 거의 모든 부분이 일치하고 있었다. 사라질 뻔한 무가를 전승시키는 데 역설적이게도 연구자가 결정적인 기여를 한 셈이다.[29]

서울지역에서 진오기굿을 조사할 때도 동일한 모습이 발견된다. 조사자가 <바리공주> 구송을 요청하자 무당은 한참이나 망설이다가 구송을 시작한다. 몇 군데가 막히다가 억지로 전편을 구송한 무당은 다음부터는 정리를 해서 제대로 구송을 하도록 하겠다고 다짐한다. 사라지고 있는 무가 전승에 무속을 조사하는 연구자가 기여한 셈이다.[30]

이처럼 무가 전승에서 일어나는 변화상들도 무가 전승의 주체 변화에 기여를 하고 있다. 이것은 무가가 고정된 문학이 아니라 민속의 한 현상으로 존재하는 무속의 중요한 부분으로 유동문학이기 때문에 일어난 양상이다.

5. 결론

지금까지 무가 전승의 주체를 살펴보았다. 주지하다시피 무가 전승의 주체는 무당이다. 따라서 단순히 무가 전승의 주체라고 하면 특별히 언급할 내용이 없어 보인다. 그래서 이 글에서는 무가 전승의 주체인 무당이 어떤 양상으로 존재하는가, 현대적인 무가 전승 주체의 변화는 어떤 모습인가를 주로 고찰하였다.

우선 무가 전승의 주체인 무당은 강신무와 세습무에 따라 무가 전승에 다

---

29) 이것은 위도의 굿이 중요무형문화재로 지정되었기 때문이다. 그래서 마을사람들은 지정된 전통을 지켜야 한다는 사명감을 가지고 적절한 무녀를 구해 나름대로의 준비를 한 것이다.
30) 서사무가 바리공주 전집3에 실려있는 정옹구(일명 조선국대감)의 구송 자료가 그것이다. 홍태한·이경엽, 『서사무가 바리공주 전집』 3(민속원, 2001) 참조.

른 양상을 보인다. <손님굿> 무가를 대상으로 고찰한 결과 상당한 차이가 발견되며 이는 곧 무가 전승 주체가 무당의 유형과 밀접한 관련이 있다는 의미로 받아들여진다.

세습무가 단골 지역을 중심으로 자신들의 무가를 전승시키고 있다면 강신무들은 특정한 유파를 가지고 무가를 전승시켰을 가능성이 있다. 서울지역의 대표적인 굿인 오구굿을 예로 들어 강신무가 주를 이루는 서울 지역에서도 별개의 유파가 존재했을 가능성을 고찰했다. 특히 서사무가 <바리공주>에 유파가 존재했을 가능성은 무가 전승의 주체인 무당들의 유파 존재 가능성을 암시한다.

이러한 무가 전승의 주체인 무당은 스승 무당을 중심으로 엄격한 사승관계를 형성 필사된 무가자료인 문서를 가지고 무가가 전승되어 왔다. 그러나 무당 사회에서 보이는 사승관계 약화는 무가 전승에 많은 변화된 모습을 보여주어 녹음기와 통신기기를 이용한 현대적인 전승 양상이 발견되기도 한다. 또한 무가를 조사하는 학자들도 지금은 소실된 무가자료를 그 당시에 조사 기록함으로 인해 중요한 무가 전승의 주체로 자리 잡을 수 있게 되었다.

이에 따라 무가 전승의 주체인 무당의 성격이 여러 측면에서 고찰되었다. 특히 현대적인 무가 전승의 변화 양상을 밝힌 것은 이 글의 성과로 여겨진다. 그러나 무가가 구체적으로 어떤 변화 양상을 보이는가가 규명되어야 이 글이 좀 더 보완될 수 있으리라 여겨진다. 특히 사승관계를 명확히 규명하면서 스승이 제자에게 무가 사설을 전승시켰을 때 일어나는 변화양상이 규명되어야 무가 전승의 주체로서 무당의 특성이 명확해 질 수 있다. 아울러 무속의 현대적인 변모 양상도 고찰되어야 할 것이다. 또한 재가집과 무당의 관계, 굿판에 참가한 일반 청중과 무가 사설의 변화 양상도 고찰되어야 할 것이다. 이러한 여러 문제들은 앞으로 계속 추적 조사하여 완성된 글로 남길 것을 과제로 제시한다.

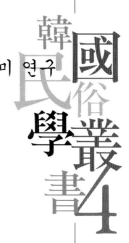

서울굿 호구거리의 의미 연구

홍태한
중앙대학교
대우교수

1. 서론

서울굿에 등장하는 여러 신격 중의 하나로 '호구신'이 있다. 대개 산신거리
에서는 산신호구로, 불사거리에서는 불사호구로 등장하는 이 호구신은 홍치
마로 얼굴을 가리고 나와 당악 장단에 맞추어 춤을 추다가 짤막한 공수를 주
고 사라지는 신격으로, 다른 굿거리의 여러 신격과 비교할 때 주요한 신격이
라고는 볼 수 없다. 독립된 거리로 존재하기보다는 주요 거리에 부속된 느낌
을 주는 이 호구굿은 그 동안 관심의 대상이 된 것은 아니었다.

지금까지 호구신에 대해 밝혀진 것은 호구의 한자식 풀이를 중심으로 진행
되어 왔다. 호구를 호귀胡鬼로 보아서 오랑캐에 끌려간 여인네들과 관련이 있
는 것으로 보았다던지, 천연두 마마와 관련하여 이 병을 앓은 여인네가 죽어
서 된 신이고 얽은 얼굴을 가리기 위해 붉은 천을 들었다는 정도의 설명만이
이루어져 왔다.[1] 서울이 아닌 다른 지역에는 손님굿이 있고 이 거리에서 천
연두, 마마신에 대한 서사무가를 구송하고 신격으로 숭배하는 것을 볼 수 있

어 서울굿에 보이는 호구신이 천연두, 마마를 신격화한 것으로 보아도 무방해 보인다. 서울굿에는 손님굿 거리가 없고, 그에 대응하는 호구거리가 있기 때문이다. 그럼에도 불구하고 이 호구신의 정체가 시원하게 밝혀진 것은 아니고, 이런 점에서 이 글에서는 서울굿에 등장하는 호구신의 성격을 규명해 보기로 하는 것이다.

호구신이 등장하는 굿거리가 전체 굿거리에서 어떤 위상을 차지하는지를 점검하면서 호구거리에서 구송되는 무가 사설을 분석하여 호구신의 위상과 의미를 규명해 보기로 한다. 천연두신 마마를 대상으로 한 손님굿 무가에 대한 연구 성과는 있지만,[2] 호구신만을 대상으로 하여 무가 사설을 분석하며 의미를 규명한 성과는 아직 없다.[3] 한국 무속에 대한 연구성과가 계속 이루어지고 있지만, 실상 아직 규명되지 않은 부분들이 많이 있다. 굿판에서 굿을 보면서 보이는 사람들의 관심에 비하면 연구 인력이나 성과는 그렇게 많지 않은 것이 현실인 것이다.

논의에 앞서 호구신의 성격에 대해 정리할 필요가 있다. 서울굿의 현장에서 무당들에게 호구신의 정체를 물어보면 다음과 같은 두 가지의 견해가 나온다. 첫째는 마마에 걸려 죽은 처녀신이라는 것이다. 얼굴이 얽어서 죽었기 때문에 그 부끄러움으로 얼굴을 홍치마로 가리고 나온다고 한다. 또 하나의 견해는 마마를 옮기는 신이라고 한다. 이는 다른 지역에서 말해지는 손님신과 신격이 같다. 후술하겠지만 다른 지역의 손님신은 사람들에게 해를 주기도 하고 복을 주기도 하는 구체적인 신격으로 존재하고 있는 반면에, 서울지역에는 호구각시가 있고 그 각시는 사람들에게 구체적으로 천연두를 옮긴다는 의식은 없지만 사람들에게 위해를 가할 수 있는 존재로 여겨지는 것이다. 이러한 두 가지 견해를 종합한다면 호구신은 마마신을 의미하는 서울지역의

---

1) 조흥윤, 『한국의 샤마니즘』(서울대학교 출판부, 1999), 호구거리 설명 참조.
2) 변성환, 「손님굿 무가의 유형과 전승」(경북대학교 석사논문, 1997); 홍태한, 「손님굿 무가 연구」, 『한국민속학보』 10(한국민속학회, 1999).
3) 조흥윤이 호구에 대해 개략적으로 설명한 성과만 있을 뿐이다. 조흥윤, 앞의 책(1999) 참조.

신격으로 다른 지역의 손님신과 성격이 같은 것으로 보인다. 다만 서울 지역의 특성으로 인해 호구신이 이러한 제한된 의미를 가지기보다는 다양한 의미를 가질 터인데 그러한 성격 규명이 이 글의 목적이 되는 것이다.

서울 굿에서 호구거리의 존재양상을 살핀 후 이를 바탕으로 호구거리에서 구송되는 무가를 고찰하고 뒤이어 호구신의 의미와 기능을 살펴보기로 하겠다.

2. 서울굿에서 호구거리의 존재 양상

먼저 서울 지역에서 일반적으로 행해지는 재수굿의 제차를 들어본다. 현재 서울지역에서 행해지는 재수굿은 무당에 따라, 제가집에 따라 다양한 양상을 보이는 바 여기에 제시하는 것은 글쓴이가 관찰한 하나의 사례이다.[4] 서울 재수굿은 다음과 같이 14거리로 이루어졌다.

1) 주당물림

2) 부정청배, 가망청배

3) 본향 산신

4) 상산, 상산호구

5) 신장

6) 별상

7) 불사, 불사 호구

---

[4] 서울 재수굿에 대해 연구한 이용범의 결과는 글쓴이가 관찰한 사례와 상당히 다르다. 그는 몇 차례의 재수굿 관찰 사례와 지금까지 보고된 재수굿 사례를 종합하여 1) 주당물림 2) 부정거리 3) 천궁맞이, 안당제석 4) 도당거리 5) 조상거리 6) 상산거리, 상제거리 7) 별상거리 8) 신장거리 9) 대감거리 10) 성주거리 11) 창부거리 12) 뒷전을 제시한다. 그가 관찰하거나 검토한 사례에는 분명 호구거리가 있는데 어찌 된 셈인지 12거리에는 포함되지 않았다. 하지만 글쓴이가 관찰한 사례에는 분명호구거리가 독립된 거리는 아니지만 존재하고 있다. 이것은 재수굿의 양상이 사뭇 다른 것인지, 아니면 호구거리에 대한 연구자의 입장 차이인지 분명하지는 않다. 이용범, 『한국 무속의 신관에 대한 연구』(서울대 박사논문, 2001), 40쪽 참조.

8) 대신

9) 대감(대군대감, 장군대감, 별상대감, 신장대감, 몸주대감, 터대감)

10) 가망

11) 조상

12) 성주

13) 창부

14) 뒷전[5]

이상 행해진 재수굿의 제차에서 등장하는 신격들의 특성을 정리해 본다. 우선 주당물림은 어떤 뚜렷한 신격을 확인할 수 없는 거리다. 굿이 시작됨을 알리고 여러 잡신들을 몰아내는 의미를 담고 있다. 부정과 가망에서는 여러 신들을 청배한다. 이날 진행될 굿에 등장할 여러 신격들을 나열하면서 인간들에게 복을 나누어 줄 것을 바라는 거리다. 다양한 신격이 등장하고 있지만 면면을 따져본다면 부정청배와 본향청배는 어떤 뚜렷한 신격이 있는 거리는 아니다. 본향 산신거리는 산신을 모셔들이는 거리이다. 본향이라는 말을 굳이 붙인 것은 제가집의 고향 산신을 모셔왔다는 것을 강조하기 위해서이다. 상산거리는 장군신을 불러 모시는 거리다. 무당에 따라 상산이 최영장군임을 강조하기도 한다. 무당들의 공수를 들어보게 되면 한라산 여장군, 최일장군, 임경업 장군 등 여러 장군신들이 등장한다. 신장은 굿을 하면서 오방신장기를 가지고 노는 것을 보아 방위 수호신으로 이해된다. 별상은 서울굿에서 마마라고 보는 경우도 있으나 굿의 성격을 고려하건데 천연두와 관련이 있는 신격은 아닌 듯하다.[6] 불사는 사람의 수명과 복을 관장하는 신이고 대신은

---

5) 2002년 8월 23일(금) 북한사 삼곡사 굿당에서 조사. 주무는 고백호 박수였고 조무는 남운엄마와 신사동 만신이었다.

6) 별상과 천연두의 관련성에 대해서는 글을 달리하여 논의될 예정이다. 여기에서 그 대략적인 흐름을 밝히면 다음과 같다. 천연두 또는 마마신을 민간에서 오랫동안 경외해오다가 무속에서도 중요한 신격으로 들어온다. 이것이 서울지역에서는 호구신과 별상신으로 나누어지는데 호구신이 천연두신의 성격을 그대로 유지하고 있는 반면에 별상은 억울하게 죽은 인물신과 결합하여 인물 숭배의 신으로

무당의 조상으로 영험성이 뛰어난 신격이다. 다른 굿에서는 이를 만신 말명 이라고 부르기도 한다. 대감신은 성격이 참으로 복잡한 신격으로 굿거리 전후를 살펴보건대 사람의 복을 관장하는 신격으로 보인다. 특히 터대감이라는 대감을 굿거리에서 부르는 것을 보면 이는 가택신과의 관련성도 있는 것으로 여겨진다. 가망신의 성격은 뚜렷하지 않다. 가망이라는 말의 어원에 대해서도 아직 정확하게 규명되지 않았는데 이 날 굿을 한 무당에 의하면 영험성을 가지고 사람에게 복을 나누어주는 신격이라고 한다. 조상은 제가집 개인의 여러 조상들을 말하며, 넓은 의미로는 본향도 여기에 포함될 수 있다. 성주는 가택신으로 집안의 으뜸가는 신이고, 창부는 광대가 죽어서 된 신격이다.

그런데 이러한 신격들의 특성을 보면 본향 산신, 상산, 성주, 창부 등의 주요한 신격이 대부분 남성이라는 것이다. 상산에 여장군이 등장하고는 있지만 공수의 내용을 보면 구색 맞추기로 등장한 느낌이다. 이러한 남성 신격과는 달리 여성 신격임을 드러내는 신이 있는데 바로 호구신이다. 이 호구신은 그 비중이 매우 약하여 그나마 독립된 거리로 존재하기보다 군웅거리와 불사거리에서 잠깐 놀다가는 정도로만 등장한다. 물론 조상거리가 있어 어머니, 할머니 등이 강림하기도 하지만, 이는 제가집의 특성에 따라 달라 질 수 있어서 여기서는 제외한다.

주당물림과 부정청배, 가망청배를 제외한 여러 굿거리와 호구거리의 내용을 비교하여 보이면 다음과 같다.

거리명	무당의 행위	제가집과의 관계	연행 시간
본향 산신	춤, 공수, 재담	공수주기	15분
상산	춤, 공수, 재담	사실 세우고 공수주기	20분
상산호구	춤, 공수	없음	2분

바뀐다. 이것은 서울지역의 굿이 양반을 비롯한 지배층과 관련이 있기 때문에 마마라는 역병신을 두드러지게 하지 않은 것과 마마신이 여성신이어서 남성 중심의 사회흐름과 맞추기 위한 것으로 보인다. 이용범도 별상을 천연두 신으로 보는 데 반대하고 있다. 이용범, 앞의 글(2001), 61쪽 참조.

신장	춤, 공수, 재담	기점치기, 공수 주기	20분
별상	춤, 공수, 재담	공수주기	15분
불사	춤, 공수, 재담	공수주기, 산받이 하기	20분
불사호구	춤, 공수	없음	2분
대신	춤, 공수, 재담	공수주기	10분
대감	춤, 공수, 재담	공수주기, 허물벗기기	40분
가망	춤, 공수, 재담	공수주기	10분
조상	춤, 공수, 재담	공수주기. 조상신격이 와서 울면서 말하기	15분
성주	춤, 공수, 재담	공수주기	10분
창부	춤, 공수, 재담	공수주기, 창부타령 부르기	10분

이상에서 살펴보듯이 호구거리는 독립된 거리는 분명 아니다. 상산거리나 불사거리에서 잠깐 놀아주는 정도로 존재하며 그나마 시간도 다른 거리에 비해 무척 짧다. 특히 재수굿이 시종일관 무당이 제가집에게 공수를 주고 복을 빌어주는 행위 중심으로 진행되는 데 비하여 호구거리는 제가집에게 어떤 공수도 주지 않는다.

물론 무당들의 입장에서는 공수를 준다고 한다. 그런데 이 공수의 성격에 문제가 있다. 대부분의 굿에서 무당들이 주는 공수는 신들이 하는 말로 즉흥성을 가지고 있다고 여겨진다. 하지만 굿판에서 조사를 하게 되면 공수조차 무당들이 암기하고 이를 굿판에서 그대로 구송하는 경우를 자주 본다[7]. 이를 무당들은 공수라고 보고 있지만, 굿판에서 연행되는 양상과 전승 방법을 고려하건대 이는 무가에 포함하여야 한다고 본다. 이렇게 공수의 성격을 정리한다면 호구거리에서 나오는 것은 암송된 것으로 무가이지 공수는 아닌 것이다.

호구거리는 실상 전체 굿거리에서 의미가 없어 보인다. 그냥 빼버려도 무

---

7) 현재 내려오는 무당들의 문서를 보게 되면 장군거리 1차 공수, 2차 공수 하는 식으로 공수 사설이 잘 정리되어 있다.

방할 듯하다. 하지만 무당들은 절대로 이 호구거리를 빼지 않는다. 금방 지나가 버려서 호구거리가 존재하는지도 모를 경우도 있지만 분명 호구거리는 무당의 입장에서는 반드시 연행하는 거리고, 그런 점에서 호구거리는 존재 의미가 있는 셈이다. 재수굿만큼이나 서울굿에서 자주 행해지는 진오기굿의 경우에도 호구거리가 있다.

   1) 주당물림

   2) 부정

   3) 불사(칠성, 제석, 호구)

   4) 산신(군웅, 호구)

   5) 신장

   6) 가망

   7) 대신

   8) 조상

   9) 상산(장군)

  10) 대감(양반, 몸주, 터)

  11) 성주

  12) 창부

  13) 새남부정

  14) 말명

  15) 중디

  16) 사자

  17) 말미

  18) 도령돌기

  19) 길가름

  20) 상식

21) 영실
22) 뒷전8)

진오기굿에서 보이는 호구거리도 재수굿과 동일한 양상이다. 불사거리와 산신거리에서 잠깐 불려지는 정도로만 존재한다. 홍치마를 둘러쓰고 당악 장단에 맞추어 춤을 추다가 몇 마디 무가를 구송한 후 사라지는 모습을 보인다. 더욱이 안당사경굿의 성격을 가진 전반부가 끝나고 새남굿의 성격을 가진 후반부가 새남청배로 시작되면서 호구신은 더 이상 등장하지 않는다. 진오기굿에서 중요한 굿거리가 전반부가 아닌 후반부임을 고려하면 호구신은 그렇게 중요한 신격은 아니라는 뜻이다. 새남부정 이후 행해지는 사자와 말미, 도령 돌기, 길가름 등이 중요한 의미를 가지고 있으며, 이러한 거리들이 진오기굿의 존재 이유인 망자를 저승으로 천도하게 하는 역할을 한다. 그런데 이러한 거리 어디에도 호구신에 대한 언급은 보이지 않는다.

이렇게 본다면 서울굿에서 호구거리는 일종의 구색맞춤으로 존재하는 느낌이다. 남성신격이 가득한 굿판에서 여성신격이 존재한다는 것을 알려주기 위해 겨우 등장시킨 것으로 보이고 그렇다 보니 제가집에게 공수를 주거나 문답을 주고받는 등의 두드러진 활동을 보이는 것도 아닌 것이다. 다른 굿거리에 비해 진행하는 시간이나 여러 굿거리의 요소들도 상당히 약해져 있다.

3. 호구거리 무가 분석

이제는 호구거리에서 구송되는 무가의 내용을 분석할 차례이다. 그 동안 채록된 무가 중 격식을 갖춘 호구거리 무가 전문을 소개하면 다음과 같다.

8) 2002년 8월 13일 퇴계원 도령사에서 조사. 주무 : 이영희, 조무 : 윤경자.

어구차

청궁호구 일월호구 아니시냐

성신호구 사해용신호구 아니시리

용태장군은 용녀부인 수위에서

너의 이 정성을 우춘허니

너희 식구 부모자손에

그저 시절이 험난허구 해운이 불길해두

그저 집안태평허구

내 식구 명길구 복많게 도와주고

관재수 귀설수 모략중상 없애주마

제산은 동반에 즐기명천에

상단에 중단호구 상하단에 서인호구 그연 상산호구

시영반장은 전안호구

왕십리 수풀당에 애기씨호구

여겨자 형제호구

애기씨당의 당마누라당애기씨

진포라 살군당 부군애기씨

물건너 하주당에 송씨부인 나씨부인 아니시나

금성왕신에 대신호구

동관왕 남관왕에 관왕대전호구 아니시리

집안 편안하게 해주마

안에 안당에 이씨편 김씨편에 삼신서주호구 아니시냐

엿보든 요물 없구 숨어보든 요물 없구

관재수 귀설수 없구

꿈자리 몽사 없구

벨몽사몽 다 젖혀주구

시절이 험난하구 해운이 불길해두
너희 가중에 화경같구 면경같구
어루새 색경같이 밝히어서
상덕물어주마[9]

서울 새남굿이 중요무형문화재로 지정되면서 조사된 이 호구거리 무가는
격식을 제대로 갖추었을 뿐 아니라 제대로 구송된 경우이다. 여러 호구신격
을 나열하고 있으며, 그러한 신격들이 인간에게 어떤 영험을 주는가를 구송
하고 있다. 그런데 실제 굿판에서는 이처럼 모든 내용이 다 불려지는 것은 아
니다. 수풀당 애기씨호구가 있는 부분까지 구송된 경우가 많다. 그 예를 하나
들어보면 다음과 같다.

어구차
청궁호구 일월호구 아니시냐
성신호구 사해용신호구 아니시리
왕십리 수풀당에 애기씨호구 아니시리
집안 편하게 해주마
상덕나게 도와주마[10]

이 정도 분량의 호구거리 무가 구송이 있은 후 곧장 빠른 장단에 맞추어
춤을 추다가 끝을 맺는다. 하지 않아도 될 것 같은 느낌을 주는 것이 호구거
리의 모습이다. 그렇지 않다면 "천궁호구 불사호구 아니시리"라고 자신의 정
체를 밝힌 후 바로 복을 빌어주는 관용적인 내용을 빠른 속도로 구송할 뿐이
다. 마지막 부분의 "상덕물어주마" 하는 부분을 빠르게 구송한 후 당악장단

---

9) 『서울 새남굿신가집』(문덕사, 1996), 63~64쪽.
10) 앞에 제시한 재수굿에서 이영희 씨가 부른 호구거리 무가이다.

에 맞추어 회전무를 추면서 끝을 내는 것이 일반적인 양상이다.

그런데 이렇게 구송된 무가에 상당한 호구신들이 등장한다. 청궁호구, 일월호구, 성신호구, 사해용신호구, 중단호구, 서인호구, 상산호구, 전안호구, 수풀당애기씨호구, 형제호구, 부군애기씨호구, 송씨부인 나씨부인 호구, 대신호구, 관왕대전호구, 삼신서주호구 등이 그것이다. 이러한 호구신들의 신격을 밝혀본다면 호구신의 의미가 조금은 도출될 것으로 보인다.[11]

먼저 청궁호구는 천궁호구를 말하며 일월호구, 성신호구와 함께 하늘에 있는 호구신을 말한다. 사해용신호구는 바다에 있는 호구를 말하니 하늘과 바다에 있는 모든 신격들이 다 동원된 셈이다. 중단호구와 서인호구는 양반이 아닌 중인계층과 일반백성들과 관련이 있는 호구신으로 사회계층과 관련이 있다. 상산호구는 장군신과 관련이 있으며 이는 관왕대전호구와도 성격적으로 통한다. 대신호구는 무당들과 밀접한 관련이 있는 대신의 하나로 이해된다. 이렇게 본다면 주로 호구라는 명칭을 가지고는 있지만, 무속에서 숭배하는 여러 신격들과 동일한 양상을 보인다. 천신계통에서 일신계통과 바다신 계통까지 호구신이 아우르고 있는 셈이다.

수풀당애기씨호구와 살군당 부군애기씨호구도 같은 성격으로 이해된다. 수풀당은 무당들이 정통성을 가릴 때 꼭 거론하는 당이다. 무가 사설에 수풀당이 나오지 않으면 정통무당이 아닌 것으로 간주할 정도로, 무당들에게 있어서는 숭배의 대상이다. 이 수풀당은 현재도 왕십리에 아기씨당이라는 이름으로 남아 있다. 무신도가 빽빽하게 모셔져 있는데 무신도의 상태나 솜씨를 보건데 상당히 오래되었다는 느낌이다. 그만큼 수풀당은 서울의 중요한 신격이 거처하는 곳으로 숭배되어 온 것이다. 살군당부군애기씨 호구도 같은 맥락으로 이해된다. 부군당이라면 서울 지역의 마을 수호당으로 지금도 부군당굿이

---

11) 그동안 한국 무속의 신격에 대한 연구는 어느 정도 이루어졌다. 신격들의 종류와 신격들의 위상, 그러한 신격에 대한 사람들의 관념들이 집중 탐구되었다. 김태곤, 『한국무속연구』(집문당, 1980); 조흥윤, 『한국 무의 역사와 현상』(민족사, 1997) 등에 이러한 신령에 대한 연구가 잘 정리되어 있다. 최근의 연구 성과로는 앞에 제시한 이용범의 「한국 무속의 신관에 대한 연구」가 상세하다.

행해지고 있다.[12] 이중 살군당 부군애기씨는 현재 성동구에 남아 있는 또 다른 아기씨당을 가리킨다. 원래 아기씨당이 세 곳이었는데 현재 수풀당과 살군당으로 두 곳이 남아있고 나머지 한 곳은 소실되었다.[13] 이 두곳에서는 현재 당굿이 행해지고 있어 마을 수호당으로서의 성격을 분명히 보여준다.

이제 송씨부인과 나씨부인이 남았다. 송씨부인이라면 억울하게 죽은 남편을 그리워하다가 정업원에서 수행하다 죽은 단종비를 가리킨다. 젊어서 남편의 죽음을 목도한 후 평생을 한을 가지고 살다가 죽은 단종비가 무속에 수용된 것이다. 나씨부인의 정체는 뚜렷하지 않지만, 동일한 신격으로 보인다.

민중들이 무속에서 숭배하는 신격들은 대개 억울한 죽음을 당한 경우가 많다. 임경업과 남이, 최영 장군등의 신격이 모두 여기에 속하는데, 민중들은 그들이 가진 억울한 사연과 현실로부터의 좌절감 등을 통해 자신들의 처한 현실을 인식하는 면이 있다.[14] 실제 인물인 임경업과 남이, 최영이 중요한 것이 아니라 민중들의 입장에서는 그들이 가지고 있는 속성이 필요한 것이고, 자신들이 현실로부터 받은 여러 제약들을 풀기 위한 존재로 억울한 죽음을 당한 인물들을 수용한다.

송씨부인과 나씨부인도 그들의 실재적인 성격이 중요한 것이 아니라 억울함을 가진 존재라는 것이 의미가 있고, 그래서 그들을 굿판에 받아들인 것이다. 그리고 그 많은 여성신격 중에서 호구거리에 이 두 부인을 등장시킨 것은, 용궁부인, 산신부인과 달리 이들이 현실로부터 어떤 억울함과 한스러움을 받았기 때문이다.

이렇게 본다면 호구거리에 등장하는 호구신들은 전체 모든 신격을 의미하면서 특별히 억울함과 한을 가진 여성을 의미한다. 여기에서 호구를 호귀로 풀이하면서 오랑캐에 끌려가 욕을 본 여성신으로 풀이한 성과를 고려하면 호

---

12) 2002년 5월 12일 민명숙 당주에 의해 진행된 이태원부군당굿이 그 예가 된다. 이태원부군묘에서 진행된 이날 당굿은 부군할아버지와 부군할머니를 모시고 마을의 태평을 기원하는 굿이었다.
13) 2003년 5월 15일 아기씨당에서 조사. 제보자 : 아기씨당 당주 김옥렴 씨(여, 68세).
14) 이에 대해서는 홍태한, 『인물 전설의 현실인식』(민속원, 2000) 참조.

구신의 성격과 송씨부인과 나씨부인의 의미는 상통한 점이 발견된다. 호구신은 여성신들 중에서 특별히 억울함을 가진 신들이고, 그래서 그들은 자신들의 얼굴을 당당하게 내놓지 못하고 붉은 치마로 얼굴을 가린 채 무가를 부를 수 있을 뿐이다.

제가집에서도 호구거리에 두드러진 반응을 보이는 것은 아니다. 다른 신격과 달리 얼굴을 가린 채 등장하고 있기 때문에 금방 호구각시가 왔다는 것을 알아차릴 수 있지만, 그 신격이 어떤 신격이고 어떻게 받들어야 하는지에 대해서는 관심이 없다. 짧은 시간에 왔다가 사라지는 호구신의 성격처럼 제가집도 무의미하게 바라 볼 뿐이다.

이러한 호구거리의 내용은 짧은 무가의 구송과 빠른 장단에 맞춘 회전무, 얼굴을 가린 신격의 등장과 퇴장이라고 간단하게 정리될 수 있다.

4. 호구신의 의미와 기능

과거의 굿판은 여성 중심의 제의 공간이었다. 서낭제, 산신제 같은 마을 공동제의가 남성 중심인데 비하여 굿판의 주재자는 여성이었다. 1900년대 초까지 서울의 굿판에서는 악사의 앞을 가로막는 차일이 쳐져 있었다 한다. 이는 악사와 굿판에 참가한 여성들과의 내외의식 때문인데, 그만큼 굿판은 여성 중심으로 진행되었다. 이러한 굿판에서 여성들은 자신이 가진 한들을 마음껏 풀어 낼 수 있었다. 동해안별신굿에서 많은 할머니들이 굿청에 앉아 무당들의 연희 하나 하나에 울고 웃는 장면이야말로 우리의 전통적인 굿판의 모습이었다.[15] 사회적으로 제약이 많은 생활을 하던 여성들에게 있어서 굿판이야

---

15) 이러한 양상을 잘 보여주는 것이 김인회의 『한국무속사상사연구』 표지에 실려 있는 풍속화이다. 악사들 앞에 차일이 쳐 있고 여성들이 신명나게 춤을 추는 모습을 그린 이 그림은 당시의 굿판의 모습을 짐작하게 한다.

말로 해방의 장소였던 셈이다. 여성들은 자신들이 가진 한 하나하나를 풀어나가는데, "굿하고 싶어도 며느리 춤추는 것 보기 싫어 못한다"는 말처럼 굿판의 한풀이의 공간이었던 것이다.

이런 굿판에서 여성들은 <바리데기> 무가에서 자신들의 신세를 본다. 버림을 받는 장면에서 여성들은 일체감을 느낀다. <심청굿> 무가를 들으며 심청의 행적에 울고 웃는다. 그러면서도 적극적으로 나서지 못하는 여성들의 사회적 지위를 떠올린다.

이런 여성들의 모습을 상징적으로 보여주는 것이 호구신이다. 얼굴을 가리고 자신의 모습을 떳떳하게 내세우지 못하는 호구신의 모습은, 사회적으로 소외받은 여성들의 모습이다. 얽은 얼굴은 천연두로 인해 생긴 얼굴이면서, 천연두로 상징되는 사회의 억압에서 받은 상처로 인해 생긴 얼굴이다. 무가사설에서 보았듯이 모든 신격과 동등하게 등장은 하고 있지만, 다른 신격에 비해 여성신격들은 모두 한을 가진 존재이고, 이는 곧 여성들의 사회적 지위를 상징적으로 보여주는 것이다.

굿판에 등장하는 신격을 본다. 여성들이 주재하는 굿판이지만, 실상 각각의 거리에서 모셔지는 신들은 대부분이 남성신격인 경우가 많다. 대감놀이를 결판지게 할 때도 그 대감은 조상대감, 터대감 등 남성 신격이고, 작두를 놀리는 장군신도 남성 신격이다. 여성이 중심이 되는 굿판에서 남성이 중심이 되는 신격들을 놀린다는 것은 상당한 역설로 보인다. 이러한 신격의 불균형을 해소시켜주는 것이 호구신이다. 부끄럽게 나타나 잠깐 춤을 추다가, 무가사설 몇 마디 일러주고 사라지는 호구신의 모습은 남성신격이 중심이 되는 굿판에서 여성의식이 반영된 단 하나의 굿거리이다.

이러한 양상은 서울굿에 등장하는 신격들을 정리한 이용범의 연구 성과에서도 확인된다. 그는 서울 재수굿에 등장한 신격들을 우주신, 지역신, 가신, 조상, 무조신, 영웅신, 잡귀잡신으로 나누면서 호구신을 잡귀 잡신으로 처리했다.[16] 그런데 이용범은 잡귀잡신에는 영산, 상문, 수비 등이 있는데 다른 잡귀잡신들이 주로 뒷전에 등장하는 데 비하여 호구는 천궁맞이와 도당거리의 부속거리에 나타난다 했다.

이러한 논의를 바탕으로 할 때 호구신이 비록 잡귀잡신으로 주요한 신격은 아니지만, 다른 잡귀잡신과는 구별되는 면이 있다. 뒷전이 말 그대로 굿판에 오기는 왔지만 한 거리도 놀아지지 않은 여러 잡신들을 풀어먹이는 거리인 것을 감안한다면 호구신은 그렇게 지위가 낮은 신격은 아니라는 뜻이다. 이렇게 본다면 호구신은 중요 신격은 아니면서, 그렇다고 뒷전에서 풀어먹이는 신격은 아니면서, 양쪽의 성격을 다 가진 신격으로 보인다. 그리고 이것은 굿판에 참가한 여성들의 위치와 상당히 닮은 점이 있다.

굿판을 여성들이 주도하고 있지만, 그것은 남성들의 용인이 있었기 때문에 가능했다. 그리고 무엇보다도 굿판에 초대받는 신격들은 대부분이 남성 신격이고, 그러다 보니 굿판에 참가한 여성들은 적극적인 참여의식과 함께 사회적인 제약을 함께 느끼는 것이다. 이렇게 어정쩡한 관계를 보이는 굿판에서의 여성의 위치는 중요한 신격도 아니면서 중요 거리의 부속거리에서 놀아지는 호구신격과 닮은 점이 있다. 무속의 신격과 동등하게 대접을 받고 있는 듯이 보이면서도 독립된 하나의 거리를 형성하지 못하고, 그러면서도 다른 잡귀들과는 구별되는 특성을 호구신격에서 확인할 수 있다. 모든 신격과 동등한 대접을 받고 있지만 결국은 한을 가진 존재가 바로 호구신이다. 송씨부인을 통해 아픈 역사를 되새겨주고, 수풀당과 부군당을 통해 마을 수호신의 성격을 보여주지만 결국은 사라질 운명의 신격이 호구신이다.

그래서 잠깐 놀다 간다라는 말처럼 호구신은 굿판에서 잠깐 나타났다 사라진다. 안 놀면 안 된다는 말에서 아직 굿판에 여성 신격이 살아 있지만, 적극적인 위상은 가지지 못하여 사라지는 모습으로 호구신은 등장하고 그렇게 호구거리는 명맥만 유지한 셈이다.

---

16) 이용범, 앞의 글(2001) 참조.

여기에서 다른 지역의 굿에서 행해지는 손님굿과의 비교가 필요하다. 현재까지 조사 보고된 손님굿 무가는 다음과 같은 양상을 보인다.[17)]

　　유형 1-특별한 줄거리가 없는 손님굿 무가
　　　　일반무가로 존재하는 무가로 신안, 군산 지역에서 채록된 바 있다.

　　유형 2-손님네가 조선국으로 나온다.
　　　　손님네의 근원을 제시한 정도의 내용만 구송된 경우로 진도 지역
　　　　에서만 채록되었다.

　　유형 3-1. 손님네가 강남국에서 조선국으로 나옴
　　　　　2. 손님네가 강을 건너는 과정에 사공과 다툼이 있음
　　　　　3. 각지를 다니며 정성덕을 베품

　　손님네의 근원을 이야기하면서 그 손님네가 우리나라에 들어오는 과정에 약간의 다툼이 있었으나 현재는 사람들에게 복을 나누어 준다는 내용으로 호남지역에서 채록된 손님굿 무가와 오산, 안성, 서울 지역의 손님굿 무가에 이러한 내용이 있다. 특히 진도 지역은 앞에 제시한 유형 2와 유형 3이 함께 존재하고 있어서 유형 2는 유형 3이 약화된 것으로 볼 수 있다.

　　유형 4-1. 손님네가 강남국에서 조선국으로 나옴
　　　　　2. 손님네가 강을 건너는 과정에 사공과 다툼이 있음
　　　　　3. 손님네를 후대하는 인물인 노구할머니를 만남

17) 현재까지 채록된 손님굿 무가는 40여 편을 헤아린다. 대부분의 각 편명이 손님굿, 손굿, 손님풀이로 되어 있지만 안성에서는 별상굿으로 서울에서는 호구노정기로 되어 있다. 이로 미루어 보아도 서울 지역에서는 손님과 호구를 동일 신격으로 이해했음을 알 수 있다. 홍태한, 앞의 글 참조.

4. 노구할머니 부탁으로 장자네 아들에게 복을 주기로 함

5. 장자가 거절하고 손님네를 박대함

6. 손님네가 장자의 아들에게 어머니로 변신하여 접근 병을 줌

7. 장자가 거짓으로 뉘우침

8. 손님네가 장자 아들 병을 낫게 하자 장자가 약속을 어김

9. 마침내 손님네가 장자의 아들을 죽임

10. 장자의 집은 패가하고 노구할머니는 안락한 삶을 삼

비교적 상세한 줄거리를 가지고 있는 이 유형은 동해안에서 채록된 모든 손님굿 무가와 통영의 남해안 별신굿에서 불려지는 손님굿에서 발견된다. 이는 동해안 지역의 무가가 그러하듯이 굿판의 오락성과 청중을 고려하여 단락에 부연이 일어나고 첨가가 일어나 이런 양상을 보인 것으로 보인다.

이러한 손님굿 무가 유형의 성격은 다음과 같다.

유형 1-일반무가로 존재

유형 2-일반무가와 서사무가의 중간 모습으로 존재

유형 3-사건 전개가 간략한 서사무가로 존재

유형 4-갈등이 있으며 사건 전개가 복잡한 서사무가로 존재

이렇게 다양한 양상을 보이고 있는 것은 한국 무가의 여러 유형 중 손님굿 무가가 유일하다. 전국적인 전승 양상을 보이는 <바리공주>, <당금애기>도 다양한 각 편의 보이고 있지만 서로 다른 갈래 양상이 존재하는 것은 아니다. 이는 달리 말하면 손님신에 대한 사람들의 의식이 그만큼 다양하다는 뜻이다.

그런데 손님굿 무가가 전승되지 않는 지역은 서울을 중심으로 할 때 서울 이북지역이다. 서울 이북 지역의 굿에 대한 본격적인 조사 성과가 그리 많지 않음을 감안한다면, 서울지역에 손님굿 무가가 존재하지 않는 것은 상당히

특이한 양상이다. 반면에 서울지역에는 다른 지역에는 전승되지 않는 호구거리가 존재하고 있다. 다른 지역의 손님굿이 손님신이 가지고 있는 위력을 감소시켜 인간의 복을 비는 성격임을 고려한다면, 서울 지역에 손님굿이 없고 호구거리가 있다는 것은 조금 이해가 안가는 면이 있다. 굿이라는 것이 여러 신격들을 모셔놓고 인간의 소망을 빌고 그것이 이루어지기를 갈망하는 의식임을 고려하면, 당시의 사람들에게 참으로 무서운 신격의 하나인 손님신에 대한 언급이 없다는 것은 다른 이유가 있어 보인다.

이것은 서울굿이 가지고 있는 엄정성과 관련이 있다. 이러한 엄정성을 다른 지역의 굿과 비교할 때 가장 두드러진 특성은 격식과 절차를 까다롭게 지킬 뿐 아니라 꼼꼼하게 굿거리를 진행하는 면이 있다는 것이다. 서울굿의 엄정성은 다음과 같은 몇 가지 측면으로 정리될 수 있다. 먼저 무가의 구송에서 엄정성을 확인할 수 있다. 서사무가 <바리공주>를 구송할 때 일곱 딸을 낳는 장면을 일곱 번을 반복해 구송하는 모습이 대표적이다. 또한 대부분의 굿거리에서 행해지는 무당의 공수 무가에서도 이러한 양상이 확인된다. 다음은 서울굿에서 채록된 본향공수의 한 대목이다.

어구자 수본향 마누라 수천왕 마누라
육산은 육본향에 양산은 본향이라
성주신 양산에 씨주신 본향이라
가지 없는 회추리가 어서 났으며
뿌리없는 나무가 어서 났느냐
오냐 이번에 ○남매 자손에 명발원 정성이구
수발원 정성이구 복발원 정성이구
○씨대주 천장사 만영업 시리 백낙에
잘되게 해달라는 정성
시절이 험란하구 해운이 불길하니

순풍없이 도와주마

너희 몇몇해를 누워놓고 순풍없이 도와주마

부모자손이 앉여 걱정없이 도왔구나

천량도 늘려주고 재물도 늘려주었드니

이 정성을 우춘하나 소하고 약소하다

요 다음 시력에랑 많이 대령해라[18]

어굿자로 시작된 공수는 자신이 어떤 신격임을 밝힌 후 왜 이 굿판이 열리게 되었는가를 지적한다, 그런 다음에 인간들의 소망을 들어주겠다고 말하면서 다음에도 더 큰 정성을 바치라고 한다. 이러한 형식은 모든 굿거리의 공수에서 발견된다. 거리와 등장하는 신격은 다르지만 동일한 형식을 가지고 반복된다는 것은 서울굿이 엄정성을 가지고 있다는 예이다. 또한 서사무가가 <바리공주> 말고는 전승되지 않는 것도 같은 맥락에서 이해된다. 구송에 시간이 걸리는 장편서사무가보다는 공수 중심의 무가가 발전한 것도 제의적인 틀을 강조하는 서울굿의 특징이라고 보이기 때문이다.

두 번째는 굿상의 상차림에서 발견된다. 서울굿을 조사하러 가서 굿상을 보게 되면 무당이나 지역에 관계없이 일정한 격식이 발견된다. 서울굿에서 차려지는 굿상에는 여러 가지 종류가 있다. 부정상, 산신본향상, 가망본향상, 불사상, 조상상, 장군상, 성주상, 뒷전상, 지신상, 안당제석상, 대신말명상, 천궁맞이상. 대소대명상, 사자상, 연지당상, 대감상, 망제님 전물상 등이 현재 서울 지역의 무당들이 말하는 굿상의 종류이다. 그러나 이들 중 몇몇은 실제 굿판에서는 차려지지 않는 것으로 확인되며, 무당에 따라 동일한 상을 다른 이름으로 부르는 경우도 있다. 이들 굿상 중에서 일반적으로 모든 굿에 차려지는 상은 부정상, 본향상, 장군상, 뒷전상이다. 본향상은 산신본향과 가망본

---

18) 2003년 1월 2일 조사. 퇴계원 거주 이영희 박수의 진오기굿 산신거리.

향을 모시는 상이다. 대감을 모시는 대감상도 중요한 상의 하나인데 신사굿에서만 별도로 차리고 다른 굿에서는 차리지 않고 떡시루에 북어 한 마리를 놓는 것이 일반적이다. 이러한 굿상차림이 반드시 지켜져야 하는 것은 서울굿이 그만큼 형식적인 요소를 중요하게 여기고 있다는 뜻이다.

세 번째는 굿거리의 정형성에서 확인된다. 평안도굿이 굿거리가 딱딱 떨어지지 않고 황해도굿은 비교적 굿거리가 명확하나 무당에 따라 상당한 편차를 보인다. 하지만 서울굿은 12거리라는 틀에 맞추어 정형성을 유지한다. 주당－부정－산신－불사－조상－상산－신장－별상－대감－성주－창부－뒷전이라는 12거리가 비교적 정확하게 구분되며 굿이 진행된다. 과거에는 서울의 동서남북의 굿 절차가 다르고 무가 사설도 차이가 있었다고 하지만 굿거리의 차이는 아니었다고 한다. 이는 서울굿이 나름대로의 틀을 비교적 일찍부터 가지고 있었다는 의미이다.

이러한 서울굿의 특성에서 손님신을 주인공으로 하는 무가를 구송하기는 쉬운 일이 아니다. 그렇다고 손님신에 대한 언급이 없이 넘어간다는 것은 굿판에 참가한 사람들에게 용납될 수 있는 일은 아니다.

한국 무속에서는 하늘과 땅, 바다와 같은 자연환경, 조상과 같은 혈연 환경, 호구, 수비 같은 하위 신격으로 대표되는 억울한 죽음을 당한 존재와의 관련 속에서 모든 문제가 발생하고 해결된다고 믿는 의식이 깔려 있다. 이러한 여러 존재들과 유기적인 관계를 맺고 그들이 가진 여러 한들을 풀어주고 이해해줌으로써 인간의 모든 문제가 풀린다는 의식을 가지고 있다. 현실은 항상 제약이 있는 상태로 존재하고, 이러한 제약을 풀어줄 수 있는 곳으로 비현실이 존재하면서, 그쪽의 힘을 인간이 받아들임으로써 제약이 사라지고 인간이 추구하는 것을 얻을 수 있다고 믿는다.

이러한 인식에서 본다면 손님신에 대한 언급이 없다는 것은 한국 무속의 세계관에서는 받아들이기 쉬운 부분이 아니다. 그래서 서울굿에서는 호구거리를 통해 손님신에 대한 존재를 인식하고, 손님신을 한 번 굿에 등장시킴으로써 신과 인간의 관계가 재정립되기를 바란다. 손님굿 무가에 등장하는 신격이 여성이고 호구신격이 여성이라는 것도 이 두 신격의 관련성을 짐작하게 한다. 손님신이 서울굿에서는 사라지면서 호구라는 동일 신격으로 바뀐 것이다. 그러나 다른 지역처럼 특정하게 독립된 거리나 서사무가를 가지지는 않고 부속거리의 성격으로만 존재하는 것이다.

이처럼 서울굿에서 행해지는 짧은 호구거리에는 다양한 의미가 함축되어 있다. 굿판을 주재하는 여성들의 한풀이로 호구거리가 존재하고, 호구신의 얼굴을 가림으로 인해 호구신격을 적극적으로 등장시키지 않을 뿐 아니라, 잠깐 등장시킴으로 인해 격식은 격식대로 갖추면서 서울굿의 엄정함은 지킬 수 있게 되는 것이다. 또한 손님신격과 관계를 재정립함으로써 인간 사회의 흩어진 질서를 회복할 수도 있는 것이다.

따라서 호구거리가 서울굿에 있다는 것은 여성의식과 함께 손님 – 천연두, 마마 – 에 대한 경외의식이 서울굿의 성격과 절묘하게 조화를 이루고 있다는 뜻이다.

5. 결론

지금까지 서울굿에 존재하는 호구거리의 의미를 무가와 호구신격을 중심으로 살펴보았다. 서울굿에 존재하는 여러 굿거리 중 호구거리는 부속거리로의 느낌을 주며, 다른 거리의 신격에 비해 두드러진 모습을 보이는 것은 아니고 이러한 양상의 밑바닥에는 굿판을 주도하는 여성 의식이 호구 신에 반영되어 있는 것으로 보았다. 또한 굿거리의 진행 상황을 보아도 다른 굿거리에 비해 호구거리는 시간도 짧을 뿐 아니라 두드러진 무가 구송도 보이지 않았다. 호구거리의 무가를 분석한 결과 호구신은 억울한 죽음을 당한 여성 신격으로 굿판에서는 짤막하게 왔다가는 굿의 목적과 관련된 공수를 직접 주는 것은 아님이 밝혀졌다. 이러한 호구신은 굿판의 등장하는 여러 신격들이 남성 신격인 데 비하여 여성신격으로, 사회적으로 열등한 위치에 놓여있는 당시 여성들의 사회적인 지위가 반영되어 있다. 생략해도 무방할 수 있는 거리를 살려두는 것은 손님신(천연두)에 대한 두려움 때문이었고, 서울굿이 가지고 있는 엄정함과도 관련이 있다. 서울굿은 철저하게 엄정함을 추구하고, 진오기굿에서만 <바리공주>라는 서사무가가 전승되고 있어서, 손님굿 무가를 화려하게 전승시킬 수는 없어 명맥만을 유지하게 한 것이다.

무속의 주 담당층은 여성이다. 그러한 여성들이 굿판에서 자신들의 위치를 굿판의 분위기와 절묘하게 결합하여 만들어 낸 것이 서울굿의 호구신인 셈이다. 상당한 힘을 가지고 있으면서도, 자신의 능력을 펴지 못하는 호구신의 모습에서 우리는 당시 여성들의 한을 볼 수 있다. 홍치마로 얼굴을 가리고 나와서 넋두리 비슷한 무가를 구송하며 공수를 주는 호구신의 모습은 사회적으로 억압된 여성들의 또 다른 표현인 셈이다.

이러한 의미망은 서울굿에 존재하는 다양한 신격들에 대한 고찰을 통해 보다 명확해질 수 있으리라 판단된다. 앞으로 서울굿을 보다 많이 관찰하면서, 각각의 신격들의 위상과 의미를 규명해 보기로 한다. 특히 굿판의 사람들이 가지고 있는 신격에 대한 의미를 추출하여 보기로 한다.

제주도 무속서사시 생성원천에 대한 새로운 고찰

__권태효

M. L. Manich Jumsai, *History of Tai Literature*, Bangkok : Chalermnit Press.

Stith Thompson, 윤승준 외 역,『설화학원론』, 계명문화사, 1992.

강정식,「제주무가 이공본의 구비서사시적 성격」,『문학연구』7집, 우리문학연구
　　　회, 1988.

권태효,「건국신화와 당신신화의 상관성 연구」, 경기대학교 석사학위논문, 1989.

김영돈 외,「자청비와 문국성문도령」,『제주설화집성』1, 제주대 탐라문화연구소,
　　　1985.

김화경,「<세경본풀이>의 신화적 접근」,『한국학보』28집, 일지사, 1982.

大林太良, 권태효 외 역,『신화학입문』, 새문사, 1996.

박경신,「제주도 무속신화의 몇 가지 특징 -<세경본풀이>를 중심으로」,『국어
　　　국문학』96, 국어국문학회, 1986.

＿＿＿,「<구렁덩덩신선비>의 신화적 성격」,『고전문학연구』3, 한국고전문학
　　　연구회, 1986.

＿＿＿,「서사무가연구」,『국문학연구』8집, 서울대 국문학연구회, 1968.

＿＿＿,『군담소설의 구조와 배경』, 이화여자대학교출판부, 1985.

안동준,「적강형 애정소설의 형성과 변모」,『문학연구』7집, 우리문학연구회,
　　　1988.

『梁祝故事說唱集』, 台北 : 明文書局.

이수자,「농경기원신화에 나타난 여성인식과 의의」,『이화어문논집』11집, 이화

여자대학교 한국어문학연구소, 1990.

이수자, 『제주도 무속과 신화 연구』, 이화여자대학교 박사학위논문, 1989.

임석재, 「구렁덩덩 시선비설화와 큐피트 사이키설화의 대비」, 『한국 일본의 설화 연구』, 인하대출판부, 1987.

장주근 외, 『한국민속학개설』, 학연사, 1985.

장주근, 「농신, 세경본풀이」, 『풀어쓴 한국의 신화』, 집문당, 1998.

_____, 「서사무가와 강창문학」, 『한국민속논고』, 계몽사, 1986. 4

_____, 「제주도 당신신화의 의미와 구조」, 『한국신화의 민속학적 연구』, 집문당, 1995.

_____, 『제주도 무속과 서사무가』, 역학, 2001.

_____, 『풀어쓴 한국의 신화』, 집문당, 1998.

赤松智城・秋葉隆, 심우성 역, 『조선무속의 연구』 상, 동문선, 1991.

정규복, 「양산백전고」, 『중국연구』 IV집, 한국외대 중국문제연구소, 1979.

조현희, 「세경본풀이의 연구」, 경기대학교 석사학위논문, 1989.

좌혜경, 「자청비, 문화적 여성영웅에 대한 이미지」, 『한국민속학』 30집, 민속학회, 1998.

진성기, 『남국의 전설』, 일지사, 1959.

_____, 『남국의 무속서사시』, 정음사, 1980.

_____, 『남국의 무속』, 형설출판사, 1987.

關德棟, 「중국 漢語 속문학과, 주변・민족문학」, 『한국학연구』 8집, 고려대 한국학연구소, 1996.

현용준, 『제주도무속자료사전』, 신구문화사, 1980.

_____, 『제주도무속연구』, 집문당, 1986.

_____, 「무속신화 본풀이연구 서설」, 『무속신화와 문헌신화』, 집문당, 1992.

제주도 〈맹감본풀이〉의 형성에 미친 당신본풀이의 영향과 의미
__권태효

J. 프레이져, 장병길 역, 『황금가지』, 삼성출판사, 1998.

권태효, 「제주도 무속서사시 생성원천에 대한 새로운 고찰」, 『한국민속학』 31집,
   민속학회, 1999.

김두원, 『제주무가집』, 1963.

김인호, 『한국 제주 역사문화 뿌리학』 상, 우용출판사, 1998.

김헌선, 「제주도 지역의 창세신화」, 『한국의 창세신화』, 길벗, 1994.

大林太良, 권태효 외 역, 『신화학입문』, 새문사, 1999.

문무병, 『제주도 당신앙 연구』, 제주대 박사학위논문, 1993.

_____, 『제주도 무속신화 - 열두본풀이 자료집』, 칠머리당굿보존회, 1998.

문창헌, 『풍속무음』, 1929~1945.

박현국, 「장자풀이 무가고찰」, 『비교민속학』 11집, 비교민속학회.

서대석, 「서사무가연구」, 『국문학연구』 8집, 서울대 국문학연구회, 1968.

_____, 「황천혼시」, 『민족문화대백과사전』 25, 한국정신문화연구원, 1991.

손지봉, 『한국설화의 중국인물 연구』, 박이정, 1999.

손진태, 『조선신가유편』, 향토연구사, 1930.

이경엽, 「전남지역 망자굿 무가의 전개유형과 의미」, 『구비문학연구』 3집, 한국
   구비문학회, 1996.

이두현, 「장제와 관련된 무속연구」, 『문화인류학』 6집, 한국문화인류학회, 1974.

이수자, 『제주도무속과 신화연구』, 이화여대 박사학위논문, 1989.

이영금, 「전북지역 무당굿 연구」, 전북대 석사학위논문, 2000.

임석재 · 장주근, 『관북지방무가』, 문화재관리국, 1965.

장주근, 「서사무가와 강창문학」, 『한국민속논고』, 계몽사, 1986.

장철수, 「초분」, 『민족문화대백과사전』 22, 한국정신문화연구원, 1991.

정진희, 「제주도 당본풀이의 유형과 변천양상 연구」, 서울대 석사학위논문, 1999.

조동일 외, 『한국구비문학대계 별책부록(1) – 한국설화유형분류집』, 한국정신문화
　　　연구원, 1989.

조동일, 「영웅의 일생, 그 문학사적 전개」, 『민중영웅이야기』, 문예출판사, 1992.

진성기, 「단골과 씨족의 본향당」, 『남국의 무속』, 형설출판사, 1987.

＿＿＿, 『제주도무가본풀이사전』, 민속원, 1991.

최정여·서대석, 『동해안무가』, 형설출판사, 1977.

『한국구전설화』, 『임석재전집』 5, 평민사, 1989.

현용준, 『제주도신화』, 서문당, 1970.

＿＿＿, 『제주도 무속자료사전』, 신구문화사, 1980.

＿＿＿, 『제주도무속연구』, 집문당, 1986.

＿＿＿, 「맹감본풀이」, 『민족문화대백과사전』 7, 한국정신문화연구원, 1989.

서울굿 악사의 성격과 기능
__김기형

김선경, 『한양무속집』, 대웅, 2001.

김선풍, 『남해안별신굿』, 박이정, 1997.

김태곤, 『한국무속연구』, 집문당, 1981.

김헌선, 『한국화랭이 무속의 역사와 원리』, 지식산업사, 1997.

서울새남굿보존회, 『서울새남굿 신가집』, 문덕사, 1996.

양종승, 『한국의 무속』 서울·황해도편, 국립민속박물관, 1999.

이균옥, 『동해안 별신굿』, 박이정, 1998.

이종철 외, 『진도무속 현지조사』, 국립민속박물관 전라남도, 1988.

장주근, 『제주도 무속과 서사무가』, 역락, 2001.

최길성, 『한국무속지』, 아세아문화사, 1992.

秋葉 隆 著, 崔吉城 譯, 『朝鮮巫俗의 現地研究』, 계명대 출판부, 1987.

하효길 외, 『한국의 굿』, 민속원, 2002.

한국무가연구(1)
__김태곤

『口碑文學大系』, 韓國精神文化研究院, 1980~1988.

『국어국문학』 19, 22호, 서울 : 국어국문학회, 1958, 1960.

金榮振, 『忠淸道巫歌』, 서울, 1976.

金泰坤, 「巫歌의 形態的 類型」, 『국어국문학』 58~60합병호, 국어국문학회, 1972.

_____, 『口碑文學研究史, 국어국문학 40년』, 서울 : 집문당, 1992.

_____, 『巫歌, 우리민속문학의 이해』, 서울 : 開文社, 1979.

_____, 『韓國巫歌集』 1~4, 서울 : 集文堂.

_____, 『韓國巫俗研究』, 서울 : 集文堂, 1981.

『韓國民俗綜合調査報告書』 1~12冊, 서울 : 文化財管理局, 1969~1988.

한국 샤마니즘의 정의
__김태곤

Erika Bourguigonon, Edited by Raymond Prince, World Distribution and patterns of
Possession States, Trance and Possession States, Montrial : R. M. Bucke
Memorial Society, 1968.

Louise Backman/Ake Hultkrantz, Studeis in Lapp Shamanism, Stockholm : Almgreist &

Wiksell, 1978.

M. Eliade, Shamanism, New York : Bollingen Foundation, 1964

S. M. Shirokogoroff, Psychomental Complex of the Tungus, London : Kegan pual, 1935.

金泰坤, 「基督敎 속의 샤마니즘 －巫俗이 韓國 基督敎에 미치는 影響－」, 『東西 春秋』 1-4, 서울 : 希望出版社, 1967. 8.

_____, 「蘇塗의 宗敎民俗學的 照明－호남지역 巫의 「단골制」와 「堂山」信仰과 관련하여－」, 『馬韓』, 裡里 : 百濟文化研究所, 1990.

_____, 「韓國巫系의 分化 變遷」, 『韓國民俗學』 1, 서울 : 韓國民俗研究會, 1969.

_____, 「韓國샤마니즘의 構成體系」, 『宗敎史研究』 2, 서울 : 韓國宗敎史學會, 1973.

_____, 『韓國巫俗圖錄』, 서울 : 集文堂, 1982.

_____, 『韓國巫俗研究』, 서울 : 集文堂, 1981.

柳炳德, 『韓國新興宗敎』, 서울 : 시인사, 1986.

櫻井德太郎, 日本のシヤマニスム 上卷, 東京 : 吉川弘, 文館, 1974.

샤머니즘 전통 속의 민주주의
__박일영

강원도 민속학회 편, 「강릉 단오제의 심층적 연구」 제2회 강원도 민속학회 정례 학술대회, 『강원 민속학』 3, 1985. 6. 7.

그레이슨, 제임스 헌틀리, 강돈구 역, 『한국종교사』, 민족사, 1995.

김성배, 『한국의 민속』, 집문당, 1980.

김용복, 「메시아의 민중」, 『민중과 한국신학』, 서울 : NCCK, 1982.

김지하, 『밥』, 왜관 : 분도출판사, 1984.

김태곤,『한국무가집』1, 서울 : 집문당, 재판 : 1979.

_____,『한국무속의 연구』, 집문당, 1981.

민속학연구소 편,『샤머니즘의 현대적 이미. 제2회 국제 민속학 학술회의. 동양샤
　　　머니즘 학자대회록』, 이리 : 원광대학교, 1972.

박일영,「무속의 제천의례」,『이성과 신앙』6, 수원가톨릭대학, 1993.

_____,「종교 간의 갈등과 대화, 무속과 그리스도교를 중심으로」,『종교신학연구』
　　　3, 서강대학교, 1989.

_____,「한국인의 민간신앙과 종교적 심성」,『한국전통문화와 천주교』1, 한국
　　　가톨릭문화연구원, 1995.

반게넵, A. L., 전경수 역,『통과의례』을유신서 18, 서울 : 을유문화사, 1985.

서남동,『두 이야기의 합류 : 민중과 한국신학』, 서울 : NCCK, 1982.

유동식,「신화와 의례에서 본 고대 한국인의 신앙 형태」,『한국종교학』1, 1972.

_____,『한국 샤머니즘의 역사와 구조』, 서울 : 연세대학교출판부, 1975.

_____,『한국 샤머니즘의 종합적 고찰』,『민족문화연구총서』6, 서울 : 고려대학
　　　교민족문화연구소, 1982.

윤이흠,「민속종교의 이해」,『현대종교』112, 1982.10.

윤이흠,『한국종교연구』1, 서울 : 집문당, 1986.

이기백,『한국사신론』, 서울 : 일조각, 재판 : 1978

李能和,『朝鮮巫俗考』,『啓明』19, 1927.

이부영,「한국 무속의 심리학적 고찰」,『한국 무속의 종합적 고찰』, 고려대학교
　　　민족문화연구소, 1982.

이부영,『샤머니즘과 무속 : 한국 사상의 원천』박영문고 80, 서울 : 박영사, 1983.

장정룡,「관노가면극의 기원과 상징」,『강원 민속학』3, 1985. 6. 7.

장주근,「가신신앙」,『한국민속대관』3, 고려대학교, 1982.

_____,「한국 민속신앙의 사회적 역할」,『신동아』98, 1972.

조흥윤,『샤머니즘 전통에서 보는 그리스도교』,『종교신학연구』6, 서강대학교,

1993.

조흥윤,『한국의 무』, 서울 : 정음사, 1983.

村山智順,『朝鮮の巫覡』,『朝鮮總督府 調査資料』36集, 民間信仰 第3部, 京城(서
　　울), 1932.

키스터, D.,「무당 언어의 상징성」,『문학사상』60, 1977.

폰 바이츠재커, C. F., 이정배 역,『시간이 촉박하다』현대신서 140, 서울 : 현대사
　　상사, 1987.

프리들리, R., 박일영 역,『현대의 선교, 선교인가 반(反)선교인가』신학선서 10,
　　서울 : 성바오로출판사, 1989.

許　愼,『設問解字』, 北京, 1977(reprint).

Bloch, Ernst, Das Prinzip Hoffnung, 3 Bde Frankfurt a. M., 제5판 : 1978.

Brenneman, W., The Seeing Eye. Hermeneutical Phenomenology in the Study of Religion, The
　　Pennsylvania State University, 1982.

Casanowicz, I. M., Shamanism of the Natives of Siberia, Annual Report of the Smithsonian
　　Institution, Washington D. C., 1924.

Chang Yun-shik, "Heavenly Beings. Men and the Shaman, Interplay Between High
　　and Low Culture in Korean History",『제1회 한국학 국제 학술회의 논문
　　집』, 한국정신문화연구원, 1980.

Czapilcka, M. A., Aboriginal Siberia, A Study in Social Anthropology, Oxford, 1914.

Douglas, Mary, Purity and Danger, London, 1966.

Eliade, M., The Sacred and the Profare, 1959.

_____ , "Schanamsmu", Die Relifion in Geschichte and Gepenwart, 3. Aufi., Bd. 5,
　　1961, 1386~1388.

_____ , Shamanism. Archaic Techniques of Extasy, Bolligen Series 76, Princeton, 1964

_____ , The Myth of Eternal Return, 1971.

_____ , Patterns in Comparative Religion, 1972.

Hultkrantz, Åke, "A Definition of Shamanism", *Temenos* 9, 1973.

Jung, C. G., "Allgemeines zur Komplextheorie", *Gesammelte Werke*, Bd. 8, Olten, 1971.

Kristensen, W. B., *The Meaning of Religion*, The Hague : Martinus Nijhof, 1971.

Motzki, H., *Der Schmanismus als Problem religions-wissens chaftlicher Terminollgie*, Magisterarbeit, 1974.

Ohlmarks, Å., *Studien zum Problem des Schamanismus*, Lund-Kopenhagen, 1939.

Pieris, A., *Theologie der Befreiung in Asien. Christentum im Kontext der Armut und der Religionen*, Theologie der Dritten Welt. Bd 9, Freiburg, 1986.

Ramstedt, G. J., *Studeis in Korean Etymology*, Helsinki, 1949.

Schröder. D., "Zur Struktur des Schamanismus. Mit besonderer Berücksi chtigung des Lamaischen Gurtums", *Anthropos* 50, 1955.

Smith, W. C., *Towards a World Theology. Faith and the Comparative History of Religion*, Philadelphia : The Westminster Press, 1981.

Thiel, J. F., *Religionsethnologie, Grundbegriffe der Religionen schriftloser Völker*, Collectanea Instituti Anthropos 33, Berlin, 1984.

Yim Suk-jay, "Introducion au Mouïsm. La Religion populaire Coréenne", *Social Compass* 25, Louvain, 1978.

호남의 당골제도와 세습무계의 활동
__이경엽

김태곤, 「한국무계의 분화변천 – 강신영감무계와 세습사제무계의 분화 원인을 중심으로–」, 『한국민속학』 1호, 민속학회, 1969.

_____, 「한국 무계의 분화변천」, 『무속신앙』, 교문사.

_____, 『한국무가집』 1, 원광대 민속학연구소, 1971.

김태곤, 『한국무속연구』, 집문당, 1981.

_____, 「전남의 무속」, 『전남의 문화와 예술』, 전라남도, 1986.

박주언·정종수, 「단골의 생활과 무계」, 『진도무속의 현지조사』, 국립민속박물
　　관, 1988.

_____, 「진도의 무속」 (1)~(15), 『예향진도』 5호~22호, 진도문화원,
　　1985~1991.

서홍관, 「고군산군도의 굿」, 『남민』, 지양사, 1985.

손태도, 『광대집단의 가창문화 연구』, 서울대 박사학위논문, 2001.

이경엽, 「장산도의 무속」, 『남도민속연구』 3, 남도민속학회, 1995.

_____, 「무속신앙」, 『전라남도지』 19권, 전라남도, 1995.

_____, 「무와 무의식」, 『화순군의 민속과 축제』, 남도민속학회, 1998.

_____, 『무가문학연구』, 박이정, 1998.

_____, 『씻김굿무가』, 박이정, 2000.

_____, 「굿의 전승 환경과 연행 현장」, 『도서문화』 19집, 목포대 도서문화연구
　　소, 2001.

_____, 「전라도굿」, 『한국의 굿』, 민속원, 2002.

이두현, 『한국의 가면극』, 일지사, 1979.

_____, 「단골무와 冶匠」, 『한국무속과 연희』, 서울대출판부, 1996.

이보형, 「창우집단의 광대소리 연구」, 『한국전통음악논구』, 고려대 민족문화연구
　　소, 1990.

임석재·최길성, 「무속」, 『한국민속종합보고서』 전남편, 문화재관리국, 1969.

_____, 『줄포무악』, 문화재관리국, 1970.

장주근, 「단골과 광대」, 『한국의 향토신앙』, 을유문화사, 1975.

_____, 「호남의 세습무와 판소리」, 『전남의 문화와 예술』, 전라남도, 1986.

赤松智城·秋葉隆, 『朝鮮巫俗の硏究』 下, 朝鮮總督府, 1938.

_____, 심우성 역, 『조선무속의 연구』, 동문선, 1991.

전경욱, 『한국가면극 그 역사와 원리』, 열화당, 1998.

조정규, 「진도 단골의 공간구조에 관한 연구」, 전남대 석사논문, 1992.

최길성, 「무속신앙」, 『한국민속종합고서』 전북편, 문화재관리국, 1980.

_____, 「무계전승고」, 『한국민속학』 1호, 민속학회, 1969.

_____, 「무계전승고」, 『무속신앙』, 교문사, 1989.

_____, 『한국무속의 연구』, 아세아문화사, 1978.

_____, 『한국무속지』 1, 아세아문화사, 1992.

_____, 「호남지역의 당골제도」, 『전라도 씻김굿』, 열화당, 1985.

村山智順, 『朝鮮の巫覡』, 朝鮮總督府, 1932.

홍태한, 「무가의 전승 주체」, 한국민속학회 동계학술대회, 2002. 2.

남해안 용왕굿의 현장론적 연구
__이경엽

김선풍, 『남해안별신굿』, 박이정, 1997.

_____, 『한국무가집』 2, 집문당, 1992.

김태곤, 『한국무속연구』, 집문당, 1995.

문화재관리국, 『한국민속종합보고서(전남편)』, 1969.

이경엽, 『씻김굿무가』, 박이정, 2000.

_____, 「굿의 전승환경과 연행현장」, 『도서문화』 19, 목포대 도서문화연구소, 2001.

_____, 「도서지역의 민속연희와 남사당노래 연구」, 『한국민속학』 제33호, 한국민속학회, 2001.

_____, 「순천씻김굿연구」, 『한국무속학』 제5집, 한국무속학회, 2002.

_____, 「연행 및 전승 맥락에서 본 씻김굿의 예술성과 연희성」, 한국공연문화학

회 하계학술대회, 2003. 8.30.

이종철·조경만 외, 『진도무속현지조사』, 국립민속박물관, 1988.

임재해, 「민속 연구의 현장론적 방법」, 『민속문화론』, 문학과 지성사, 1986.

전라북도 도립국악원, 『전북의 무가』, 2000.

전북대 박물관, 『정읍지역 민속예능』, 1992.

최길성, 『한국무속의 연구』, 아세아문화사, 1990.

최덕원, 『다도해의 당제』, 학문사, 1983. 3.

_____, 『한국구비문학대계』 6-6, 한국정신문화연구원, 1986.

하효길, 「서해안지방 풍어제의 형태와 특징」, 『중앙민속학』 3, 중앙민속학회, 1991.

_____, 『위도의 민속』, 국립민속박물관, 1984.

조선전기 사대부가의 무속

___이복규

『묵재일기』.

김태곤, 『한국무속연구』, 서울 : 집문당, 1981.

최운식, 『홍성의 무속과 점복』, 홍성 : 홍성문화원, 1997.

이복규, 「묵재일기에 나타난 출산·생육관련 민속」, 『한국학의 존재와 당위』, 서울 : 다운샘, 1997.

_____, 「조선전기의 출산·생육관련 민속」, 『한국민속학보』 8, 서울 : 한국민속학회, 1997.

구렁이업 신앙의 성격과 형성 기원(1)
__이수자

1. 자료편

『東國輿地勝覽』.

송재선 엮음, 『우리말속담큰사전』, 서문당, 1983.

현용준, 『제주도무속자료사전』, 신구문화사, 1980.

『한국구비문학대계』 82권, 한국정신문화연구원.

瀨川拓南 松谷みよ子, 『朝鮮の民話』 上, 日本 : 成社文庫 3082, 1980. 4

2. 논저편

김명자, 「업신고(1)」, 『두산김택규박사 화갑기념 문화인류학논총』, 1989.

김태곤, 『한국민간신앙연구』, 집문당, 1983.

서대석, 「칠성풀이의 연구」, 『진단학보』 65, 진단학회, 1988.

송재선 엮음, 『우리말속담큰사전』, 서문당, 1983.

이능화, 이재곤 역, 『조선무속고』, 백록출판사, 1976.

이수자, 『제주도 무속과 신화연구』, 이대박사학위논문 미간행, 1989.

진성기, 『무속학』, 제주 : 제주민속연구소, 2005.

고대민족문화연구소편, 『한국민속대관』 3, 1982.

한국정신문화연구원, 『한국민족문화대백과사전』 15, 1991.

차사본풀이 유형 무가의 구조와 의미
__최원오

孫晋泰, 『朝鮮神歌遺篇』, 鄕土硏究社, 昭和 5年.

박연옥 편, 『중국의 소수민족설화』, 학민사, 1994.

徐大錫, 「敍事巫歌硏究 －說話·小說과의 관계를 중심으로」, 서울대학교대학원
　　　석사논문, 1968.

徐大錫, 「바리공주연구」, 『韓國巫歌의 硏究』, 文學思想社, 1980.

任晳宰, 『苗浦巫樂』(無形文化財指定報告 第79號), 文化財管理局, 1970.

崔元午, 「鬼神說話가 서사무가와 판소리에 수용된 양상 연구」, 『국문학연구』제
　　　114집, 서울대 국문학연구회, 1993.

玄容駿 著, 『濟州島巫俗資料事典』, 新丘文化社, 1980.

주채혁 옮겨 엮음, 『몽고민담』, 정음사, 1984.

宋和平 譯注, 『滿族薩滿神歌譯注』, 社會科學文獻出版社, 1993.

張籌根 著, 『韓國の民間信仰』, 金花舍, 昭和 49年.

滿洲事情案內所篇, 『滿洲の傳說と民謠』, 光德 5年.

『中國戱曲志·四川卷』, 編輯部·綿陽市文化局 編, 『巴蜀面具藝術』, 成都出版社,
　　　1992.

夏之乾, 『中國少數民族的喪葬』, 中國華僑出版公司, 1991.

무가의 전승 주체
　_홍태한

김금화, 『김금화의 무가집』, 문음사, 1995.

김성식, 『전북의 무가』, 전라북도립국악원, 2000.

김영진, 『충청도 무가』, 형설출판사, 1982.

김정녀, 「굿춤의 지역적 양상」, 『한국의 굿8－함경도 망묵굿』, 열화당, 1985.

김태곤, 『한국무속연구』, 집문당, 1980.

김헌선, 『경기도 도당굿 무가의 현지연구』, 집문당, 1995.

문무병,『제주도 무속신화』, 칠머리당굿보존회, 1998.

박종성,『한국창세서사시 연구』, 태학사, 1999.

박흥주,『서울의 마을굿』, 서문당, 2001.

이경엽,『무가 문학연구』, 박이정, 1998.

이균옥,『동해안 지역 무극연구』, 박이정, 1997.

_____,『동해안별신굿』, 박이정, 1998.

이두현,「내림무당의 쇠걸립」,『한국무속과 연희』, 서울대학교출판부, 1996.

진성기,『제주도무가 본풀이 사전』, 민속원, 1991.

하주성,『경기도의 굿』, 경기문화재단, 1999.

하효길·양종승·홍태한·이경엽 외,『한국의 굿』, 민속원, 2002.

현용준,「제주도 신굿의 구성과 의미」,『한국의 굿12 – 제주도 신굿』, 열화당, 1989.

홍태한,「손님굿 무가 연구」,『한국민속학보』10, 한국민속학회, 1999.

_____,「서울 오구굿의 두 계통」,『한국민속학』31, 민속학회, 1999.

홍태한·이경엽,『서사무가 바리공주 전집』3, 민속원, 2001.

황루시,「재체험을 통한 죽음에의 이해」,『한국의 굿5 – 평안도 다리굿』, 열화당, 1985.

서울굿 호구거리의 의미 연구

__홍태한

김태곤,『한국무속연구』, 집문당, 1980.

변성환,「손님굿 무가의 유형과 전승」, 경북대 석사논문, 1997.

새남굿보존회,『서울 새남굿신가집』, 문덕사, 1996.

이용범,『한국 무속의 신관에 대한 연구』, 서울대 박사논문, 2001.

조홍윤,『한국 무의 역사와 현상』, 민족사, 1997.

_____,『한국의 샤마니즘』, 서울대 출판부, 1999.

홍태한,「손님굿 무가 연구」,『한국민속학보』10, 한국민속학회, 1999.

_____,『인물 전설의 현실인식』, 민속원, 2000.

▌찾아보기